人体损伤程度鉴定
实战指引

★ ★ ★

陈　林／主编

法律出版社 LAW PRESS · CHINA

编 委 会

编委介绍

（按撰写章节顺序排序）

丁　艳　安徽省阜阳市公安局刑事科学技术研究所主检法医师，公安部刑事技术青年人才。参与撰写本书第一章“人体损伤程度鉴定的程序要求和操作原则”部分。

秦　明　安徽省公安厅物证鉴定中心法医病理损伤检验科副主任法医师，畅销系列小说“尸语者”作者。公安部刑事技术青年人才、安徽省公安机关刑事技术特长专家，安徽省医学会医疗事故鉴定委员会专家。安徽省法医学会秘书长。主持或承担安徽省科技强警项目4项。撰写本书第二章“总则”部分。

夏元飞　安徽省合肥市公安局刑事科学技术研究所法医室主任，副主任法医师，正高级任职资格，警务技术四级主任。安徽省公安厅刑事技术特长专家，安徽省医学会、合肥市医学会医疗事故鉴定委员会专家。华中科技大学同济医学院法医学院特聘副教授、皖南医学院特聘副教授，主持研发的“人体损伤程度快速比对查询系统”获公安部第五届全国公安基层技术革新三等奖。撰写本书第三章“颅脑及脊髓损伤”部分。

谢　晓　安徽省濉溪县公安局刑事科学技术室主任，副主任法医师。公安部刑事技术青年人才。撰写本书第四章“面部损伤”部分。

赵元峰　安徽省宿州市公安局埇桥分局技术中队副中队长，副主任法医师。公安部刑事技术青年人才，宿州市医学会医疗事故鉴定委员会专家。2017年获公安部科技进步三等奖。撰写本书第五章“颈部损伤”部分。

肖圣兵 安徽省公安厅物证鉴定中心法医病理损伤检验科科长，副主任法医师，公安部刑事技术特长专家、公安部侦破爆炸投放危险物质放火案件专家、皖南医学院特聘副教授，安徽省医学会医疗事故鉴定委员会专家，安徽省法医学会法医临床专业委员会主任，承担安徽省科技强警项目4项，主要从事法医病理损伤检验鉴定及科研工作。撰写本书第六章“眼部损伤”部分。

张　垒 安徽省阜阳市公安局刑事科学技术研究所法医室主任，副主任法医师。公安部刑事技术青年人才。撰写本书第七章“耳损伤”部分。

杨明松 安徽省淮南市公安局刑事科学技术研究所副所长，法医室主任，副主任法医师。淮南市疾控中心专家库成员，安徽理工大学医学院兼职副教授。撰写本书第八章“胸部损伤”部分。

方丛行 安徽省铜陵市公安局义安分局副主任法医师，正高级任职资格，从事法医学检验鉴定工作30年。撰写第九章本书“腹部损伤”部分。

王　刚 安徽省蚌埠市公安局刑警支队副支队长，主任法医师。公安部刑事技术特长专家（法医临床专业），皖南医学院法医学院特聘教授，安徽省法医学会理事，安徽省公安厅刑侦专家，从事法医学检验鉴定工作33年。撰写本书第十章“盆部及会阴部损伤”部分。

陈晓锋 安徽省黄山市公安司法鉴定中心法医室主任，主检法医师，副高级任职资格。公安部刑事技术青年人才。撰写本书第十一章“脊柱及四肢（手）外伤”部分。

宋　红 安徽大学法学院讲师。主要从事法医学、司法鉴定学教学科研工作。撰写本书第十二章“体表损伤”部分。

彭俊志 安徽省安庆市公安局刑事科学技术研究所所长，副主任法医师，正高级任职资格。安徽省法医学会理事，皖南医学院法医学院特聘副教授，安徽省公安机关刑事技术特长专家。撰写本书第十三章“其他损伤”部分。

方俊杰 安徽省公安厅物证鉴定中心法医病理损伤检验科副科长，副主任法医师，公安部刑事技术青年人才，安徽省法医学会法医病理专业委员会主任，安徽省医学会医疗事故鉴定委员会专家。发表学术论文20余篇。撰写本书第十四章“附则”部分。

阮　磊 安徽省无为县公安局法医师，安徽省刑事科学技术青年人才，参与撰写本书第十四章“附则”部分。

序

这本《人体损伤程度鉴定实战指引》，顾名思义，既是一本“实战”教材，又是一本科普“指引”。

2014年1月1日，“三部两院”发布公告，颁布实施了新的鉴定标准——《人体损伤程度鉴定标准》，此举不仅让鉴定标准更加科学、全面、清晰，也减少了法医同行之间在思维方式上的理解差异；同时量化了更多的鉴定指标，对人体损伤程度鉴定工作有着重要意义。

然而，只要是标准，就会有不到之处；只要是学术，就会有争议之点。新的、更加科学的标准，依然难以界定所有的损伤程度，也很难聚合所有法医的理解和认知。

讲述如何更加科学地界定标准的范围，权威地解决标准的争议，透彻地阐述标准的含义，让法医同行更加容易、统一地运用标准，是为“实战”。

满足办案人员的需求，对侦查阶段的民警、起诉阶段的检察官、审判阶段的法官，甚至是代理律师起到科普作用，帮助其选择采信，有针对性地加强他们的内心确信；又或是满足案件当事人的需求，给大众搭建一条通往法医临床专业的桥梁，用简单易懂的文字，帮助大众顺利通过专业知识的鸿沟，解除心中的疑惑，是为“指引”。

所以这本书称为“实战指引”，名副其实。

“实战”好了，法医工作效率大大提升，政府公信力随之提高；“指引”好了，社会矛盾随之减少，社会才能和谐稳定。

作为全国人大代表、全国公安系统二级英雄模范，陈林同志百忙之中，尽数十年之经验，举全省专家之力，倾注两年心血，完成了这一部由数十万字、数百张图片构成的《人体损伤程度鉴定实战指引》，深入浅出地把《人体损伤程度鉴定标准》阐述得淋漓尽致、融会贯通。

本书中有解剖学的科普知识，有调和意见差异的理论依据，还有难点疑点的剖析论述和具体案例的类比示范。内容全面而又有重点，理论扎实而又不枯燥。它是法医的“专业全书”，又是办案人员的“营养之源”，更是案件当事人的“答疑宝库”。

上述，也是我力荐此书的理由。希望陈林同志率领他的团队，不忘初心、砥砺前行，把此书推广好、宣贯好、普及好，让此书可以惠及更多的人、更多的事，可以为祖国的和谐稳定，贡献自己的一份力量。

二〇一九年十月二十二日

目　　录

人体损伤程度鉴定标准

1　范围

本标准规定了人体损伤程度鉴定的原则、方法、内容和等级划分。

本标准适用于《中华人民共和国刑法》及其他法律、法规所涉及的人体损伤程度鉴定。

2　规范性引用文件

下列文件对于本文件的应用是必不可少的。本标准引用文件的最新版本适用于本标准。

GB 18667 道路交通事故受伤人员伤残评定

GB/T 16180 劳动能力鉴定　职工工伤与职业病致残等级

GB/T 26341−2010 残疾人残疾分类和分级

3　术语和定义

3.1　重伤

使人肢体残废、毁人容貌、丧失听觉、丧失视觉、丧失其他器官功能或者其他对于人身健康有重大伤害的损伤，包括重伤一级和重伤二级。

3.2　轻伤

使人肢体或者容貌损害，听觉、视觉或者其他器官功能部分障碍或者其他对于人身健康有中度伤害的损伤，包括轻伤一级和轻伤二级。

3.3　轻微伤

各种致伤因素所致的原发性损伤，造成组织器官结构轻微损害或者轻微功能障碍。

4 总则

4.1 鉴定原则

4.1.1 遵循实事求是的原则，坚持以致伤因素对人体直接造成的原发性损伤及由损伤引起的并发症或者后遗症为依据，全面分析，综合鉴定。

4.1.2 对于以原发性损伤及其并发症作为鉴定依据的，鉴定时应以损伤当时伤情为主，损伤的后果为辅，综合鉴定。

4.1.3 对于以容貌损害或者组织器官功能障碍作为鉴定依据的，鉴定时应以损伤的后果为主，损伤当时伤情为辅，综合鉴定。

4.2 鉴定时机

4.2.1 以原发性损伤为主要鉴定依据的，伤后即可进行鉴定；以损伤所致的并发症为主要鉴定依据的，在伤情稳定后进行鉴定。

4.2.2 以容貌损害或者组织器官功能障碍为主要鉴定依据的，在损伤90日后进行鉴定；在特殊情况下可以根据原发性损伤及其并发症出具鉴定意见，但须对有可能出现的后遗症加以说明，必要时应进行复检并予以补充鉴定。

4.2.3 疑难、复杂的损伤，在临床治疗终结或者伤情稳定后进行鉴定。

4.3 伤病关系处理原则

4.3.1 损伤为主要作用的，既往伤/病为次要或者轻微作用的，应依据本标准相应条款进行鉴定。

4.3.2 损伤与既往伤/病共同作用的，即二者作用相当的，应依据本标准相应条款适度降低损伤程度等级，即等级为重伤一级和重伤二级的，可视具体情况鉴定为轻伤一级或者轻伤二级，等级为轻伤一级和轻伤二级的，均鉴定为轻微伤。

4.3.3 既往伤/病为主要作用的，即损伤为次要或者轻微作用的，不宜进行损伤程度鉴定，只说明因果关系。

5 损伤程度分级

5.1 颅脑、脊髓损伤

5.1.1 重伤一级

a）植物生存状态。

b）四肢瘫（三肢以上肌力3级以下）。

c）偏瘫、截瘫（肌力2级以下），伴大便、小便失禁。

d）非肢体瘫的运动障碍（重度）。

e）重度智能减退或者器质性精神障碍，生活完全不能自理。

5.1.2 重伤二级

a）头皮缺损面积累计75.0cm^{2}以上。

b）开放性颅骨骨折伴硬脑膜破裂。

c）颅骨凹陷性或者粉碎性骨折，出现脑受压症状和体征，须手术治疗。

d）颅底骨折，伴脑脊液漏持续4周以上。

e）颅底骨折，伴面神经或者听神经损伤引起相应神经功能障碍。

f）外伤性蛛网膜下腔出血，伴神经系统症状和体征。

g）脑挫（裂）伤，伴神经系统症状和体征。

h）颅内出血，伴脑受压症状和体征。

i）外伤性脑梗死，伴神经系统症状和体征。

j）外伤性脑脓肿。

k）外伤性脑动脉瘤，须手术治疗。

l）外伤性迟发性癫痫。

m）外伤性脑积水，须手术治疗。

n）外伤性颈动脉海绵窦瘘。

o）外伤性下丘脑综合征。

p）外伤性尿崩症。

q）单肢瘫（肌力3级以下）。

r）脊髓损伤致重度肛门失禁或者重度排尿障碍。

5.1.3 轻伤一级

a）头皮创口或者瘢痕长度累计20.0cm以上。

b）头皮撕脱伤面积累计50.0cm^{2}以上；头皮缺损面积累计24.0cm^{2}以上。

c）颅骨凹陷性或者粉碎性骨折。

d）颅底骨折伴脑脊液漏。

e）脑挫（裂）伤；颅内出血；慢性颅内血肿；外伤性硬脑膜下积液。

f）外伤性脑积水；外伤性颅内动脉瘤；外伤性脑梗死；外伤性颅内低压综

合征。

g）脊髓损伤致排便或者排尿功能障碍（轻度）。

h）脊髓挫裂伤。

5.1.4　轻伤二级

a）头皮创口或者瘢痕长度累计8.0cm以上。

b）头皮撕脱伤面积累计20.0cm^2以上；头皮缺损面积累计10.0cm^2以上。

c）帽状腱膜下血肿范围50.0cm^2以上。

d）颅骨骨折。

e）外伤性蛛网膜下腔出血。

f）脑神经损伤引起相应神经功能障碍。

5.1.5　轻微伤

a）头部外伤后伴有神经症状。

b）头皮擦伤面积5.0cm^2以上；头皮挫伤；头皮下血肿。

c）头皮创口或者瘢痕。

5.2　面部、耳廓损伤

5.2.1　重伤一级

a）容貌毁损（重度）。

5.2.2　重伤二级

a）面部条状瘢痕（50%以上位于中心区），单条长度10.0cm以上，或者两条以上长度累计15.0cm以上。

b）面部块状瘢痕（50%以上位于中心区），单块面积6.0cm^2以上，或者两块以上面积累计10.0cm^2以上。

c）面部片状细小瘢痕或者显著色素异常，面积累计达面部30%。

d）一侧眼球萎缩或者缺失。

e）眼睑缺失相当于一侧上眼睑1/2以上。

f）一侧眼睑重度外翻或者双侧眼睑中度外翻。

g）一侧上睑下垂完全覆盖瞳孔。

h）一侧眼眶骨折致眼球内陷0.5cm以上。

i）一侧鼻泪管和内眦韧带断裂。

j）鼻部离断或者缺损30%以上。

k)耳廓离断、缺损或者挛缩畸形累计相当于一侧耳廓面积50%以上。

l)口唇离断或者缺损致牙齿外露3枚以上。

m)舌体离断或者缺损达舌系带。

n)牙齿脱落或者牙折共7枚以上。

o)损伤致张口困难Ⅲ度。

p)面神经损伤致一侧面肌大部分瘫痪,遗留眼睑闭合不全和口角歪斜。

q)容貌毁损(轻度)。

5.2.3 轻伤一级

a)面部单个创口或者瘢痕长度6.0cm以上;多个创口或者瘢痕长度累计10.0cm以上。

b)面部块状瘢痕,单块面积$4.0cm^2$以上;多块面积累计$7.0cm^2$以上。

c)面部片状细小瘢痕或者明显色素异常,面积累计$30.0cm^2$以上。

d)眼睑缺失相当于一侧上眼睑1/4以上。

e)一侧眼睑中度外翻;双侧眼睑轻度外翻。

f)一侧上眼睑下垂覆盖瞳孔超过1/2。

g)两处以上不同眶壁骨折;一侧眶壁骨折致眼球内陷0.2cm以上。

h)双侧泪器损伤伴溢泪。

i)一侧鼻泪管断裂;一侧内眦韧带断裂。

j)耳廓离断、缺损或者挛缩畸形累计相当于一侧耳廓面积30%以上。

k)鼻部离断或者缺损15%以上。

l)口唇离断或者缺损致牙齿外露1枚以上。

m)牙齿脱落或者牙折共4枚以上。

n)损伤致张口困难Ⅱ度。

o)腮腺总导管完全断裂。

p)面神经损伤致一侧面肌部分瘫痪,遗留眼睑闭合不全或者口角歪斜。

5.2.4 轻伤二级

a)面部单个创口或者瘢痕长度4.5cm以上;多个创口或者瘢痕长度累计6.0cm以上。

b)面颊穿透创,皮肤创口或者瘢痕长度1.0cm以上。

c)口唇全层裂创,皮肤创口或者瘢痕长度1.0cm以上。

d）面部块状瘢痕，单块面积3.0cm^{2}以上或多块面积累计5.0cm^{2}以上。

e）面部片状细小瘢痕或者色素异常，面积累计8.0cm^{2}以上。

f）眶壁骨折（单纯眶内壁骨折除外）。

g）眼睑缺损。

h）一侧眼睑轻度外翻。

i）一侧上眼睑下垂覆盖瞳孔。

j）一侧眼睑闭合不全。

k）一侧泪器损伤伴溢泪。

l）耳廓创口或者瘢痕长度累计6.0cm以上。

m）耳廓离断、缺损或者挛缩畸形累计相当于一侧耳廓面积15%以上。

n）鼻尖或者一侧鼻翼缺损。

o）鼻骨粉碎性骨折；双侧鼻骨骨折；鼻骨骨折合并上颌骨额突骨折；鼻骨骨折合并鼻中隔骨折；双侧上颌骨额突骨折。

p）舌缺损。

q）牙齿脱落或者牙折2枚以上。

r）腮腺、颌下腺或者舌下腺实质性损伤。

s）损伤致张口困难Ⅰ度。

t）颌骨骨折（牙槽突骨折及一侧上颌骨额突骨折除外）。

u）颧骨骨折。

5.2.5 轻微伤

a）面部软组织创。

b）面部损伤留有瘢痕或者色素改变。

c）面部皮肤擦伤，面积2.0cm^{2}以上；面部软组织挫伤；面部划伤4.0cm以上。

d）眶内壁骨折。

e）眼部挫伤；眼部外伤后影响外观。

f）耳廓创。

g）鼻骨骨折；鼻出血。

h）上颌骨额突骨折。

i）口腔粘膜破损；舌损伤。

j）牙齿脱落或者缺损；牙槽突骨折；牙齿松动2枚以上或者Ⅲ度松动1枚以上。

5.3　听器听力损伤

5.3.1　重伤一级

a）双耳听力障碍（≥91dB HL）。

5.3.2　重伤二级

a）一耳听力障碍（≥91dB HL）。

b）一耳听力障碍（≥81dB HL），另一耳听力障碍（≥41dB HL）。

c）一耳听力障碍（≥81dB HL），伴同侧前庭平衡功能障碍。

d）双耳听力障碍（≥61dB HL）。

e）双侧前庭平衡功能丧失，睁眼行走困难，不能并足站立。

5.3.3　轻伤一级

a）双耳听力障碍（≥41dB HL）。

b）双耳外耳道闭锁。

5.3.4　轻伤二级

a）外伤性鼓膜穿孔6周不能自行愈合。

b）听骨骨折或者脱位；听骨链固定。

c）一耳听力障碍（≥41dB HL）。

d）一侧前庭平衡功能障碍，伴同侧听力减退。

e）一耳外耳道横截面1/2以上狭窄。

5.3.5　轻微伤

a）外伤性鼓膜穿孔。

b）鼓室积血。

c）外伤后听力减退。

5.4　视器视力损伤

5.4.1　重伤一级

a）一眼眼球萎缩或者缺失，另一眼盲目3级。

b）一眼视野完全缺损，另一眼视野半径20°以下（视野有效值32%以下）。

c）双眼盲目4级。

5.4.2　重伤二级

a）一眼盲目3级。

b）一眼重度视力损害，另一眼中度视力损害。

c）一眼视野半径10° 以下（视野有效值16%以下）。

d）双眼偏盲；双眼残留视野半径30° 以下（视野有效值48%以下）。

5.4.3　轻伤一级

a）外伤性青光眼，经治疗难以控制眼压。

b）一眼虹膜完全缺损。

c）一眼重度视力损害；双眼中度视力损害。

d）一眼视野半径30° 以下（视野有效值48%以下）；双眼视野半径50° 以下（视野有效值80%以下）。

5.4.4　轻伤二级

a）眼球穿通伤或者眼球破裂伤；前房出血须手术治疗；房角后退；虹膜根部离断或者虹膜缺损超过1个象限；睫状体脱离；晶状体脱位；玻璃体积血；外伤性视网膜脱离；外伤性视网膜出血；外伤性黄斑裂孔；外伤性脉络膜脱离。

b）角膜斑翳或者血管翳；外伤性白内障；外伤性低眼压；外伤性青光眼。

c）瞳孔括约肌损伤致瞳孔显著变形或者瞳孔散大（直径0.6cm以上）。

d）斜视；复视。

e）睑球粘连。

f）一眼矫正视力减退至0.5以下（或者较伤前视力下降0.3以上）；双眼矫正视力减退至0.7以下（或者较伤前视力下降0.2以上）；原单眼中度以上视力损害者，伤后视力降低一个级别。

g）一眼视野半径50° 以下（视野有效值80%以下）。

5.4.5　轻微伤

a）眼球损伤影响视力。

5.5　颈部损伤

5.5.1　重伤一级

a）颈部大血管破裂。

b）咽喉部广泛毁损，呼吸完全依赖气管套管或者造口。

c）咽或者食管广泛毁损，进食完全依赖胃管或者造口。

5.5.2　重伤二级

a）甲状旁腺功能低下（重度）。

b）甲状腺功能低下，药物依赖。

c）咽部、咽后区、喉或者气管穿孔。

d）咽喉或者颈部气管损伤，遗留呼吸困难（3级）。

e）咽或者食管损伤，遗留吞咽功能障碍（只能进流食）。

f）喉损伤遗留发声障碍（重度）。

g）颈内动脉血栓形成，血管腔狭窄（50%以上）。

h）颈总动脉血栓形成，血管腔狭窄（25%以上）。

i）颈前三角区增生瘢痕，面积累计30.0cm^{2}以上。

5.5.3　轻伤一级

a）颈前部单个创口或者瘢痕长度10.0cm以上；多个创口或者瘢痕长度累计16.0cm以上。

b）颈前三角区瘢痕，单块面积10.0cm^{2}以上；多块面积累计12.0cm^{2}以上。

c）咽喉部损伤遗留发声或者构音障碍。

d）咽或者食管损伤，遗留吞咽功能障碍（只能进半流食）。

e）颈总动脉血栓形成；颈内动脉血栓形成；颈外动脉血栓形成；椎动脉血栓形成。

5.5.4　轻伤二级

a）颈前部单个创口或者瘢痕长度5.0cm以上；多个创口或者瘢痕长度累计8.0cm以上。

b）颈前部瘢痕，单块面积4.0cm^{2}以上，或者两块以上面积累计6.0cm^{2}以上。

c）甲状腺挫裂伤。

d）咽喉软骨骨折。

e）喉或者气管损伤。

f）舌骨骨折。

g）膈神经损伤。

h）颈部损伤出现窒息征象。

5.5.5　轻微伤

a）颈部创口或者瘢痕长度1.0cm以上。

b）颈部擦伤面积4.0cm^{2}以上。

c）颈部挫伤面积2.0cm^{2}以上。

d）颈部划伤长度5.0cm以上。

5.6 胸部损伤

5.6.1 重伤一级

a）心脏损伤，遗留心功能不全（心功能IV级）。

b）肺损伤致一侧全肺切除或者双肺三肺叶切除。

5.6.2 重伤二级

a）心脏损伤，遗留心功能不全（心功能Ⅲ级）。

b）心脏破裂；心包破裂。

c）女性双侧乳房损伤，完全丧失哺乳功能；女性一侧乳房大部分缺失。

d）纵隔血肿或者气肿，须手术治疗。

e）气管或者支气管破裂，须手术治疗。

f）肺破裂，须手术治疗。

g）血胸、气胸或者血气胸，伴一侧肺萎陷70%以上，或者双侧肺萎陷均在50%以上。

h）食管穿孔或者全层破裂，须手术治疗。

i）脓胸或者肺脓肿；乳糜胸；支气管胸膜瘘；食管胸膜瘘；食管支气管瘘。

j）胸腔大血管破裂。

k）膈肌破裂。

5.6.3 轻伤一级

a）心脏挫伤致心包积血。

b）女性一侧乳房损伤，丧失哺乳功能。

c）肋骨骨折6处以上。

d）纵隔血肿；纵隔气肿。

e）血胸、气胸或者血气胸，伴一侧肺萎陷30%以上，或者双侧肺萎陷均在20%以上。

f）食管挫裂伤。

5.6.4 轻伤二级

a）女性一侧乳房部分缺失或者乳腺导管损伤。

b）肋骨骨折2处以上。

c）胸骨骨折；锁骨骨折；肩胛骨骨折。

d）胸锁关节脱位；肩锁关节脱位。

e）胸部损伤，致皮下气肿1周不能自行吸收。

f）胸腔积血；胸腔积气。

g）胸壁穿透创。

h）胸部挤压出现窒息征象。

5.6.5 轻微伤

a）肋骨骨折；肋软骨骨折。

b）女性乳房擦挫伤。

5.7 腹部损伤

5.7.1 重伤一级

a）肝功能损害（重度）。

b）胃肠道损伤致消化吸收功能严重障碍，依赖肠外营养。

c）肾功能不全（尿毒症期）。

5.7.2 重伤二级

a）腹腔大血管破裂。

b）胃、肠、胆囊或者胆道全层破裂，须手术治疗。

c）肝、脾、胰或者肾破裂，须手术治疗。

d）输尿管损伤致尿外渗，须手术治疗。

e）腹部损伤致肠瘘或者尿瘘。

f）腹部损伤引起弥漫性腹膜炎或者感染性休克。

g）肾周血肿或者肾包膜下血肿，须手术治疗。

h）肾功能不全（失代偿期）。

i）肾损伤致肾性高血压。

j）外伤性肾积水；外伤性肾动脉瘤；外伤性肾动静脉瘘。

k）腹腔积血或者腹膜后血肿，须手术治疗。

5.7.3 轻伤一级

a）胃、肠、胆囊或者胆道非全层破裂。

b）肝包膜破裂；肝脏实质内血肿直径2.0cm以上。

c）脾包膜破裂；脾实质内血肿直径2.0cm以上。

d）胰腺包膜破裂。

e）肾功能不全（代偿期）。

5.7.4　轻伤二级

a）胃、肠、胆囊或者胆道挫伤。

b）肝包膜下或者实质内出血。

c）脾包膜下或者实质内出血。

d）胰腺挫伤。

e）肾包膜下或者实质内出血。

f）肝功能损害（轻度）。

g）急性肾功能障碍（可恢复）。

h）腹腔积血或者腹膜后血肿。

i）腹壁穿透创。

5.7.5　轻微伤

a）外伤性血尿。

5.8　盆部及会阴损伤

5.8.1　重伤一级

a）阴茎及睾丸全部缺失。

b）子宫及卵巢全部缺失。

5.8.2　重伤二级

a）骨盆骨折畸形愈合，致双下肢相对长度相差5.0cm以上。

b）骨盆不稳定性骨折，须手术治疗。

c）直肠破裂，须手术治疗。

d）肛管损伤致大便失禁或者肛管重度狭窄，须手术治疗。

e）膀胱破裂，须手术治疗。

f）后尿道破裂，须手术治疗。

g）尿道损伤致重度狭窄。

h）损伤致早产或者死胎；损伤致胎盘早期剥离或者流产，合并轻度休克。

i）子宫破裂，须手术治疗。

j）卵巢或者输卵管破裂，须手术治疗。

k）阴道重度狭窄。

l）幼女阴道Ⅱ度撕裂伤。

m）女性会阴或者阴道Ⅲ度撕裂伤。

n）龟头缺失达冠状沟。

o）阴囊皮肤撕脱伤面积占阴囊皮肤面积50%以上。

p）双侧睾丸损伤，丧失生育能力。

q）双侧附睾或者输精管损伤，丧失生育能力。

r）直肠阴道瘘；膀胱阴道瘘；直肠膀胱瘘。

s）重度排尿障碍。

5.8.3 轻伤一级

a）骨盆2处以上骨折；骨盆骨折畸形愈合；髋臼骨折。

b）前尿道破裂，须手术治疗。

c）输尿管狭窄。

d）一侧卵巢缺失或者萎缩。

e）阴道轻度狭窄。

f）龟头缺失1/2以上。

g）阴囊皮肤撕脱伤面积占阴囊皮肤面积30%以上。

h）一侧睾丸或者附睾缺失；一侧睾丸或者附睾萎缩。

5.8.4 轻伤二级

a）骨盆骨折。

b）直肠或者肛管挫裂伤。

c）一侧输尿管挫裂伤；膀胱挫裂伤；尿道挫裂伤。

d）子宫挫裂伤；一侧卵巢或者输卵管挫裂伤。

e）阴道撕裂伤。

f）女性外阴皮肤创口或者瘢痕长度累计4.0cm以上。

g）龟头部分缺损。

h）阴茎撕脱伤；阴茎皮肤创口或者瘢痕长度2.0cm以上；阴茎海绵体出血并形成硬结。

i）阴囊壁贯通创；阴囊皮肤创口或者瘢痕长度累计4.0cm以上；阴囊内积血，2周内未完全吸收。

j）一侧睾丸破裂、血肿、脱位或者扭转。

k）一侧输精管破裂。

l）轻度肛门失禁或者轻度肛门狭窄。

m）轻度排尿障碍。

n）外伤性难免流产；外伤性胎盘早剥。

5.8.5 轻微伤

a）会阴部软组织挫伤。

b）会阴创；阴囊创；阴茎创。

c）阴囊皮肤挫伤。

d）睾丸或者阴茎挫伤。

e）外伤性先兆流产。

5.9 脊柱四肢损伤

5.9.1 重伤一级

a）二肢以上离断或者缺失（上肢腕关节以上、下肢踝关节以上）。

b）二肢六大关节功能完全丧失。

5.9.2 重伤二级

a）四肢任一大关节强直畸形或者功能丧失50%以上。

b）臂丛神经干性或者束性损伤，遗留肌瘫（肌力3级以下）。

c）正中神经肘部以上损伤，遗留肌瘫（肌力3级以下）。

d）桡神经肘部以上损伤，遗留肌瘫（肌力3级以下）。

e）尺神经肘部以上损伤，遗留肌瘫（肌力3级以下）。

f）骶丛神经或者坐骨神经损伤，遗留肌瘫（肌力3级以下）。

g）股骨干骨折缩短5.0cm以上、成角畸形30° 以上或者严重旋转畸形。

h）胫腓骨骨折缩短5.0cm以上、成角畸形30° 以上或者严重旋转畸形。

i）膝关节挛缩畸形屈曲30° 以上。

j）一侧膝关节交叉韧带完全断裂遗留旋转不稳。

k）股骨颈骨折或者髋关节脱位，致股骨头坏死。

l）四肢长骨骨折不愈合或者假关节形成；四肢长骨骨折并发慢性骨髓炎。

m）一足离断或者缺失50%以上；足跟离断或者缺失50%以上。

n）一足的第一趾和其余任何二趾离断或者缺失；一足除第一趾外，离断或者缺失4趾。

o）两足5个以上足趾离断或者缺失。

p）一足第一趾及其相连的跖骨离断或者缺失。

q）一足除第一趾外，任何三趾及其相连的跖骨离断或者缺失。

5.9.3　轻伤一级

a）四肢任一大关节功能丧失25%以上。

b）一节椎体压缩骨折超过1/3以上；二节以上椎体骨折；三处以上横突、棘突或者椎弓骨折。

c）膝关节韧带断裂伴半月板破裂。

d）四肢长骨骨折畸形愈合。

e）四肢长骨粉碎性骨折或者两处以上骨折。

f）四肢长骨骨折累及关节面。

g）股骨颈骨折未见股骨头坏死，已行假体置换。

h）骺板断裂。

i）一足离断或者缺失10%以上；足跟离断或者缺失20%以上。

j）一足的第一趾离断或者缺失；一足除第一趾外的任何二趾离断或者缺失。

k）三个以上足趾离断或者缺失。

l）除第一趾外任何一趾及其相连的跖骨离断或者缺失。

m）肢体皮肤创口或者瘢痕长度累计45.0cm以上。

5.9.4　轻伤二级

a）四肢任一大关节功能丧失10%以上。

b）四肢重要神经损伤。

c）四肢重要血管破裂。

d）椎骨骨折或者脊椎脱位（尾椎脱位不影响功能的除外）；外伤性椎间盘突出。

e）肢体大关节韧带断裂；半月板破裂。

f）四肢长骨骨折；髌骨骨折。

g）骨骺分离。

h）损伤致肢体大关节脱位。

i）第一趾缺失超过趾间关节；除第一趾外，任何二趾缺失超过趾间关节；一趾缺失。

j）两节趾骨骨折；一节趾骨骨折合并一跖骨骨折。

k）两跖骨骨折或者一跖骨完全骨折；距骨、跟骨、骰骨、楔骨或者足舟骨骨折；跖跗关节脱位。

l）肢体皮肤一处创口或者瘢痕长度10.0cm以上；两处以上创口或者瘢痕长度累计15.0cm以上。

5.9.5　轻微伤

a）肢体一处创口或者瘢痕长度1.0cm以上；两处以上创口或者瘢痕长度累计1.5cm以上；刺创深达肌层。

b）肢体关节、肌腱或者韧带损伤。

c）骨挫伤。

d）足骨骨折。

e）外伤致趾甲脱落，甲床暴露；甲床出血。

f）尾椎脱位。

5.10　手损伤

5.10.1　重伤一级

a）双手离断、缺失或者功能完全丧失。

5.10.2　重伤二级

a）手功能丧失累计达一手功能36%。

b）一手拇指挛缩畸形不能对指和握物。

c）一手除拇指外，其余任何三指挛缩畸形，不能对指和握物。

d）一手拇指离断或者缺失超过指间关节。

e）一手示指和中指全部离断或者缺失。

f）一手除拇指外的任何三指离断或者缺失均超过近侧指间关节。

5.10.3　轻伤一级

a）手功能丧失累计达一手功能16%。

b）一手拇指离断或者缺失未超过指间关节。

c）一手除拇指外的示指和中指离断或者缺失均超过远侧指间关节。

d）一手除拇指外的环指和小指离断或者缺失均超过近侧指间关节。

5.10.4　轻伤二级

a）手功能丧失累计达一手功能4%。

b）除拇指外的一个指节离断或者缺失。

c）两节指骨线性骨折或者一节指骨粉碎性骨折（不含第2至5指末节）。

d）舟骨骨折、月骨脱位或者掌骨完全性骨折。

5.10.5　轻微伤

a）手擦伤面积10.0cm^{2}以上或者挫伤面积6.0cm^{2}以上。

b）手一处创口或者瘢痕长度1.0cm以上；两处以上创口或者瘢痕长度累计1.5cm以上；刺伤深达肌层。

c）手关节或者肌腱损伤。

d）腕骨、掌骨或者指骨骨折。

e）外伤致指甲脱落，甲床暴露；甲床出血。

5.11　体表损伤

5.11.1　重伤二级

a）挫伤面积累计达体表面积30%。

b）创口或者瘢痕长度累计200.0cm以上。

5.11.2　轻伤一级

a）挫伤面积累计达体表面积10%。

b）创口或者瘢痕长度累计40.0cm以上。

c）撕脱伤面积100.0cm^{2}以上。

d）皮肤缺损30.0cm^{2}以上。

5.11.3　轻伤二级

a）挫伤面积达体表面积6%。

b）单个创口或者瘢痕长度10.0cm以上；多个创口或者瘢痕长度累计15.0cm以上。

c）撕脱伤面积50.0cm^{2}以上。

d）皮肤缺损6.0cm^{2}以上。

5.11.4　轻微伤

a）擦伤面积20.0cm^{2}以上或者挫伤面积15.0cm^{2}以上。

b）一处创口或者瘢痕长度1.0cm以上；两处以上创口或者瘢痕长度累计1.5cm以上；刺创深达肌层。

c）咬伤致皮肤破损。

5.12 其他损伤

5.12.1 重伤一级

a)深Ⅱ°以上烧烫伤面积达体表面积70%或者Ⅲ°面积达30%。

5.12.2 重伤二级

a)Ⅱ°以上烧烫伤面积达体表面积30%或者Ⅲ°面积达10%;面积低于上述程度但合并吸入有毒气体中毒或者严重呼吸道烧烫伤。

b)枪弹创,创道长度累计180.0cm。

c)各种损伤引起脑水肿(脑肿胀),脑疝形成。

d)各种损伤引起休克(中度)。

e)挤压综合征(Ⅱ级)。

f)损伤引起脂肪栓塞综合征(完全型)。

g)各种损伤致急性呼吸窘迫综合征(重度)。

h)电击伤(Ⅱ°)。

i)溺水(中度)。

j)脑内异物存留;心脏异物存留。

k)器质性阴茎勃起障碍(重度)。

5.12.3 轻伤一级

a)Ⅱ°以上烧烫伤面积达体表面积20%或者Ⅲ°面积达5%。

b)损伤引起脂肪栓塞综合征(不完全型)。

c)器质性阴茎勃起障碍(中度)。

5.12.4 轻伤二级

a)Ⅱ°以上烧烫伤面积达体表面积5%或者Ⅲ°面积达0.5%。

b)呼吸道烧伤。

c)挤压综合征(I级)。

d)电击伤(Ⅰ°)。

e)溺水(轻度)。

f)各种损伤引起休克(轻度)。

g)呼吸功能障碍,出现窒息征象。

h)面部异物存留;眶内异物存留;鼻窦异物存留。

i)胸腔内异物存留;腹腔内异物存留;盆腔内异物存留。

j)深部组织内异物存留。

k)骨折内固定物损坏需要手术更换或者修复。

l)各种置入式假体装置损坏需要手术更换或者修复。

m)器质性阴茎勃起障碍(轻度)。

5.12.5 轻微伤

a)身体各部位骨皮质的砍(刺)痕;轻微撕脱性骨折,无功能障碍。

b)面部Ⅰ°烧烫伤面积$10.0cm^2$以上;浅Ⅱ°烧烫伤。

c)颈部Ⅰ°烧烫伤面积$15.0cm^2$以上;浅Ⅱ°烧烫伤面积$2.0cm^2$以上。

d)体表Ⅰ°烧烫伤面积$20.0cm^2$以上;浅Ⅱ°烧烫伤面积$4.0cm^2$以上;深Ⅱ°烧烫伤。

6 附则

6.1 伤后因其他原因死亡的个体,其生前损伤比照本标准相关条款综合鉴定。

6.2 未列入本标准中的物理性、化学性和生物性等致伤因素造成的人体损伤,比照本标准中的相应条款综合鉴定。

6.3 本标准所称的损伤是指各种致伤因素所引起的人体组织器官结构破坏或者功能障碍。反应性精神病、癔症等,均为内源性疾病,不宜鉴定损伤程度。

6.4 本标准未作具体规定的损伤,可以遵循损伤程度等级划分原则,比照本标准相近条款进行损伤程度鉴定。

6.5 盲管创、贯通创,其创道长度可视为皮肤创口长度,并参照皮肤创口长度相应条款鉴定损伤程度。

6.6 牙折包括冠折、根折和根冠折,冠折须暴露髓腔。

6.7 骨皮质的砍(刺)痕或者轻微撕脱性骨折(无功能障碍)的,不构成本标准所指的轻伤。

6.8 本标准所称大血管是指胸主动脉、主动脉弓分支、肺动脉、肺静脉、上腔静脉和下腔静脉,腹主动脉、髂总动脉、髂外动脉、髂外静脉。

6.9 本标准四肢大关节是指肩、肘、腕、髋、膝、踝等六大关节。

6.10 本标准四肢重要神经是指臂丛及其分支神经(包括正中神经、尺神经、桡神经和肌皮神经等)和腰骶丛及其分支神经(包括坐骨神经、腓总神经、腓浅神经和胫神经等)。

6.11　本标准四肢重要血管是指与四肢重要神经伴行的同名动、静脉。

6.12　本标准幼女或者儿童是指年龄不满14周岁的个体。

6.13　本标准所称的假体是指植入体内替代组织器官功能的装置,如:颅骨修补材料、人工晶体、义眼座、固定义齿(种植牙)、阴茎假体、人工关节、起搏器、支架等,但可摘式义眼、义齿等除外。

6.14　移植器官损伤参照相应条款综合鉴定。

6.15　本标准所称组织器官包括再植或者再造成活的。

6.16　组织器官缺失是指损伤当时完全离体或者仅有少量皮肤和皮下组织相连,或者因损伤经手术切除的。器官离断(包括牙齿脱落),经再植、再造手术成功的,按损伤当时情形鉴定损伤程度。

6.17　对于两个部位以上同类损伤可以累加,比照相关部位数值规定高的条款进行评定。

6.18　本标准所涉及的体表损伤数值,0~6岁按50%计算,7~10岁按60%计算,11~14岁按80%计算。

6.19　本标准中出现的数字均含本数。

附录A

（规范性附录）

损伤程度等级划分原则

A.1　重伤一级

各种致伤因素所致的原发性损伤或者由原发性损伤引起的并发症，严重危及生命；遗留肢体严重残废或者重度容貌毁损；严重丧失听觉、视觉或者其他重要器官功能。

A.2　重伤二级

各种致伤因素所致的原发性损伤或者由原发性损伤引起的并发症，危及生命；遗留肢体残废或者轻度容貌毁损；丧失听觉、视觉或者其他重要器官功能。

A.3　轻伤一级

各种致伤因素所致的原发性损伤或者由原发性损伤引起的并发症，未危及生命；遗留组织器官结构、功能中度损害或者明显影响容貌。

A.4　轻伤二级

各种致伤因素所致的原发性损伤或者由原发性损伤引起的并发症，未危及生命；遗留组织器官结构、功能轻度损害或者影响容貌。

A.5　轻微伤

各种致伤因素所致的原发性损伤，造成组织器官结构轻微损害或者轻微功能障碍。

A.6　等级限度

重伤二级是重伤的下限，与重伤一级相衔接，重伤一级的上限是致人死亡；轻伤二级是轻伤的下限，与轻伤一级相衔接，轻伤一级的上限与重伤二级相衔接；轻微伤的上限与轻伤二级相衔接，未达轻微伤标准的，不鉴定为轻微伤。

附录B

（规范性附录）

功能损害判定基准和使用说明

B.1　颅脑损伤

B.1.1　智能（IQ）减退

极重度智能减退：IQ低于25；语言功能丧失；生活完全不能自理。

重度智能减退：IQ25~39之间；语言功能严重受损，不能进行有效的语言交流；生活大部分不能自理。

中度智能减退：IQ40~54之间；能掌握日常生活用语，但词汇贫乏，对周围环境辨别能力差，只能以简单的方式与人交往；生活部分不能自理，能做简单劳动。

轻度智能减退：IQ55~69之间；无明显语言障碍，对周围环境有较好的辨别能力，能比较恰当的与人交往；生活能自理，能做一般非技术性工作。

边缘智能状态：IQ70~84之间；抽象思维能力或者思维广度、深度机敏性显示不良；不能完成高级复杂的脑力劳动。

B.1.2　器质性精神障碍

有明确的颅脑损伤伴不同程度的意识障碍病史，并且精神障碍发生和病程与颅脑损伤相关。症状表现为：意识障碍；遗忘综合征；痴呆；器质性人格改变；精神病性症状；神经症样症状；现实检验能力或者社会功能减退。

B.1.3　生活自理能力

生活自理能力主要包括以下五项：

（1）进食。

（2）翻身。

（3）大、小便。

（4）穿衣、洗漱。

（5）自主行动。

生活完全不能自理：是指上述五项均需依赖护理者。

生活大部分不能自理：是指上述五项中三项以上需依赖护理者。

生活部分不能自理：是指上述五项中一项以上需依赖护理者。

B.1.4　肌瘫（肌力）

0级：肌肉完全瘫痪，毫无收缩。

1级：可看到或者触及肌肉轻微收缩，但不能产生动作。

2级：肌肉在不受重力影响下，可进行运动，即肢体能在床面上移动，但不能抬高。

3级：在和地心引力相反的方向中尚能完成其动作，但不能对抗外加的阻力。

4级：能对抗一定的阻力，但较正常人为低。

5级：正常肌力。

B.1.5　非肢体瘫的运动障碍

非肢体瘫的运动障碍包括肌张力增高，共济失调，不自主运动或者震颤等。根据其对生活自理影响的程度划分为轻、中、重三度。

重度：不能自行进食，大小便，洗漱，翻身和穿衣，需要他人护理。

中度：上述动作困难，但在他人帮助下可以完成。

轻度：完成上述动作虽有一些困难，但基本可以自理。

B.1.6　外伤性迟发性癫痫应具备的条件

（1）确证的头部外伤史。

（2）头部外伤90日后仍被证实有癫痫的临床表现。

（3）脑电图检查（包括常规清醒脑电图检查、睡眠脑电图检查或者较长时间连续同步录像脑电图检查等）显示异常脑电图。

（4）影像学检查确证颅脑器质性损伤。

B.1.7　肛门失禁

重度：大便不能控制；肛门括约肌收缩力很弱或者丧失；肛门括约肌收缩反射很弱或者消失；直肠内压测定，肛门注水法$<20cmH_2O$。

轻度：稀便不能控制；肛门括约肌收缩力较弱；肛门括约肌收缩反射较弱；直肠内压测定，肛门注水法$20\sim30cmH_2O$。

B.1.8　排尿障碍

重度：出现真性重度尿失禁或者尿潴留残余尿≥50mL。

轻度：出现真性轻度尿失禁或者尿潴留残余尿<50mL。

B.2　头面部损伤

B.2.1　眼睑外翻

重度外翻：睑结膜严重外翻，穹隆部消失。

中度外翻：睑结膜和睑板结膜外翻。

轻度外翻：睑结膜与眼球分离，泪点脱离泪阜。

B.2.2　容貌毁损

重度：面部瘢痕畸形，并有以下六项中四项者。（1）眉毛缺失；（2）双睑外翻或者缺失；（3）外耳缺失；（4）鼻缺失；（5）上、下唇外翻或者小口畸形；（6）颈颏粘连。

中度：具有以下六项中三项者。（1）眉毛部分缺失；（2）眼睑外翻或者部分缺失；（3）耳廓部分缺失；（4）鼻翼部分缺失；（5）唇外翻或者小口畸形；（6）颈部瘢痕畸形。

轻度：含中度畸形六项中二项者。

B.2.3　面部及中心区

面部的范围是指前额发际下，两耳屏前与下颌下缘之间的区域，包括额部、眶部、鼻部、口唇部、颏部、颧部、颊部、腮腺咬肌部。

面部中心区：以眉弓水平线为上横线，以下唇唇红缘中点处作水平线为下横线，以双侧外眦处作两条垂直线，上述四条线围绕的中央部分为中心区。

B.2.4　面瘫（面神经麻痹）

本标准涉及的面瘫主要是指外周性（核下性）面神经损伤所致。

完全性面瘫：是指面神经5个分支（颞支、颧支、颊支、下颌缘支和颈支）支配的全部颜面肌肉瘫痪，表现为：额纹消失，不能皱眉；眼睑不能充分闭合，鼻唇沟变浅；口角下垂，不能示齿，鼓腮，吹口哨，饮食时汤水流逸。

不完全性面瘫：是指面神经颧支、下颌支或者颞支和颊支损伤出现部分上述症状和体征。

B.2.5　张口困难分级

张口困难Ⅰ度：大张口时，只能垂直置入示指和中指。

张口困难Ⅱ度：大张口时，只能垂直置入示指。

张口困难Ⅲ度：大张口时，上、下切牙间距小于示指之横径。

B.3　听器听力损伤

听力损失计算应按照世界卫生组织推荐的听力减退分级的频率范围，取0.5、1、2、4kHz四个频率气导听阈级的平均值。如所得均值不是整数，则小数点后之尾数采用4舍5入法进为整数。

纯音听阈级测试时，如某一频率纯音气导最大声输出仍无反应时，以最大声输出值作为该频率听阈级。

听觉诱发电位测试时，若最大输出声强仍引不出反应波形的，以最大输出声强为反应阈值。在听阈评估时，听力学单位一律使用听力级（dB HL）。一般情况下，受试者听觉诱发电位反应阈要比其行为听阈高 10~20 dB（该差值又称“校正值”），即受试者的行为听阈等于其听觉诱发电位反应阈减去“校正值”。听觉诱发电位检测实验室应建立自己的“校正值”，如果没有自己的“校正值”，则取平均值（15 dB）作为“较正值”。

纯音气导听阈级应考虑年龄因素，按照《纯音气导阈的年龄修正值》（GB7582−87）听阈级偏差的中值（50%）进行修正，其中4000Hz的修正值参考2000Hz的数值。

表B.1　纯音气导阈值的年龄修正值（GB7582−87）

年龄	男			女		
	500Hz	1000Hz	2000Hz	500Hz	1000Hz	2000Hz
30	1	1	1	1	1	1
40	2	2	3	2	2	3
50	4	4	7	4	4	6
60	6	7	12	6	7	11
70	10	11	19	10	11	16

B.4 视觉器官损伤

B.4.1 盲及视力损害分级

表B.2 盲及视力损害分级标准（2003年，WHO）

分类	远视力低于	远视力等于或优于
轻度或无视力损害		0.3
中度视力损害（视力损害1级）	0.3	0.1
重度视力损害（视力损害2级）	0.1	0.05
盲（盲目3级）	0.05	0.02
盲（盲目4级）	0.02	光感
盲（盲目5级）		无光感

B.4.2 视野缺损

视野有效值计算公式：

$$实测视野有效值（\%）=\frac{8条子午线实测视野值}{500}$$

表B.3 视野有效值与视野半径的换算

视野有效值（%）	视野度数（半径）
8	5°
16	10°
24	15°
32	20°
40	25°
48	30°
56	35°
64	40°
72	45°
80	50°
88	55°
96	60°

B.5 颈部损伤

B.5.1 甲状腺功能低下

重度：临床症状严重；T3、T4或者FT3、FT4低于正常值，TSH>50μU/L。

中度：临床症状较重；T3、T4或者FT3、FT4正常，TSH>50μU/L。

轻度：临床症状较轻；T3、T4或者FT3、FT4正常，TSH，轻度增高但<50μU/L。

B.5.2 甲状旁腺功能低下（以下分级需结合临床症状分析）

重度：空腹血钙<6mg/dL。

中度：空腹血钙6~7mg/dL。

轻度：空腹血钙7.1~8mg/dL。

B.5.3 发声功能障碍

重度：声哑、不能出声。

轻度：发音过弱、声嘶、低调、粗糙、带鼻音。

B.5.4 构音障碍

严重构音障碍：表现为发音不分明，语不成句，难以听懂，甚至完全不能说话。

轻度构音障碍：表现为发音不准，吐字不清，语调速度、节律等异常，鼻音过重。

B.6 胸部损伤

B.6.1 心功能分级

Ⅰ级：体力活动不受限，日常活动不引起过度的乏力、呼吸困难或者心悸。即心功能代偿期。

Ⅱ级：体力活动轻度受限，休息时无症状，日常活动即可引起乏力、心悸、呼吸困难或者心绞痛。亦称Ⅰ度或者轻度心衰。

Ⅲ级：体力活动明显受限，休息时无症状，轻于日常的活动即可引起上述症状。亦称Ⅱ度或者中度心衰。

Ⅳ级：不能从事任何体力活动，休息时亦有充血性心衰或心绞痛症状，任何体力活动后加重。亦称Ⅲ度或者重度心衰。

B.6.2 呼吸困难

1级：与同年龄健康者在平地一同步行无气短，但登山或者上楼时呈气短。

2级：平路步行1000m无气短，但不能与同龄健康者保持同样速度，平路快步行走呈现气短，登山或者上楼时气短明显。

3级：平路步行100m即有气短。

4级：稍活动（如穿衣、谈话）即气短。

B.6.3　窒息征象

临床表现为面、颈、上胸部皮肤出现针尖大小的出血点，以面部与眼眶部为明显；球睑结膜下出现出血斑点。

B.7　腹部损伤

B.7.1　肝功能损害

表B.4　肝功能损害分度

程度	血清清蛋白	血清总胆红素	腹水	脑症	凝血酶原时间
重度	<2.5g/dL	>3.0mg/dL	顽固性	明显	明显延长（较对照组>9秒）
中度	2.5~3.0g/dL	2.0~3.0mg/dL	无或者少量，治疗后消失	无或者轻度	延长（较对照组>6秒）
轻度	3.1~3.5g/dL	1.5~2.0mg/dL	无	无	稍延长（较对照组>3秒）

B.7.2　肾功能不全

表B.5　肾功能不全分期

分期	内生肌酐清除率	血尿素氮浓度	血肌酐浓度	临床症状
代偿期	降至正常的50% 50~70mL/min	正常	正常	通常无明显临床症状
失代偿期	25~49mL/min		>177μmol/L（2mg/dL）但<450μmol/L（5mg/dL）	无明显临床症状，可有轻度贫血；夜尿、多尿
尿毒症期	<25mL/min	>21.4mmol/L（60mg/dL）	450~707μmol/L（5~8mg/dL）	常伴有酸中毒和严重尿毒症临床症状

B.7.3　会阴及阴道撕裂

Ⅰ度：会阴部粘膜、阴唇系带、前庭粘膜、阴道粘膜等处有撕裂，但未累及肌层及筋膜。

Ⅱ度：撕裂伤累及盆底肌肉筋膜，但未累及肛门括约肌。

Ⅲ度：肛门括约肌全部或者部分撕裂，甚至直肠前壁亦被撕裂。

B.8　其他损伤

B.8.1　烧烫伤分度

表B.6　烧伤深度分度

<table>
<tr><th colspan="2">程度</th><th>损伤组织</th><th>烧伤部位特点</th><th>愈后情况</th></tr>
<tr><td colspan="2">Ⅰ度</td><td>表皮</td><td>皮肤红肿，有热、痛感，无水疱，干燥，局部温度稍有增高</td><td>不留瘢痕</td></tr>
<tr><td rowspan="2">Ⅱ度</td><td>浅Ⅱ度</td><td>真皮浅层</td><td>剧痛，表皮有大而薄的水疱，疱底有组织充血和明显水肿；组织坏死仅限于皮肤的真皮层，局部温度明显增高</td><td>不留瘢痕</td></tr>
<tr><td>深Ⅱ度</td><td>真皮深层</td><td>痛，损伤已达真皮深层，水疱较小，表皮和真皮层大部分凝固和坏死。将已分离的表皮揭去，可见基底微湿，色泽苍白上有红出血点，局部温度较低</td><td>可留下瘢痕</td></tr>
<tr><td colspan="2">Ⅲ度</td><td>全层皮肤或者皮下组织、肌肉、骨骼</td><td>不痛，皮肤全层坏死，干燥如皮革样，不起水疱，蜡白或者焦黄，炭化，知觉丧失，脂肪层的大静脉全部坏死，局部温度低，发凉</td><td>需自体皮肤移植，有瘢痕或者畸形</td></tr>
</table>

B.8.2　电击伤

Ⅰ度：全身症状轻微，只有轻度心悸。触电肢体麻木，全身无力，如极短时间内脱离电源，稍休息可恢复正常。

Ⅱ度：触电肢体麻木，面色苍白，心跳、呼吸增快，甚至昏厥、意识丧失，但瞳孔不散大。对光反射存在。

Ⅲ度：呼吸浅而弱、不规则，甚至呼吸骤停。心律不齐，有室颤或者心搏骤停。

B.8.3　溺水

重度：落水后3~4分钟，神志昏迷，呼吸不规则，上腹部膨胀，心音减弱或者心跳、呼吸停止。淹溺到死亡的时间一般为5~6分钟。

中度：落水后1~2分钟，神志模糊，呼吸不规则或者表浅，血压下降，心跳减慢，反射减弱。

轻度：刚落水片刻，神志清，血压升高，心率、呼吸增快。

B.8.4　挤压综合征

系人体肌肉丰富的四肢与躯干部位因长时间受压（例如暴力挤压）或者其他原因造成局部循环障碍，结果引起肌肉缺血性坏死，出现肢体明显肿胀、肌红蛋白尿及高血钾等为特征的急性肾功能衰竭。

Ⅰ级：肌红蛋白尿试验阳性，肌酸磷酸激酶（CPK）增高，而无肾衰等周身反应者。

Ⅱ级：肌红蛋白尿试验阳性，肌酸磷酸激酶（CPK）明显升高，血肌酐和尿素氮增高，少尿，有明显血浆渗入组织间隙，致有效血容量丢失，出现低血压者。

Ⅲ级：肌红蛋白尿试验阳性，肌酸磷酸激酶（CPK）显著升高，少尿或者尿闭，休克，代谢性酸中毒以及高血钾者。

B.8.5　急性呼吸窘迫综合征

急性呼吸窘迫综合征（ARDS）须具备以下条件：

（1）有发病的高危因素。

（2）急性起病，呼吸频率数和/或呼吸窘迫。

（3）低氧血症，$PaO2/FiO2 \leq 200mmHg$。

（4）胸部X线检查两肺浸润影。

（5）肺毛细血管楔压（PCWP）≤18mmHg，或者临床上除外心源性肺水肿。

凡符合以上5项可诊断为ARDS。

表B.7　急性呼吸窘迫综合征分度

程度	临床分级			血气分析分级	
	呼吸频率	临床表现	X线示	吸空气	吸纯氧15分钟后
轻度	>35次/分	无发绀	无异常或者纹理增多，边缘模糊	氧分压<8.0kPa 二氧化碳分压<4.7kPa	氧分压<46.7kPa Qs/Qt>10%

续表

程度	临床分级			血气分析分级	
	呼吸频率	临床表现	X线示	吸空气	吸纯氧15分钟后
中度	>40次/分	发绀，肺部有异常体征	斑片状阴影或者呈磨玻璃样改变，可见支气管气相	氧分压<6.7kPa 二氧化碳分压<5.3kPa	氧分压<20.0kPa Qs/Qt>20%
重度	呼吸极度窘迫	发绀进行性加重，肺广泛湿罗音或者实变	双肺大部分密度普遍增高，支气管气相明显	氧分压<5.3kPa（40mmHg）二氧化碳分压>6.0kPa	氧分压<13.3kPa Qs/Qt>30%

B.8.6 脂肪栓塞综合征

不完全型（或者称部分症候群型）：伤者骨折后出现胸部疼痛，咳呛震痛，胸闷气急，痰中带血，神疲身软，面色无华，皮肤出现瘀血点，上肢无力伸举，脉多细涩。实验室检查有明显低氧血症，预后一般良好。

完全型（或者称典型症候群型）：伤者创伤骨折后出现神志恍惚，严重呼吸困难，口唇紫绀，胸闷欲绝，脉细涩。本型初起表现为呼吸和心动过速、高热等非特异症状。此后出现呼吸窘迫、神志不清以至昏迷等神经系统症状，在眼结膜及肩、胸皮下可见散在瘀血点，实验室检查可见血色素降低，血小板减少，血沉增快以及出现低氧血症。肺部X线检查可见多变的进行性的肺部斑片状阴影改变和右心扩大。

B.8.7 休克分度

表B.8 休克分度

程度	血压（收缩压）kPa	脉搏（次/分）	全身状况
轻度	12~13.3（90~100mmHg）	90~100	尚好
中度	10~12（75~90mmHg）	110~130	抑制、苍白、皮肤冷
重度	<10（<75mmHg）	120~160	明显抑制
垂危	0		呼吸障碍、意识模糊

B.8.8　器质性阴茎勃起障碍

重度：阴茎无勃起反应，阴茎硬度及周径均无改变。

中度：阴茎勃起时最大硬度>0，<40%，每次勃起持续时间<10分钟。

轻度：阴茎勃起时最大硬度≥40%，<60%，每次勃起持续时间<10分钟。

附录C

（资料性附录）

人体损伤程度鉴定常用技术

C.1 视力障碍检查

视力记录可采用小数记录或者5分记录两种方式。视力（指远距视力）经用镜片（包括接触镜，针孔镜等），纠正达到正常视力范围（0.8以上）或者接近正常视力范围（0.4–0.8）的都不属视力障碍范围。

中心视力好而视野缩小，以注视点为中心，视野半径小于10度而大于5度者为盲目3级，如半径小于5度者为盲目4级。

周边视野检查：视野缩小系指因损伤致眼球注视前方而不转动所能看到的空间范围缩窄，以致难以从事正常工作、学习或者其他活动。

对视野检查要求，视标颜色：白色，视标大小：5mm，检查距离330mm，视野背景亮度：31.5asb。

周边视野缩小，鉴定以实测得八条子午线视野值的总和计算平均值，即有效视野值。

视力障碍检查具体方法参考《视觉功能障碍法医鉴定指南》（SF/Z JD0103004）。

C.2 听力障碍检查

听力障碍检查应符合《听力障碍的法医学评定》（GA/T 914）。

C.3 前庭平衡功能检查

本标准所指的前庭平衡功能丧失及前庭平衡功能减退，是指外力作用颅脑或者耳部，造成前庭系统的损伤。伤后出现前庭平衡功能障碍的临床表现，自发性前庭体征检查法和诱发性前庭功能检查法等有阳性发现（如眼震电图/眼震视图、静、动态平衡仪、前庭诱发电位等检查），结合听力检查和神经系统检查，以及影像学检查综合判定，确定前庭平衡功能是丧失，或者减退。

C.4 阴茎勃起功能检测

阴茎勃起功能检测应满足阴茎勃起障碍法医学鉴定的基本要求，具体方法参考《男子性功能障碍法医学鉴定规范》(SF/Z JD0103002)。

C.5　体表面积计算

九分估算法:成人体表面积视为100%,将总体表面积划分为11个9%等面积区域,即头(面)颈部占一个9%,双上肢占二个9%,躯干前后及会阴部占三个9%,臀部及双下肢占五个9%+1%(见表B2)。

表C.1　体表面积的九分估算法

部位	面积,%	按九分法面积,%
头	6	(1×9)=9
颈	3	
前躯	13	(3×9)=27
后躯	13	
会阴	1	
双上臂	7	(2×9)=18
双前臂	6	
双手	5	(5×9+1)=46
臀	5	
双大腿	21	
双小腿	13	
双足	7	
全身合计	100	(11×9+1)=100

注:12岁以下儿童体表面积:头颈部=9+(12−年龄),双下肢=46−(12−年龄)

手掌法:受检者五指并拢,一掌面相当其自身体表面积的1%。

公式计算法:S(平方米)=0.0061×身长(cm)+0.0128×体重(kg)−0.1529

C.6　肢体关节功能丧失程度评价

肢体关节功能评价使用说明(适用于四肢大关节功能评定):

1.各关节功能丧失程度等于相应关节所有轴位(如腕关节有两个轴位)和所有方位(如腕关节有四个方位)功能丧失值的之和再除以相应关节活动的方位数之和。例如:腕关节掌屈40度,背屈30度,桡屈15度,尺屈20度。查表得相应功能丧失值分别为30%、40%、60%和60%,求得腕关节功能丧失程度为

47.5%。如果掌屈伴肌力下降（肌力3级），查表得相应功能丧失值分别为65%、40%、60%和60%。求得腕关节功能丧失程度为56.25%。

2.当关节活动受限于某一方位时，其同一轴位的另一方位功能丧失值以100%计。如腕关节掌屈和背屈轴位上的活动限制在掌屈10度与40度之间，则背屈功能丧失值以100%计，而掌屈以40度计，查表得功能丧失值为30%，背屈功能以100%计，则腕关节功能丧失程度为65%。

3.对疑有关节病变（如退行性变）并影响关节功能时，伤侧关节功能丧失值应与对侧进行比较，即同时用查表法分别求出伤侧和对侧关节功能丧失值，并用伤侧关节功能丧失值减去对侧关节功能丧失值即为伤侧关节功能实际丧失值。

4.由于本标准对于关节功能的评定已经考虑到肌力减退对于关节功能的影响，故在测量关节运动活动度时，应以关节被动活动度为准。

C.6.1　肩关节功能丧失程度评定

表C.2　肩关节功能丧失程度（%）

	关节运动活动度	肌力				
		≤M1	M2	M3	M4	M5
前屈	≥171	100	75	50	25	0
	151~170	100	77	55	32	10
	131~150	100	80	60	40	20
	111~130	100	82	65	47	30
	91~110	100	85	70	55	40
	71~90	100	87	75	62	50
	51~70	100	90	80	70	60
	31~50	100	92	85	77	70
	≤30	100	95	90	85	80
后伸	≥41	100	75	50	25	0
	31~40	100	80	60	40	20
	21~30	100	85	70	55	40
	11~20	100	90	80	70	60
	≤10	100	95	90	85	80

续表

	关节运动活动度	肌力				
		≤M1	M2	M3	M4	M5
外展	≥171	100	75	50	25	0
	151~170	100	77	55	32	10
	131~150	100	80	60	40	20
	111~130	100	82	65	47	30
	91~110	100	85	70	55	40
	71~90	100	87	75	62	50
	51~70	100	90	80	70	60
	31~50	100	92	85	77	70
	≤30	100	95	90	85	80
内收	≥41	100	75	50	25	0
	31~40	100	80	60	40	20
	21~30	100	85	70	55	40
	11~20	100	90	80	70	60
	≤10	100	95	90	85	80
内旋	≥81	100	75	50	25	0
	71~80	100	77	55	32	10
	61~70	100	80	60	40	20
	51~60	100	82	65	47	30
	41~50	100	85	70	55	40
	31~40	100	87	75	62	50
	21~30	100	90	80	70	60
	11~20	100	92	85	77	70
	≤10	100	95	90	85	80
外旋	≥81	100	75	50	25	0
	71~80	100	77	55	32	10
	61~70	100	80	60	40	20
	51~60	100	82	65	47	30
	41~50	100	85	70	55	40
	31~40	100	87	75	62	50
	21~30	100	90	80	70	60
	11~20	100	92	85	77	70
	≤10	100	95	90	85	80

C.6.2 肘关节功能丧失程度评定

表C.3 肘关节功能丧失程度(%)

	关节运动活动度	肌力				
		≤M1	M2	M3	M4	M5
屈曲	≥41	100	75	50	25	0
	36~40	100	77	55	32	10
	31~35	100	80	60	40	20
	26~30	100	82	65	47	30
	21~25	100	85	70	55	40
	16~20	100	87	75	62	50
	11~15	100	90	80	70	60
	6~10	100	92	85	77	70
	≤5	100	95	90	85	80
伸展	81~90	100	75	50	25	0
	71~80	100	77	55	32	10
	61~70	100	80	60	40	20
	51~60	100	82	65	47	30
	41~50	100	85	70	55	40
	31~40	100	87	75	62	50
	21~30	100	90	80	70	60
	11~20	100	92	85	77	70
	≤10	100	95	90	85	80

注：为方便肘关节功能计算，此处规定肘关节以屈曲90度为中立位0度。

C.6.3　腕关节功能丧失程度评定

表C.4　腕关节功能丧失程度(%)

	关节运动活动度	肌力				
		≤M1	M2	M3	M4	M5
掌屈	≥61	100	75	50	25	0
	51~60	100	77	55	32	10
	41~50	100	80	60	40	20
	31~40	100	82	65	47	30
	26~30	100	85	70	55	40
	21~25	100	87	75	62	50
	16~20	100	90	80	70	60
	11~15	100	92	85	77	70
	≤10	100	95	90	85	80
背屈	≥61	100	75	50	25	0
	51~60	100	77	55	32	10
	41~50	100	80	60	40	20
	31~40	100	82	65	47	30
	26~30	100	85	70	55	40
	21~25	100	87	75	62	50
	16~20	100	90	80	70	60
	11~15	100	92	85	77	70
	≤10	100	95	90	85	80
桡屈	≥21	100	75	50	25	0
	16~20	100	80	60	40	20
	11~15	100	85	70	55	40
	6~10	100	90	80	70	60
	≤5	100	95	90	85	80
尺屈	≥41	100	75	50	25	0
	31~40	100	80	60	40	20
	21~30	100	85	70	55	40
	11~20	100	90	80	70	60
	≤10	100	95	90	85	80

C.6.4 髋关节功能丧失程度评定

表C.5 髋关节功能丧失程度(%)

	关节运动活动度	肌力				
		≤M1	M2	M3	M4	M5
前屈	≥121	100	75	50	25	0
	106~120	100	77	55	32	10
	91~105	100	80	60	40	20
	76~90	100	82	65	47	30
	61~75	100	85	70	55	40
	46~60	100	87	75	62	50
	31~45	100	90	80	70	60
	16~30	100	92	85	77	70
	≤15	100	95	90	85	80
后伸	≥11	100	75	50	25	0
	6~10	100	85	70	55	20
	1~5	100	90	80	70	50
	0	100	95	90	85	80
外展	≥41	100	75	50	25	0
	31~40	100	80	60	40	20
	21~30	100	85	70	55	40
	11~20	100	90	80	70	60
	≤10	100	95	90	85	80
内收	≥16	100	75	50	25	0
	11~15	100	80	60	40	20
	6~10	100	85	70	55	40
	1~5	100	90	80	70	60
	0	100	95	90	85	80

续表

	关节运动活动度	肌力				
		≤M1	M2	M3	M4	M5
外旋	≥41	100	75	50	25	0
	31~40	100	80	60	40	20
	21~30	100	85	70	55	40
	11~20	100	90	80	70	60
	≤10	100	95	90	85	80
内旋	≥41	100	75	50	25	0
	31~40	100	80	60	40	20
	21~30	100	85	70	55	40
	11~20	100	90	80	70	60
	≤10	100	95	90	85	80

注:表中前屈指屈膝位前屈。

C.6.5 膝关节功能丧失程度评定

表C.6 膝关节功能丧失程度(%)

	关节运动活动度	肌力				
		≤M1	M2	M3	M4	M5
屈曲	≥130	100	75	50	25	0
	116~129	100	77	55	32	10
	101~115	100	80	60	40	20
	86~100	100	82	65	47	30
	71~85	100	85	70	55	40
	61~70	100	87	75	62	50
	46~60	100	90	80	70	60
	31~45	100	92	85	77	70
	≤30	100	95	90	85	80

续表

	关节运动活动度	肌力				
		≤M1	M2	M3	M4	M5
伸展	≤-5	100	75	50	25	0
	-6~-10	100	77	55	32	10
	-11~-20	100	80	60	40	20
	-21~-25	100	82	65	47	30
	-26~-30	100	85	70	55	40
	-31~-35	100	87	75	62	50
	-36~-40	100	90	80	70	60
	-41~-45	100	92	85	77	70
	≥46	100	95	90	85	80

注：表中负值表示膝关节伸展时到达功能位（直立位）所差的度数。

使用说明：考虑到膝关节同一轴位屈伸活动相互重叠，膝关节功能丧失程度的计算方法与其他关节略有不同，即根据关节屈曲与伸展运动活动度查表得出相应功能丧失程度，再求和即为膝关节功能丧失程度。当二者之和大于100%时，以100%计算。

C.6.6 踝关节功能丧失程度评定

表C.7 踝关节功能丧失程度（%）

	关节运动活动度	肌力				
		≤M1	M2	M3	M4	M5
背屈	≥16	100	75	50	25	0
	11~15	100	80	60	40	20
	6~10	100	85	70	55	40
	1~5	100	90	80	70	60
	0	100	95	90	85	80
跖屈	≥41	100	75	50	25	0
	31~40	100	80	60	40	20
	21~30	100	85	70	55	40
	11~20	100	90	80	70	60
	≤10	100	95	90	85	80

C.7　手功能计算

C.7.1　手缺失和丧失功能的计算

一手拇指占一手功能的36%，其中末节和近节指节各占18%；食指、中指各占一手功能的18%，其中末节指节占8%，中节指节占7%，近节指节占3%；无名指和小指各占一手功能的9%，其中末节指节占4%，中节指节占3%，近节指节占2%。一手掌占一手功能的10%，其中第一掌骨占4%，第二、第三掌骨各占2%，第四、第五掌骨各占1%。本标准中，双手缺失或丧失功能的程度是按前面方法累加计算的结果。

C.7.2　手感觉丧失功能的计算

手感觉丧失功能是指因事故损伤所致手的掌侧感觉功能的丧失。手感觉丧失功能的计算按相应手功能丧失程度的50%计算。

第一章　人体损伤程度鉴定的程序要求和操作原则

任何一起案件要想得到公正的法律结果，都需要从案件办理的程序和实体操作两方面得到保证。对于一起人身伤害案件，相对于起诉、审判阶段来说，侦查阶段的程序要求及法医鉴定时的实体操作可能更需要关注及重视，此阶段相当于整个案件办理的“起动因子”，只有在此阶段把案件事实查清楚，鉴定意见做准确，后续的起诉、审判工作才能得到保障。

在侦查阶段，伤害案件一般涉及的主体主要有办案单位（委托单位）、双方当事人（侵害人、被侵害人）、鉴定人等。对于办案单位来说，从接报警开始，到鉴定做出为止，其重要的责任就是围绕鉴定将案件事实调查清楚。虽然《刑事诉讼法》《公安机关办理刑事案件程序规定》《公安机关办理行政案件程序规定》等法律法规中对办案程序都有比较详细的规定，但本章节从鉴定角度对伤害案件的办理程序提出的要求更细致、更接近伤害案件的实际办理。

从法医鉴定人的角度来看，在接受伤害案件的委托后，就需要利用专业知识对案件的伤害结果进行评定，虽然伤害所致的损伤结果很多，但中国有句古话，叫“万变不离其宗”，伤害案件鉴定（也就是损伤程度鉴定）也有“其宗”。这里的“宗”就是指鉴定人员在损伤程度鉴定时的具体操作要有原则性的把握。本章节也对损伤程度鉴定操作时的基本原则做出论述，也是希望能对法医鉴定人员起到一定的借鉴作用。

第一节　人体损伤程度鉴定的法律渊源

人体在遭受损伤以后，会出现不同的损害后果，对伤者的生命和健康造成不同程度的影响。公民的生命权、健康权和身体权受到法律保护，不得任意侵犯。若侵害人达到法律所规定的情节，应当得到法律相适当的处罚。

《刑法》第九十五条规定："本法所称重伤，是指有下列情形之一的伤害：（一）使人肢体残废或者毁人容貌的；（二）使人丧失听觉、视觉或者其他器官机能的；（三）其他对于人身健康有重大伤害的。"

《刑法》第一百三十三条中规定："违反交通运输管理法规，因而发生重大事故，致人重伤、死亡或者使公私财产遭受重大损失的，处三年以下有期徒刑或者拘役……"

《刑法》第二百三十四条中规定："故意伤害他人身体的，处三年以下有期徒刑、拘役或者管制。犯前款罪，致人重伤的，处三年以上十年以下有期徒刑……"

《刑法》第二百三十五条还规定："过失伤害他人致人重伤的，处三年以下有期徒刑或者拘役。本法另有规定的，依照规定。"

对于侵犯人身权利，尚不够刑事处罚的，则可依照《治安管理处罚法》规定处罚。其中第四十三条规定："殴打他人的，或者故意伤害他人身体的，处五日以上十日以下拘留，并处二百元以上五百元以下罚款；情节较轻的，处五日以下拘留或者五百元以下罚款。有下列情形之一的，处十日以上十五日以下拘留，并处五百元以上一千元以下罚款：（一）结伙殴打、伤害他人的；（二）殴打、伤害残疾人、孕妇、不满十四周岁的人或者六十周岁以上的人的；（三）多次殴打、伤害他人或者一次殴打、伤害多人的。"

当然，法律还规定了涉及轻重伤评定的其他条款，如《刑法》第二百三十八条中规定："非法拘禁他人或者以其他方法非法剥夺他人人身自由的……犯前款罪，致人重伤的，处三年以上十年以下有期徒刑；致人死亡的，处十年以上有期徒刑……"本书不再逐一列举。

根据上述法律的原则性规定，法医学意义的重伤对应于《刑法》第九十五条和第二百三十四条第二款、第二百三十五条之规定。法医学意义上的轻伤对应于《刑法》第二百三十四条第一款之规定。法医学意义上的轻微伤则对应于《治安管理处罚法》第四十三条所指的人身伤害。

为了有效地打击犯罪，保护公民的合法权益，同时又要遵循罪刑相当、公平公正的司法原则，有必要对不同的损伤按其对人体所造成的损害的程度进行分类，以利于追究相应的法律责任。

《刑事诉讼法》第一百一十九条至第一百二十二条等条款对涉及刑事犯罪的鉴定问题进行了规范，鉴定意见是刑事审判的重要证据。对于人体损伤进行损伤程度鉴定是司法实践的现实要求，是定罪量刑的重要依据。

第二节　人体损伤程度鉴定的程序要求

前面章节已经介绍了损伤程度鉴定的法律条文及依据，可以这样说，人体损伤程度鉴定是为刑法服务的，所出具的人体损伤程度鉴定意见就会决定行为人是否要受到刑事处罚以及处罚轻重的问题。为了做到罪刑相适应、避免国家公权力的滥用以及保护公民权利，人体损伤程度鉴定的程序除《刑事诉讼法》《公安机关办理刑事案件程序规定》《公安机关办理行政案件程序规定》《公安机关办理伤害案件规定》《公安机关鉴定规则》《司法鉴定程序通则》等法律法规中规定的程序外，还应该围绕人体损伤程度鉴定作出更有针对性的程序要求才为妥当。本章节叙述的程序既包括办案单位的调查程序，也包括鉴定人员的鉴定程序。

一、案件调查

2005年公安部颁发的《公安机关办理伤害案件规定》是公安机关办理伤害案件的“白皮书”，围绕伤害案件中的伤害事实，办案人员需重点做到以下几点：

1.对正在发生的伤害案件，现场的民警应当制止伤害行为，组织救治伤员，采取措施控制嫌疑人，及时登记在场人员姓名、单位、住址和联系方式。

2.保护现场，收集、固定证据，发现、固定、提取与伤害行为有关的痕迹、物证及其他信息，确定伤害状态，分析伤害过程，为查处伤害案件提供线索和证据。

3.办案民警询问当事人和相关证人，问明有关伤情情况，制作笔录，对有损伤的当事人可采取拍照、录像的方式固定证据，对被侵害人伤情加贴比例尺照相固定并填写伤情确认书。

4.被侵害人需进一步治疗的，办案民警应通知其到县级以上医院进行检查，必要时应陪同前往。对特殊损伤的法医鉴定举证，委托鉴定单位要对医疗过程中的某些环节进行全程监督（如创口照相，对疑似骨折部位摄片检查或骨折部位的复查，血尿从取样到检验的全过程监督等），必要时可通知法医提前介入。特别是在受伤后到医院就诊这个环节，要避免产生造作伤的可能。

5.根据鉴定需要，必要时对伤者的既往受伤史及疾病史进行调查。

二、鉴定委托

1.办案单位应于受案后24小时内（及时）开具伤情鉴定委托书，由熟悉案情的办案民警带领被侵害人到鉴定机构进行鉴定。对于需要继续治疗的或需要以损伤结果来评定损伤程度的，具体鉴定时间要和法医鉴定人员沟通后决定。

2.委托鉴定时须提供以下材料：鉴定委托书、被侵害人居民身份证复印件、受伤后的伤情照片、病历资料（包括影像学检查片，门诊病历及复印件，住院病历、出院记录、手术记录、检验报告单等复印件）、办案单位出具的案件调查报告（包括基本案情、致伤工具、打击次数、打击部位等）、出警时伤者已签名的伤情确认书等，上述材料须办案单位盖章确认并注明调取时间、地点和调取人。

3.鉴定机构及鉴定人不得私自接收当事人自行提交的反映伤情的病历和其他材料。

4.本级公安机关鉴定机构有鉴定能力的，应当委托该机构；超出本级公安机关鉴定机构鉴定项目或者鉴定能力范围的，应当向上级公安机关鉴定机构逐级委托；特别重大案（事）件的鉴定或者疑难鉴定，可以向有鉴定能力的公安机关鉴定机构委托。因技术、能力等原因，需要委托公安机关以外的鉴定机构进行鉴定的，应当严格管理。可以向省级公安机关规定的有资质及能力的鉴定机构委托。

5.严格执行鉴定委托单位举证负责制度，保证鉴定意见的客观、公正、准确。人身伤害鉴定举证由委托鉴定的办案单位负责，办案单位对人身伤害鉴定的原始送检材料的全面性、真伪性负责。鉴定人应对提供的伤情证据的全面性、真伪性，予以协助调查核实。

三、鉴定的受理

1.2005年全国人大常委会《关于司法鉴定管理问题的决定》(以下简称“228决定”)第七条规定:“侦查机关根据侦查工作的需要设立的鉴定机构,不得面向社会接受委托从事司法鉴定业务。”2017年公安部修订后的《公安机关鉴定规则》第二十四条规定:“鉴定机构可以受理下列委托鉴定:(一)公安系统内部委托的鉴定;(二)人民法院、人民检察院、国家安全机关、司法行政机关、军队保卫部门,以及监察、海关、工商、税务、审计、卫生计生等其他行政执法机关委托的鉴定;(三)金融机构保卫部门委托的鉴定;(四)其他党委、政府职能部门委托的鉴定。”对于上述差异,在当前的实际案件办理过程中,相对于其他司法鉴定项目(如笔迹检验等),人身伤害案件很少会出现其他部门委托公安机关鉴定机构鉴定的情形;而且目前的社会司法鉴定机构,只要是开展了法医类检验项目,一般都有资质和能力开展人体损伤程度鉴定,其结果一般也都得到了公、检、法、司的认可。如果在案件办理过程中遇到这种冲突,本着法律地位优势原则,建议以“228决定”为准。

2.鉴定人应及时对被侵害人人身损伤进行检查、记录并照相固定,对委托鉴定材料不全的应告知办案人员需补充的材料清单,由办案人员补齐材料后受理。对于疑难案件,可以与委托单位协商,就委托鉴定材料先行交接,办理交接手续。鉴定人员根据送检材料集体会商,可以得出明确会商结论的,及时通知委托单位办理委托手续;若会商后,不能得出会商结论的,应及时聘请鉴定涉及相关专业专家进行会诊,会诊意见明确后,及时通知委托单位办理委托手续。

需要补充检材、样本的,鉴定时限从检材、样本补充齐全之日起计算。

3.鉴定受理以后,鉴定受理人员应召集本鉴定机构其他鉴定人员对所受理的鉴定给予集体会商,若意见一致无异议,及时制定鉴定文书;若对鉴定意见有分歧的,采取民主制,大家各抒己见,记录在案,必要时,及时将会商结论上报上一级鉴定机构,请求技术指导。

四、鉴定时限

鉴定机构应当在受理鉴定委托之日起15个工作日内,提出鉴定意见并出具鉴定文书。法律法规、鉴定规程另有规定，侦查破案、诉讼活动有特别需要，伤情复杂，需复查、会诊和依容貌损害或器官功能障碍为主要鉴定依据的，鉴定机构与委托单位另行约定鉴定时限。

五、鉴定领取

1.鉴定机构对鉴定意见应严格保密，鉴定文书制作完毕后，由鉴定机构负责人审批签发，及时通知办案单位承办民警领取鉴定书正本及送检材料并签字。

2.办案民警收到鉴定文书后应开具《鉴定意见通知书》，将用作证据的鉴定意见告知当事人。

《公安机关办理刑事案件程序规定》第二百四十三条规定："对经审查作为证据使用的鉴定意见，公安机关应当及时告知犯罪嫌疑人、被害人或者其法定代理人"。《公安机关办理行政案件程序规定》第九十七条规定："对经审查作为证据使用的鉴定意见，公安机关应当在收到鉴定意见之日起五日内将鉴定意见复印件送达违法嫌疑人和被侵害人。"对比上述规定，可以理解为轻微伤的鉴定意见当事人可以复制鉴定文书，而轻伤以上的鉴定意见是采用"结论告知"的形式。

3.办案民警应及时将鉴定文书正本扫描件录入现场勘查系统。

六、补充鉴定

对有关人员提出的补充鉴定申请，经审查，发现有下列情形之一的，经县级以上公安机关负责人批准，应当补充鉴定：（1）鉴定内容有明显遗漏的；（2）发现新的有鉴定意义的证物的；（3）对鉴定证物有新的鉴定要求的；（4）鉴定意见不完整，委托事项无法确定的；（5）其他需要补充鉴定的情形。经审查，不存在上述情形的，经县级以上公安机关负责人批准，作出不准予补充鉴定的决定，并在作出决定后三日以内书面通知申请人。

七、重新鉴定

《公安机关鉴定规则》《公安机关办理刑事案件程序规定》《公安机关办理行政案件程序规定》都对重新鉴定作出规定。

对有关人员提出的重新鉴定申请，经审查，发现有下列情形之一的，经县级以上公安机关负责人批准，应当重新鉴定：(1)鉴定程序违法或者违反相关专业技术要求的；(2)鉴定机构、鉴定人不具备鉴定资质和条件的；(3)鉴定人故意作出虚假鉴定或者违反回避规定的；(4)鉴定意见依据明显不足的；(5)检材虚假或者被损坏的；(6)其他应当重新鉴定的情形。重新鉴定，应当另行指派或者聘请鉴定人。经审查，不存在上述情形的，经县级以上公安机关负责人批准，作出不准予重新鉴定的决定，并在作出决定后三日以内书面通知申请人。进行重新鉴定，可以另行委托其他鉴定机构进行鉴定。鉴定机构应当从列入鉴定人名册的鉴定人中，选择与原鉴定人专业技术资格或者职称同等或以上的鉴定人实施。

在人体损伤程度鉴定过程中，因侵害人、被侵害人从各自利益出发一定是对一方有利、一方不利。这种情形下就会出现不利方当事人对鉴定意见不服，提出重新鉴定申请的要求。在实际案件办理过程中，办案机关出于其他因素的考虑（如信访压力等），对于当事人的申请一般都会无条件接受。为了节约办案成本，及司法资源，县级以上公安机关负责人对于重新鉴定，应当依照法律法规作出是否批准重新鉴定的决定。鉴定机构在对重新鉴定的申请审查时，也应当根据相关规定作出是否受理的决定。

《公安机关办理行政案件程序规定》第九十七条规定："……违法嫌疑人或者被侵害人对鉴定意见有异议的，可以在收到鉴定意见复印件之日起三日内提出重新鉴定的申请，经县级以上公安机关批准后，进行重新鉴定。同一行政案件的同一事项重新鉴定以一次为限……公安机关认为必要时，也可以直接决定重新鉴定。"本条对提出重新鉴定的时效和重新鉴定的次数作出了规定，但在《公安机关办理刑事案件程序规定》中未对此作出明确规定，法律工作者可以对刑事案件中重新鉴定的提起者（如办案单位可不可以决定重新鉴定）、重新鉴定的提起时效、重新鉴定的次数等方面的问题进行研究。

笔者认为：(1)在涉伤害的刑事案件中，重新鉴定的提起者既可由案件双方当事人（或法定代表人）提起，也可由办案单位提起。因为刑事案件的办理目的是维护公平正义及国家的法律秩序。(2)对于重新鉴定的提起时效，虽法无明文规定，但建议在首次鉴定意见告知时应注明提起重新鉴定的时效，具体时效可参照《公安机关办理行政案件程序规定》之规定。(3)对于重新鉴定的次数，如首次鉴定意见与重新鉴定意见一致的，不再委托重新鉴定；对两次鉴定意见不一致的，可以到上级公安机关或国家级司法鉴定中心进行一次重新鉴定。无休止的重新鉴定貌似追求公平公正，实际只会浪费司法资源，不应提倡。

第三节　人体损伤程度鉴定的基本操作原则

在法医日常检案过程中，之所以鉴定意见能作为法庭证据使用，是因为其鉴定程序的合法性及鉴定意见的客观性。对一份鉴定意见客观、公正、科学的要求就是：程序合法、结论准确。笔者认为，程序是否合法对法医鉴定人来说，其主动作为的作用较小。但结论准确却是法医鉴定人必须追求和应该努力做到的。在人体损伤程度鉴定的司法实践中，为了达到结论准确，法医鉴定人在面对每一起鉴定时都需要有清晰的鉴定思路和具体的操作方法，这种思路和方法就是人体损伤程度鉴定的操作原则。

《人体损伤程度鉴定标准》（以下简称《标准》）总则中明确了鉴定原则、鉴定时机、伤病关系处理原则，上述三个原则在总则中出现有纲领性、指导性的作用，是从宏观方面对人身伤害案件损伤程度鉴定的抽象规定。但是鉴定操作原则和上述原则不同，鉴定操作原则是法医鉴定人从具体操作层面对案件的把握，它是对每一起损伤程度鉴定时的具体操作方法，可以说，操作原则更能反映法医鉴定人在鉴定时的专业水准和专业素养。

笔者收集某公安司法鉴定中心2014—2016年145起人体损伤程度重新鉴定案例，对鉴定意见不一致的53起案例进行原因分析。按影响鉴定意见的原因分为：外伤病史是否明确（6例，占11.3%）、损伤的法医学认定是否准确（26例，占49.1%）、损伤机制是否符合（8例，占15.1%）、伤病关系划分是否清晰（12例，占22.6%）、标准条款理解是否一致（1例，占1.9%）（见表1-1）。

表1-1　53例损伤程度鉴定意见不一致原因

鉴定意见不一致原因	例数
外伤史是否明确	6（11.3%）

续表

鉴定意见不一致原因	例数
损伤的法医学认定是否准确	26（49.1%）
损伤机制是否符合	8（15.1%）
伤病关系是否划分清晰	12（22.6%）
标准条款理解是否一致	1（1.9%）
合计	53（100%）

在司法实践中，不同的司法鉴定机构、鉴定人对少数疑难伤害案件的人体损伤程度鉴定意见会出现分歧，为了避免鉴定意见的不一致，国内很多专家和同行认为应从《标准》的条款理解及如何把握入手，统一理解、统一把握。笔者认为，个人对条款的理解和见解因其主观性较强，势必会出现百花齐放、百家争鸣的现象，除非从法律地位上对相关条款解释进行认可，否则很难做到鉴定意见的统一。例如，《标准》5.1.2b规定："开放性颅骨骨折伴硬脑膜破裂"。本条款是在开放性颅骨骨折的基础上只要硬脑膜破裂就可以评定为重伤二级，还是如《公安部人体损伤程度鉴定标准释义》中提到的"硬脑膜破裂须手术治疗，不包括损伤造成单纯性气颅未出现受压症状和体征的"才能评定重伤二级？不同的鉴定人会有不同的认识，而且也很难确定两种意见的对与错。虽然意见的不统一在非法医专业人员看来就是鉴定意见的"对"与"错"之分，但要想解决这种"对"与"错"却很难。本书收集的53例鉴定意见不同案例，只有1例是因为对标准条款理解不一致，占1.9%，其所占比例较小。故认为，若想从对《标准》条款理解上追求"结论准确"势必有事倍功半之效。

在收集的53例鉴定意见不同案例的原因分析中，外伤史是否明确、损伤的法医学认定是否准确、损伤机制是否符合、伤病关系是否划分清晰等四个方面占绝对优势比例，达98.1%。上述四个方面的原因可以说绝大多数都是属于法医专业问题，需要法医专业解决，而且这四方面的原因也有基本的客观评价标准，如何操作上述这四个方面必然会影响鉴定意见是否准确。故上述四个原因也就是对"鉴定操作原则"的最好定义。

一、外伤史明确

《标准》的制定是建立在诸如《刑法》等法律相关条款的基础之上，这些法律条文规定都是以外伤存在为前提的(《标准》附则6.2所述的其他致伤因素所造成的损伤,不单独论述)。也就是说,在损伤程度鉴定过程中,明确外伤史是损伤程度鉴定的前提,不叙述外伤史的人体损伤程度鉴定必然是不合法的。

在人体损伤程度鉴定时,外伤史需要从三个方面明确,首先明确是否有外伤史,其次明确外伤的形成机制(是否系他人外力作用所致),最后明确结果是否和本次外伤存在因果关系。

(一)有外伤史

损伤程度鉴定是基于外伤和结果之间的关系。如果一个结果的产生,不是建立在外伤的基础上,则不宜参照《标准》进行鉴定。有外伤通常就是致伤因素明确,损伤结果系外伤所致。例如,在病理性脾破裂的案例中,如果没有证据表明伤者存在腹部外伤史,即使其他部位确有外伤,通常情况下也不应将脾破裂的结果归因于外伤。

在轻微伤的损伤程度鉴定时,鉴定需要在轻微损伤消失之前作出,而不能仅根据主观描述或简单的病历记载作出鉴定,当然,如果办案单位提供的伤者损伤当时照片、影像学检查及视频资料能够显示有明确损伤的,则可依据相关条款作出鉴定。这也是符合外伤史中"有外伤"这个操作原则。

(二)他人所致的外伤

如前所述,《标准》制定的依据是建立在诸如《刑法》等法律相关条款的基础之上,其目的是追究侵害人的相关责任。因此,在鉴定时需要伤害案件发生的基本事实清楚,包括损伤系他人所致,而非意外或者个人自伤。损伤结果是否是他人造成,需要法医鉴定人对损伤充分认识(包括损伤特点、损伤机制等),但更多时候还是需要委托损伤程度鉴定的办案单位从案件调查中获得。

在人体损伤程度鉴定时,法医鉴定人会遇到委托单位不能明确外伤史的情况而要求损伤程度鉴定,理由是"法医鉴定人只需就伤论伤"。当案件性质和案情事实不清时,盲目依据损伤得出的鉴定意见,可能导致国家公权力对侵害人(也可能是违法者、犯罪嫌疑人)采取强制措施,甚至剥夺侵害人的人身自由,法医鉴定人代行司法职能,后果很严重。从另一个角度来看,一起人身伤害案件的办理,如果外伤史都不清楚,即使有一份鉴定意见书,整个案件的流程也很难继续,检察机关也会做出"存疑不诉"的意见,鉴定意见书的诉讼价值也不存在。但介于目前的司法现状，有时候法医鉴定人在不能明确是否有外伤史的情况下，对一个损伤后果出具一份鉴定意见，法医鉴定人需立足专业、从保护自己的角度出发，作出“如某某系他人外伤所致，则某某损伤结果评定为×××”的鉴定意见。

案例1-1　肋骨骨折的法医学鉴定

李某，某年7月12日与其邻居发生争执时左胸部受对方拳头打击。7月15日，伤者在办案单位的陪同下去医院检查，X片显示其左侧第5、6肋骨骨折。在案件调查阶段，行为人称：李某7月14日撞到自家的门闩上致左胸部受伤，其左侧第5、6肋骨骨折系撞击所致。办案单位在案件事实调查不清的情况下来法医部门要求对李某胸部的损伤程度进行鉴定。法医鉴定人以案件事实不清楚、外伤史不明确为由未予受理，后因信访等原因对此案受理。考虑到伤者外伤史不能明确，鉴定意见表述为：如被鉴定人李某的胸部损伤系他人外伤所致，则其左侧第5、6肋骨骨折评定为轻伤二级。

（三）与本次外伤因果关系

在确定损伤结果是由于外伤的作用形成后，法医鉴定人还需要明确损伤结果是否是本次外伤形成，即损伤导致的结果是否与需要追究刑事或治安责任的本次外伤之间有直接因果关系。如果不能确定有直接因果关系，就不宜对存在的损伤结果进行人体损伤程度鉴定。

损伤是否是本次外伤形成，在法医临床学中很多时候也表现为新鲜性损伤和陈旧性损伤的鉴别，这也是法医临床学鉴定中的重点和难点。例如，在损伤导致骨折的伤害案例中，即便外伤作用部位和骨折部位吻合，鉴定人员仍然需要通过询问受伤时的情况、结合临床医学检查（如MRI等）和损伤发生后骨折部位的动态变化等手段来明确损伤结果是否由本次外伤所致。另外，在陈旧性损伤和新鲜性损伤共存情况下，就更需要对损伤结果与本次外伤之间的关系进行分析，这也符合《标准》中伤病关系处理原则的要求。

在明确外伤史的操作原则中，除了上述三个方面外，若办案单位能明确导致外伤的行为有无主观故意或过失，鉴定意见则会更加严谨。

二、损伤的法医学认定

在人体损伤程度鉴定时，法医鉴定人的鉴定依据主要来自伤者受伤后的临床资料，鉴定意见一般都是法医鉴定人在分析临床资料的基础上，对照《标准》相关条款后得出。与《标准》条款对应的诊断就称为"法医学认定"，法医学认定结果的准确性直接决定了鉴定意见的准确性。

法医学认定与临床诊断不一样，虽然它是建立在临床资料的基础上，但法医学认定与临床医学诊断间不是必然的等同，区别也是非常明显的。法医学认定关注于损伤的形成原因、形成机制、损伤与外伤的因果关系，而临床诊断偏重于对损伤的诊治，临床医学可以对损伤夸大诊断、夸大治疗，而法医认定不然。法医学认定需要法医鉴定人对临床医学资料进行全面审核、仔细甄别、充分研判、选择采信后得出，所以临床资料对法医学认定及法医鉴定意见有着决定性的作用。

临床资料主要有临床病史资料、临床检查资料、临床医学诊断，法医学认定也需要从这三个方面对医疗活动中有关损伤的病历记载、实验室检验、辅助检查结果、治疗措施和治疗效果等临床资料进行分析取舍。

（一）临床病史资料

一般情况下，伤者到医院诊疗时，首先由临床医生采集病史、查体，然后根据症状、体征出具辅助检查申请单，辅助检查医生依据检查情况结合申请单上病史，最后出具诊断意见。通常情况下，伤者因为担心自己的生命健康，面对医生所做的与损伤有关的描述都会比较客观，此时医生记载的病史资料对法医学诊断会有较大的价值。但也会有部分医院（医生）轻信伤者描述的伤情，如果伤者刻意夸大伤情或者隐瞒病史，甚至伪造伤情，医院如果没有进行仔细辨别，就有可能被其利用，得出有失偏颇的诊断意见。例如，伤者被他人殴打面部致伤后，对视力的主观描述很多时候都会出现"看不清""看不见"等现象，此时法医学诊断时就需要结合一些客观检查，要分析损伤的病理基础，判断有无导致损伤结果的损伤机制，看与现病史的记载有无矛盾之处。

（二）临床检查资料

临床检查资料主要有影像学资料、血生化检查资料、体格检查资料等。除体格检查资料外，影像学资料、血生化检查资料由于其具有客观性，所以在法医学认定中起到的作用最大。如病历中记载的血压变化对是否有休克的诊断、影像学检查对骨折的诊断、血生化检查对肾功能不全的诊断等。可以说，绝大多数的损伤程度鉴定都是建立在临床医学检查资料基础上得出的。

法医鉴定人在鉴定时，一般情况下都会对临床检查结果进行判断分析，但很多时候也会受到临床检查报告单的影响，甚至有些法医鉴定人会直接根据临床检查报告单上的诊断直接进行损伤程度鉴定。例如，对于四肢长骨骨折，如果没有达到髓腔的砍痕，临床检查一般都会根据骨皮质连续性中断做出骨折的诊断，但是如果仅根据报告单中长骨骨折的诊断做出轻伤二级的损伤程度评定，在法医学上显然是不合理的。

另外，由于法医职业的特点，法医鉴定人不可能对所有的临床医学检查都能做到熟练掌握，这时候就需要邀请临床医学专家对相关专业知识进行会诊，给出专业会诊意见供鉴定时参考。当然，临床医学专家会诊意见可能受限于专业知识，有时候也会出现相应偏颇，法医鉴定人在面对临床医学专家会诊意见时也不能盲从，可以聘请多位临床专家分别会诊，对会诊意见进行甄别，要做到知其所以然。

（三）临床医学诊断

在日常诊疗过程中，临床医学诊断的目的是治疗方案的制定，有些诊断根据患者（伤者）的主诉作出，可能没有确切的依据，在不影响治疗方案的情况下，临床诊断未必准确，如临床上存在一种诊断学治疗。临床医学诊断可以根据甚至有时候会根据治疗效果进行适时地修正，而法医学诊断是为了办理案件的需要，会影响罪与非罪、罪轻与罪重的界定，因此在诊断结果的准确性上，法医学认定显然要求更高。例如，对于因伤所致的视力下降，依靠简单的主观视力检查便可进行临床诊断；而对于法医学鉴定人而言，为了发现、鉴别诈伤、夸大伤情的情况，不被伤者的主观意识所误导，还需利用一些技巧和客观检查来支持、明确法医学认定，如VEP检查、伪盲试验等。

法医鉴定人对于可能涉及评定损伤程度的损伤诊断进行认定时，应该及时修正临床医生依据患者主观主诉、临床经验和习惯作出的诊断。鉴定人对于涉及损伤程度鉴定的案件，在原临床诊断缺乏客观依据时，需要对直接影响评定结果的此类临床诊断应进行修正，并在分析说明中进行论证。

另外，《标准》所列举的某些条款，由于目前医学发展水平的原因还没有能对所有的诊断都达到客观的标准，临床医生或法医在检查时，主观判断不可避免，这也是当今乃至今后一段时间我国司法鉴定需要研究的课题。例如，在判断肢体关节功能丧失程度时需要结合肢体肌力的大小，但目前对肌力的测定仍然以传统的六分级法给予划分。六分级法是根据患者肌肉对阻力的克服力量大小做出的，其结果受检查者主观因素影响较大，所以其结果难免存在误差，从而影响鉴定结果。当然，随着科学技术的发展，新的检查仪器与新技术的诞生会提升检查结果的客观性。

案例1-2　右侧肩胛骨下角“骨折”的法医学鉴定

吴某，男，16岁。某日因琐事与同学发生纠纷，被对方用钝器致伤右肩部，当即感右肩部疼痛，遂入当地医院住院治疗。入院行右肩部X线检查，发现右肩胛骨下角骨皮质不连续，下角可见碎骨片“游离”，医学诊断右侧肩胛骨下角骨折。当地公安机关法医根据医院相关资料及案情调查后认为，吴某右侧肩胛骨下角骨折系外伤造成，损伤程度构成轻伤。对方当事人不服，要求重新鉴定。重新鉴定时，阅当地医院所摄伤者右肩部正侧位X线片发现，其右侧肩胛骨下角断端圆钝，骨皮质连续性较好，所谓断端骨密度影相当，不符合新鲜性骨折的影像学征象，行双肩部的CT及三维重建检查。结果发现，双侧肩胛骨下角的所谓“骨折”征象对称，“断端”圆钝、不锐利，骨皮质连续性佳，结合受伤史及案情调查分析，不符合骨折征象，考虑伤者年龄等因素，正好符合青少年肩胛下角没有闭合的继发性骨化中心的影像学征象，遂否定了当地公安机关作出的轻伤鉴定意见。

三、损伤致伤机制

每一个损伤的产生都有其产生的致伤机制。对于某种损伤来说，临床医学主要研究诊断与治疗，法医学重点是研究该损伤形成的机制。损伤致伤机制的研究是法医学区别于其他学科的标志，损伤致伤机制是认识损伤现象的基础。损伤致伤机制分析是重建损伤过程、推断致伤方式的前提。对损伤致伤机制进行分析研究，可以提高和深化对损伤的认识，变静态的损伤状况为动态的损伤形成过程，重建或者还原案件发生的真实情况，为案件处理提供科学依据。

《标准》中每一条款规定的损伤后果都有其致伤机制。法医鉴定人员需要在法医学诊断的基础上，通过对损伤的致伤机制进行分析，判断、确认外伤和损伤后果之间的因果关系。例如，与他人纠纷后掌骨基底部纵行骨折，在鉴定时需要考虑其骨折的致伤机制是否系拳头攻击他人时形成的“拳击手骨折”。

在损伤致伤机制分析时，应仔细审查病历及影像学资料，最大限度地避免漏检，并结合伤后原始照片仔细查验局部体表损伤，确定外力作用范围，同时详细采集、固定损伤信息，制作受伤过程笔录，将有助于正确判断损伤的致伤机制。

损伤致伤机制分析的重要意义是在人体损伤程度鉴定中确定损伤结果与本次外伤之间的关系、发现和鉴别诈伤（造作伤）的存在等。例如，在外伤性鼓膜穿孔的鉴定过程中，鉴定人要对穿孔的位置、穿孔的形态和穿孔部位有无血迹粘附等情况进行综合研判，以明确鼓膜穿孔是否因外力作用形成的气压所致，还是因人为针刺或者吹气等所致。

案例1-3　右眼外伤后视力下降的法医学鉴定

某年8月19日，徐某被人殴打致眼部受伤，自诉右眼视物模糊。8月22日检查示VOD：0.2，VOS：0.5。角膜透明，前房清，瞳孔光反射灵敏，等圆，晶体（−），眼底视盘界清，色红，黄斑中心凹反光弥散，OCT检查示：右眼黄斑前膜伴水肿。后伤者在多家医院、多次检查均显示其VOD：0.15，VOS：0.6。黄斑前膜形成。当地公安机关根据其视力下降，且分析认为其右眼有外伤基础且黄斑前膜系外伤所致，对其损伤程度鉴定为轻伤。侵害人不服，提出重新鉴定。重新鉴定时，对伤者徐某进行伪盲试验示VOD：0.6，VOS：0.7。且根据伤后4天（8月23日）OCT检查结果分析认为，伤者伤后4天即表现为黄斑水肿、黄斑前膜存在，但外伤所致黄斑前膜的形成机制为外力作用引起黄斑水肿、出血等炎症反应后纤维增殖，4天时间难以形成；且之后数次OCT检查其右眼黄斑前膜伴水肿，前膜形态一致，未见动态变化，其黄斑前膜伴水肿不符合本次外伤所致，不宜引用《标准》对其右眼损伤程度进行评定。

四、伤病关系划分

准确分析伤病关系是人体损伤程度鉴定的关键，伤病关系的分析研判往往直接影响鉴定意见。《标准》总则条款明确规定在损伤程度鉴定中应考虑伤者既往伤病（退行性病变）在损害后果中的作用，并依据致伤因素在损伤后果中的主次作用进行损伤程度评定。

刑事司法审判追求“疑罪从无”、“罪责刑相适应”。就法律的角度而言，刑事诉讼证据的证明标准是“排除合理性怀疑”。在涉及人身损伤的刑事案件中，侵害人只应承担确实由其造成的损伤后果的部分，并为此承担刑事责任。损伤程度的鉴定结果，直接关乎对侵害人的定罪量刑。合理的区分伤病之间的关系既能避免加害人受到不公正的刑事指控，也可以便于被侵害人在损伤与结果之间因为有因果关系而得到应有的经济赔偿。

但是，在《标准》伤病关系处理原则中，根据损伤与既往伤（病）在损伤结果中的作用程度不同，用主次关系进行评价。但是，主次关系的评价带有很强的主观性，不同的司法鉴定人员由于医学专业知识的储备、司法实践经验的不同会有不同的认识，所以在损伤程度鉴定时很难有一个标准的尺度。例如，在轻微外力作用下所致的椎体压缩性骨折，笔者对相关鉴定人员在此类案件鉴定时处理方法的了解，很多法医鉴定人员会根据骨折是否新鲜来进行损伤程度鉴定，只要是新鲜的就按椎体骨折定伤；也有的法医鉴定人员，会参照伤者的年龄来定伤病关系，如果伤者年龄超过60岁，就会考虑有椎体退行性改变，从而根据伤病关系处理原则进行鉴定，人体生理性退行性改变并非疾病，上述做法显然和伤病关系处理原则相违背。

正是因为《标准》中伤病关系处理原则由于没有客观的划分标准，从而让此原则在司法实践中成为“鸡肋”。如何对伤病关系中主次因素进行客观的划分，必将会成为法医临床学今后研究的课题。笔者认为，法医鉴定人在涉及伤病关系的损伤程度鉴定时，需要“主观上不排斥、客观上找依据”。法医鉴定人需要从内心接受《标准》中伤病关系处理原则，要认识到伤病关系的划分是影响损伤程度鉴定意见的关键因素，不能因为难以划分就将此原则弃之不用，这就是“主观上不排斥”。另外，随着临床医学的发展，伤病关系的划分也有了可以借鉴的依据。如骨密度的测定可以对生理性蜕变因素所致的骨质疏松做出评价，影像学上牙槽骨的吸收程度对牙周疾病的程度也有参考价值，这也许就是“客观上找依据”。当然，对于整个伤病关系的处理来说，有时主观分析和客观依据之间很难做出明显的划分，实际检案中需要两者的结合。

案例1-4　L_3椎体骨折的法医学鉴定

伤者刘某，女，50岁，因琐事与他人发生纠纷，在纠纷过程中，用手抓住对方胳膊，对方行为人随手甩开刘某，致使刘某臀部着地，仰躺于地面，当时未感觉明显疼痛。但当刘某起身时，腰部出现明显的活动受限，随后被送入院治疗。伤者入院后诉腰部疼痛，活动时加重。PE：L_3椎体部位压痛(+)。门诊行X片检查示：L_3椎体楔形变，前缘变扁；CT示：L_3椎体前缘骨皮质连续性中断，骨折块被挤压向前移位；MRI检查示：L_3椎体楔形变，伴信号呈长T1及压脂序列高信号。伤者于伤后30天申请损伤程度鉴定。PE：腰部压痛(-)，复查CT示：L_3椎体呈楔形变，骨折线模糊，前缘骨质硬化。行双能X线骨密度测定，测定结果显示L_3椎体T值-3.4。根据被鉴定人双能X线骨密度测定，其L_3T值在-2.5以下。说明伤者存在骨质疏松，而且可以根据其骨密度测定的T值所在的划分等级，评定其骨质疏松程度应属于高等级范畴。故在损伤程度鉴定过程中，认为其骨质疏松在此次的椎体骨折中占主要作用。根据《标准》伤病关系处理原则，对其本次椎体骨折不予损伤程度评定。

在人体损伤程度鉴定时，上述四个操作原则可以有个顺序关系，如果没有明确的外伤史，其他的三个原则都无从谈起；有了外伤史才需要正确的法医学认定。法医学认定明确后，才能通过损伤致伤机制的分析明确外伤与结果之间是否具备因果关系，在确定了外伤与结果的直接因果关系后，才能做出准确的鉴定意见。

但是，上述四个操作原则理论上相互独立，实际操作中却又互相包含。外伤史明确会有助于准确的法医学认定（如外伤性蛛网膜下腔出血需要有明确的外伤史）。伤病关系划分时需要考虑外伤史（如外伤作用程度、部位等）、准确的法医学认定也是损伤致伤机制判断的前提、损伤致伤机制的判断也是伤病关系划分的基础等。法医鉴定人在面对每一起损伤程度鉴定时都应该立足于自己的专业，从上述鉴定操作原则入手，减少专业性失误，对保证鉴定意见的客观性、科学性具有重要意义。

人体损伤程度鉴定是将损伤结果与《标准》条款相对应得出鉴定意见的过程。

另外，除了上述四个操作原则以外，鉴定人对条款的理解和引用也会对鉴定意见产生影响，这部分内容在本书的后续章节中会有重点的论述。

（陈　林　丁　艳）

参考文献

1.张继宗、刘鑫、刘鸿彬：《〈人体损伤程度鉴定标准〉实践问题及对策》，载《中国法医学杂志》2017年第3期（总第32期）。

2.公安部刑事侦查局：《人体损伤程度鉴定标准释义》，中国人民公安大学出版社2013年版。

3.常林：《论人体损伤程度鉴定的原则》，载《证据科学》2013年第21期。

4.沈德胜：《论临床诊断与法医学鉴定意见的区别》，载《法律与医学杂志》2001年第1期。

5.李晓郛、俞小海：《从司法实践看〈人体损伤程度鉴定标准〉的适用》，载《中国司法鉴定》2014年第6期。

6.陈文彬、潘祥林：《诊断学》，人民卫生出版社2010年版。

7.夏晴、高东、黄婷婷等：《等速肌力检测在辨别伪肢体瘫中的应用》，载《法医学杂志》2014年第6期。

8.张松、张广清：《骨折机制分析3例》，载《刑事技术》2011年第3期。

9.杜宇：《43例手舟骨骨折成伤机制的法医学分析》，载《法医学杂志》2015年第2期。

10.夏文涛、周姝：《准确分析伤病关系是人体损伤程度鉴定的关键》，载《中国司法鉴定》2013年第6期。

11.朱广友、范利华、夏文涛等：《〈人体损伤程度鉴定标准〉理解与适用——总则》，载《法医学杂志》2013年第6期。

12.丁艳、方俊杰：《析人体损伤程度鉴定的操作原则》，载《医学与法学》2019年第1期。

第二章　总　则

《标准》延续了《人体重伤鉴定标准》《人体轻伤鉴定标准（试行）》《人体轻微伤的鉴定》等标准的模式，在总则部分就明确了本标准的适用原则。总则部分主要分为三个部分：鉴定原则、鉴定时机、伤病关系处理原则。

第一节　鉴定原则

鉴定原则分为三条，但概括了两个方面的内容。

1.遵循实事求是的原则，坚持以致伤因素对人体直接造成的原发性损伤及由损伤引起的并发症或者后遗症为依据，全面分析，综合鉴定。

本条首先强调了“实事求是”的原则，对鉴定人员进行了要求。人体损伤程度鉴定具有一定的主观性，只有坚持“实事求是”的原则，才能保证鉴定意见的科学、客观和公正。

其次，本条对适用于本鉴定标准的条件进行了规定。只有在“致伤因素对人体直接造成的原发性损伤及由损伤引起的并发症或者后遗症”这种条件下，才能适用于本鉴定标准。这是人体损伤程度鉴定的先决条件，也和法医临床专业常说的“明确外伤史”不谋而合。此条的规定，其实明确了办案机关在受理案件初期，就应该通过调查和现场取证明确外伤史、伤后立即出现的情况以及伤后立即进行相应医学检查的情况等。只有在明确了上述几点之后，才符合委托鉴定的条件。同时，人体损伤程度鉴定也在很大程度上依赖于上述的调查、现场取证。只有与案件有关的致伤因素才能作为鉴定的依据，而既往伤、疾病都不能作为鉴定的依据。

最后，本条提出了概念性的规定：“全面分析，综合鉴定。”这八个字主要有三层意思。一是法医需要利用自身的专业知识，在办案单位原始调查、取证的情况之下，对被鉴定人的本次伤、既往伤、疾病进行分析判断、辨别区分。法医绝对不能把办案单位的调查情况作为分析判断的唯一依据，只有这样才能准确分析出诈伤、造作伤等情况。二是要求法医必须明确被鉴定人本身的伤病以及医源性因素对最终损害结果的影响和参与度，从而进行区别对待。三是要求法医必须在鉴定之前明确被鉴定人的损伤应适用于何种鉴定依据，根据不同的鉴定依据，选择不同的鉴定原则和鉴定时机。

2.对于以原发性损伤及其并发症作为鉴定依据的，鉴定时应以损伤当时伤情为主，损伤的后果为辅，综合鉴定。对于以容貌损害或者组织器官功能障碍作为鉴定依据的，鉴定时应以损伤的后果为主，损伤当时伤情为辅，综合鉴定。

此两条把“原发性损伤及并发症”“容貌损害或功能障碍”这两种鉴定的依据进行了分开表述，不同的鉴定依据应该按照不同的鉴定原则进行。在本鉴定标准的具体条文中，虽没有明确哪些是以“原发性损伤及并发症”为依据、哪些是以“容貌损害或功能障碍”为依据，但是法医应利用自己的专业知识进行明确区分，非专业人员也可以通过文字表述进行区分。具体条文中，非涉及“容貌损害、功能障碍”的，均属于“原发性损伤和并发症”的依据范畴。以原发性损伤及其并发症作为鉴定依据的，鉴定时则更加重视损伤当时伤情的情况，而损伤的后果则应作为辅助的鉴定依据；对于以容貌损害或者组织器官功能障碍作为鉴定依据的，鉴定时则更注重观察检测损伤的后果，损伤当时的伤情则作为辅助的鉴定依据。

第二节　鉴定时机

鉴定时机的把握非常重要。如果鉴定过早，可能忽略了损伤后的发展、恢复，可能因为暂时性损伤，作出过重的鉴定意见，或者因为没考虑后遗症而作出过轻的鉴定意见，使司法公正受到影响；如果鉴定过晚，可能会导致案件久拖不决，引发信访事项。

与上节一样，对于鉴定的时机，依旧是需要首先对“原发性损伤及并发症”“容貌损害或功能障碍”这两种鉴定依据进行区分，然后再选择相应的鉴定时机。于是本条对两种情况进行了分开表述，并加入了兜底条款：“疑难、复杂的损伤，在临床治疗终结或者伤情稳定后进行鉴定。”

“以原发性损伤为主要鉴定依据的，伤后即可进行鉴定；以损伤所致的并发症为主要鉴定依据的，在伤情稳定后进行鉴定。”“以容貌损害或者组织器官功能障碍为主要鉴定依据的，在损伤90日后进行鉴定；在特殊情况下可以根据原发性损伤及其并发症出具鉴定意见，但须对有可能出现的后遗症加以说明，必要时应进行复检并予以补充鉴定。”“疑难、复杂的损伤，在临床治疗终结或者伤情稳定后进行鉴定。”

相对于老条款，本鉴定标准将鉴定时机更加清晰化、明确化，使法医有章可循，也使办案单位的群众工作有据可依。但因为人体损伤种类繁多、情况不一，有些损伤情况复杂、疑难，所以依旧难以将鉴定时机进行单一化的规定。

结合公安部、司法部的相关解释，对于鉴定时机可以概括理解为：(1)以原发性损伤为主要鉴定依据的，应该在鉴定委托后，立即进行鉴定。(2)以容貌损害或者组织器官功能障碍为主要鉴定依据的，在90日后进行鉴定。但原则上不超过6个月的时间内进行鉴定。(3)疑难、复杂的损伤，在临床治疗终结或者伤情稳定后进行鉴定。所谓的“治疗终结”并不是指所有的医疗手段无所不用其极，而是指一般意义上所承认的临床治疗效果稳定。虽然这种“稳定”无法进行时间上的约束，但原则上应该尽量在1年内进行鉴定。(4)轻微伤应该在损伤消失之前做出鉴定；轻伤、重伤应该在判决之前做出鉴定。

另外，为了满足司法效率，本鉴定标准还将“初步鉴定”的概念进行了合法化。比如，骨关节损伤，因为长骨骨折至少构成轻伤，但是否能构成肢体功能障碍、是否能构成重伤还需要等待90日后再行判断。但此类案件中，若不及时对犯罪嫌疑人采取强制措施，可能会造成嫌疑人脱逃、被害人信访的后果。可是若不出具轻伤鉴定书，则无法对犯罪嫌疑人采取强制措施。因此，在此情况下，可以由法医依据原发性损伤及其并发症出具鉴定意见，在出具意见的时候，对有可能出现的后遗症加以说明，待到适合的鉴定时机时，进行复检并予以补充鉴定。

第三节　伤病关系处理原则

在人体损伤程度鉴定的实践工作中，因为“是否为陈旧伤”“是否为诈伤、造作伤”“是病还是伤”而引起的误解不少，也因此引发了很多信访事项。而对于法医，在出具鉴定意见之前，就应该明确鉴定意见所依据的损伤是否为既往伤、诈伤、造作伤或者被鉴定人本身疾病。但在有些鉴定中，既往伤、自身疾病可能对本次外伤导致的损伤结果有一定的作用。本节就是依据既往伤、自身疾病在损伤结果中所占的参与度，对鉴定意见是否存在影响进行了规定。

“损伤为主要作用的，既往伤/病为次要或者轻微作用的，应依据本标准相应条款进行鉴定。”“损伤与既往伤/病共同作用的，即二者作用相当的，应依据本标准相应条款适度降低损伤程度等级，即等级为重伤一级和重伤二级的，可视具体情况鉴定为轻伤一级或者轻伤二级，等级为轻伤一级和轻伤二级的，均鉴定为轻微伤。”“既往伤/病为主要作用的，即损伤为次要或者轻微作用的，不宜进行损伤程度鉴定，只说明因果关系。”

但是本次损伤和既往伤/病究竟占比多少？参与度如何划分？这些问题无法进行明确化和条文化，仍有一定的主观作用。但参照国内国际上对损伤参与度的划分方法，结合本标准中伤病关系的处理原则，笔者认为模糊的三分法比较合理，具体概括如下：

如果既往伤/病是危害结果的全部因素，或者外伤仅仅是危害结果的诱因、辅助因素，那么则认为既往伤/病的参与度大于70%，适用于“只说明、不鉴定”。

如果本次损伤和既往伤/病都存在，但是他们独立存在之时，都不可能造成最终的危害结果，在造成最终危害结果之中，他们的作用基本相等（30%~70%），则适用于“降级处理”。

如果本次损伤是导致危害结果的全部或主要因素，或者此程度损伤完全可以造成同样的危害结果，则本次损伤是主要作用，适用于“依据本标准相应条款进行鉴定”。

案例2-1 伤病关系之外伤作用为主

王某与李某发生纠纷，被李某拳击口唇部，导致口唇粘膜挫裂伤、牙槽骨骨折、两枚牙齿根折。经医院口腔科检查，伤者王某牙槽骨吸收，存在牙周疾病。因其牙槽骨骨折、两枚牙齿根折，其所受外力足以导致牙齿的脱落。本案中，损伤为主要原因，而既往病仅为轻微作用。故王某的损伤程度应鉴定为轻伤二级。

案例2-2 伤病关系之伤病共存，作用相当

方某与他人发生纠纷，被拳击胸腹部。伤后经医院检查，诊断为：左侧第9肋骨骨折、脾脏肿大突出肋缘、脾脏破裂。在全麻下行脾脏全切术。经病理学检验，其脾脏淤血、肿大，质地变脆，镜下脾窦淤血明显。本案中，方某第9肋骨骨折，其所受外力足够大。但其脾脏肿大突出肋缘、脾脏质地变脆。其脾脏破裂并手术切除的后果是外力及其既往病共同作用所致。脾脏破裂需手术治疗可鉴定为重伤二级，故方某的损伤程度应予以降级，鉴定为轻伤二级。

案例2-3 伤病关系之外伤作用轻微

董某与他人发生纠纷，被拳击头部。伤后随即出现头晕、头痛、呕吐继而昏迷。经医院检查，其额部头皮见小片皮下血肿。CT示：董某颅骨无骨折、未见明显脑挫裂伤，弥漫性蛛网膜下腔出血。DSA示：董某大脑基底动脉和大脑后动脉交叉处动脉瘤破裂。本案中，外力作用轻微，仅导致额部头皮下血肿。其弥漫性蛛网膜下腔出血、神经系统症状体征出现的原因为其原有脑动脉瘤破裂。轻微外力仅能作为动脉瘤破裂的诱因。故不宜进行损伤程度鉴定，只说明因果关系。

（秦 明）

第三章　颅脑及脊髓损伤

颅脑以颅骨为基础，外覆皮肤、筋膜和肌肉；颅腔内容纳脑。颅脑借下颌底、下颌角、乳突尖、上项线和枕外隆凸的连线与颈部分界，经前额发际下、两耳屏前与下颌下缘之间的连线与前下方的面部分界。

脊髓位于脊柱椎体椎管内，外包3层被膜。脊髓长为40~45cm，呈前后略扁、粗细不均的圆柱形。由于脊髓与脊柱的长度不相等，所以脊髓的节段与椎骨的节段位置并不完全一致。脊髓上端在枕骨大孔处接续延髓，下端在成人平第1腰椎下缘。

第一节　头皮损伤

一、鉴定标准

条款	内容	损伤程度
5.1.2a	头皮缺损面积累计75.0cm^{2}以上	重伤二级
5.1.3a	头皮创口或者瘢痕长度累计20.0cm以上	轻伤一级
5.1.3b	头皮撕脱伤面积累计50.0cm^{2}以上；头皮缺损面积累计24.0cm^{2}以上	轻伤一级
5.1.4a	头皮创口或者瘢痕长度累计8.0cm以上	轻伤二级
5.1.5c	头皮创口或者瘢痕	轻微伤
5.1.4b	头皮撕脱伤面积累计20.0cm^{2}以上；头皮缺损面积累计10.0cm^{2}以上	轻伤二级
5.1.4c	帽状腱膜下血肿范围50.0cm^{2}以上	轻伤二级
5.1.5b	头皮擦伤面积5.0cm^{2}以上；头皮挫伤；头皮下血肿	轻微伤

二、结构与术语

1.头皮：系覆盖在颅骨表面软组织的统称。头皮自表及里由皮肤、皮下组织、帽状腱膜、腱膜下疏松结缔组织及骨膜组成。

2.头皮擦伤：头皮受切线方向的外力摩擦而形成的一种浅表损伤。表现为损伤局部轻微疼痛，创面少许血清渗出，可见点状出血，愈合后不遗留瘢痕。

3.头皮挫伤：头皮受钝性暴力作用引起的皮内、皮下出血。可表现为局部肿胀，可伴有渗出和出血。挫伤形态尤其是皮内出血可反映致伤物作用面的特征。严重的挫伤可遗留有浅表瘢痕。

4.头皮血肿：多因钝性外力作用所致，按血肿出现部位的不同可分为头皮下血肿、帽状腱膜下血肿、骨膜下血肿。

（1）头皮下血肿：是钝性外力作用所致，血肿位于皮下组织层。由于此层与皮肤层和帽状腱膜层之间连接紧密，故血肿不易扩散而较小。血肿周围的组织肿胀增厚，触之有凹陷感。

（2）帽状腱膜下血肿：是外力作用造成小动脉或者导血管破裂出血所致，血肿位于帽状腱膜下层。因帽状腱膜下层组织疏松，血液易向四周扩散，故血肿范围较大，可延及整个帽状腱膜下层，触诊较软而有波动感。

（3）骨膜下血肿：一般不单独出现，常发生在骨折处，出血量较少，常以骨缝为界。因张力大，故波动感不明显。

5.头皮创：由钝器、锐器、火器作用所致头皮组织断裂的损伤，由创缘、创角、创口、创腔、创壁和创底构成。创深达头皮下组织，一般需手术缝合。

6.头皮瘢痕：是指物理性、化学性、生物性损伤后所遗留的结缔组织结构，通常是在头皮创口或缺损的基础上愈合形成的。

7.头皮撕脱伤：是较大暴力牵拉头发，使大块头皮甚至整个头皮自帽状腱膜下层或者连同颅骨骨膜被撕脱，以帽状腱膜下层撕脱为常见。

8.头皮缺损：是指外伤造成帽状腱膜以外头皮全层缺损，须手术治疗或者头皮永久性缺损。

三、检查与诊断

由于头皮损伤均位于体表，头皮损伤诊断主要依靠临床医生体检做出，辅以受伤当时的监控、录像、照片等电子数据。头部CT或MRI扫描检查是诊断头皮血肿的重要支撑手段，必要时复查CT或MRI扫描诊断更加明确，也为鉴别提供有用的证明信息。

四、鉴定要点

头皮损伤的损伤程度鉴定主要依据头部外伤史、临床病历资料和诊断、影像学资料以及法医学检验，与《标准》相关条款进行对照即可作出鉴定意见。在实践中，仍需注意以下几点：

（一）头皮的分界

颅脑与颈部分界为下颌底、下颌角、乳突尖、上项线和枕外隆凸的连线，与前下方的面部分界为前额发际下、两耳屏前与下颌下缘之间的连线。应准确掌握枕部头皮与项部（颈后部）、面部皮肤的分界，不要把生长头发的枕外隆凸下皮肤误认为头皮，也不要把发际下无头发的额部（面部）皮肤误认为头皮（见图3-1）。

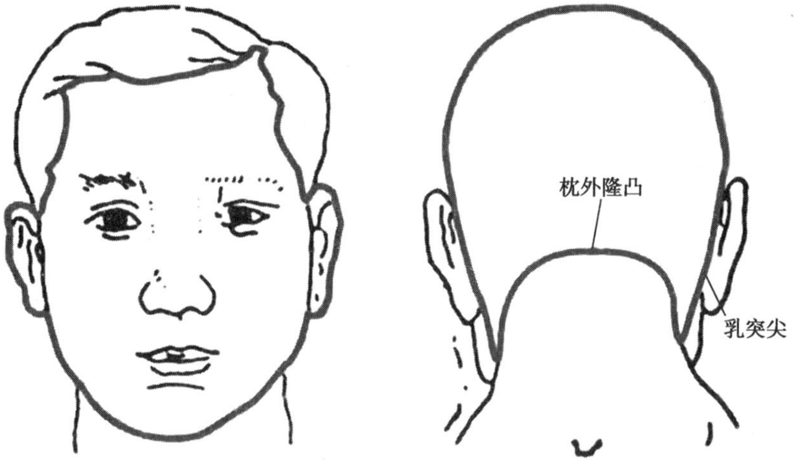

图3-1　头面颈部分界

对于发际线后退的伤者，由于难以划清前额发际下的准确位置，推荐使用“三庭法”（见图3-2）分界，并用彩笔描出拍照固定。即：额部发际线到眉弓下缘的距离与眉弓下缘到鼻底线以及鼻底线到下颌下缘之间的距离相等。

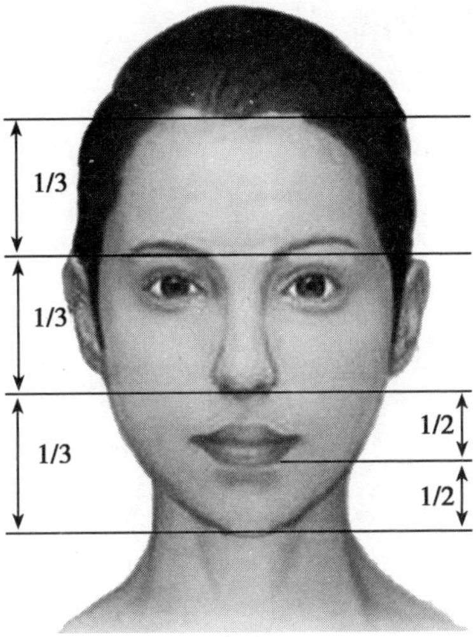

图3-2　“三庭”示意图

（二）证据的收集与固定

头部遭受外伤后，现场处置的民警应当尽可能多用随身携带的手机等电子设备对受伤人员伤口以及相关物品进行摄录、拍照固定，以便减少将来鉴定时的争议和难度。对头皮创口应及早拍照固定，拍照时应加比例尺或者放置参照物，对存在于创腔内的异物应及时拍照固定并提取保存，对遗留在现场的物品拍照收集，有利于对致伤工具的推断和认定。并应注意在清创缝合时有无手术对创口的延伸。头部的专科检查以及影像学系列复查可明确伤情动态变化。

（三）防止造作伤

由于头皮创口长度对鉴定意见有重大影响，应当防止造作伤。法医鉴定人在接到委托或者知悉情况后，应尽早要求办案民警到首诊医院收集原始CT数据，CT原始数据可以重建面部软组织，重建后的图像可能观察到创口长度和缝合针数，结合致伤工具、受伤部位分析，防止因造作伤延长创口而引起鉴定误判。

（四）头发被揪掉后缺失并不再生长，如何鉴定？

若检见头皮毛发脱落较多，局部头皮有出血点或者红肿等改变，比照头皮擦伤、挫伤进行鉴定。头发大面积缺失，可能伴有头皮下血肿或者头皮帽状腱膜下血肿，甚至伴有头皮缺损，可根据相应情况进行鉴定。头皮毛发被揪掉后，呈片状缺失且不再生长，有碍外观，可比照头皮撕脱伤鉴定损伤程度。

案例3-1　头皮造作伤的鉴别

青年男性伤者，左额部不规则8.6cm创口，缝合10余针，怀疑造作延长创口，侦查访问未发现此类情况。法医鉴定人员将伤者第一次的CT原始数据调出重建，发现原始创口仅缝合3针，测量长度3.2cm，从而证实造作行为。

第二节　颅骨骨折

一、鉴定标准

条款	内容	损伤程度
5.1.2b	开放性颅骨骨折伴硬脑膜破裂	重伤二级
5.1.2c	颅骨凹陷性或者粉碎性骨折，出现脑受压症状和体征，须手术治疗	重伤二级
5.1.2d	颅底骨折，伴脑脊液漏持续4周以上	重伤二级
5.1.2e	颅底骨折，伴面神经或者听神经损伤引起相应神经功能障碍	重伤二级
5.1.3c	颅骨凹陷性或者粉碎性骨折	轻伤一级
5.1.3d	颅底骨析伴脑脊液漏	轻伤一级
5.1.4d	颅骨骨折	轻伤二级

二、结构与术语

头颅由23块颅骨围成，颅骨多为扁骨或不规则骨。除下颌骨和舌骨以外，其他的颅骨借缝或软骨牢固连接（见图3-3）。

1.颅骨：脑颅骨和面颅骨的合称，一般指脑颅骨。共8块，包括不成对的额骨、筛骨、枕骨、蝶骨和成对的颞骨、顶骨。

2.颅骨骨折：暴力作用于头部引起颅骨连续性的中断。本《标准》规定的颅骨骨折特指脑颅骨骨折，不包括面颅骨骨折。通常是指额骨、筛骨（纸板构成眼眶内侧壁除外）、枕骨、蝶骨、颞骨和顶骨的任意形式骨折。

3.开放性颅骨骨折：是指颅骨骨折同时伴有骨折部位的头皮创口，骨折处与外界相通，与头皮无创口的闭合性颅骨骨折相对应。开放性颅骨骨折可并发颅内积气或者颅内感染。

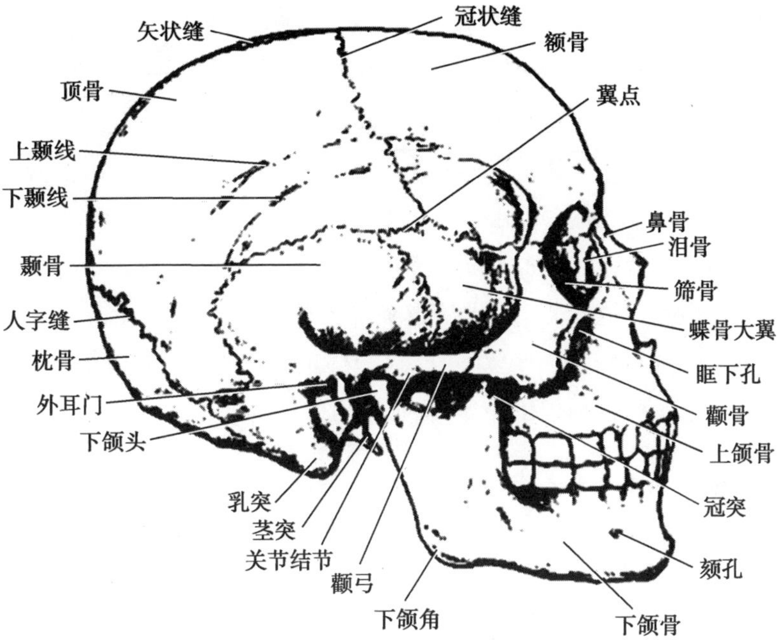

图3-3　颅骨及其连接

4.脑膜：位于颅腔内颅骨内板与脑组织表面之间，由外向内依次为硬脑膜、蛛网膜和软脑膜。其中，硬脑膜与颅骨内板紧密相连，软脑膜贴在脑组织表面，硬脑膜和软脑膜之间有一层蛛网膜。三层脑膜下有一定间隙，在外伤后可能有血液集聚于此，形成血肿和相应征象。

5.颅骨凹陷性骨折：颅骨全层骨折，并向颅内凹陷，最常见为半圆、圆锥形、舟状、角状以及阶梯状。凹陷较深，可引起脑受压体征和症状。

6.颅骨粉碎性骨折：颅骨碎为3块以上或者多发性骨折线交叉，碎骨片的大小、形状以及数目不一，常发生于暴力作用点处，特别是多次打击时。以额骨粉碎性骨折最常见，顶骨次之。

7.颅底骨折：多由颅盖骨折延伸至颅底所致，或者头部挤压造成颅骨整体变形致颅底薄弱部位发生断裂。颅底骨折以线形骨折为主，可以局限于某一颅窝，亦可横行穿过两侧颅底或者纵行贯穿颅前、中、后窝。

8.面神经功能障碍：颅中窝骨折累及颞骨岩部可使经过此处的面神经受损，表现为周围性面瘫征象，即睑裂闭合不全、鼻唇沟变浅或者消失，示齿伸舌时口角偏向健侧，也可出现舌前2/3味觉丧失。面瘫可伤后立即出现，也可迟发出现，系因血肿压迫或者水肿所致，一般预后良好。

9.听神经功能障碍：颅中窝骨折累及颞骨岩部可使经过此处的听神经受损，表现为不同程度的听力下降、耳鸣、眩晕。

10.脑脊液漏：脑脊液流出脑室和蛛网膜下隙的循环，漏出于鼻孔、外耳道、皮肤创口等处，分别称为脑脊液鼻漏、脑脊液耳漏、脑脊液皮肤漏，常见原因为外伤引起颅底骨折，同时伴有硬脑膜以及蛛网膜的破裂。

11.脑受压症状和体征：症状是指头部损伤后出现意识障碍、头痛、头晕、呕吐等。体征是指瞳孔变化、对光反射迟钝或者消失、颈项强直、失语、肢体瘫痪、腱反射亢进、病理征阳性、四肢肌张力改变等。

三、检查与诊断

开放性骨折在清创缝合术中可被发现，闭合性凹陷骨折用手触摸即可发现，线形骨折通过头部X线拍片或颅骨CT扫描可明确诊断。

高分辨率螺旋CT横断面扫描加冠状面、矢状面扫描检查可精确显示颅底骨折，包括外耳道骨折、乳突以及鼓室部骨折、听骨脱位、面神经管骨折和岩部骨折。CT三维重建可较好地显示颅底结构，为颅底骨折的影像学诊断提供了新的方法。

颅骨骨折主要根据头部外伤史、临床表现、影像学所见以及实验室检查来确定诊断。对于耳鼻流出液体可进行葡萄糖定量实验确定是否为脑脊液，进而判断是否有颅底骨折。颅底骨折除直接征象外，间接征象也有助于诊断。颅底骨折间接征象：（1）颅内积气；（2）鼻窦或者乳突蜂房积液。

四、鉴定要点

颅骨骨折是法医实践中经常遇到的损伤类型。颅骨骨折的损伤程度鉴定主要依据头部外伤史、临床病历资料和诊断、影像学检查特别是CT以及三维重建片的阅读，结合法医学检验，确认损伤诊断。再与《标准》相关条款进行对照即可作出鉴定意见。在实践中，仍需注意以下几点：

（一）避免单纯用X线片诊断颅骨骨折造成的误诊

某些因素可影响颅骨X线片的诊断准确性，如单纯颅骨外板、内板骨折，在X线片上可显示不清；未愈合的颅缝、颅骨结构的重叠、颅骨表面的血管压迹和板障静脉的影像等易被误诊为骨折。一般法医临床损伤程度鉴定不单纯依靠X线片作为鉴定的唯一依据。颅骨 CT扫描可弥补上述不足，具有确诊价值，同时可显示骨折的类型。

（二）颅骨新鲜性骨折与陈旧性骨折的鉴别

由于成人颅骨膜内成骨能力很差，颅骨骨折可长期无骨性愈合，新鲜骨折CT片上显示骨折边缘较清晰锐利，相应部位软组织肿胀，陈旧性骨折常显示骨折断端钝化圆滑，边缘硬化。

（三）外伤性颅缝分离的认定

编者认为，外伤性颅缝分离是一种特殊形式的颅骨骨折，表现为颅缝明显增宽、错位或者重叠，少数正常人颅缝也并非完全闭合，因而颅缝分离的认定有一定的难度。通过颅骨两侧对比，结合头部损伤部位、致伤方式以及伴发损伤，有助于综合判断。

（四）无错位线性骨折与血管沟的鉴别

血管沟位于血管解剖位置，一般为平直或者轻度弯曲的向终末逐渐变细的带状分支透亮影，血管沟边缘的骨质密度常轻度增高，血管沟多呈对称性分布。无错位线性骨折可发生在头部任意位置，骨折线常与作用力的大小方向相关。

（五）颅底骨折与颅盖骨折要求不同

颅骨X线片和普通CT扫描对颅底骨折的诊断阳性率均较低，其诊断价值是发现骨折即可确诊，未发现骨折也不能否定颅底骨折的存在。高分辨率螺旋CT多方位扫描加三维重建是必要的加固或者确定手段。

对于临床诊断考虑为脑脊液漏的，应尽早进行生化检查，以减少可能在诊断上出现的争议。对伴有面神经、听神经损伤的伤者，应进行神经肌电图以及诱发电位等相应检查。

（六）《标准》中相关条文的理解

《标准》5.1.4d，颅骨骨折是指达到板障的骨折，不包括颅骨骨皮质的砍（刺）痕。

《标准》5.1.3c，颅骨凹陷性骨折是指凹入颅腔的骨折，不包括单纯颅骨外板凹陷的骨折。

《标准》5.1.2b，开放性颅骨骨折伴硬脑膜破裂，是指外开放性颅脑损伤，即头皮创、颅盖骨骨折、硬脑膜破裂脑组织与外界相通。不包括内开放性颅脑损伤，如颅底骨折伴脑脊液漏。硬脑膜破裂除病历记载外，还应有影像学检查的支持，如CT显示颅内积气，积气位置在脑组织深部或者游离在非骨折部位。

《标准》5.1.2e，须手术治疗是指有手术指征，并且经过手术治疗的情况。

案例3-2　陈旧性颅骨骨折的法医学鉴定

青年男性伤者被人用铁棍打伤头部。法医鉴定人员检查见其头顶部创口3cm，头颅CT示右颞顶颅外软组织肿胀，颅骨多发性骨折，但骨折断端钝化圆滑，边缘增白硬化，表现为陈旧性骨折特征（见图3-4）。经查，该伤者5年前曾因车祸摔伤头部，当时造成多发颅骨骨折伴右眼眶骨折。（案例由安徽省合肥市公安局提供）

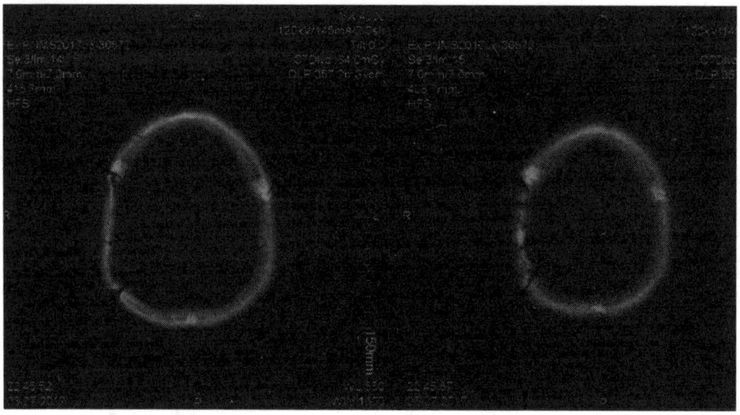

图3-4　颅骨陈旧性骨折

第三节　脑损伤

脑是中枢神经系统的重要组成部分，是人体的生命活动中枢，控制和调节人体的生理功能。颅脑损伤中最为重要的当属脑损伤。脑损伤的基本类型主要包括脑震荡、脑挫（裂）伤、脑干损伤、弥漫性轴索损伤以及颅内出血。结合《标准》相关条文，本节主要阐述脑挫（裂）伤和颅内出血。

一、鉴定标准

条款	内容	损伤程度
5.1.2f	外伤性蛛网膜下腔出血，伴神经系统症状和体征	重伤二级
5.1.2g	脑挫（裂）伤，伴神经系统症状和体征	重伤二级
5.1.2h	颅内出血，伴脑受压症状和体征	重伤二级
5.1.3e	脑挫（裂）伤；颅内出血；慢性颅内血肿；外伤性硬脑膜下积液	轻伤一级
5.1.4e	外伤性蛛网膜下腔出血	轻伤二级
5.1.5a	头部外伤后伴有神经症状	轻微伤

二、结构与术语

（一）脑挫裂伤

脑挫裂伤是脑损伤中较为严重的类型，是脑挫伤和脑裂伤的统称，脑挫伤脑组织破坏程度相对轻，仅脑实质发生点状出血而软脑膜完整，脑裂伤软脑膜、血管和脑组织同时破裂，可伴蛛网膜下腔出血。由于脑挫伤和脑裂伤常同时出现，加之不易严格区分，常合称为脑挫裂伤。脑挫裂伤既可发生于着力部位，也可发生于着力部位的对侧。

（二）硬脑膜外血肿

硬脑膜外血肿是颅内出血聚积于颅骨与硬脑膜之间而形成的血肿。由于颅盖部的硬脑膜与颅骨附着较松、易于分离，颅底部硬脑膜与颅骨附着较紧，所以硬脑膜外血肿多发生于颅盖部。最常见于颞部，其次是额部、顶部。绝大部分表现为急性血肿。

（三）硬脑膜下血肿

硬脑膜下血肿是颅内出血聚积于硬脑膜下腔而形成的血肿。在颅内血肿中最常见。其形成与外力作用的方式、部位以及颅骨结构的特点有关。可表现为急性、亚急性或者慢性。

（四）脑内血肿

脑内血肿是脑实质内出血形成的血肿，好发于额、颞叶。根据临床症状出现的时间，外伤性脑内血肿可分为急性和迟发性两类，但绝大部分为急性。

（五）蛛网膜下腔出血

蛛网膜下腔出血是软脑膜或者蛛网膜下腔内的血管破裂出血，血液直接流入蛛网膜下腔。

（六）脑受压症状和体征

脑受压症状和体征是强调颅内占位（包括出血、骨折）为主引起颅内压增高的一组变化。症状指损伤后出现意识障碍、头痛、头晕、呕吐等。脑受压体征是指瞳孔变化、对光反射迟钝或者消失、颈项强直、失语、肢体瘫痪、腱反射亢进、病理征阳性、四肢肌张力改变等。

（七）神经系统症状和体征

神经系统症状和体征是强调脑实质损伤（包括挫裂伤、梗死）为主引起颅内压增高和脑膜刺激征的一组变化。症状：头痛、头晕、呕吐、意识障碍等；体征：瞳孔变化、对光反射迟钝以及消失、单侧或者双侧肢体瘫痪、生理腱反射亢进、病理反射阳性或者出现脑膜刺激征、肌痉挛、四肢肌张力改变等。

此外，记忆力减退、失眠多梦、耳鸣耳聋、视力减退、感觉异常和精神障碍等也是颅脑损伤后经常出现的症状。

（八）神经症状

伤者自觉出现的头痛、头晕、意识障碍，有时伴有呕吐。头痛泛指眉毛以上至枕下部为止范围内的疼痛。头晕是自觉眼前发黑、头重脚轻，闭目时常消失。意识障碍是大脑皮层和皮层下网状结构受到抑制的一种状态，可有不同程度的表现：嗜睡、意识模糊、昏睡、谵妄、昏迷。呕吐是胃内容物经贲门逆流出口腔的一种复杂的反射动作。此外，记忆力减退、失眠多梦、耳鸣耳聋、视力减退、感觉异常和精神障碍等也是颅脑损伤后经常出现的症状。

三、检查与诊断

（一）脑挫裂伤

1.临床表现

脑挫裂伤的临床表现可因损伤部位、范围、程度不同而相差悬殊。轻者仅有轻微症状，重者深昏迷，甚至迅速死亡。

（1）意识障碍。伤当时立即发生，其程度和持续时间与脑挫裂伤的程度和范围直接相关，是衡量脑损伤轻重的客观指标。一般程度越深、持续时间越长，多数超过半小时，可持续数天、数月，最严重者可持续数年直至死亡。少数范围局限的脑挫裂伤可不出现意识障碍。

（2）头痛、头晕和恶心呕吐等症状。程度较重，持续时间较长。其出现可能与颅内压增高、自主神经功能紊乱或者蛛网膜下腔出血等有关。

（3）局灶症状和体征。伤后立即出现与损伤部位相应的神经功能障碍体征，如运动区损伤出现偏瘫、肢体抽搐或者椎体束征阳性等；语言中枢损伤出现失语等。发生于“哑区”的损伤，不出现局灶症状和体征。

（4）颈项强直。是蛛网膜下腔出血的体征，伴有蛛网膜下腔出血时出现。此时，腰穿脑脊液呈血性。

（5）生命体征变化。可出现短暂脉搏细速、血压偏低和呼吸缓慢等表现，多数迅速恢复正常；若不恢复，常提示有严重的脑干损伤或者其他合并损伤。

2.检查与诊断

检查主要是体格检查和影像学CT/MRI检查，尤其是影像学CT/MRI复查与对比。

脑挫裂伤的诊断标准：（1）头部外伤史；（2）原发性意识障碍，持续时间在半小时以上；（3）局灶症状和体征；（4）脑CT扫描示脑实质内有片状、散在混合密度或者低密度区；MRI扫描示脑实质内可见点片状异常信号，水肿和软化表现为长T1和长T2信号，出血信号随时间而变化，且受限场强的影响；（5）腰穿脑脊液可呈血性。其中，脑CT或者MRI扫描具有确诊价值。

（二）硬膜外血肿

1.临床表现

由于出血来源以脑膜中动脉最为常见，其主干或者前支的出血速度快，可在 6～12小时或者更短时间内出现症状，因此，多表现为急性（约占80%以上），少数由静脉窦或者板障出血形成的血肿症状可较迟，可表现为亚急性（约占10%）或者慢性。

（1）意识障碍：典型的意识障碍是伤后即出现原发性昏迷，系原发性脑损伤所致，清醒后，经过数小时或者稍长的“中间清醒期”，可再次昏迷，二次昏迷是血肿压迫脑引起脑疝的结果。

（2）颅内压增高的表现：剧烈的头痛，呈进行性加重；恶心、频繁呕吐，甚至呈喷射性呕吐。

(3)脑受压表现：受压部位不同，出现相应的体征。早期出现的体征，如无进行性加重，可能是脑挫裂伤的局灶体征；稍晚出现的体征或者早期体征进行性加重，为脑受压或者血肿引起脑疝所致。

(4)瞳孔变化：小脑幕切迹疝早期患侧动眼神经因牵扯而受刺激，患侧瞳孔可先缩小，对光反射迟钝；随着动眼神经和中脑受压，患侧瞳孔变为进行性散大，对光反射消失，随之出现眼睑下垂和对侧瞳孔散大。

(5)生命体征变化：常为进行性的血压升高、心率减慢和体温升高，系枕骨大孔疝形成，脑干呼吸循环中枢受压所致。

2.检查与诊断

根据头部外伤史，伤后当时清醒，以后昏迷，或出现有中间清醒(好转)期的意识障碍过程，结合头部CT、MRI扫描所见，均可作出正确的诊断。硬脑膜外血肿、出血的CT所见：急性期为颅骨内板下的双凸形高密度影，脑室可受压变形，中线结构可移位。随着时间的推移，血肿的密度逐渐减低，2周以上的血肿可呈略高密度、等密度或者低密度。密度减低的速度与血肿的大小有关。MRI所见：颅骨内板下双凸形异常信号影，硬脑膜呈细线状位于血肿与脑之间，此点有助于硬脑膜外血肿与硬脑膜下血肿的鉴别，其他改变与CT相似。

(三)硬脑膜下血肿

1.临床表现

(1)急性、亚急性硬脑膜下血肿：脑挫裂伤较重或者血肿形成较快者，原发性昏迷和血肿所致脑疝的昏迷相重叠，表现为意识障碍进行性加深，无中间清醒期或者意识好转期。颅内压增高与脑疝的其他征象也多在1～3天内进行性加重，属于急性型。脑挫裂伤相对较轻或者血肿形成较慢者，可有意识障碍好转期，其颅内压增高与脑疝的征象可在受伤72小时以后出现，属于亚急性型。此类血肿与脑挫裂伤的继发性脑水肿很难从临床表现上作出区别。少数不伴有脑挫裂伤的单纯性硬脑膜下血肿，其意识障碍过程可与硬脑膜外血肿相似，有中间清醒期，因桥静脉出血而形成血肿者，中间清醒期可较长。

(2)慢性硬脑膜下血肿：常在轻微的头部外伤后数月出现症状，以颅内压增高症状为主，头痛尤为突出，可有恶心、呕吐和视盘水肿等，部分有痴呆等精神症状，仅少数可有偏瘫、失语等脑受压的局灶性症状和体征。

2.检查与诊断

根据有较重的头部外伤史，伤后即有意识障碍并逐渐加重，或者出现中间清醒期，伴有颅内压增高症状，多表明有急性或者亚急性硬膜下血肿。头部CT、MRI扫描，可明确诊断。硬脑膜下血肿的CT所见：急性者可见颅骨内板下呈新月形高密度影，亚急性者可呈高密度、等密度或者低密度影；血肿可覆盖一侧半球的大部分，如果出血量大而又未扩散，则血肿可表现为双凸形，与硬脑膜外血肿不易鉴别，但硬脑膜下血肿的内缘不十分清楚。慢性硬脑膜下血肿可表现为低密度、混合密度、等密度和高密度四种类型，但多数为低密度或者等密度。等密度者可根据血肿的占位表现来诊断。MRI对硬脑膜下血肿的诊断优于CT，尤其对小的血肿，特别是对位于颅底部的血肿可更好地显示，对硬脑膜下与硬脑膜外血肿间的鉴别有帮助。

（四）脑内血肿

1.临床表现

（1）急性脑内血肿：与急性硬脑膜下血肿的临床表现甚相似，其意识障碍过程受原发性脑损伤程度和血肿形成速度的影响。脑挫裂伤重者，伤后持续昏迷，且呈进行性加重；脑挫裂伤轻者，原发性昏迷较轻或者缺如，有中间清醒期，当血肿增大到一定程度时，出现二次昏迷。可有颅内压增高和脑疝的其他征象，部分病人出现脑损伤的局灶性症状。脑内血肿无特异性症状，单凭临床表现难与其他颅内血肿区分。

（2）迟发性脑内血肿：主要临床表现为头部外伤后经历一段病情稳定期，出现意识障碍进行性加重等颅内压增高表现。确诊需依靠多次脑CT或者MRI扫描的对比。

2.检查与诊断

脑内血肿与伴有脑挫裂伤的复合性硬脑膜下血肿的症状相似，两者常同时存在。及时进行CT扫描可证实脑内血肿的存在。

脑内血肿发生可为外伤性或者非外伤性，非外伤性因素所致的脑内血肿也非常常见，其中以高血压动脉粥样硬化出血最为常见，应注意两者的鉴别。

外伤性与非外伤性脑内血肿，在形态上有一定差异，脑CT或者MRI扫描所见有助于两者的鉴别。外伤性脑内血肿的影像学特点：血肿位于对冲伤、冲击伤或者中间性脑挫裂伤的发生部位；多与脑挫裂伤和蛛网膜下腔出血同时存在，血肿为多发或者单发，血肿周围有卫星形小出血灶或者血肿周围蓬松；外伤性脑内血肿多为脑内小血管破裂出血所致，因此出血量相对较小。

非外伤性脑内血肿，尤其高血压脑出血，多位于基底核区，血肿多单发、边界清楚，不伴有脑挫裂伤；由于血管内压力较高或者破裂血管口径相对较大，故出血量常较大。

对于伤后6小时以内的CT检查如为阴性结果，不能排除颅内血肿的可能，多次颅脑CT复查有利于早期发现迟发性血肿。

（五）蛛网膜下腔出血

1.临床表现

伤后出现剧烈的头痛、恶心、呕吐、颈项痛，严重者可出现昏迷、颈强直等。临床症状的轻重与出血速度、出血量直接相关。

2.检查与诊断

根据明确的外伤史、临床表现以及相应影像学检查可明确诊断。应鉴别外伤性与非外伤性蛛网膜下腔出血。非外伤性蛛网膜下腔出血的原因众多，其中以先天性颅内动脉瘤最为常见，脑血管畸形和脑动脉硬化次之。外伤后出现的蛛网膜下腔出血并非都是外伤直接所致，由于非外伤性出血更常见，因此判定两者关系时，应首先确定有无非外伤性因素，头部 MRA检查或者脑血管造影可发现颅内血管异常，有助于病因诊断。

四、鉴定要点

颅内出血的损伤程度鉴定，主要依靠外伤史、临床表现、影像学检查，特别是影像学片的前后对比和手术记录所见，结合法医学检验，确认损伤诊断。再与《标准》相关条款进行对照即可作出鉴定意见。在实践中，仍需注意以下几点：

（1）对于诊断脑挫裂伤成立的伤者，往往因意识障碍而给神经系统检查带来困难，加之脑挫裂伤最容易发生在额极、颞极及其底面等“哑区”，伤者可无局灶症状和体征，但颅脑CT或者MRI扫描不但能够明确脑挫裂伤的有无，而且还能显示脑挫裂伤的部位、程度和范围，以及与其他类型颅脑损伤相鉴别。对于诊断脑震荡但有局灶症状，而普通颅脑CT或者MRI扫描显示颅内无明显异常，应该尽早行SWI（磁共振磁敏感加权成像）检查，以发现可能的脑挫裂伤。

（2）凡老年人出现慢性颅压增高症状，智力和精神异常，特别是曾经有过头部外伤史者，均应考虑慢性硬脑膜下血肿的可能，及时进行影像学检查，以明确诊断。对于诊断慢性硬脑膜下血肿的伤者，应充分考虑慢性硬脑膜下血肿形成的原因，重点鉴别外伤还是自身疾病所致，或者共同作用的结果。

（3）对于早期颅脑CT检查证实的少量的蛛网膜下腔出血，在CT上要与小脑幕的条状高密度征象、脑血管畸形显示的血管增宽以及条状高密度的大脑镰相鉴别。要及时进行复查以明确诊断。少量的蛛网膜下腔出血，1～3天可以吸收完全。需要注意的是，饮酒后在外力作用下易引起蛛网膜下腔出血。

（4）影像学损伤时间的判断。外伤性脑损伤发生时间的影像学判断，一般是利用出血的密度或者信号改变进行推断的，急性期出血颅脑CT显示高密度征象，亚急性期呈等密度征象，而慢性期为低密度征象。MRI显示急性期出血T2W1以及DW1序列均呈低信号征象，亚急性期和慢性期，常规MRI序列呈高信号征象，慢性期血肿边缘T2W1显示环状含铁血黄素低信号征象。另外，利用脑水肿的轻重程度改变，同样可以判断脑损伤时间，急性期和亚急性期脑水肿显示的范围较大，而慢性期脑水肿的范围较小，观察脑水肿大小、范围近期有无改变，出现改变为急性期脑损伤征象，反之无改变为慢性期征象。

（5）影像学检查方法的选择。颅脑CT和MRI检查都能很好地显示脑损伤的直接征象，两种方法作为互补，都能发现对方在不同脑损伤发生时期不宜显示的脑损伤征象。对于急性期脑出血，特别是出血量较少的脑挫裂伤，应首选颅脑CT检查，因为CT检查的时间很短、费用低，同时利用骨窗还能了解颅骨是否存在骨折等征象；亚急性期和慢性期脑损伤应首选MRI检查，MRI敏感性相对更高，也能较清楚显示异常信号。

（6）开放性颅脑损伤与闭合性颅脑损伤。在临床中，经常出现开放性颅脑损伤与闭合性颅脑损伤的诊断，也会出现颅脑损伤（轻、中、重、特重度）的诊断，上述诊断与鉴定意见存在一定的对应关系。开放性颅脑损伤是指钝器、锐器或者火器造成头皮、颅骨、硬脑膜破损，致使脑组织直接或者间接与外界相通的颅脑损伤，硬脑膜是否破裂是区分闭合性或者开放性的分界线。开放性颅脑损伤又分为外开放性和内开放性颅脑损伤，外开放性是指头皮、颅骨、硬脑膜在相应部位同时破裂并且脑组织直接与外界相通，而内开放性是指硬脑膜虽然破裂，但头皮、颅骨没有在相应部位破裂并且脑组织间接与外界相通。外开放性颅脑损伤对应鉴定意见为重伤，内开放性颅脑损伤对应鉴定意见多为轻伤。闭合性颅脑损伤指的是头皮、颅骨可以有或无开放性创口，而硬脑膜处于完整状态，脑组织与外界未有交界。颅脑损伤在临床上分型包括轻、中、重以及特重四个类型，轻型等同于法医损伤程度鉴定结果的轻伤和轻微伤；中型等同于法医损伤程度鉴定结果的轻伤和重伤；重型及特重型等同于法医损伤程度鉴定结果的重伤，临床分型与鉴定结果有关联性。

（7）对于头部既往有过伤病，甚至采取开颅手术后再次受伤的人员，要详细了解本次外伤的受伤诊治过程，调取既往病历、影像学资料，收齐鉴定资料，根据外力大小、受伤部位、损伤结果，重点分析损伤与既往伤病关系，依据《标准》4.3.2及相关条文进行鉴定。

（8）《标准》相关条文的理解与运用。《标准》5.1.5a头部外伤后伴有神经症状，对于此条轻微伤的操作意见：头部受到明确的外伤包括拳脚伤、磕碰伤、钝器打击伤、撞击伤、震荡伤等，在这之后较短时间内出现神经症状（头痛、头晕、呕吐、意识障碍等），一般需要有短时间内就诊病历支持，至少有伤后伤者的首次询问笔录或者其他证人证言材料证明。凡符合以上情况均可鉴定为轻微伤。颅脑损伤致颅内出血须开颅手术治疗的，参照《标准》5.1.2h鉴定为重伤二级。

案例3-3　迟发性硬膜下血肿的法医学鉴定

熊某，男，69岁，2015年8月22日在自己家中被其子殴打，致头面部受伤。当日医院检查见面部充血、肿胀以及压痛，双眼上下睑红肿、青紫伴有淤血。头部+鼻骨CT示：颅内未见占位性改变，右侧鼻骨骨折以及左侧上颌骨额突骨折。

因头痛持续于2015年9月25日再次就诊。头颅CT：左侧大脑半球慢性硬膜下血肿。根据硬膜下血肿形成时间、出血部位、易发年龄段、临床表现，确定为慢性硬膜下血肿（见图3-5）。依据《标准》5.1.3e，被鉴定人慢性硬膜下血肿属轻伤一级。（案例由安徽省合肥市公安局提供）

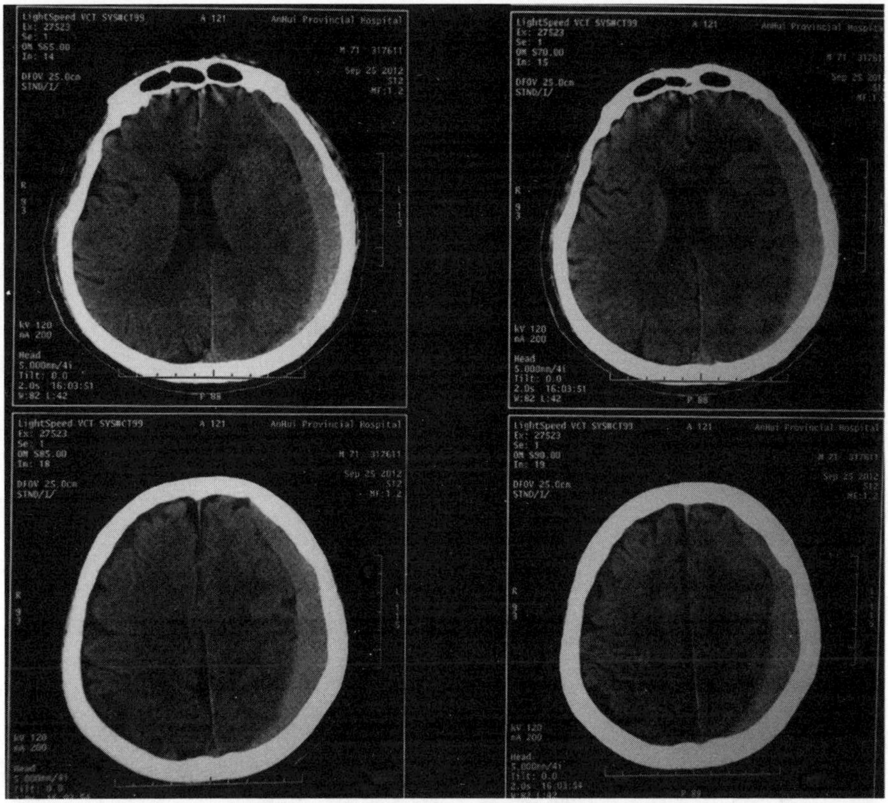

图3-5　迟发性硬膜下血肿

案例3-4　头部开颅手术后再次外伤致脑挫裂伤的法医学鉴定

宋某，男，33岁。2017年3月27日，因纠纷被他人用铁棍打伤头部。医院检查：头顶部伤口约3cm。嗜睡状，GCS14分，双瞳孔等大等圆，光敏，左侧上下肢肌力Ⅲ级，感觉障碍，左手精细功能障碍，右侧肢体肌力肌张力正常，巴氏征(-)。2017年3月28日头颅CT示：1.右侧颞顶叶硬膜下血肿术后；2.右侧颞顶叶脑挫裂伤伴血肿形成；3.外伤性蛛网膜下腔出血。入院后给予止血、预防癫痫等对症支持治疗。2017年4月12日头颅CT示：右侧颞顶叶脑挫裂伤伴血肿形成(较前吸收)。出院时生命体征稳定，神志清楚，双瞳孔等大等圆，光敏，左手肌力减退，精细运动功能障碍，左侧肢体感觉障碍。

经查，宋某曾于2012年3月27日摔伤头部，造成右额颞顶急性硬膜外血肿，行右颞顶开颅硬膜外血肿清除手术治疗。出院时一般情况可，双瞳孔等大等圆，直径3mm，光敏，颈软，心肺腹阴性，四肢活动可。

法医学鉴定情况（2017年7月26日）：宋某伤后经CT检查，为蛛网膜下腔出血、右颞顶叶硬膜下出血、右颞叶脑挫裂伤伴血肿形成，且伤后出现神志呈嗜睡状，左侧肢体肌力下降、感觉障碍、左手精细功能障碍等神经系统症状体征。被鉴定人宋某本次头部棍棒伤致头皮创口，不伴有颅骨新鲜骨折，颅内出血位于外伤着力点附近，量不大，后渐吸收（见图3-6），说明本次外力本身不是足够强大。既往曾行右颞顶开颅硬膜外血肿清除术治疗，本次头皮创口位于既往开颅术瘢痕上方，当颅骨受到外力作用时，能够活动的颅骨瓣与脑组织的撞击和摩擦加剧，形成的颅脑损伤较颅骨完整封闭时较重；既往颅脑外伤手术后，脑组织可能形成局部瘢痕、粘连或软化，当脑组织在外力作用下运动或震荡，更容易引起牵拉、撕裂而出血。另外，也不排除头部多次外伤后，伤者出现神经系统症状体征的易感性。因此认为，宋某伤后出现蛛网膜下腔出血、脑挫裂伤伴神经系统症状体征，系本次外伤与既往伤共同作用的结果。依据《标准》5.1.2g、4.3.2之规定鉴定为轻伤二级。（案例由安徽省合肥市公安局提供）

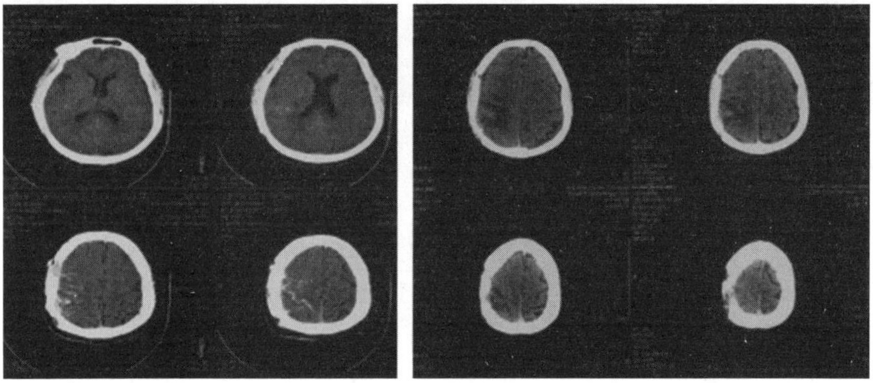

图3-6　左图示颅内出血、脑挫伤；右图示吸收期改变

案例3-5　颅脑CT片的同一认定

某公安分局对辖区美容院、站街女实施清查与抓捕行动，某美容院组织人员使用砍刀、铁锹、棍棒等凶器对办案人员殴打，造成一名派出所协警被打伤住院。该协警通过办案委托单位先后送来两组颅脑CT片。经法医检验，后送来的CT片与先送来的比较，额窦形态不一［(a)先送只显示一侧，(b)后送显示两侧］，额嵴形状不同（见图3–7）[（a）先送粗短，（b）后送细长]，颅腔长径与横径比不同，脑室宽度不同，眼球后壁在眶内的距离，视神经厚度、眼眶厚度、鼻骨形态不同等。

结论意见：两组CT片不是来自同一人员拍摄。（本案由安徽省合肥市公安局提供）

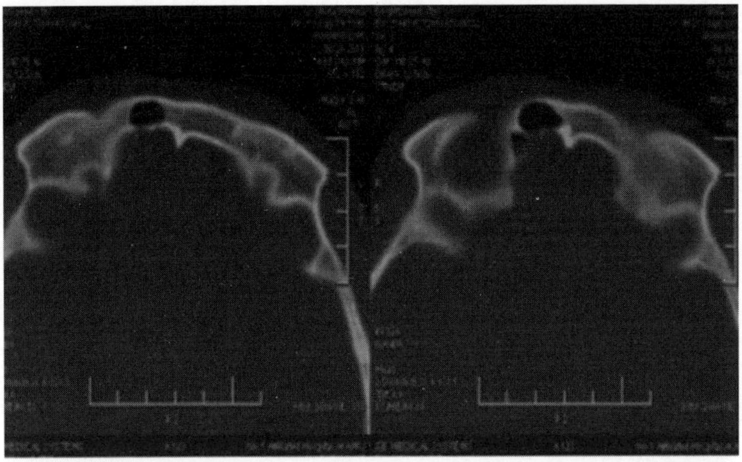

（a）

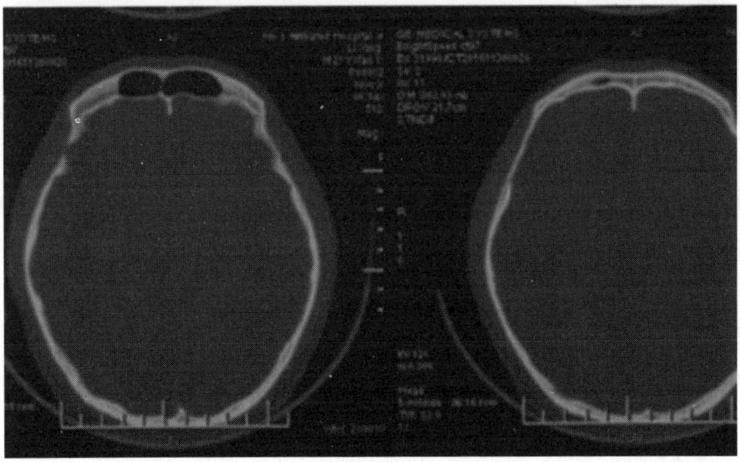

（b）

图3–7　额窦、额嵴不同

案例3–6　运用SWI检查对疑为脑挫（裂）伤的法医学鉴定

MRI序列——磁敏感加权成像（Susceptibility Weighted Imaging，SWI），它以T2W1加权梯度回波序列作为基础，根据不同组织间的磁敏感性差异提供对比、增强的新技术，是不同于T1W1、T2W1和质子密度加权成像的一种全新MRI成像技术。SWI对含脱氧血红蛋白、铁血黄素、铁等顺磁性物质拥有高度敏感性，最大特点是对出血敏感度高。SWI表现的出血信号变化是建立在细胞、分子水平上，因此较CT更具优势。

石某，男，35岁。某日因纠纷被人用啤酒瓶击伤头部。查体：头皮肿胀、裂创、头疼、头晕，伴少许呕吐；颅脑CT和普通MRI检查结论均为左额颞部以及右额部皮下血肿；临床诊断为脑震荡。SWI检查提示右侧额叶可见小片状SWI呈低信号，Pha图呈高信号，认定为右额叶脑挫伤。法医鉴定意见为轻伤一级。

由于SWI对少量出血拥有高度敏感性，对于诊断头部早期少量出血（挫伤）有着其他影像学检查无法比拟的优势。所以在法医临床工作中，应该让症状较明显而常规CT阴性的轻度颅脑损伤者尽早进行SWI检查，避免少量脑出血自行吸收而造成漏诊，以最终认定是否有脑出血（挫伤）。［本案例源于《中国法医学杂志》2014年第6期］

第四节　颅脑损伤并发症

颅脑损伤并发症是指颅脑损伤病人在疾病发展过程中引起另一种疾病或者症状的发生，也可以是指在诊疗护理过程中，合并发生了与这种疾病有关的另一种或者几种疾病。

一、鉴定标准

条款	内容	损伤程度
5.1.2i	外伤性脑梗死，伴神经系统症状和体征	重伤二级
5.1.2j	外伤性脑脓肿	重伤二级
5.1.2k	外伤性脑动脉瘤，须手术治疗	重伤二级
5.1.2l	外伤性迟发性癫痫	重伤二级
5.1.2m	外伤性脑积水，须手术治疗	重伤二级

续表

条款	内容	损伤程度
5.1.2n	外伤性颈动脉海绵窦瘘	重伤二级
5.1.2o	外伤性下丘脑综合征	重伤二级
5.1.2p	外伤性尿崩症	重伤二级
5.1.3f	外伤性脑积水；外伤性颅内动脉瘤；外伤性脑梗死；外伤性颅内低压综合征	轻伤一级
5.1.4f	脑神经损伤引起相应神经功能障碍	轻伤二级

二、结构与术语

（一）脑梗死

脑梗死是缺血性卒中的总称，包括脑血栓形成、腔隙性梗死和脑栓塞等，是脑血液供应障碍引起脑部病变。脑梗死是由于脑组织局部供血动脉血流的突然减少或者停止，造成该血管供血区的脑组织缺血、缺氧，导致脑组织坏死软化，并伴有相应部位的临床症状和体征，如偏瘫、失语等神经功能缺失的症状。

（二）外伤性脑梗死

头部和颈部外伤引起的脑梗死称为外伤性脑梗死。外伤性脑梗死的发病机制与脑部局灶占位作用、颈部血栓形成以及血管痉挛有关。脑外伤致脑组织移位或者脑疝形成，使脑动脉及其分支受到压迫、牵拉、扭曲而导致脑缺血性梗死。头颈部外伤时，头颈部突然的伸屈活动，造成颈部血管的牵拉，使血管壁挫伤或者内膜和中层受损，一方面直接形成创伤性血栓，另一方面可反射性地引起血管痉挛。血管痉挛本身为血栓形成提供可能。血管损伤、痉挛、管腔狭窄或者血栓形成出现脑缺血改变，血栓扩大或者血栓脱落，栓塞了颈内动脉、基底动脉、椎动脉、大脑前动脉、大脑中动脉或者大脑后动脉，从而引起脑梗死。

（三）脑脓肿

脑脓肿是一组脑组织感染引起的症候群。平时多发生于开放性颅脑损伤或者颅底骨折后，战时多见于颅脑火器性穿透伤。有些病例原先有副鼻窦或者中耳的慢性化脓性感染，颅脑外伤后颅内抵抗力降低，可激发脑脓肿。

（四）外伤性脑脓肿

外伤性脑脓肿是指颅脑损伤引起的颅内感染，多见于开放性颅脑损伤，病原体随异物进入颅内，引起颅内感染，偶见于头皮损伤合并颅骨骨折并发严重的颅内感染。

（五）脑动脉瘤

脑动脉瘤是指脑动脉内腔的局限性异常扩大造成动脉壁的一种瘤状突出，颅内动脉瘤多在脑动脉管壁局部的先天性缺陷和腔内压力增高的基础上引起囊性膨出，是造成自发性蛛网膜下腔出血的最常见病因。80%发生于脑底动脉环前半部。临床上以自发性脑出血、脑血管痉挛、动眼神经麻痹等局灶症状为特点。

（六）外伤性脑动脉瘤

颅脑创伤时，脑动脉壁部分受损变薄、变弱，以后膨出形成动脉瘤或者脑动脉全层破裂，周围形成血肿，血肿外层机化形成假性动脉瘤。

动脉瘤一般分为真性动脉瘤、假性动脉瘤、混合性动脉瘤和外伤性壁间动脉瘤。外伤性动脉瘤可发生于任何脑动脉，好发部位为颅底动脉或者大脑浅表动脉支。外伤后脑血管造影未显示动脉瘤，数天至数周发生迟发性颅内出血，形成颅内血肿伴蛛网膜下腔出血与脑受压表现，脑血管造影发现动脉瘤，可诊断为外伤性动脉瘤。

（七）癫痫

癫痫是指由各种原因引起神经元异常放电所致的发作性、暂时性的脑功能紊乱，具有反复性、阵发性以及发作性特点。

（八）外伤性癫痫

外伤性癫痫是指继发于颅脑器质性损伤后的癫痫发作。临床可分为早期癫痫和晚期癫痫。早期发作是指伤后1个月以内的癫痫发作，晚期发作是指伤后1个月以上的癫痫发作。晚期癫痫是指伤后一个月至数年内发作，发作类型大多数是局部发作。

（九）外伤性迟发性癫痫

外伤性迟发性癫痫是指头部外伤90日以后出现癫痫发作。常与脑膜瘢痕、脑组织瘢痕、脑萎缩、脑室穿通畸形、脑内囊肿、脑脓肿以及颅内血肿、异物、骨折片等有关。

（十）脑积水

脑积水是由于颅脑疾患使得脑脊液分泌过多或（和）循环、吸收障碍而致颅内脑脊液量增加，脑室系统扩大或（和）蛛网膜下腔扩大的一种病症，通常以脑脊液循环通路梗阻和吸收不良较为多见，而分泌过多者较为少见。广义的脑积水包括蛛网膜下腔积液、硬膜下积液等。

（十一）外伤性脑积水

颅脑损伤后，由于脑外伤直接导致导水管、第三脑室、第四脑室出口处粘连或者阻塞者可引起脑积水；或由于脑外伤后发生蛛网膜下腔出血引起纤维性粘连，可使脑脊液循环受阻而引起；或由于脑外伤引起脑缺血缺氧出现脑水肿，压迫脑池和脑表面蛛网膜下腔引起；或由于外伤引起颅内大静脉窦的阻塞，使静脉回流受阻，脑脊液吸收障碍等均可引起脑积水。不适当的大骨瓣减压，脑严重膨出、移位导致脑脊液循环受阻而伴发脑积水亦时有发生。此外，颅脑外伤后发生广泛髓鞘变性，脑实质萎缩，致脑室代偿性扩大，也导致脑积水。

（十二）外伤性颈动脉海绵窦瘘

外伤性颈动脉海绵窦瘘是指颈动脉海绵窦段或其分支因外伤破裂直接或间接与静脉交通，形成的动、静脉瘘，常因颅底骨折而致，有时也可因穿透伤或飞射物直接损伤颈部血管造成。头部外伤后立即或几周后发生，男性多见。脑血管造影是诊断外伤性颈动脉海绵窦瘘的重要手段。

（十三）外伤性下丘脑综合征

丘脑下部是自主神经系统重要的皮层下中枢。它和垂体—内分泌系统，体温、睡眠的调节，中枢情感、性功能及水电解质的调节关系密切。下丘脑器质性损伤可出现严重的自主神经功能紊乱症状和体征。单纯的下丘脑损伤较少见，多伴有脑其他部位的脑挫伤或血肿。颅底骨折和脑在颅腔内的剧烈晃动是致伤的主要原因。

（十四）外伤性尿崩症

外伤性尿崩症是指颅脑器质性损伤，视上核或视上核—垂体束损伤，出现尿量每日4000ml以上，多者达10000ml，尿比重小于1.005。分为暂时性尿崩症和持久性尿崩症，持久性尿崩症属继发性尿崩症.多见于损伤后1～6天内发生，并持续长久。本条所指的是持久性尿崩症。

（十五）外伤性颅内低压综合征

外伤性颅内低压综合征是指颅脑外伤后病人侧卧腰椎穿刺测脑脊液压力小于80mmH_2O。由低颅内压引起的以直立性头痛、恶心、呕吐、眩晕等为主要临床表现的综合征。

（十六）脑神经

共12对，其序号用罗马数字表示，顺序为：Ⅰ嗅神经、Ⅱ视神经、Ⅲ动眼神经、Ⅳ滑车神经、Ⅴ三叉神经、Ⅵ展神经、Ⅶ面神经、Ⅷ前庭蜗神经、Ⅸ舌咽神经、Ⅹ迷走神经、Ⅺ副神经、Ⅻ舌下神经。由于每对脑神经内所含的纤维成分不一，故其性质有所不同。其中，第Ⅰ、Ⅱ、Ⅷ对为感觉性脑神经，第Ⅲ、Ⅳ、Ⅵ、Ⅸ、Ⅻ对为运动性脑神经，第Ⅴ、Ⅶ、Ⅸ、Ⅹ对为混合性脑神经。

三、检查与诊断

颅脑损伤的并发症检查主要是体格检查，影像学CT/MRI检查以及相应的实验室检查，包括血常规、细菌培养、神经电生理、腰穿等。诊断依靠外伤史、临床表现、影像学所见以及实验室检查结果。

（一）外伤性脑梗死

1.临床表现

发病急速，在1～2天内脑损害症状达到高峰，大多数病人在数周内有不同程度的恢复。此后，功能不断缓慢恢复。

（1）头痛。发病时可有轻度头痛。

（2）意识障碍。不常见。椎–基底动脉系统梗死，可在梗死发生时出现意识不清；大脑半球较大范围梗死，在梗死发生后不久出现意识障碍。

（3）脑损害的局灶症状。因脑梗死部位和范围的不同，可出现不同局灶症状。反过来也可根据局灶症状推测受损血管的部位。常见的局灶症状有偏瘫、失语和感觉障碍。此外，可有嗅觉、视觉障碍、眩晕、构音障碍或者共济失调等。

（4）颅脑影像学所见。CT扫描可见楔形、三角形或不规则的低密度灶，部位及范围与颅内血管供应区域一致。MRI检查主要表现为T1W低信号和T2W高信号。但24小时内的脑梗死灶CT多为阴性，普通MRI大多在梗死发生6小时后才有阳性结果，弥散加权成像较普通MRI对急性缺血性脑梗死具有更高的敏感性。

2.诊断

外伤性脑梗死诊断依据：（1）有明确的头颈部外伤史；（2）伤后24～48小时内出现明显的神经系统定位体征；（3）头颈部CT或MRI检查可见原发性脑损伤或颈部损伤器质性病变以及脑梗死的征象；（4）伤前无脑梗死病史和其他导致脑梗死的病变。

（二）外伤性脑脓肿

1.临床表现

严重时伴有恶心呕吐或高热谵妄、颈项强直、白细胞升高等脑膜炎的表现。若脓肿有窦道或与外界相通，颅内压得到一定程度的释放，症状较轻或出现较晚；当脑脓肿扩大到颅内代偿容积不能承受时，出现颅内高压甚至脑疝，或由于脓腔内压力过高而致脓肿突然破溃，脓液流入蛛网膜下腔或脑室内引起急性化脓性脑膜炎或脑室炎，致病人突然高热、昏迷、抽搐，抢救不及时可致病人死亡。

急性局限性脑炎期，颅脑CT上可见病灶呈边缘模糊的低密度区，具有占位效应；脓肿形成期，CT上可见低密度周边等密度环状影像，增强扫描为强化的脓肿壁。

脑脓肿一般经3周左右，症状可有缓解，少数持续更长时间。

2.诊断

根据颅脑损伤的病史，临床表现和辅助检查可以诊断。但对闭合性颅脑损伤则必须排除非外伤所致的因素，如身体其他部位的炎症或脓肿通过血运也可以导致颅内感染。

（三）脑神经损伤

颅脑损伤时可直接或间接引起脑神经损伤，脑神经损伤是颅脑损伤的常见并发症。以嗅神经、视神经、面神经和听神经损伤常见，动眼神经、滑车神经、外展神经次之，其他神经损伤少见。

1.临床表现

颅脑外伤时可单个或多个脑神经损伤，可为完全或部分损伤。颅脑外伤合并脑神经直接损伤时，伤后立即出现受损神经功能障碍，表现出相应的临床症状与体征。因血肿等压迫因素造成脑神经损伤时，表现为迟发性的神经功能障碍。当压迫因素解除，神经功能可有不同程度的恢复。

（1）嗅神经损伤：伤后即出现一侧或双侧嗅觉减退或丧失，可伴有脑脊液鼻漏。

（2）视神经损伤：伤后即出现一侧或双侧视力下降或失明，或经数日后视力呈进行性下降，瞳孔直接对光反射消失，间接对光反射存在。颅内压增高时可引起视盘水肿，可出现不同程度和范围的视野改变，视交叉受损可引起双眼颞侧偏盲。

（3）动眼神经损伤：伤后即出现上睑下垂，瞳孔散大，直接、间接对光反射均迟钝或消失，眼位偏向外下方，眼球向上、下、内运动及辐辏功能障碍，可伴复视。一般动眼神经损伤为不全损伤。

（4）滑车神经损伤：向下凝视时复视，可伴有代偿头位。

（5）三叉神经损伤：眼支损伤可引起前额部感觉麻木，角膜反射减弱或消失；上颌支损伤可致颊部、上唇及上颌牙齿感觉障碍；下颌支损伤可引起下颌部感觉障碍，咀嚼无力，张口下颌偏向伤侧。三叉神经损伤一般多为挫伤，伤后会有一定程度恢复，后期可因神经纤维粘连或受压而产生剧烈的神经痛。

（6）外展神经损伤：眼球内斜，外展受限，向伤侧凝视时复视。

（7）面神经损伤：表现为眼裂闭合不全，鼻唇沟变浅或消失，示齿口角偏向健侧，舌前2/3味觉丧失。

（8）听神经损伤：不同程度的听力下降、耳鸣、眩晕。

（9）舌咽神经损伤：伤侧咽反射消失或减退，舌前1/3味觉丧失。

（10）迷走神经损伤：伤侧软腭运动障碍，声带麻痹而声嘶。

（11）副神经损伤：胸锁乳突肌和斜方肌瘫痪，出现垂肩。

（12）舌下神经损伤：伤侧舌肌瘫痪，伸舌偏向伤侧。

2.诊断

根据颅脑外伤史和不同脑神经损伤的特定临床表现即可诊断。由于脑神经损伤多系颅底骨折所致，颅底CT薄层扫描与三维重建对脑神经损伤的定位及确诊具有重要意义，应用电生理检查方法可客观评价脑神经是否受损以及功能障碍的程度。

四、鉴定要点

1.外伤性脑梗死在鉴定时注意与自身疾病引起的脑梗死进行鉴别。应主要从被鉴定人自身情况（年龄、血压、血液生化检查包括血液黏稠度、血液动力学等）、损伤机理、伤后出现脑梗死的时间和辅助检查等方面加以鉴别。外伤性脑梗死常伴发于严重的颅脑外伤，如脑挫裂伤、广泛的蛛网膜下腔出血、硬膜下血肿等，以儿童多见；病理性脑梗死常见于老年人，既往有脑血管疾病史，头部外伤轻微或不明确，可能是先出现头晕、站立不稳等，然后跌倒；外伤性脑梗死多单发，而脑血管病变性脑梗死常多发，以腔隙性脑梗死多见。对于颅脑损伤轻微，既往存在脑血管病变伤后短时间内发生脑梗死的，外伤可考虑为脑梗死发病的诱因。

2.新鲜性脑梗死与陈旧性脑梗死鉴别。新发生的脑梗死，在最初的4～6小时，缺血区即开始出现脑水肿，12小时后可有细胞坏死，但颅脑CT检查难以与正常脑组织区分，一般认为24小时内CT扫描多不能清楚显示。随时间进一步延长，CT扫描呈规律性变化，与梗死区脑组织的缺血液化病理演变过程相一致，表现为密度逐渐变低、边界变清等。陈旧性脑梗死在伤后首次头部CT扫描即可清楚显示，密度低、边界清楚，且复查CT无明显动态变化。

3.癫痫与癔症性抽搐的鉴别。

	癫痫	癔症
发作的场合	单独或有人在场，睡眠或白天	常在情感失常及有人在场
抽搐	常典型发作，可有舌咬伤、跌伤	常为古怪的，很少咬舌
抽搐时的面容	发绀或苍白	无变化
尿失禁	常见	很少
发作时角膜反射	消失	存在
发作时跖反射	巴宾斯基征阳性	跖反射阳性
脑电图	发作时异常，发作间期可不正常	发作时可异常，但非阵发性

4.外伤性迟发性癫痫适用本条时应具备以下条件：确证的头部外伤史。头部损伤后90天以上仍被证实有癫痫的临床表现。脑电图检查（包括常规清醒脑电图检查、睡眠脑电图检查或者较长时间连续同步录像脑电图检查等）显示异常脑电图，出现癫痫波。颅脑影像学检查脑部有器质性损伤灶。

5.外伤性脑积水多见于重型脑损伤并伴脑挫伤、外伤性蛛网膜下腔出血的伤者。外伤性脑积水在颅脑外伤急性症状消退后出现头痛、头晕等症状，且有逐渐加重的精神症状，表现为淡漠、呆滞、易激惹，语言单调、下肢僵硬、震颤麻痹症状群等，晚期可发生尿失禁和木僵。外伤性脑积水：(1)客观检查，如影像学检查等，证实存在颅脑器质性损伤，如脑挫伤伴蛛网膜下腔出血、颅内血肿等。(2)脑积水的临床表现和病程与影像学动态观察所见相符。(3)行手术分流治疗的，可评定为重伤二级。未行手术治疗的，可评定为轻伤一级。

6.《标准》5.1.2k、5.1.2m，须手术治疗是指有手术指征，并且经过手术治疗的情况。

案例3-7 癫痫及与外伤关系的法医学鉴定

赵某，男，38岁。2014年11月4日23时许，在某市马路边遭到两名男子殴打致伤。

在伤后2小时入医院急诊室发作性全身抽搐2次，每次持续约1～2分钟，抽搐发作过程中有意识丧失，给予安定静推控制。急诊行头颅CT检查提示：右侧顶部皮下血肿，右侧岛叶似见一灶状高密度影，出血可疑。否认“癫痫”病史，家族中无癫痫病史。脑电图检查提示多发棘波，以颞区为甚。

入院后收治重症监护病房，癫痫仍频繁发作，每日发作数十次，呈大发作，伴双眼黑朦、意识丧失、呼吸暂停，每次持续约半分钟至1分钟，最长可达2～3分钟。给予三联用药抗癫痫治疗［德巴金注射液、咪唑安定微泵持续静脉泵入及卡马西平片(得理多)口服］，癫痫仍频繁大发作，有时呈癫痫持续状态，属药物难治性癫痫。住院期间患者癫痫大发作逐步得到控制，无再次癫痫发作出院。诊断：闭合性颅脑损伤、外伤性癫痫、酒精中毒。

后反复多次医院门诊诊治，诊断为颅脑损伤恢复期、外伤性癫痫。发作时持续数分钟，表现为四肢抽搐、双眼上翻、意识丧失。情绪改变后易发作。平均每月发作1～2次。

脑电图报告：中度异常脑电图；检验报告单：VPA(丙戊酸钠)血药浓度47.3152μg/ml，PB(苯巴比妥)血药浓度2.5429μg/ml。注：病人VPA正常服用，PB抽血前一天未服药。

法医学检查见被鉴定人右颞顶枕部可触及一直径4cm包块。阅头颅CT片见右侧顶部皮下血肿。根据伤后临床病历记录癫痫多次发作，脑电图检查提示多发棘波，以颞区为甚，结果属中度异常，且在伤后90日后仍有发作，需用抗癫痫药物治疗，在被鉴定人不知情情况下检出血中抗癫痫药物浓度达到一定数量级，说明迟发性癫痫诊断成立。但在医学上，引起癫痫的病因很多，本例头部外伤仅检见头皮下血肿，未发现颅骨骨折、脑组织挫裂伤和出血灶，亦未发现有家族遗传病史及其他易感因素，结合文献资料，全面分析，综合判断，鉴定人认为，被鉴定人头部损伤与其他因素共同作用导致癫痫结果。依据《标准》5.1.21、4.3.2，被鉴定人赵某的损伤程度构成轻伤二级。（案例由安徽省合肥市公安局提供）

第五节　颅脑损伤后遗症

颅脑损伤后遗症是指颅脑损伤病人在恢复期过后遗留的症状与体征或者功能障碍。

一、鉴定标准

条款	内容	损伤程度
5.1.1a	植物生存状态	重伤一级
5.1.1e	重度智能减退或者器质性精神障碍，生活完全不能自理	重伤一级
5.1.1b	四肢瘫（三肢以上肌力3级以下）	重伤一级
5.1.1c	偏瘫、截瘫（肌力2级以下），伴大便、小便失禁	重伤一级
5.1.2q	单肢瘫（肌力3级以下）	重伤二级
5.1.1d	非肢体瘫的运动障碍（重度）	重伤一级

二、结构与术语

（一）植物生存状态

植物生存状态是指机体能生存和发展，但无意识和思维，缺乏对自身和周围环境的感知能力的生存状态。人体受到严重脑损伤经过一段时间后仍缺乏意识活动，丧失语言，而仅保留无意识的姿态调整和运动功能的状态。存在睡眠—觉醒周期，部分或全部保存下丘脑和脑干功能，但是缺乏任何适应性反应，缺乏任何接受和反映信息的功能性思维。植物状态可以是暂时的，也可以呈持续性植物状态。有人认为植物状态超过1个月或1年者称持续性植物状态，但一般认为必须超过1年方可诊断持续性植物状态。

（二）智能减退

智能减退（障碍）又称智力缺陷，一般指的是由于大脑受到器质性的损害或是由于脑发育不完全从而造成认识活动的持续障碍以及整个心理活动的障碍。

智能减退分为：

极重度智能减退：IQ低于25；语言功能丧失；生活完全不能自理。

重度智能减退：IQ在25～39之间；语言功能严重受损，不能进行有效的语言交流；生活大部分不能自理。

中度智能减退：IQ在40～54之间；能掌握日常生活用语，但词汇贫乏，对周围环境辨别能力差，只能以简单的方式与人交往，生活能部分自理，能做简单劳动。

轻度智能减退：IQ在55～69之间；无明显语言障碍，对周围环境有较好的辨别能力，能比较恰当地与人交往；生活能自理，能做一般非技术性工作。

边缘智能状态：IQ在70～84之间；抽象思维能力或思维广度、深度机敏性显示不良；不能完成高级复杂的脑力劳动。

（三）器质性精神障碍

有明确的颅脑器质性损伤伴不同程度的意识障碍病史，并且精神障碍发生和病程与颅脑损伤相关。症状表现为：意识障碍；遗忘综合征；痴呆；器质性人格改变；精神病性症状；神经症样症状；现实检验能力或者社会功能减退。

生活自理能力主要包括以下五项：（1）进食；（2）翻身；（3）大、小便；（4）穿衣、洗漱；（5）自主行动。

生活完全不能自理，是指上述五项均需依赖护理者。

生活大部分不能自理，是指上述五项中三项以上需依赖护理者。

生活部分不能自理，是指上述五项中一项以上需依赖护理者。

（四）瘫痪

四肢瘫是指脑、脊髓严重损伤引起四肢均出现瘫痪。截瘫是指双上肢或双下肢瘫痪。临床上，将第二胸椎以上的脊髓横贯性病变引起的截瘫称为高位截瘫，第三胸椎以下的脊髓损伤所引起的截瘫称为下半身截瘫。高位截瘫一般都会出现四肢瘫痪，其他如感觉障碍、大小便失禁等都和下肢截瘫相同。偏瘫、单肢瘫是指颅脑、脊髓、脊髓神经根器质性损伤遗留一侧上、下肢体或一肢体瘫痪。

（五）肌力

肌瘫程度用肌力表示，分为以下六级：

0级：肌肉完全瘫痪，毫无收缩。

1级：可看到或者触及肌肉轻微收缩，但不能产生动作。

2级：肌肉在不受重力影响下，可进行运动，即肢体能在床面上移动，但不能抬高。

3级：在和地心引力相反的方向中尚能完成其动作，但不能对抗外加的阻力。

4级：能对抗一定的阻力，但较正常人为低。

5级：正常肌力。

（六）非肢体瘫的运动障碍

非肢体瘫的运动障碍是指锥体系、椎体外运动系受到损伤，出现肢体随意运动障碍。锥体系分为上运动神经元和下运动神经元，下运动神经元是直接和骨骼肌相连接的那一部分，而上运动神经元是支配下运动神经元的。当损伤发生在上运动神经元时，由于下运动神经元不再受抑制，进而发生亢进。表现为肌肉张力增大，痉挛性，深反射亢进，浅反射减弱，出现病理性反射，如Babinisk征阳性、小脑性共济失调、不自主运动或震颤等。

根据其对生活自理影响的程度划分为重、中、轻三度。

重度：不能自行进食、大小便、洗漱、翻身和穿衣，需要他人护理。

中度：上述动作困难，但在他人帮助下可以完成。

轻度：完成上述动作虽有一些困难，但基本可以自理。

三、检查与诊断

根据颅脑或脊髓损伤的病史、临床表现和影像学等辅助检查可以作出相应诊断。对于可能涉及智能减退或者器质性精神障碍的，应当委托有资质的鉴定机构进行司法鉴定，再根据上述结果评定损伤程度鉴定。对于肌力的检查，由于目前尚无客观标准，伤者可能不是十分配合，要结合器质性损伤、病历资料、多次检查以及观察调查等具体情况综合判定。

四、鉴定要点

1.对《标准》5.1.1a的理解。颅脑受到严重器质性损伤，如广泛的脑挫裂伤、弥漫性轴索损伤、脑干损伤等（须有客观检查证实，包括影像学检查、生化检查及组织学检查等），伤后处于深昏迷状态，治疗后病情稳定，无意识状态至少超过90日，呈持续性植物状态者，可鉴定为重伤一级。

2.本《标准》5.1.1e指的智能减退是由于大脑受到物理、化学或生物性（病毒、病菌）等因素的损伤使原来的智力受到损害，造成缺陷或器质性精神障碍生活完全不能自理。由于实际鉴定中智能减退和精神障碍具有不确定性，所以《标准》设定了限制条件，即伤者的生活自理能力。只有确证伤者因外伤致智能减退或器质性精神障碍，且生活自理能力完全丧失时才能鉴定为重伤一级。对于其他不同程度的智能减退或精神障碍损伤程度鉴定，可以把颅脑器质性损伤作为损伤程度的依据，不再考虑智能减退、精神障碍和生活自理能力。

3.关于肢体瘫的鉴定，首先要有损伤基础。大脑、脊髓存在严重器质性损伤，如严重脑挫伤、弥漫性轴索损伤或脊髓损伤、如横贯性损伤等，损伤后引起与损伤部位相符的肢体瘫痪。其次要掌握好鉴定时机。应当在临床治疗终结后进行鉴定，至少在住院治疗出院后且伤后90日。最后要与功能性（或癔症性）瘫痪鉴别。对于周围神经损伤遗留肢体肌肉瘫痪，应比照本《标准》有关肢体重要神经损伤所致功能障碍等专门性条款进行损伤程度鉴定。

4.非肢体瘫运动障碍病因复杂，临床表现形式也是多种多样，对于外伤所致的非肢体瘫运动障碍损伤程度鉴定并不是依据肌张力、共济失调、不自主运动或震颤等临床表现的严重程度，而是依据伤者生活自理能力受限程度进行鉴定。当伤者非肢体瘫运动障碍达到重度时，即符合本《标准》5.1.1d的规定，应鉴定为重伤一级；非肢体瘫运动障碍尚未达到重度时，可依据颅脑原发性损伤并援引相关条款进行损伤程度鉴定。

案例3-8　交通事故致颅脑损伤后遗四肢瘫的法医学鉴定

张某，女，61岁。2016年12月27日因车祸致伤头部，造成闭合性颅脑损伤（特重），脑疝、左侧额颞顶枕大量硬膜下血肿、左侧额叶多发挫伤、蛛网膜下腔出血、右侧枕骨骨折，行左侧额颞顶开颅硬膜外血肿伴硬膜下血肿清除术+

去骨瓣减压术治疗。术后持续深昏迷。经康复治疗后于2017年6月22日检查神志不清，表情淡漠，刺激后有痛苦表情，双瞳孔光反射存在，四肢未见自主活动，肌张力稍低，左侧肢体刺激后有屈曲动作，右侧肢体刺激后无明显反应，双侧病理征阳性。鉴定认为，被鉴定人张某因交通事故造成重度颅脑损伤，经治疗后颅脑左侧额颞叶大片软化灶形成，目前仍有神志不清，四肢瘫（左侧肢体肌力2级，右侧肢体肌力0级）的后遗症状，依据《标准》5.1.1b之规定鉴定为重伤一级。（案例由安徽全诚司法鉴定中心提供）

第六节　脊髓损伤

损伤程度鉴定中，脊髓损伤多见于坠落伤、交通工具伤以及锐器、火器直接作用脊髓相应部位。脊髓是感觉和运动神经的重要通路，除头面部外，全身的深、浅感觉和大部分内脏感觉冲动，均经脊髓传导。此外，脊髓还执行一些简单的反射活动，包括躯体和内脏反射。脊髓损伤根据损伤机制和病理改变分为原发性脊髓损伤（脊髓震荡、脊髓挫裂伤）、继发性脊髓损伤（脊髓水肿、脊髓受压、脊髓缺血性坏死）、迟发性脊髓损伤；根据损伤的部位分为颈髓损伤、胸髓损伤、腰髓损伤、骶髓损伤和马尾神经损伤。

一、鉴定标准

条款	内容	损伤程度
5.1.2r	脊髓损伤致重度肛门失禁或者重度排尿障碍	重伤二级
5.1.3g	脊髓损伤致排便或者排尿功能障碍（轻度）	轻伤一级
5.1.3h	脊髓挫裂伤	轻伤一级

二、结构与术语

（一）脊髓震荡

脊髓受到外力作用后立即出现的一过性脊髓功能丧失的状态。脊髓震荡没有明显的器质性改变，为脊髓功能暂时性的抑制，随时间推移而逐渐恢复。

(二)脊髓挫裂伤

脊髓挫裂伤主要是由于脊柱骨折、脱位或椎间盘脱出的髓核刺破、挤压脊髓，或锐器、枪弹直接作用于脊髓所致。包括脊髓表面的轻微挫伤、不全性裂伤、横贯性损伤和脊髓完全横断等。

(三)脊髓水肿

脊髓损伤后，受损的脊髓和脊髓周边的组织对损伤所发生的一种创伤性反应。脊髓局部组织水肿、结构疏松，并波及上下数个脊髓段。水肿吸收后脊髓功能障碍随之减轻或消失。

(四)脊髓受压

脊柱损伤后，移位的骨折片、椎体或椎间盘等组织以及椎管内出血直接压迫脊髓。若脊髓压迫短时间消除，局部脊髓功能可恢复，若压迫时间过长或程度过重，可引起脊髓功能永久性丧失。

(五)脊髓缺血性坏死

脊髓缺血性坏死可因脊髓的动脉受到牵拉或脊髓动脉损伤后血栓形成所致。较常见的外伤原因为脊柱骨折和蛛网膜粘连。

(六)脊髓休克

脊髓受到损伤后，在损伤平面以下立即发生的完全性迟缓性瘫痪，同时各种反射、运动、感觉、括约肌功能均丧失。脊髓休克的时间长短，除与损伤的性质有关外，还与伤者的年龄、损伤部位有关。

(七)肛门失禁

(1)重度：大便不能控制；肛门括约肌收缩力很弱或者丧失；肛门括约肌收缩反射很弱或者消失；直肠内压测定，肛门注水法<20cmH_2O。

(2)轻度：稀便不能控制；肛门括约肌收缩力较弱；肛门括约肌收缩反射较弱；直肠内压测定，肛门注水法20～30cmH_2O。

(八)排尿障碍

(1)重度：出现真性重度尿失禁或者尿潴留残余尿≥50ml。

(2)轻度：出现真性轻度尿失禁或者尿潴留残余尿<50ml。

三、检查与诊断

以X线、CT、MRI影像学检查为主。X片可显示脊柱的骨折情况。CT可显示脊髓水肿以及脊髓内出血或硬膜内、外出血，还可显示脊柱骨折、骨折块移位和对脊髓的压迫。MRI可显示外伤性椎管狭窄、脊髓的损伤类型、部位、范围和程度，特别是后期对脊髓水肿、变性、萎缩诊断有很大价值。根据外伤史，脊髓损伤的症状与体征，影像学检查结果以及相应临床表现可以诊断。

四、鉴定要点

脊髓器质性损伤应有客观检查证实，对于脊髓损伤病人所表现出的脊髓功能障碍程度是否准确真实，要根据神经学检查结果、CT和MRI所见来综合分析。进一步认定，可通过体感诱发电位、运动诱发电位和脊髓诱发电位来判定感觉、运动及性功能障碍的程度。

应当在临床治疗终结后或伤后90日以后进行鉴定。

案例3-9　脊髓挫伤的鉴定

张某，女，52岁。2014年6月20日晚，因工资问题与龚某发生纠纷，后龚某在明知张某拽住其燃油助力车的情况下，骑车离开，导致张某被带倒受伤。

医院诊断：(1)面部多发挫裂伤。(2)颈椎C4棘突骨折，脊髓损伤伴不全瘫，脊髓内出血。(3)左肘部挫伤。(4)左手部挫伤。并于2014年6月27日在气管麻醉下行后路椎管减压单开门术。后多次门急诊诊治脊髓损伤伴不全瘫、中央管综合征，双上肢肌力减弱，双手肌力零级。肌电图(2014年9月23日)印象：(1)NCV：左侧正中神经损伤(运动传导波幅较右侧降低)，双侧胫神经运动传导速度减慢，右侧正中神经、左侧尺神经及双侧腓浅神经感觉传导速度减慢；(2)EMG：被检肌MUP波募集相减少(双上肢EMG不能配合)。

被鉴定人张某颈部损伤后颈4棘突骨折，脊髓损伤伴不全瘫，脊髓内出血，并行颈椎后路减压内固定术。在损伤90日后检查见颈部活动受限，右上肢肌力Ⅳ级，左上肢肌力Ⅲ级；双下肢能站立，可缓步行走，右下肢肌力Ⅳ级，左下肢肌力Ⅲ级。伤后颈部MRI(见图3-8)及CT检查(见图3-9)示颈4～6段脊髓内见有条状异常信号影，颈4棘突骨折，碎骨片稍移位。鉴定人认为，本次损伤致颈4椎体棘突骨折、脊髓挫伤为目前单肢瘫痪(肌力3级以下)的主要作用，颈椎自身病变为次要作用。依据《标准》5.1.2q、4.3.1，被鉴定人张某的颈部损伤属重伤二级。(案例由安徽省合肥市公安局提供)

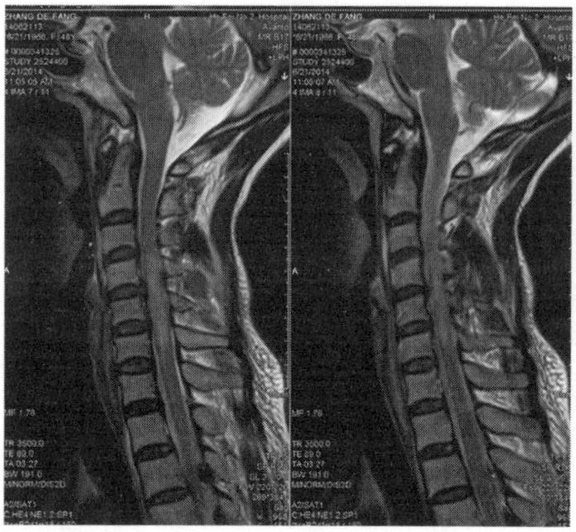

图3-8　MRI示颈椎病变及脊髓损伤

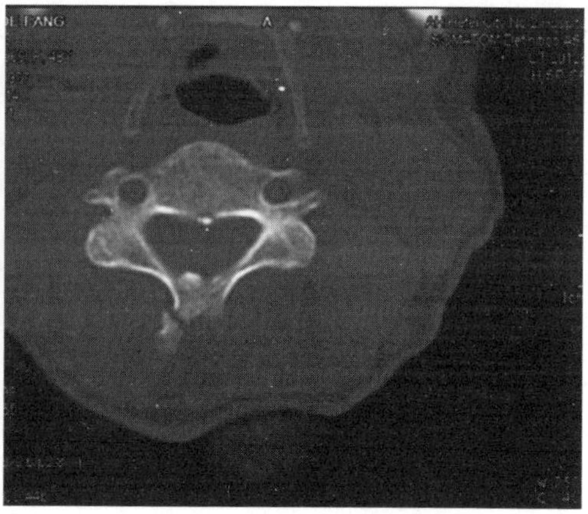

图3-9　CT示颈4棘突骨折

（夏元飞）

参考文献

1.刘树伟、李瑞锡:《局部解剖学》,人民卫生出版社2013年版。

2.刘技辉:《法医临床学》,人民卫生出版社2016年版。

3.刘大荒、依伟力:《〈人体损伤程度鉴定标准〉法医影像学实用指南》(全2册),中国人民公安大学出版社2016年版。

第四章　面部损伤

第一节　概　述

面部面积虽然只占人体体表总面积的3%，但是由于位置暴露极易遭受损伤。面部皮肤软组织损伤，伤后极易产生局部瘢痕畸形。鼻、口唇和眼睑等部位畸形或者局部组织缺损，可使面部外形改变致容貌毁损。本章主要涉及面部瘢痕、面部器官畸形、面颅骨骨折以及唾液腺的损伤。

一、解剖境界

法医临床学上，面部的范围是指前额发际下，两耳屏前与下颌下缘之间的区域。包括：额部、眶部、鼻部、口唇部、颏部、颧部、颊部、腮腺咬肌部。（见图4-1）。

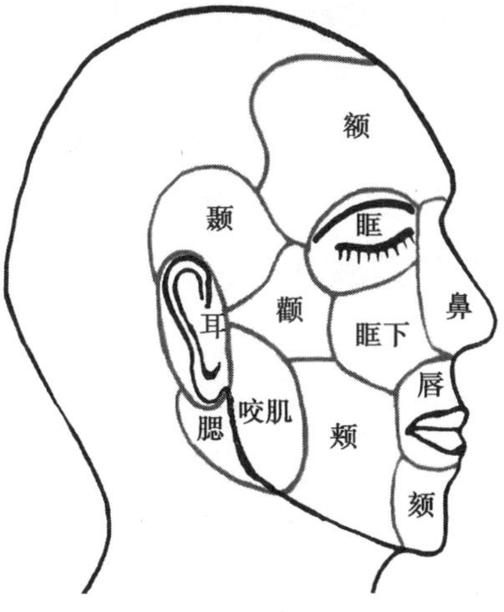

图4-1　面部分区

法医临床学鉴定实践中，以眉间水平线、鼻底水平线为界，将面部分为面上部、面中部和面下部三部分，其中面中部、面下部的解剖学结构复杂，损伤相对集中（见图4-2）。

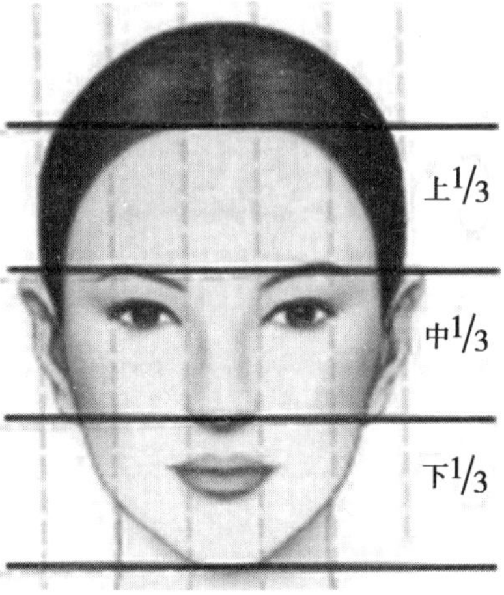

图4-2　面部分界

二、面部损伤特点

1.创伤易愈合。面部皮下组织疏松，血供丰富，开放性创伤出血多，但创易愈合。

2.愈后影响容貌。面部损伤后遗留疤痕、色素改变及影响面部表情的损伤，对容貌有影响，甚至毁容，给受害者带来严重的心理创伤。

3.常合并不同程度的颅脑损伤。面部与颅底的关系密切，面部诸骨与额骨、颞骨、颅底相连接，因此，面部损伤常合并不同程度的颅脑损伤。

4.易并发感染。面部深部有多个自然腔窦，如上颌窦、蝶窦、筛窦、额窦等，面部创伤与上述自然腔窦相通，易并发感染。

5.易遗留功能障碍。面部五官集中，损伤可致口、鼻、眼功能障碍，如咀嚼、语言、视、听、嗅等。同时由于面部神经分布表浅，易受伤，从而遗留相应的功能障碍。

三、检查方法

1.X线检查。X线检查可明确有无骨折以及骨折的部位、数目、性质和类型。

2.CT检查。CT检查能很好地诊断面部深部的软组织损伤，如血肿、积血以及并发的颅脑损伤，对面部的骨折也有很大的诊断价值。

3.神经电生理检查。面部损伤累及神经者，除根据临床表现与体征作出初步诊断外，还需进行神经电生理检查，以了解神经损伤程度及愈合情况。

第二节　面部条状创口或者瘢痕

一、鉴定标准

条款	内容	损伤程度
5.2.2a	面部条状瘢痕（50%以上位于中心区），单条长度10.0cm以上，或者两条以上长度累计15.0cm以上	重伤二级
5.2.3a	面部单个创口或者瘢痕长度6.0cm以上；多个创口或者瘢痕长度累计10.0cm以上	轻伤一级
5.2.4a	面部单个创口或者瘢痕长度4.5cm以上；多个创口或者瘢痕长度累计6.0cm以上	轻伤二级
5.2.4b	面颊穿透创，皮肤创口或者瘢痕长度1.0cm以上	轻伤二级
5.2.4c	口唇全层裂创，皮肤创口或者瘢痕长度1.0cm以上	轻伤二级
5.2.5a	面部软组织创	轻微伤

二、结构与术语

（一）解剖结构

皮肤由表皮、真皮及皮下组织三部分组成。表皮是皮肤最外面的一层，可以不断新生，由外向内可分为角质层、透明层、颗粒层、棘细胞层、基底层5层（见图4-3）[1]。真皮由纤维、基质和细胞构成，和表皮层不一样，真皮层的自我更新修复的能力很弱，所以一旦真皮层伤及的话，极难复原。皮下组织在真皮的下部，由疏松结缔组织和脂肪小叶组成，其下紧临筋膜。

（二）名词术语

面部中心区：以眉弓水平线为上横线，以下唇唇红缘中点处作水平线为下

---

〔1〕 参见本书附录部分，第408页。

横线，以双侧外眦处作两条垂直线，上述四条线围绕的中央部分为中心区（见图4-4）。

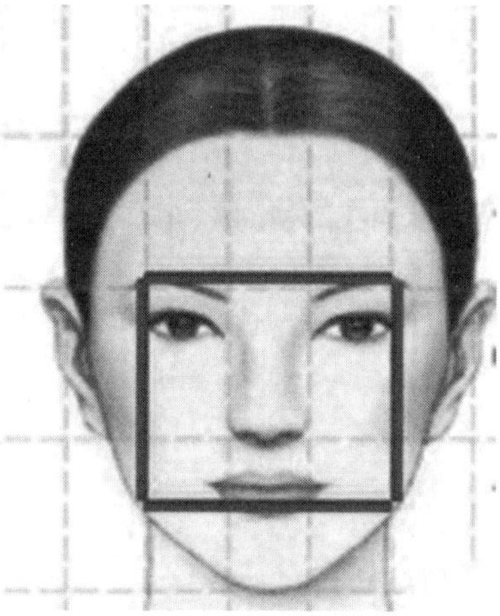

图4-4　面部中心区

创：皮肤全层（表皮、真皮）裂开。

瘢痕：是各种创伤所导致的正常皮肤组织的外观形态和组织病理学改变的统称，是创伤修复过程中必然的产物。

三、检查与诊断

（一）创伤愈合的基本过程

机体遭受机械性暴力造成组织器官损伤后，机体有很强的修复机制，通过组织的再生、肉芽组织和瘢痕结缔组织形成，使创伤得以愈合。皮肤的表皮损伤可由基底细胞分裂增殖达到完全修复，而不留瘢痕。创伤愈合的基本过程包括：

1.急性炎症期，伤口早期局部有不同程度的组织坏死和血管断裂出血，数小时内便出现炎症反应，表现为充血、浆液渗出、局部红肿。伤口中的血液和渗出液中的纤维蛋白原很快凝固形成凝块，凝块表面干燥形成痂皮。

2.细胞增生期，伤口收缩 2～3天后伤口边缘的整层皮肤及皮下组织向中心移动，于是伤口迅速缩小，直到14天左右停止。

3.瘢痕形成期，肉芽组织在第3天就可从伤口边缘长出并填满伤口，5～6天胶原纤维形成，随着胶原纤维越来越多，伤后3周至1个月左右瘢痕完全形成。

瘢痕可使创缘比较牢固地结合。伤口局部抗拉力的强度于伤后不久就开始增加，在第3～5周抗拉力强度增加迅速，然后缓慢下来，至3个月左右抗拉力强度达到顶点不再增加。

（二）创伤愈合的分类

1.一期愈合，见于切创、砍创组织缺损少、创缘整齐和无感染的创口、经清创缝合及抗感染后，表皮再生在24～48小时内便可覆盖创口，肉芽组织在第3天就可从伤口边缘长出并填满伤口，5～6天胶原纤维形成（可以拆线），约2～3周完全愈合而遗留线状瘢痕。

2.二期愈合，多见于挫裂创、创缘不整、哆开、组织缺损较大或伴有感染的创口，这样的创口带有明显的组织坏死，故须待坏死组织被清除后从创缘、创底长出肉芽组织将创腔填平，最后才能形成较明显的瘢痕而使创口愈合。

（三）瘢痕的分类

1.浅表性瘢痕：指浅表的切创、浅Ⅱ度的烧伤或表浅的皮肤挫裂创等在没有感染的情况下愈合后留下的瘢痕（见图4-5）[1]。浅表性瘢痕位置表浅，局部平而软，皮肤的切划创愈合后留下的瘢痕呈线条状，与皮下组织无粘连，不会发生功能性障碍。

2.增生性瘢痕：指形成瘢痕面积大，瘢痕肥厚，常高出皮肤表面，有时可高达1～2cm。增生性瘢痕外观呈肉红色或紫红色，质地较硬，与皮下组织粘连不紧。在挫裂创、砍创或大面积烧伤时，由于软组织损伤严重，创口常有异物而易于并发感染，这类创口通过肉芽组织生长形成增生性瘢痕（见图4-6）[2]。瘢痕增生期的长短与损伤类型、创伤范围、机体的体质等因素有关。例如，关节部位增殖性瘢痕，可妨碍该部位的关节功能，时间长久后可引起关节僵硬及畸形。面部的增生性瘢痕可使容貌毁损。

3.瘢痕疙瘩：瘢痕增生超过原来的创面，向周围正常皮肤扩张，边缘明显隆起，称为瘢痕疙瘩（见图4-7）[3]。其外观呈肉红色或紫红色、软骨样硬，弹性和血液循环差。边缘部位有时可见瘢痕组织条索向邻近健康组织内伸入。增生性瘢痕在外形上有时和瘢痕疙瘩相似，其主要区分点在于增生性瘢痕不向邻近健康组织生长；瘢痕疙瘩具有肿瘤样纤维组织增生的特性，形成的瘢痕组

〔1〕 参见本书附录部分，第408页。
〔2〕 参见本书附录部分，第408页。
〔3〕 参见本书附录部分，第408页。

织大于原创口的面积。瘢痕疙瘩多发于颈部、耳、胸、肩及上臂等处，与个体的特异性体质有关，这种人常称为瘢痕体质。当他们身体任何部位受伤，无论损伤轻重，在创口愈合时皆易发生瘢痕疙瘩。

4.萎缩性瘢痕，当皮肤大面积损伤，全层皮肤缺损，特别是深及皮下脂肪层的创面，未经植皮，经过较长时间愈合者，常形成萎缩性瘢痕（见图4-8）[1]。常见于大面积的Ⅲ度烧伤、撕脱伤、头皮及颅骨的严重电击伤、肢体长期慢性溃疡等。萎缩性瘢痕组织很薄，表面平坦、局部供血差。表皮层、基底层有大量胶原纤维增生并与深部组织粘连紧密，故此种瘢痕硬而不活动，且表面易发生磨损溃破，形成经久不愈的溃疡。萎缩性瘢痕与深部肌肉、肌腱、神经、血管粘连紧密，且有很强的收缩性。因此，可牵拉邻近的正常组织从而造成较严重的功能障碍。

5.凹陷性瘢痕：伴有皮下组织、肌肉、骨骼等深部组织缺损的严重创伤，创口愈合后常形成低于正常皮肤表面的凹陷性瘢痕（见图4-9）[2]。瘢痕基底部常与周围的肌肉、神经、骨膜粘连，引起疼痛或局部功能性障碍。体表的凹陷性瘢痕影响轻，面部的凹陷性瘢痕可构成毁容。

四、鉴定要点

1.首先应确定创口或者瘢痕所处的解剖位置，是在面部、颊部、口唇还是面部中心区；其次注意创与划伤、单个创口和多个创口的鉴别，不能将未深及真皮层的浅表划痕当作创口。

标准所述的创口是指皮肤全层裂开。皮肤损伤累及到真皮，结缔组织修复形成瘢痕。在鉴定时为缝合创口的，测量创的实际长度作为创口长度，需注意不要将创尾拖痕测量为创口长度。对未缝合的皮肤破损，损伤形态与创口形态不相符的，不能认定为创口；对于创口长度处于临界状态（或创口边缘带有表浅划痕）的长度，在初检时分多人多次，分别测量创口长度并拍照固定、记录，待创口上痂皮完全脱落瘢痕基本形成时，再行检验，并与初检时进行比较，综合评定。

但需注意，由于医疗技术的不断进步，加之面部皮下组织疏松、血供丰

〔1〕 参见本书附录部分，第409页。
〔2〕 参见本书附录部分，第409页。

富，创易愈合，使得面部原创痕几乎修复完好，不易看到瘢痕，需依据受伤当时照片明确损伤部位及长度（见图4-10）[1]。

还需注意，由于瘢痕在形成过程中受多种因素影响，使形成的瘢痕不能完全反映原来损伤的形态，甚至与原来创伤的形态完全不一样。瘢痕体质的人在人群中比例极小，其表现为伤口愈合后，表面瘢痕呈持续性增大，一般具有遗传病史及家族史。存在瘢痕体质的人，一些表浅的划痕，也会出现瘢痕甚至增生性瘢痕。有的学者认为，针对于瘢痕体质的人应依据《标准》总则第4.3条“伤病关系处理原则”予以评定。笔者认为，对于损伤未致皮肤创而伤后形成明显瘢痕的被鉴定个体，首先应调取被鉴定人受伤当时、伤前的照片和初检照片，仔细审阅被鉴定人的相关资料（如病历中对损伤的描述），结合瘢痕的颜色、形态等进行对比分析综合评定。

2.客观描述面部瘢痕的性状（种类、色泽、质地、边缘及宽度等），是否影响面容，均要客观细致地检验和记录；准确测量创口或瘢痕的长度、宽度、高度，测量值要精确到 0.1cm，检查测量时应放置适当长度的标尺拍照，以备重新鉴定时复查。对于不规则的线条状瘢痕，可以采用分段测量再行相加的方法，也可以用有一定质地的细金属线测量后，再与量尺进行比对。必要时可使用计算机软件辅助测量。

3.《标准》所指的条状瘢痕是指增生瘢痕、瘢痕疙瘩、凹陷瘢痕、桥状瘢痕、赘状瘢痕、蹼状瘢痕、挛缩瘢痕等。笔者认为面部瘢痕达到重伤的要求需满足以下三个条件：（1）面部瘢痕性状是明显瘢痕；（2）规定总长度的最低要求，单条达10.0 cm，两条以上累计达15.0cm；（3）同时规定在面部中心区瘢痕的最低要求，单条长度达5.0cm，两条以上累计达7.5 cm。

4.面颊穿透创是指皮肤创口与口腔相通，由一侧面颊部穿透进入口腔。条款规定，面颊穿透创评定为轻伤二级，但皮肤创口或者瘢痕长度要达1.0cm以上。对纤细针状物刺伤，皮肤创口或者瘢痕未达1.0cm，未伤及口腔内器官影响功能的，评定为轻微伤。

5.口唇全层裂创是指口唇皮肤、皮下组织、肌肉、粘膜的全层损伤，唇红系口唇皮肤与粘膜的移行部位。因此，口唇全层裂创须同时累及皮肤（唇红）及

〔1〕 参见本书附录部分，第409页。

口腔粘膜，创口或疤痕的长度须达1.0cm以上（见图4-11）[1]。鉴定时，除对创口进行检查外，还须调阅医院的手术（清创缝合）记录，必要时以询问材料的方式固定首诊医生对被鉴定人受伤当时情况的描述以及探查、缝合情况，以明确诊断。

6.对于多部位创口或瘢痕的鉴定以及跨部位的单条创口或瘢痕的损伤程度鉴定（见图4-12）[2]，按照《标准》附则第6.17条之规定：对于两个部位以上同类损伤可以累加，比照相关部位数值规定高的条款进行评定。

7.对一次作用形成的两处以上创口或瘢痕，按多条创口或瘢痕累计进行损伤程度鉴定（见图4-13）[3]。损伤形态特点不能证明是一次形成，或难以分辨是否为一次形成的，按多个创口计算。

8.对于少数秃顶者无法判别发际线的，按照面部分区方法以发际线、眉弓水平线、鼻底线三条线间等距作为发际线的参考标准。

9.鉴定时限。如创口（或缝合）长度明显超过标准对应部位的长度，并且与病历记载相符，可以直接认定；如临界状态（或创端伴有划痕）的创口，笔者认为，等30日左右瘢痕完全形成后鉴定为宜；如创口长度有可能达到重伤标准条款的数值，虽然瘢痕形成需要30日，但是瘢痕组织的力学强度达到最大则需要3个月左右的时间，损伤程度的评定时限应把握在损伤90日以后鉴定为宜。

案例4-1　口唇损伤的法医学鉴定

2016年11月，杨某因琐事与他人发生争执致上唇受伤。检查见：上唇左侧唇红见一长1.0cm条形瘢痕，上唇左侧口腔粘膜见一长1.5cm条形瘢痕（见图4-14）[4]。本案例中，被鉴定人口唇损伤仅是从唇红向粘膜层“V”形裂创，没有达到口唇全层的所有软组织的破裂，不符合口唇全层裂创，故评定为轻微伤。（本案例由安徽省濉溪县公安局提供）

---

〔1〕 参见本书附录部分，第409页。
〔2〕 参见本书附录部分，第410页。
〔3〕 参见本书附录部分，第410页。
〔4〕 参见本书附录部分，第410页。

第三节　面部块状瘢痕

一、鉴定标准

条款	内容	损伤程度
5.2.2b	面部块状瘢痕（50%以上位于中心区），单块面积6.0cm^{2}以上，或者两块以上面积累计10.0cm^{2}以上	重伤二级
5.2.3b	面部块状瘢痕，单块面积4.0cm^{2}以上；多块面积累计7.0cm^{2}以上	轻伤一级
5.2.4d	面部块状瘢痕，单块面积3.0cm^{2}以上或多块面积累计5.0cm^{2}以上	轻伤二级

二、结构与术语

面部块状瘢痕是指增生瘢痕、瘢痕疙瘩、凹陷瘢痕、桥状瘢痕、赘状瘢痕、蹼状瘢痕、挛缩瘢痕等。

三、鉴定要点

1.评定面部块状瘢痕的损伤程度时，须掌握面部块状瘢痕单块面积在6.0cm^{2}以上，中心区的块状瘢痕面积3.0cm^2（是标准中单块瘢痕6.0cm^{2}的50%）以上，即构成重伤二级；多块块状瘢痕累计面积在10.0cm^{2}以上，且在面部中心区域的块状瘢痕累计应达到 5.0cm^2，构成重伤二级。

2.对面部块状瘢痕的测量一般采用几何图形法或坐标法计算。由于计算机技术的逐渐广泛使用，也可采用计算机图形扫描处理技术来计算瘢痕面积。

3.对于面部块状瘢痕，瘢痕的修复也是影响容貌的一个重要因素。一方面，某些瘢痕如增生性瘢痕、瘢痕疙瘩常随着时间的消逝而逐步萎缩退化，例如，某些早期的线状增生性瘢痕，经过一段时间，会变平、变软，充血减轻而进入退化阶段，以致外观改善，难以清晰辨别。另一方面，由于瘢痕具有很大的收缩性，时间越长，所造成的挛缩畸形也就越大、越严重。因此，在鉴定中应遵循鉴定时限，把握在损伤90日后鉴定为宜。

第四节　面部细小瘢痕或者色素异常

一、鉴定标准

条款	内容	损伤程度
5.2.2c	面部片状细小瘢痕或者显著色素异常，面积累计达面部30%	重伤二级
5.2.3c	面部片状细小瘢痕或者明显色素异常，面积累计$30.0cm^2$以上	轻伤一级
5.2.4e	面部片状细小瘢痕或者色素异常，面积累计$8.0cm^2$以上	轻伤二级
5.2.5b	面部损伤留有瘢痕或者色素改变	轻微伤
5.2.5c	面部皮肤擦伤，面积$2.0cm^2$以上；面部软组织挫伤；面部划伤4.0cm以上	轻微伤

二、结构与术语

色素异常：人体皮肤由于种种原因而致皮肤呈现不同颜色、不同范围及不同深浅的色素变化（见图4-15）[1]。色素异常包括色素沉着或者减退两种情形。

三、鉴定要点

1.面部大面积的擦挫伤、烧烫伤以及化学药物的灼伤，可以遗留面部片状细小瘢痕或者色素沉着，应明确有引起面部片状细小瘢痕或者显著色素异常的损伤基础。

2.面部损伤后面部遗留的细小瘢痕或者明显色素沉着（或者减退）总面积达30%时，严重影响面容的，构成重伤二级。鉴定时，依据面部损伤情况，以多处损伤瘢痕、色素沉着或者减退的改变累加计算。但应鉴别损伤之前，面部是否就已存在瘢痕或者色素改变情况。

3.面部片状细小瘢痕（或色素异常）范围内的岛状正常皮肤面积应当计算在片状细小瘢痕的总面积内（见图4-16）[2]。

4.面积的计算一般采用几何图形法或坐标法计算。由于计算机技术的逐渐广泛使用，也可采用计算机图形扫描处理技术来计算细小瘢痕或色素异常面积。

〔1〕 参见本书附录部分，第411页。

〔2〕 参见本书附录部分，第411页。

第五节　面神经损伤

面神经是支配面部表情的运动神经，同时也是最易损伤的脑神经。面部开放性损伤常伴有面神经的损伤，此外面部的钝器打击、血肿压迫以及颅骨骨折均可导致面神经损伤。

一、鉴定标准

条款	内容	损伤程度
5.2.2p	面神经损伤致一侧面肌大部分瘫痪，遗留眼睑闭合不全和口角歪斜	重伤二级
5.2.3p	面神经损伤致一侧面肌部分瘫痪，遗留眼睑闭合不全或者口角歪斜	轻伤一级

二、结构与术语

（一）解剖结构

面神经是第七对脑神经，主要是运动神经，伴有味觉和分泌神经纤维。面神经出茎乳突后，立即进入腮腺，在腮腺内向前下方行走1~1.5cm后先分为2支，然后再分为5支，即颞支、颧支、颊支、下颌缘支和颈支（见图4-17）[1]。

（二）名词术语

1.眼睑闭合不全：指平视闭目时部分眼球暴露。

2.口角歪斜：口唇中线偏离面部中线0.7cm以上（以静态时健侧口角偏离中线，见图4-18）。

三、检查与诊断

（一）临床表现

1.神经损伤的表现：面神经损伤最主要的表现是面瘫，可分为静态和动态的表现异常。

（1）静态：伤侧额纹消失，鼻唇沟变浅，口角下垂，牵向健侧，不能闭眼。

〔1〕 参见本书附录部分，第411页。

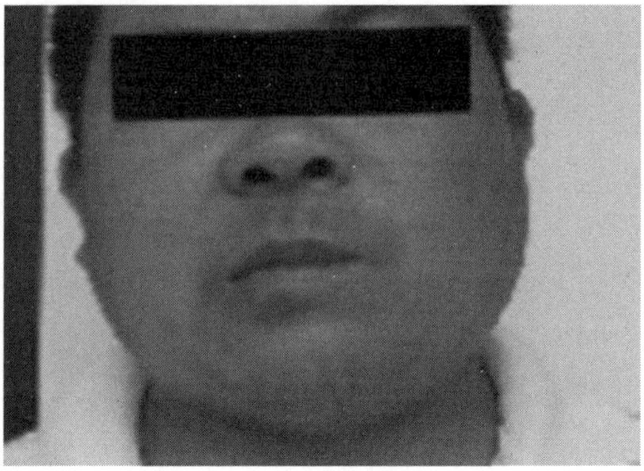

图4-18　面神经损伤致口角歪斜

（2）动态：皱眉不能、鼓腮漏气，张口时口角偏向健侧，说话时唾液从口角滴漏，角膜反射消失。面神经不同部位及分支的损伤可出现不同临床表现：主干损伤，出现同侧面肌运动障碍；颞支损伤，同侧额纹消失；颧支损伤，同侧眼不能闭合；颊支损伤，同侧颊肌瘫痪，不能鼓腮、吹气；下颌缘支损伤，可致同侧口角歪斜，口裂偏向健侧，严重者可致流涎。

2.面神经损伤造成的面部畸形。临床表现为：该侧表情肌瘫痪后两侧肌力平衡失调所致的具有特征性的形态和功能失常。患侧前额皮肤皱纹消失，不能蹙眉皱额，眉向下方移位，下眼睑松弛外翻，睑裂闭合不全、泪溢，鼻尖、鼻小柱和人中向健侧歪，鼻唇沟消失，口角低垂，且偏向健侧，流涎。试闭眼时瘫痪侧眼球向上外方转动，露出白色巩膜称贝氏现象。表情丧失，不能作鼓腮、吹口哨等动作。说话时，唾液常从口角流出。以上歪斜畸形，当发笑时更为显著。

（二）检查方法

面神经损伤检验时，可辅以：

1.功能检查：如泪分泌试验、镫骨肌反射试验、鼓索神经功能检查；

2.电诊断检查：如神经兴奋试验、强度时间曲线试验、肌电图；

3.影像学检查：CT检查可查知面神经管骨折、听小骨有无脱位、鼓室盖是否损伤以及岩部骨折等情况。

（三）分级分类

1.完全性面瘫：是指面神经5个分支（颞支、颧支、颊支、下颌缘支和颈支）支配的全部颜面肌肉瘫痪，表现为：额纹消失，不能皱眉；眼睑不能充分闭合，鼻唇沟变浅；口角下垂，不能示齿、鼓腮、吹口哨，饮食时汤水流逸。

2.不完全性面瘫：是指面神经颧支、下颌缘支或者颞支和颊支损伤出现部分上述症状和体征。

四、鉴定要点

1.鉴定时，首先，应注意原发性损伤的确定。观察腮腺部位及周围损伤，常见为锐器伤，偶有钝器打击或交通事故造成的面神经损伤，颅底骨折也可伴有面神经损伤。其次，检验鉴定时，依据面部损伤情况，典型的临床表现，辅以电生理检查、影像学检查等可诊断面神经损伤。最后，鉴定时应提供伤前近期正面照片。

2.面神经损伤主要有神经失用、轴突断裂以及神经断裂三种类型，面部软组织开放性损伤合并的面神经损伤多为神经断裂。

3.面神经损伤致一侧面肌大部分瘫痪是指面神经5个分支中3支以上支配的颜面肌肉瘫痪，遗留眼睑闭合不全和口角歪斜。

4.由于神经损伤修复的时间较长，神经的再生功能在伤后6个月逐渐减弱，所以面神经损伤的鉴定时间把握在伤后6个月更为适宜。

5.面神经损伤引起的面瘫应注意与中枢性面瘫鉴别。

中枢性面瘫是面神经核上行通路任何部位受损引起得，最常见的受损处是内囊。其临床表现为：

（1）病变对侧睑裂以下的颜面表情肌瘫痪，睑裂以上能皱眉、提眉、闭眼，眉毛高度与睑裂大小均与对侧无异。额皱与对侧深度相等；

（2）常伴有面瘫同侧肢体瘫痪，腱反射异常，babinski征阳性等；

（3）无味觉、泪液、唾液分泌障碍，听力无明显改变。

第六节　鼻损伤

外鼻突出于面部中央，易遭受外力而形成损伤。引起鼻损伤的原因较多如锐器切割、钝器压砸、撞击、咬伤、火器及化学性损伤。本节主要涉及鼻缺损以及鼻部骨折。

一、鼻部离断或缺损

（一）鉴定标准

条款	内容	损伤程度
5.2.2j	鼻部离断或者缺损30%以上	重伤二级
5.2.3k	鼻部离断或者缺损15%以上	轻伤一级
5.2.4n	鼻尖或者一侧鼻翼缺损	轻伤二级

（二）结构与术语

1.解剖结构

外鼻以鼻骨和鼻软骨为支架，外覆皮肤和少量皮下组织。上端位于两眶之间，连于额部，称鼻根，下端向前突起，称鼻尖，两者之间为鼻梁，鼻梁两侧为鼻背。鼻尖两侧的半圆形隆起部分称鼻翼。锥体的底部称鼻底，其上有左、右两个前鼻孔，两前鼻孔之间的软组织分隔称鼻小柱。鼻翼和面颊交界处有皮肤略呈凹陷的鼻唇沟（见图4-19）。

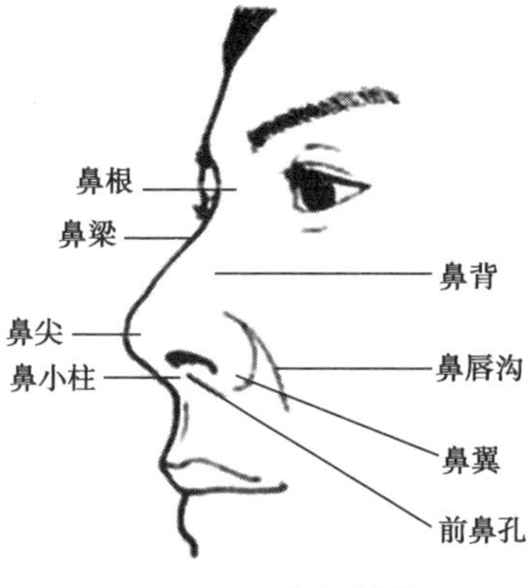

图4-19　外鼻结构

2.名词术语

外鼻缺损：包括鼻尖缺损、鼻翼缺损、侧半鼻缺损或者全鼻缺损等。外鼻的离断或者缺损可造成毁容或者发音障碍等。

（三）鉴定要点

1.缺损面积的测量。可按照把外鼻部分为眉间区、左侧鼻背区、右侧鼻背区、左侧鼻翼区、鼻尖区、右侧鼻翼区、鼻小柱区，分别赋予10：16：16：16：16：16：10的权重，其中左侧和右侧鼻背区以中线为界进行计算。解剖学部位未完全缺失的，可采用坐标纸法或计算机图形处理技术来计算缺损面积。

2.对于损伤当时造成的鼻部离断，即使经过再植成功，仍按照损伤当时离断的严重程度评定伤情，鼻部离断后再植存活的不影响鉴定结果。

二、鼻部骨折

因为鼻部骨质较薄，故鼻部骨折是鼻外伤中最常见的类型之一。多由于钝性暴力直接打击或锐器的砍击所致，此外人体在摔跌时外鼻碰撞于地面或其他物体上也可造成鼻骨骨折。

（一）鉴定标准

条款	内容	损伤程度
5.2.4o	鼻骨粉碎性骨折；双侧鼻骨骨折；鼻骨骨折合并上颌骨额突骨折；鼻骨骨折合并鼻中隔骨折；双侧上颌骨额突骨折	轻伤二级
5.2.5g	鼻骨骨折；鼻出血	轻微伤
5.2.5h	上颌骨额突骨折	轻微伤

（二）结构与术语

鼻的外形依赖于鼻的骨部与软骨部的支架支撑。鼻的骨性支架主要包括成对的鼻骨、上颌骨额突和组成鼻中隔的犁骨、筛骨垂直板等（见图4−20）。鼻骨上部窄而厚，较坚固，下部宽而薄，又缺乏支撑，故鼻骨骨折多累及鼻骨下部。老年人发生鼻骨骨折多为粉碎性，而年轻人的鼻骨骨折常为大块骨片脱位。

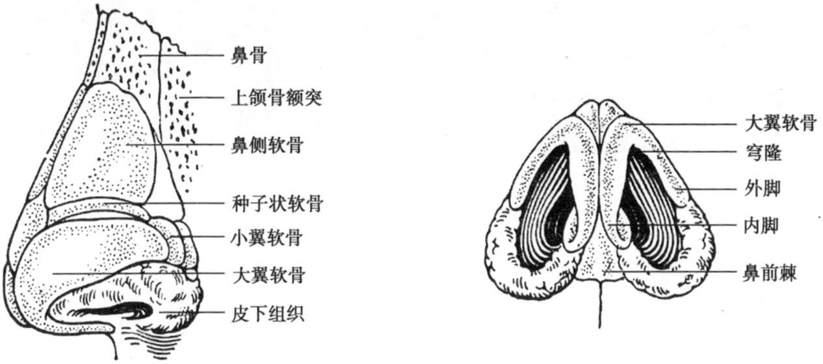

图4−20　鼻部骨性结构

（三）检查与诊断

1.临床表现

伤后出现局部疼痛，软组织肿胀或皮下淤血。可见鼻梁偏斜、骨折侧鼻背塌陷、外鼻畸形。但伤后早期因软组织肿胀明显可掩盖外鼻畸形。伤及鼻粘膜时可有鼻出血、鼻粘膜肿胀，擤鼻后可出现伤侧下眼睑及颜面部皮下气肿。

2.检查方法

随着影像技术的不断提高，鼻部骨折的诊断率也越来越高，鼻部冠状位加轴状位薄层CT扫描（多层螺旋CT三维重建）可以准确无误地判断有无骨折、明确骨折位置、确定骨折的类型以及邻近组织的损伤情况。

（四）鉴定要点

1.鼻部骨折的鉴别诊断

（1）鼻缝及鼻颌缝

由于鼻部解剖的复杂性，使鼻部骨折的诊断相对困难，容易造成误诊。伤后及时行鼻部薄层CT扫描可明确诊断，减少漏诊。同时，由于鼻骨上的鼻缝、骨间缝、鼻颌缝等生理缝隙较多，常易造成误诊（见图4-21）。鼻缝、骨间缝、鼻颌缝CT影像上呈锯齿状、细线状、或“S”形线影，横断面自鼻骨出现至消失，各层图像上均可见到，呈垂直或略斜于鼻骨的短线影。鼻颌缝是影像上最易与骨折相混淆的骨缝。

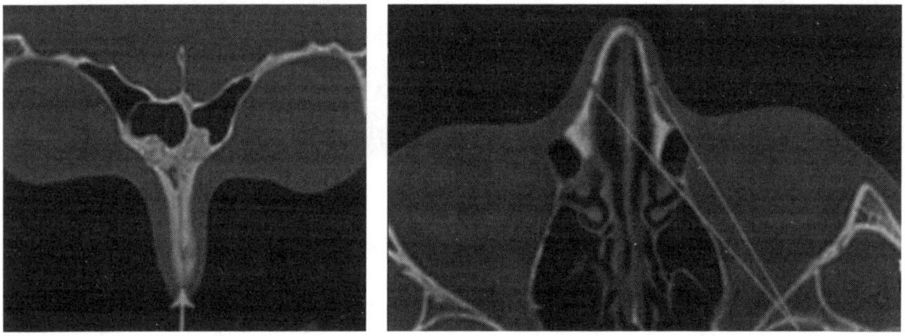

1 2

1.鼻缝　2.鼻颌缝

图4-21　鼻骨缝

（2）缝间骨

当扫描线横贯于锯齿状骨缝间时形成的缝间骨像，见于鼻间缝鼻颌缝处呈点状，紧邻骨缝，且与邻近连接骨走行一致（见图4-22）。外伤时鼻颌缝极易发生错位、成角，相互咬合的骨质断裂后可见游离小骨片，但与邻近连接骨走行不一致。

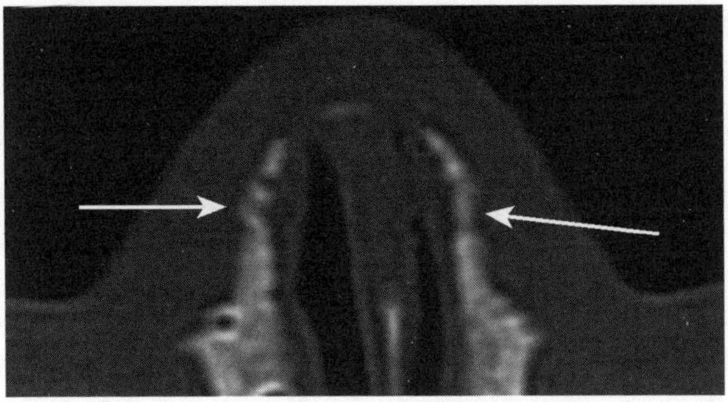

图4-22　缝间骨

（3）鼻骨孔

鼻骨孔及鼻骨内面生理性压迹，也容易被误认为骨折。鼻骨孔为鼻骨上的一些小骨孔，有小动脉、静脉及神经穿行其中，垂直或斜行于鼻骨中下部（见图4-23）[1]。横断位扫描表现为相应位置垂直或斜行于鼻骨的透亮影，部分不穿透鼻骨，光滑、自然，不同于锐利的骨折线。

（4）鼻骨正常变异

鼻骨的变异绝大多数表现在鼻骨远端的发育异常，鼻尖部可呈现孔洞状或V、M字形等，鼻骨尖的变异在CT某一扫描平面上可表现为局部骨质缺失或骨质中断，但连续层面观察可表现为骨的逐渐靠近至接合（见图4-24）[2]。

2.愈合时间

骨折的愈合是一个复杂而连续的过程，通常可分为血肿炎症机化期（约在骨折后2周完成）、原始骨痂形成期（4～8周）、骨痂改造塑型期，形成稳固的骨性连接约需8～12周。

3.影响因素

影响鼻部骨折愈合因素较多。一是自身因素，不同年龄骨折愈合差异很大，儿童骨折愈合较快，老年人则慢；二是骨折的情况，骨折接触面大的、骨折端血供良好的愈合较快；三是鼻部的特殊生理位置，鼻部位于面部的中心，是人们生活中经常碰到的（如洗脸、擤鼻等）部位，骨折后由于反复作用鼻部，骨折处受到剪力及旋转力的影响，干扰骨痂生长。

---

〔1〕 参见本书附录部分，第411页。

〔2〕 参见本书附录部分，第412页。

4.新鲜、陈旧骨折的鉴别诊断

鼻骨薄层CT扫描，在软组织窗可以观察鼻部软组织及鼻腔粘膜损伤情况。鼻部在外力作用下，鼻部软组织及鼻粘膜充血引起肿胀。但是，对于鼻粘膜增厚需要注意鉴别的是，一般性鼻炎或鼻部其他疾病引起的鼻粘膜增厚，在鉴定中通过复查鼻骨CT，观察鼻粘膜的影像学动态变化来鉴别诊断。鼻部骨折断端形态是判断骨折新鲜或陈旧最显著的特征，陈旧骨折经历了骨折修复转归的改变，断端常呈圆钝状、杵状或不连续性，通过三维CT复查观察骨折断端形态变化是区别陈旧或新鲜骨折的良好途径。

在鼻骨骨折鉴定中，首先应充分了解损伤的整个过程、损伤的部位、受伤后出现的症状（有无鼻腔的出血、鼻部肿胀畸形等）以及全面了解被鉴定人员的既往受伤史，必要时调阅受伤时照片。其次，复查鼻部CT（必要时进行鼻部三维CT复查），观察鼻背部软组织肿胀、鼻粘膜肿胀、骨折断端形态的影像学动态变化。最后，鉴定时在确认新鲜骨折（外伤）的基础上，进行综合评判。

案例4-2　鼻骨骨折的法医学鉴定

2015年9月8日，白某因纠纷与同村村民发生争执，致额头、手、胳膊等处受伤。伤后检查见：右前额部压痛，左手大拇指内侧可见咬伤伤痕，右前臂外侧多处组织伤痕。CT检查见：双侧鼻骨侧块稍后移，鼻颌缝略增宽，鼻骨中段局部骨皮质稍折曲，但骨折线未见清晰显示，双侧眼眶内侧壁局部凹陷，双侧内直肌局部稍增粗，但周围软组织未见明显肿胀，局部脂肪组织影较清晰，双侧筛窦未见明显渗出（见图4-25）。调取伤后视频、照片，伤后未见鼻腔流血。本次检查见眶周软组织肿胀。根据影像学资料，白某鼻骨中段局部骨皮质稍折曲，但骨折线未见清晰显示，不符合新鲜骨折修复转归的影响学特点，对其骨折不予评定。（本案例由安徽省濉溪县公安局提供）

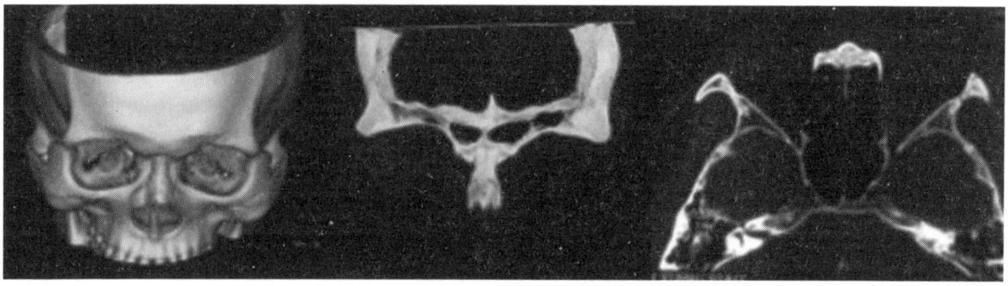

图4-25　白某影像学资料

第七节　口损伤

在口腔内，以牙列为分界线，将口腔分为牙列内的固有口腔和牙列外围的口腔前庭。口腔前庭由牙列、牙槽骨及牙龈与其外侧的唇、颊组织器官构成，因此唇、颊器官的表面形态即为口腔前庭的表面形态。固有口腔由牙列、牙槽骨以及牙龈与其内侧口腔内部组织器官舌、腭、口底等构成，因此，牙、牙列、牙槽骨以及牙龈、舌、腭、口底等组织器官的表面形态即为固有口腔的表面形态（见图4-26）。

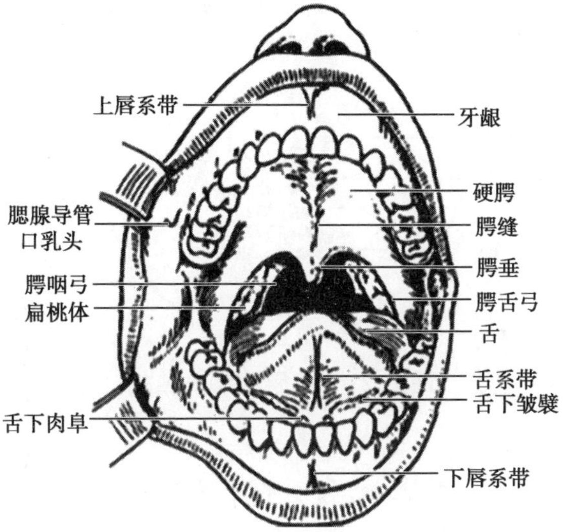

图4-26　口腔组织器官

本节讲述口部损伤的法医学鉴定，包括口唇的离断或者缺损、舌损伤、牙齿的脱落或者折断、唾液腺损伤、损伤致张口困难、颌骨骨折、颧骨骨折等。

一、口唇损伤

（一）鉴定标准

条款	内容	损伤程度
5.2.21	口唇离断或者缺损致牙齿外露3枚以上	重伤二级
5.2.31	口唇离断或者缺损致牙齿外露1枚以上	轻伤一级
5.2.5i	口腔粘膜破损；舌损伤	轻微伤

（二）结构与术语

1.解剖结构

口唇的范围包括上下唇和口裂周围的面部组织，上至鼻孔底线，下至颏唇沟，两侧至鼻唇沟。位于面部的正下方，是吞咽和说话的重要器官之一，也是构成面部美的重要因素之一。

嘴唇分为上唇和下唇，上下唇联合处形成口角，上、下唇之间称口裂，在上唇中部有一条发育程度不同的纵沟，称人中。嘴唇主要由皮肤、口轮匝肌、疏松结缔组织和粘膜组成（见图4－27）。上下唇均可以分成三部分：一是皮肤部（也叫白唇）；二是红唇部，是口唇轻闭时，正面所见到的赤红色口唇部，红唇部皮肤极薄，没有角质层和色素，因而能透过血管中血液颜色，形成红唇；三是粘膜部，在唇的里面，为口腔粘膜的一部分。

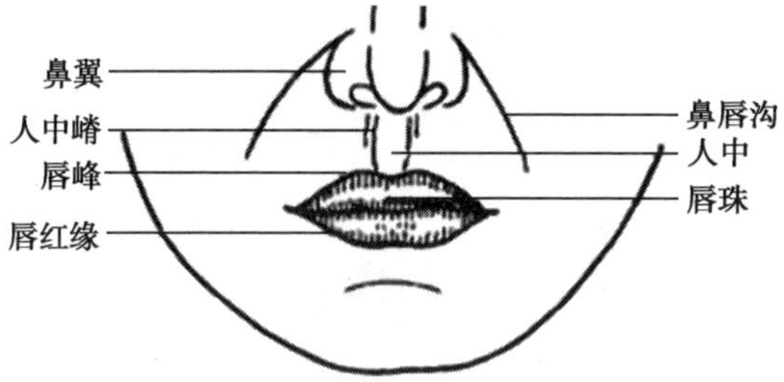

图4－27　口唇的解剖结构

2.名词术语

牙齿外露：一般自然状态下，口唇放松状态时，前牙以能露出2～3mm为宜。如果唇在自然状态下露出了半个牙齿或整个牙冠甚至牙龈，叫作牙齿外露（开唇露齿）。

（三）鉴定要点

鉴定时，根据静态时口唇离断缺损或者瘢痕挛缩不能闭合情况，掌握在牙齿露出＞0.4cm即视为露齿。在实际鉴定中，应根据损伤时或最终缺损情况（必要时结合伤前照片）进行评定。

鉴定时，注意自身咬伤与他人咬伤的鉴别。自伤的创缘弧形突向舌尖，而他人咬伤的创缘弧形突向舌根（见图4－28）[1]。

〔1〕　参见本书附录部分，第412页。

二、舌损伤

舌体存在于固有口腔中，舌腹正中有系带与口底相连。舌与人语言、吞咽及食物搅拌密切相关。舌损伤常见于局部刺伤、下面部受撞击时被自身牙列咬伤以及他人咬伤。舌缺损与许多颌面部软组织缺损不同，不仅关系到形态和美观，更为重要的是影响语言、吞咽、咀嚼和唾液分泌等多种口腔功能。

(一)鉴定标准

条款	内容	损伤程度
5.2.2m	舌体离断或者缺损达舌系带	重伤二级
5.2.4p	舌缺损	轻伤二级
5.2.5i	口腔粘膜破损；舌损伤	轻微伤

(二)结构与术语

舌是以骨骼肌为基础，表面覆以粘膜而构成。具有搅拌食物、协助吞咽、感受味觉和辅助发音等功能。

舌分为上、下两面。上面又叫舌背，舌背上有一向前开放的“V”型沟叫界沟，将舌分为前2/3的舌体和后1/3的舌根。舌体的前端叫舌尖，舌根对向口咽部(见图4−29)。舌下面较舌背短，粘膜光滑而松软，与口底粘膜相续。舌下面的粘膜在舌的正中线上形成一粘膜皱襞，向下连接于口腔底前部，称舌系带。

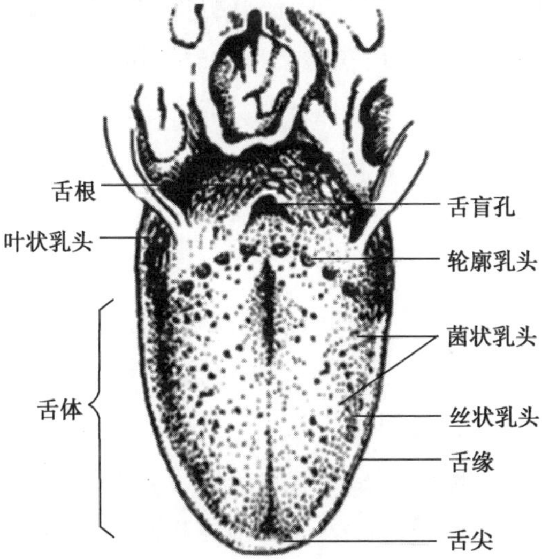

图4−29 舌背面示意图

（三）鉴定要点

法医鉴定时，根据舌损伤时的情况，如果舌体离断或者缺损达舌系带可评定为重伤二级，若未达到舌系带可评定为轻伤二级。单纯的舌挫伤、创均评定为轻微伤。

三、牙齿损伤

牙损伤多为暴力直接作用，常见原因有摔跌、打击、碰撞或者交通事故等，在伤害案件中比较常见，多见于前牙。可单独发生，也可与颌面部其他部位损伤同时存在。

（一）鉴定标准

条款	内容	损伤程度
5.2.2n	牙齿脱落或者牙折共7枚以上	重伤二级
5.2.3m	牙齿脱落或者牙折共4枚以上	轻伤一级
5.2.4q	牙齿脱落或者牙折2枚以上	轻伤二级
5.2.5j	牙齿脱落或者缺损；牙槽突骨折；牙齿松动2枚以上或者Ⅲ度松动1枚以上	轻微伤

（二）结构与术语

牙齿是人体中最坚硬的器官，具有咀嚼食物和辅助发音等作用。分为牙冠、牙颈和牙根三部分。牙冠是暴露于口腔，露出于牙龈以外的部分。牙根是嵌入牙槽内的部分。牙颈是牙冠与牙根之间的部分，被牙龈所包绕。牙由牙质、釉质、牙骨质、牙髓组成（见图4-30）。

（三）检查与诊断

1.临床表现

牙齿损伤包括松动、脱位、折断，出现疼痛、牙龈肿胀、咀嚼功能障碍。牙折断是指牙在外力作用下发生牙体组织的断裂，常由外力直接撞击作用所致，还可因间接外力致上下牙列相撞所致，以上中切牙最多见。牙折按折断发生的解剖部位分为冠折、根折和冠根联合折断三种类型；按折线方向可分为斜折、横折和纵折。牙折部位不同，表现也不尽相同（见图4-31）。

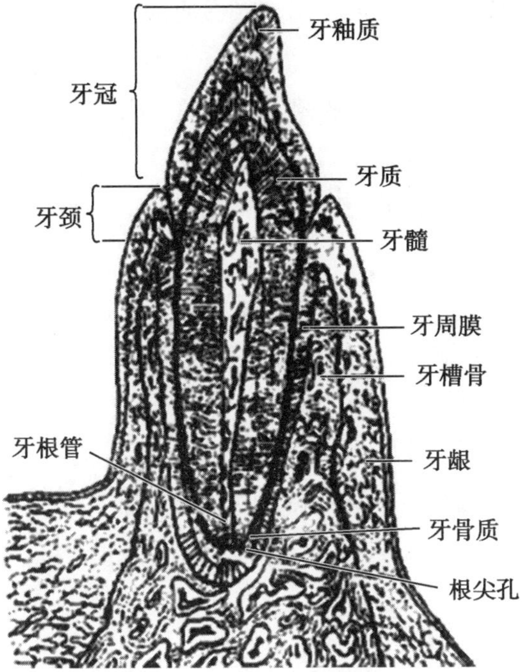

图4-30 切牙失状切面

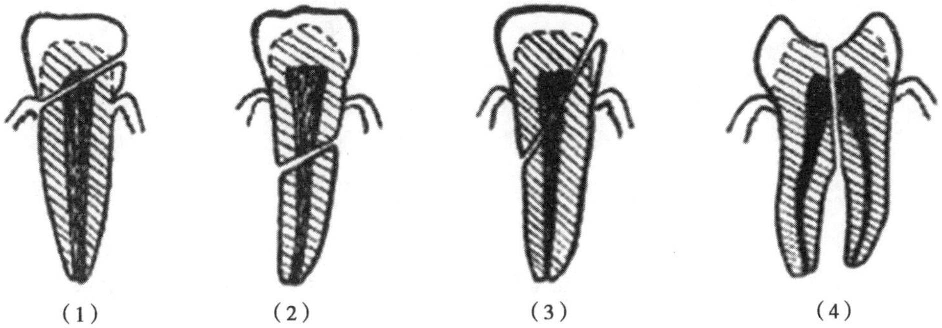

(1)冠折 (2)根折 (3)冠根联合斜折 (4)冠根联合纵折

图4-31 牙折的分类

(1)冠折：如折线不穿过牙髓腔，仅部分牙冠缺损，常为切角或者缺损，致牙本质暴露，出现牙本质过敏症状，对酸、冷、热等刺激有疼痛反应。经过牙体修复治疗，可消除牙本质过敏，恢复牙冠外形和功能。如折线通过牙髓腔，则刺激症状明显，必须先进行根管治疗后再进行牙体缺损的修复。

(2)根折：根折的主要特点是牙松动和有触压感，折线越接近牙颈部，松动度越大。轻微或隐蔽的折裂线，用灯光透明的方法可检查出来，必要时需借助X线检查协助诊断。

（3）冠根联合折断：牙冠部折裂，有活动，但根部相连，在根部可检见裂隙，可有明显咬合痛或压触痛。

牙根折和冠根联合折断，多数情况下需拔除。牙齿拔除后，可影响咀嚼功能。

2.检查方法

通常进行摄口腔X线片、口腔全景片或者口腔CT片，三维重建往往可清晰显示牙齿损伤情况。

3.牙齿松动分级

牙齿松动度以牙向颊舌侧方向活动大小分为三度：

Ⅰ度：活动度小于1mm；Ⅱ度：活动度在1～2mm；Ⅲ度：活动度大于2mm。

4.常见牙齿疾病

（1）龋病：是以细菌为主的多种因素影响下，牙体硬组织发生慢性进行性破坏的一种疾病，引起牙体组织疏松软化，形成龋洞。牙齿质地变脆易碎，较正常人受外力容易发生牙折。

（2）牙周炎：长期存在的慢性牙龈炎向深部牙周组织扩展引起，表现为牙周组织的破坏性疾病，早期牙周袋和牙槽骨吸收，但因程度尚轻，牙齿尚不松动，晚期牙周袋形成，牙槽骨吸收明显，轻微外力即可引起脱落。

（四）鉴定要点

1.《标准》所指牙齿折断是指牙根折断、根冠折或者牙冠折断露出牙髓。牙齿脱落包括Ⅲ度以上松动无法保留的情况。凡有明确面部损伤史，经过临床检查即可确定。

2.《标准》中牙齿脱落或折断包括恒牙、乳牙和固定义齿中的种植牙等，不包括损坏后无须手术更换和修复的义齿。

3.对牙齿根折主要依据影像学表现得以确诊，必要时可做不同角度X线投照，以便观察到牙根折断线。如损伤当时折断线不明显，可在伤后2周左右再摄片，或行CT扫描。对冠折及冠根折损伤后的X线征象可作为牙损伤的依据。

4.鉴定时，应确定损伤当时牙齿的状况，通过损伤当时的口腔检查、影像学资料了解伤前是否患有牙齿疾病，如有无根管治疗、龋齿充填，牙隐裂、牙釉本质有破坏性损伤疾病等。做过牙髓治疗的死髓牙，牙齿外形虽完整，但由于牙齿缺乏牙髓的营养，牙齿质地变脆易碎，较正常人受外力容易发生牙折。存在严重牙周病，牙齿较正常牙齿易于脱落，此时应进行伤病关系分析。当外伤与自身牙齿病变均可以导致牙折时，即外伤与疾病关系难分主次时，外伤与牙折为共同因果关系。

四、唾液腺损伤

（一）鉴定标准

条款	内容	损伤程度
5.2.3o	腮腺总导管完全断裂	轻伤一级
5.2.4r	腮腺、颌下腺或者舌下腺实质性损伤	轻伤二级

（二）结构与术语

唾液腺由左右对称的三对大唾液腺，即腮腺、下颌下腺和舌下腺，以及遍布于唇、颊、腭、舌等处粘膜下的小粘液腺构成，各有导管通向口腔，排出唾液（见图4−32）[1]。

腮腺是大唾液腺中最大的一对，位于颜面两侧，颧弓之下，外耳道前下方，下颌支后外方，大部分位于下颌后窝内，最后开口于上颌第二磨牙相对的颊粘膜上，开口处形成一个乳头。

下颌下腺位于两侧颌下三角内，在下颌骨体的内面与舌骨舌肌和茎突舌肌之间，开口于舌系带两侧的舌下肉阜处。导管开口较大，易受损伤。

舌下腺是三对大涎腺中最小的一对，由多数小腺体组成，位于口底粘膜舌下皱襞的深面，下颌舌骨肌上方，舌下腺的输出管有大、小两种。舌下腺小管为 8～20 条短而细的小管，多数各自在舌下皱襞处开口于口腔，部分导管通向颌下腺导管。舌下腺大管与下颌下腺导管共同开口于舌下肉阜，或单独开口于舌下肉阜。

正常情况下，唾液一天的分泌量约为 1～1.5L，唾液不仅对消化有很大作

〔1〕 参见本书附录部分，第412页。

用，还与味觉、语言、吞咽等功能以及口腔卫生、保护粘膜和龋病预防有密切关系。

（三）检查与诊断

1.临床表现

腺体及导管损伤后，涎液可以从损伤部位溢出，积于皮下，或者通过伤口流出形成涎瘘。

2.检查方法

检查时，挤压腺体可有涎液流出，将流出液进行淀粉酶含量测定，必要时可以从导管插入探针引流或者造影检查。

（四）鉴定要点

1.鉴定时，首先应明确损伤部位以及有无伤及唾液腺的外伤基础；其次应有涎液外漏的临床表现，如伤及腮腺导管，需手术证实腮腺总导管完全断裂。

2.腮腺腺体损伤易于修复，后遗症不严重，而腮腺导管损伤修复较困难。继发感染后经手术治疗，面部将留下显著瘢痕。鉴定时，应结合面部创口大小、有无合并面神经损伤以及有无对容貌造成影响，进行综合评定。

3.由于腮腺及腮腺导管位置较为暴露，对于面部开放性创口，容易损伤腮腺及腮腺导管，应注意检查有无涎液外溢，必要时进行造影剂检查。

五、损伤致张口困难

损伤致张口困难常见于颌面部钝器和锐器伤。颞下颌关节损伤是影响张口度的重要因素。颞下颌关节在解剖上是人体中最复杂的关节之一。正常情况下，控制该关节运动的因素可分为两类：（1）解剖性因素，为双侧颞下颌关节及牙齿的咬合接触关系；（2）生理性因素，为神经肌肉结构。因损伤破坏了上述两类因素的正常结构和功能，均可引起颞下颌关节功能障碍。

（一）鉴定标准

条款	内容	损伤程度
5.2.2o	损伤致张口困难Ⅲ度	重伤二级
5.2.3n	损伤致张口困难Ⅱ度	轻伤一级
5.2.4s	损伤致张口困难Ⅰ度	轻伤二级

（二）结构与术语

1.解剖结构

颞下颌关节为全身唯一的联动关节，具有转动和滑动两种功能，其活动与咀嚼、语言、表情等功能密切相关。颞下颌关节上由颞骨关节窝、关节结节构成，下由下颌骨髁突以及位于两者间的关节囊和周围的韧带构成（见图4-33）。

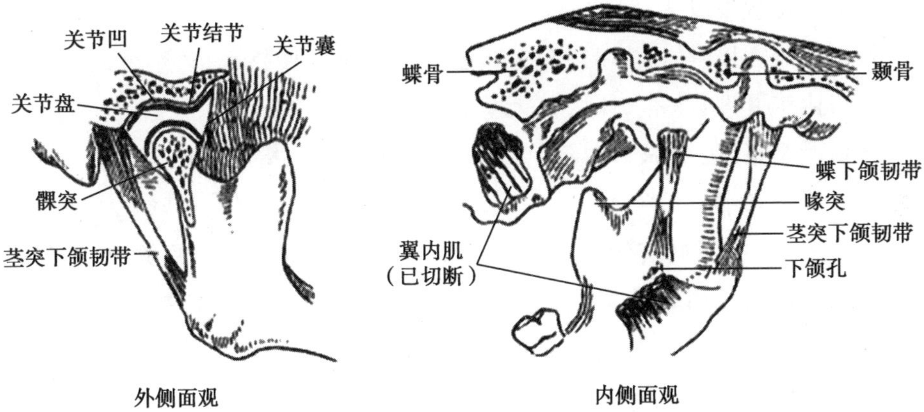

图4-33　颞下颌关节解剖结构

2.名词术语

张口困难：颞颌关节主动或被动活动受限，使口腔张开困难，常影响言语、吞咽等日常活动。

（三）检查与诊断

1.临床表现

损伤致张口困难常见于颌面部钝器和锐器伤。损伤累及颞颌关节面，发生关节强直时，出现张口困难。临床表现为疼痛、张口受限、偏斜或者过大，出现弹响。

纤维性强直在关节区无疼痛，进行性开口受限，由于纤维组织有弹性，可轻微张口，侧向运动明显受限，患侧髁突活动度明显减弱。骨性强直表现为完全不能张口，偶有微小的开口度是由于颧弓骨缝的弹性所致，进食及语言困难，患者髁突活动度消失。

2.检查方法

（1）影像学检查：可以进行张口位及闭口位影像学检查（X线、CT或者

MRI检查)，关节强直的关节间隙模糊，正常的关节结构消失，髁突、关节结节以及关节窝骨密度有不规则破坏。

(2)张口度检查：颌面损伤，可致张口受限。张口度以上下中切牙切缘间距离为标准，正常张口度相当于被检者自身示指、中指、环指三指末节横面的宽度(约4.5cm)。

3.分级分类

张口困难程度分为三度：

张口困难Ⅰ度：大张口时，只能垂直置入示指和中指；

张口困难Ⅱ度：大张口时，只能垂直置入示指；

张口困难Ⅲ度：大张口时，上、下切牙间距小于示指之横径。

(四)鉴定要点

1.鉴定时，应明确有颌面部的外伤以及确定有造成颞下颌关节或者其周围软组织损伤的外伤基础。颞下颌关节区直接遭受外力作用，髁突骨折、下颌骨受外伤直接引起髁突骨折或者关节内出血等导致关节强直，尤其颏部受外力时对冲性损伤颞下颌关节。

2.鉴定时，依据颌面部损伤情况及损伤的后遗症、并发症，结合张口困难程度，进行综合评定。

六、颌骨骨折

(一)鉴定标准

条款	内容	损伤程度
5.2.4t	颌骨骨折(牙槽突骨折及一侧上颌骨额突骨折除外)	轻伤二级

(二)结构与术语

1.上颌骨

上颌骨为面中最大的骨骼，由左右两侧形态结构对称但不规则的两块骨构成，并与腭中缝处连为一体。上颌骨由一体四突构成，一体为上颌骨体，四突为额突、颧突、牙槽突和腭突(见图4-34)。上颌骨与鼻骨、额骨、筛骨、泪骨、犁骨、下鼻甲、颧骨、腭骨、蝶骨等邻近骨相接，构成眶底、鼻底和口腔顶部。

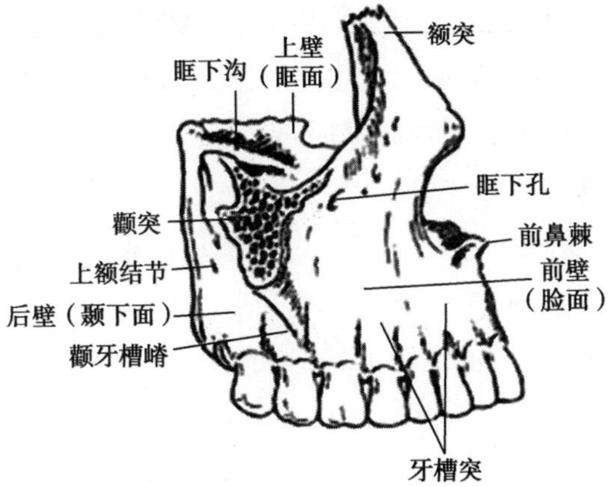

图4-34　上颌骨

2.下颌骨

下颌骨是颌面部唯一可以活动而且最坚实的骨骼。在正中线处两侧下颌骨联合呈马蹄形，分为下颌体与下颌支两部分（见图4-35）。由于下颌骨在髁状突颈部、下颌角部、颏孔部、正中联合部等处的结构比较薄弱，故外伤时常易发生骨折。

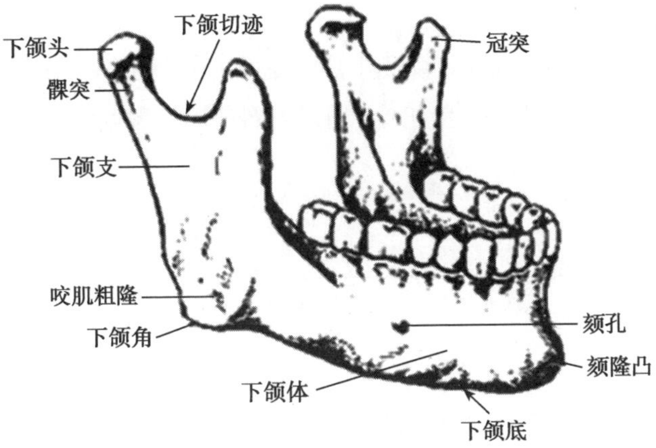

图4-35　下颌骨

（三）检查与诊断

1.临床表现

（1）上颌骨骨折

①眶区出血。由于眼睑周围组织疏松，上颌骨骨折时眶周容易水肿，皮下淤血、青紫，成为典型的“眼镜”症状，球结膜下也可出现出血。

②骨折段移位和咬合错乱。上颌骨骨折段移位主要是受暴力的大小和方向以及上颌骨本身重量的影响。触诊时，上颌骨可出现异常活动度。暴力来自侧方或挤压时，可造成上颌骨局部塌陷，咬合错乱。

（2）下颌骨骨折

①功能障碍。咬合紊乱、开口受限，局部出血水肿、疼痛等，致使咀嚼、呼吸、吞咽、言语等功能障碍。

②骨折段异常活动。多数可出现骨折段的异常活动。

2.检查方法

可进行X线、CT或者MRI检查，明确骨折类型及移位情况，同时了解临近骨质损伤情况。

（四）鉴定要点

鉴定时，依据颌骨损伤情况，有明确的颌骨骨折即可评定为轻伤二级（牙槽突骨折及一侧上颌骨额突骨折除外），如果颌骨骨折治疗终结后遗有张口困难，则对照损伤致张口困难条款进行评定。

七、颧骨骨折

颧骨与颧弓均位于面部较突起的部位，易受损伤发生骨折。颧弓细长而呈弓状，颧骨结实而宽大，两者相比以颧弓骨折尤为多见。

（一）鉴定标准

条款	内容	损伤程度
5.2.4u	颧骨骨折	轻伤二级

（二）结构与术语

颧骨：左右各一，近似菱形，位于颜面的外上部，为上颌骨与脑颅骨间的主要支架，对构成面部外形起重要作用（见图4-36）。

颧弓由颧骨的颞突和颞骨的颧突经颧颞缝连接而成，形如弓，位于面中部的外侧，骨质薄弱，遭外力打击极易形成骨折。

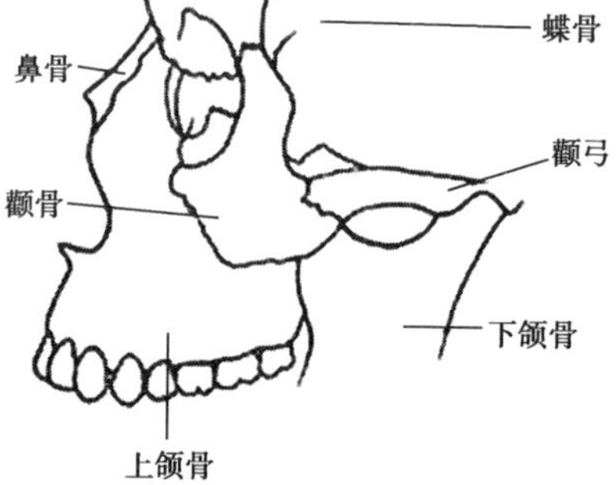

图4-36 颧骨

(三)检查与诊断

1.临床表现

(1)骨折移位。颧弓骨折段由于外力的方向而产生移位，也可因咬肌的牵拉而向下移位，局部呈现塌陷畸形。

(2)开口受限。明显内陷的颧弓骨折可以压迫颞肌并阻碍下颌支冠突的运动，造成开口受限。

(3)复视。颧弓构成眼眶外侧壁和眶下缘的大部分，颧骨骨折移位后，眼内肌和外侧韧带也随之移位，或因受骨折片的挤压，眼球失去支持而发生移位性复视。

(4)出血和淤血。颧骨眶壁损伤后局部的出血可渗透到眶周皮下、眼睑和结膜下，导致眶周形成明显青紫色瘀斑。

(5)神经症状。如伤及眶下神经，可出现眶下区皮肤麻木。如面神经颧支受损，可出现患侧眼睑闭合不全。

2.检查方法

可以进行X线、CT 检查，必要时进行三维CT检查，明确骨折部位以及移位情况，同时了解临近骨质损伤情况(见图 4-37)。

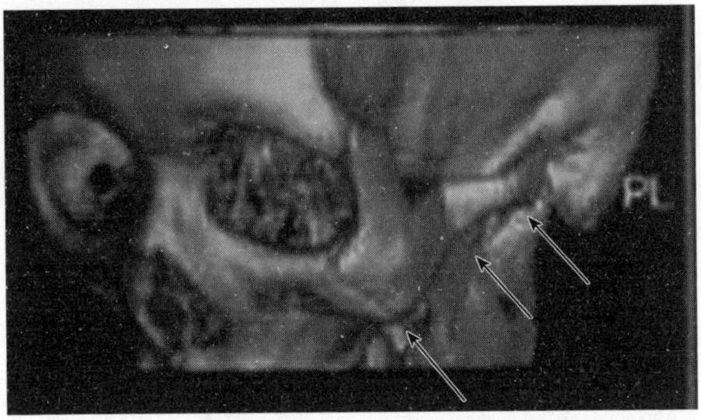

图4-37　颧弓骨折

(四)鉴定要点

1.鉴定时，根据颧部损伤的情况，明确的颧骨骨折即可评定为轻伤二级。颧骨骨折后，由于骨折片内陷移位，伤后可见到颧部明显塌陷畸形，随后由于迅速出现局部反应性充血、水肿和出血，面部的畸形反而不明显，容易被误诊为软组织损伤。同时，由于颧骨骨折多与临近骨折同时发生，鉴定时应注意复查，必要时进行三维CT检查，以明确诊断。

2.如果颧骨骨折影响下颌骨运动致张口受限，可对照损伤致张口困难的条款进行评定。如果颧骨骨折向眶部移位引起复视或损伤面神经颧支出现眼睑闭合不全，则可以分别引用条款进行评定。

案例4-3　牙齿损伤的法医学鉴定

张某（男，32岁），某日被他人用拳头击打头面部，致使两侧上颌中切牙脱落。检查见：上颌两中切牙缺如，牙槽窝有血痂，口唇粘膜未见破损及出血。上颌两侧切牙符合恒牙的特征，上颌两尖牙符合乳牙的特征。对送检的一颗离体牙齿检查，系上颌左中切牙，无断折缺损，符合恒牙的特征，牙根长0.4cm。通过拍摄口腔全景片及上颌骨三维CT重建检查，明确上颌两尖牙是乳牙滞留，上颌两尖牙恒牙埋伏阻生，完全横行生长，均到达中切牙的牙根位置；上颌两侧切牙牙根吸收，上颌两中切牙牙槽窝浅（见图4-38）。讨论：张某上颌两尖牙为乳牙滞留。因为乳牙滞留的影响，上颌两恒中切牙较正常牙齿易于脱落，依据《标准》相应条款降低损伤程度等级，评定为轻微伤。（本案例由安徽省淮北市公安局提供）

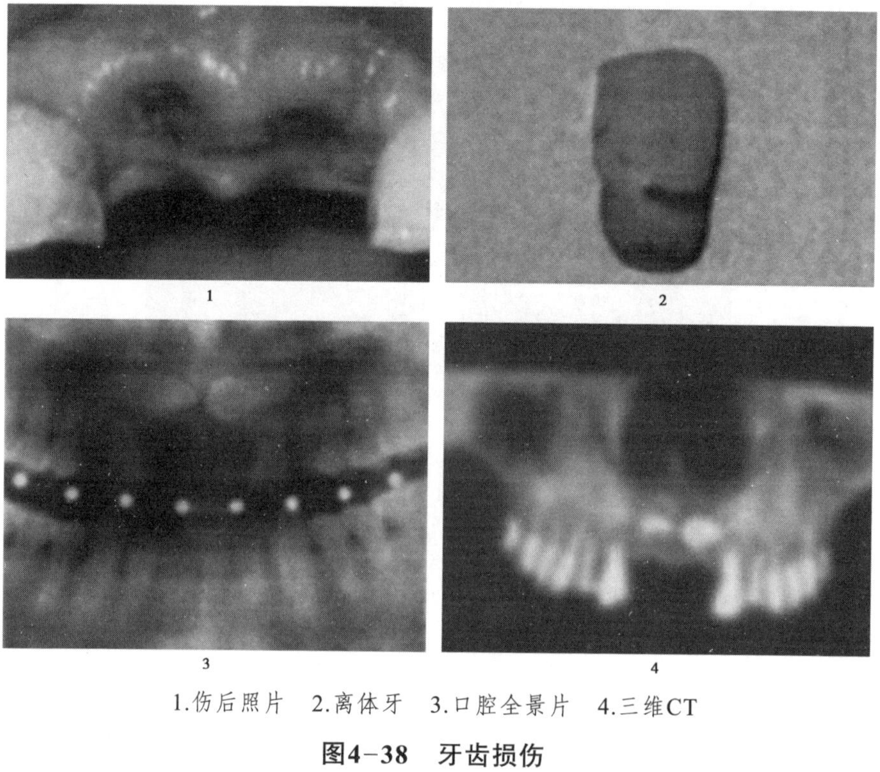

1.伤后照片　2.离体牙　3.口腔全景片　4.三维CT

图4-38　牙齿损伤

第八节　容貌毁损

当人体颜面部遭受锐器切割、砍、刺或者钝器伤、烧烫伤、化学性损伤后，使正常的皮肤、组织、器官发生形态结构的改变，产生容貌损伤，严重时可能导致容貌变形。

一、鉴定标准

条款	内容	损伤程度
5.2.1a	容貌毁损（重度）	重伤一级
5.2.2q	容貌毁损（轻度）	重伤二级

二、结构与术语

（一）解剖结构

面容范围一般指前额发际下、两耳根前与下颏下缘之间的区域，包括额部、眼眶部、鼻部、口唇、颏部、颧部、颊部、泪腺、咬肌部和耳廓。

（二）名词术语

容貌毁损：人体容貌是指颜面部皮肤和五官外露部分，是协调组合的一个整体。容貌毁损是指毁损他人面容，致使容貌显著变形、丑陋或者功能障碍。

三、检查与诊断

（一）导致容貌毁损的常见情况

1.面部遗留明显条状、块状瘢痕；

2.面部显著变形；

3.感觉器官的缺损或者变形；

4.表情肌瘫痪，如外伤性面神经麻痹；

5.咀嚼障碍，如牙齿折断或者脱落七个以上，张口度小于1.5cm。

（二）容貌毁损常见的类型

1.皮肤瘢痕所致的毁容：多见于锐器切割、砍、刺创愈合后，亦可见于钝器创、烧烫伤、化学性损伤后，在颜面遗留明显的条状瘢痕或者较大面积块状瘢痕，以及大面积色素改变，致使容貌丑陋。

2.面部五官的毁损：多发生于锐器的砍、切割或者拳击等钝器伤后使眼、耳、鼻、口唇缺损或者严重变形。一般为单感觉器官受损，可见于腐蚀性酸、碱伤或者咬伤。

3.神经麻痹引起的毁容：如颞骨岩部骨折可使面神经受累，导致面部表情肌瘫痪，可呈现面部变形和功能障碍。

4.骨折畸形愈合所致毁容：面部遭受暴力打击而发生骨折后，复位不良，畸形愈合，使面部不对称致使严重变形。常伴面部其他组织或者器官损伤。

（三）面部显著变形的主要情形

1.骨折畸形愈合后颧部内陷或外凸达0.5cm以上且范围达3cm^2以上，或颧骨骨折错位愈合达0.7cm以上；

2.骨折畸形愈合后上颌骨或者下颌骨的中线偏离面部中线达0.7cm以上，儿童上颌骨或者下颌骨的中线偏离面部中线达0.5cm以上；

3.眼眶骨折致使两眼球凸出度相差0.5cm以上。

（四）分级分类

根据医学操作规范标准，面部瘢痕畸形致容貌毁损的分级标准。

1.重度：面部瘢痕畸形，并有以下六项中四项者。（1）眉毛缺失；（2）双睑外翻或者缺失；（3）外耳缺失；（4）鼻缺失；（5）上、下唇外翻或者小口畸形；（6）颈颏粘连。

2.中度：具有以下六项中三项者。（1）眉毛部分缺失；（2）眼睑外翻或者部分缺失；（3）耳廓部分缺失；（4）鼻翼部分缺失；（5）唇外翻或者小口畸形；（6）颈部瘢痕畸形。

3.轻度：含中度畸形六项中二项者。

四、鉴定要点

1.在鉴定中首先需确定存在面部损伤，并在面部范围内遗留明显瘢痕、组织缺损、面部器官畸形，致使容貌显著变形、丑陋或者功能障碍。

2.容貌毁损（重度）6项中所指的眉毛缺失是指因瘢痕畸形一侧眉毛完全缺失；双眼睑外翻或者缺失，可以是一眼的上睑或下睑，也可以是双眼中各有一眼睑外翻或者缺失；小口畸形是指因瘢痕挛缩致张口受限达到张口困难Ⅲ

度以上（附录B.2.5）；外耳缺失是指一侧耳廓完全缺失；鼻缺失是指外鼻完全缺失。“颈颏粘连”应属中度颈颏粘连（人体损伤致残程度分级B.20），即颈颏瘢痕粘连或颈颏胸瘢痕粘连。颈部后仰及旋转受限，对饮食、吞咽产生影响，不流涎，下唇前庭沟并不消失，能闭口。

3.容貌毁损（中度）6 项中“颈部瘢痕畸形”是指轻度颈颏粘连，即单纯的颈部瘢痕或颈胸瘢痕。瘢痕位于颌颈角平面以下的颈胸部。颈部活动不受限，对饮食、吞咽等均无影响。

4.容貌毁损的损伤程度评定，应当在临床治疗终结以后，一般为损伤90日后进行鉴定。损伤检验时须拍摄附加比例尺的彩色照片，并有详细规范的检验记录。鉴定时应把握分别从形态学和功能学两个方面进行整体评估、综合评价的原则，根据被鉴定人颜面部损伤史，损伤导致显著变形、丑陋或者功能障碍的情况，视具体情况评定。检验时应确定损伤部位、大小、性状、颜色、范围，必要时可取伤前照片，进行比对检验。对有功能障碍的，需进行眼科、耳鼻喉科、口腔科等相关检查。

（谢　晓）

参考文献

1.陈孝平、汪建平:《外科学》，人民卫生出版社2013年版。

2.刘树伟、李瑞锡:《局部解剖学》，人民卫生出版社2013年版。

3.凌均棨、杨丕山:《口腔科学》，人民卫生出版社2013年版。

4.田勇泉:《耳鼻咽喉头颈外科学》，人民卫生出版社2013年版。

5.柏树令:《系统解剖学》，人民卫生出版社2013年版。

6.闵建雄:《法医损伤学》，中国人民公安大学出版社2010年版。

7.郭景元:《法医鉴定实用全书》，科学技术文献出版社2002年版。

8.依伟力、刘大荒:《法医活体损伤鉴定影像学》，中国人民公安大学出版社2009年版。

9.公安部刑事侦查局:《人体损伤程度鉴定标准释义》，中国人民公安大学出版社2013年版。

10.司法部司法鉴定管理局:《人体损伤程度鉴定标准适用指南》，法律出版社2013年版。

第五章　颈部损伤

颈部位于头部和胸部之间，包括咽喉、气管、食管、大血管、脊髓等重要器官，损伤后可发生大出血、窒息、瘫痪、昏迷、甚至立即死亡等严重后果。

颈部上界为下颌骨下缘、下颌角、乳突尖、上项线及枕外粗隆的连线；下界为胸骨颈静脉切迹、胸锁关节、锁骨上缘和肩峰至第七颈椎棘突的连线（见图5-1）。

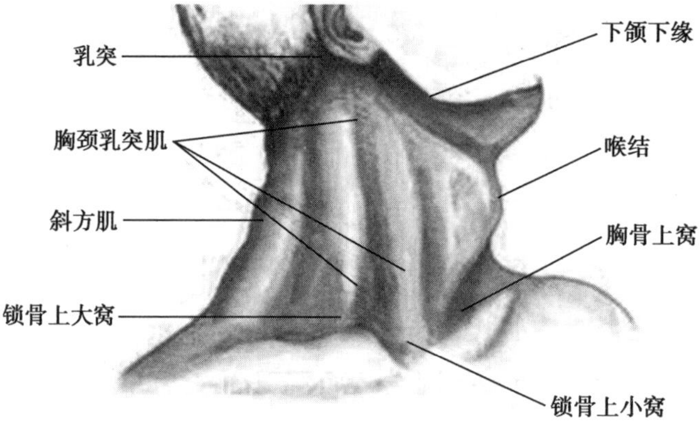

图5-1　颈部分界

颈部损伤分为闭合性损伤和开放性损伤，前者多见钝性损伤，如撞击、钝器打击以及吊、勒等；后者多为锐器刺割切砍等。

第一节　颈部皮肤损伤

一、鉴定标准

条款	内容	损伤程度
5.5.2i	颈前三角区增生瘢痕，面积累计30.0cm^{2}以上	重伤二级

续表

条款	内容	损伤程度
5.5.3a	颈前部单个创口或者瘢痕长度10.0cm以上；多个创口或者瘢痕长度累计16.0cm以上	轻伤一级
5.5.3b	颈前三角区瘢痕，单块面积10.0cm^{2}以上；多块面积累计12.0cm^{2}以上	轻伤一级
5.5.4a	颈前部单个创口或者瘢痕长度5.0cm以上；多个创口或者瘢痕长度累计8.0cm以上	轻伤二级
5.5.4b	颈前部瘢痕，单块面积4.0cm^{2}以上，或者两块以上面积累计6.0cm^{2}以上	轻伤二级
5.5.5a	颈部创口或者瘢痕长度1.0cm 以上	轻微伤
5.5.5b	颈部擦伤面积4.0cm^{2}以上	轻微伤
5.5.5c	颈部挫伤面积2.0cm^{2}以上	轻微伤
5.5.5d	颈部划伤长度5.0cm以上	轻微伤

二、结构与术语

颈部以两侧斜方肌前缘划分为颈前部和颈后部（项部）。颈前部以胸锁乳突肌为界分为颈前三角区、胸锁乳突肌区和颈外侧区（颈后三角区）。

颈前三角区上界为下颌骨下缘，内侧界为颈前正中线，外侧界为胸锁乳突肌前缘（见图5-2）[1]。

三、鉴定要点

1.日常鉴定中应严格把握颈前部、颈前三角区的定义。

2.严格把握浅表瘢痕和增生瘢痕的鉴别。增生瘢痕外观高于皮表，质硬，部分与皮下组织粘连，影响功能。瘢痕面积测量一般采用几何图形法或坐标法测量计算，也可采用计算机图形扫描处理技术计算瘢痕面积。创口或瘢痕长度测量时，被鉴定人必须处于自然体位，因为颈部皮肤易受牵拉而创口或瘢痕长度发生改变。

3.项部皮肤创口或瘢痕参照体表相关条款进行鉴定。

4.跨颈前后部创口或瘢痕，参照《标准》附则第6.17条“对于两个部位以上同类损伤可以累加，比照相关部位数值规定高的条款进行评定”。

---

〔1〕 参见本书附录部分，第412页。

案例5-1　枕项部瘢痕的法医学鉴定

伤者，男，38岁，被砍伤后枕部一小时入院。医院检查：枕部有一约9cm瘢痕。法医检见：枕部见一9cm瘢痕（经区分枕骨隆粗和上项线，头部瘢痕3.5cm，项部瘢痕5.5cm）。

法医鉴定：此伤者瘢痕基本都在发际内，一般会认为系头部瘢痕，依据《标准》5.1.4a"头皮创口或瘢痕长度累计8.0cm以上"条款应评定为轻伤二级。部分位于头部，部分位于项部，项部在解剖位置上既不属于头部，也不属于颈前部，而是应该归于躯干部，躯干部轻伤二级标准为单个创口或瘢痕为10.0cm以上，故参照《标准》附则第6.17条"对于两个部位以上同类损伤可以累加，比照相关部位数值规定高的条款进行评定"，该瘢痕参照《标准》条款5.11.3b、5.11.4b，其损伤程度评定为轻微伤（见图5-3）[1]。

第二节　颈部血管损伤

刀刺、切割、枪击、爆炸、交通事故等可造成颈部大血管损伤。根据损伤的性质和程度分为损伤性血管痉挛、血管壁损伤以及血管破裂三种类型。

一、鉴定标准

条款	内容	损伤程度
5.5.1a	颈部大血管破裂	重伤一级
5.5.2g	颈内动脉血栓形成，血管腔狭窄（50%以上）	重伤二级
5.5.2h	颈总动脉血栓形成，血管腔狭窄（25%以上）	重伤二级
5.5.3e	颈总动脉血栓形成；颈内动脉血栓形成；颈外动脉血栓形成；椎动脉血栓形成	轻伤一级

二、结构与术语

颈部大血管包括颈总动脉、颈内动脉、颈外动脉、颈内静脉、颈外静脉、椎

〔1〕 参见本书附录部分，第412页。

动脉等。但本《标准》中的颈部大血管指主动脉弓分支，限定于颈总动脉和锁骨下动脉（见图5-4[1]、图5-5[2]）。

血栓是血流在血管内膜剥落处或修补处的表面所形成的小块，由不溶性纤维蛋白、沉积的血小板、积聚的白细胞和陷入的红细胞组成。

三、检查与诊断

（一）颈部血管损伤的主要临床表现为颈部出血和脑供血不足

出血多见于颈部动脉破裂，出血迅猛，伤者多迅速死亡。如果伤口小，血液不能流出，则形成大血肿，压迫气管发生窒息；如缺乏有效处理则易形成假性动脉瘤；如果大静脉同时损伤，可形成动静脉瘘。

颈部大静脉的损伤，虽然也能引起大量出血，但其主要危险在于空气栓塞，如大量气体进入心脏，可致心跳停止，甚至死亡。

颈部外伤，因血供障碍，常造成颅脑缺血缺氧性损伤，危及伤者生命。颈部血管损伤检查主要依据彩色多普勒超声检查和介入造影。彩超可明确血管的损伤类型及其严重程度，并可以发现有无动静脉瘘的存在及瘘口大小；而介入造影可快速、清晰了解受损血管的情况，明确血管是否破裂、是否有血栓、是否狭窄以及狭窄的程度；CT、MRI、脑血流图可辅助明确诊断。

（二）血栓检查

因外伤性血管内皮损伤后，通过止血机制形成，早期多为血小板血栓，随后为纤维蛋白血栓，通过多普勒血管超声、介入造影、CT、MRI等检查可以进行判明血栓部位及形态。

（三）动脉破裂诊断

（1）喷射性出血：血液从伤口呈喷射流出，颜色鲜红；（2）搏动性肿块：动脉破裂，血液流出至颈部软组织及皮下，迅速膨大成一血肿，按之有搏动感，临床上称为外伤性动脉瘤或假性动脉瘤；（3）休克症状：出血严重又未能及时抢救者往往出现失血性休克、面色苍白、脉搏细数、血压降低以及血常规检查见红细胞、血红蛋白等急剧下降。

---

〔1〕　参见本书附录部分，第413页。

〔2〕　参见本书附录部分，第413页。

四、鉴定要点

1.开放性颈部血管损伤容易认定，但闭合性损伤，由于临床表现不典型，需要从外伤史、临床表现和影像学检验检测等方面综合判定。

2.外伤性血栓：(1)首先应排除各种疾病引起的颈部血管血栓形成等情况，如心内膜炎、静脉炎等；(2)颈部存在明确外伤史；(3)血栓形成明确。

颈部血管血栓形成并发症或后遗症，一般应待伤情相对稳定后可鉴定。

案例5-2　颈总动脉破裂的法医学鉴定

伤者，30岁。颈部偏右下方被刀刺伤4小时后抬入医院。检查：患者面色及口唇苍白、四肢发冷、意识模糊、烦躁不安，脉搏弱快90次/分，呼吸15次/分，血压80/30mmHg。颈正中偏右下方可见纵形伤口，长约2.5cm，有活动性出血。探查见右颈总动脉前壁有一纵形伤口长3.0cm，动脉后壁1.0cm的贯通伤，位置在锁骨上约3.5cm，以0号丝线间断缝合动脉21针。18天后治愈出院。

法医鉴定：法医检见颈部右侧见2.4cm瘢痕。伤者右颈总动脉破裂依据《标准》5.5.1a“颈部大血管破裂”评定为重伤一级。

第三节　甲状腺及甲状旁腺损伤

甲状腺和甲状旁腺在颈部位置相对表浅，且位于颈前部正中，容易受到损伤，主要以损伤并发症或后遗症为主。

一、鉴定标准

条款	内容	损伤程度
5.5.2a	甲状腺旁腺功能低下(重度)	重伤二级
5.5.2b	甲状腺功能低下，药物依赖	重伤二级
5.5.4c	甲状腺挫裂伤	轻伤二级

二、结构与术语

甲状腺是人体最大的内分泌腺体，由左右侧叶和峡部组成，位于甲状软骨下紧贴在气管第3、第4软骨环前面。甲状旁腺呈扁卵圆形小体，位于甲状腺侧叶后面，一般分为上下两对（见图5-6）[1]。

甲状腺功能低下（简称甲低、甲减）是由甲状腺激素的合成或分泌减少、甲状腺激素生物效应不足引起的综合征。

甲状旁腺功能低下是指PTH产生减少或作用缺陷而造成以低钙血症、高磷血症为主要异常的综合征。

三、检查与诊断

甲状腺功能低下临床表现主要为多系统功能异常，包括体重增加、便秘、头发干枯、皮肤粗糙、面色黄、怕冷、肌肉乏力、贫血、性功能下降等。严重时全身可出现不同程度黏液性水肿和昏迷。其实验室检验主要包括血清T3、T4、FT3、FT4与TSH等测定。

甲状腺功能低下分为三级。（1）重度：临床症状严重，T3、T4或FT3、FT4低于正常值，TSH＞50μU/L（TSH——血清促甲状腺激素，正常值2～10μU/L）。（2）中度：临床症状较重，T3、T4或FT3、FT4正常，TSH＞50μU/L。（3）轻度：临床症状较轻，T3、T4或FT3、FT4正常，TSH轻度增高但＜50μU/L。甲状旁腺功能低下临床表现为手足搐搦。其实验室检验主要为空腹血钙。

根据空腹血钙下降程度分为三级。（1）轻度：7.1～8mg/dL。（2）中度：6～7mg/dL。（3）重度：＜6mg/dL。

四、鉴定要点

1.外伤史及损伤后典型的症状与体征是损伤认定的主要依据，对于外伤性甲状腺及甲状旁腺异常的确认，需连续动态观察和结合临床诊治情况综合判定。

2.甲状腺或者甲状旁腺损伤评定为重伤二级需要同时符合以下条件：

---

〔1〕 参见本书附录部分，第414页。

(1)出现严重的甲状腺或者甲状旁腺功能低下的临床症状;(2)甲状腺功能低下检查的指标达到重度标准:T3、T4或者FT3、FT4低于正常值,TSH＞50μU/L;甲状旁腺功能低下检查的指标达到重度标准:空腹血钙＜6mg/dL;(3)甲状腺损伤后功能低下,终生需要药物依赖,或者需要进行甲状腺移植手术。

由于甲状旁腺位于甲状腺中,所以单纯的甲状旁腺挫裂伤并不存在。只要有甲状腺的挫裂伤,即使没有出现功能低下,也应评定为轻伤二级。

3.需注意,甲状腺损伤时常常伴有喉返神经损伤,出现声音嘶哑、呛咳等临床症状。应根据损伤严重情况进行区别对待,综合评定。

4.导致甲状腺及甲状旁腺功能低下的原因很多,包括自身免疫、损伤、甲状腺破坏(甲状腺手术、甲亢131I治疗等)、碘过量以及抗甲状腺药物等,鉴定中应对功能低下的原因进行仔细分析,区别伤病关系。

5.补钙治疗后的空腹血钙与未治疗状态的空腹血钙存在差异,被鉴定人在鉴定时多经过较长时间的补钙治疗,原则上以停药后的空腹血钙为评定依据。但长时间停药可能会对被鉴定人身体造成危害,正常人钙的吸收量与机体的需要量是相适应的,但对于甲状旁腺功能低下者,因为甲状旁腺素(PTH)是调节血钙水平的主要内分泌素。只要切除甲状旁腺后或停止补钙,血钙则很快下降。故笔者建议可以以停药次日的空腹血钙为评定依据。

案例5-3　甲状腺损伤的法医学鉴定

患者,王某,男,12岁。主诉颈部疼痛1天余,否认外伤史。查体:甲状腺右叶Ⅱ度肿大,压痛。B超所见:甲状腺右叶有一2.4cm×3.4cm×4.2cm混合性肿块。99mTcO4 甲状腺功能显像:甲状腺右叶见约3.1cm×2.4cm的放射性分布减低区,甲状腺功能正常。次日行99mTc-MIBI 肿瘤阳性显像:甲功显像所示的减低区没有明显填充。15日后B超复查,患者重诉病史:伤前被同学推倒,颈部碰到课桌,出现颈部肿大、疼痛。B超提示混合性囊性肿块,综合病史,考虑为甲状腺外伤血肿。

法医鉴定:甲状腺放射性核素显像可显示甲状腺肿块及其位置、大小。动态显像可以观察肿块有无血供。对于良恶性诊断,可借助于亲肿瘤显像剂99m Tc-MIBI。本例由甲功显像考虑为甲状腺“凉结节”,性质待定。遂行99mTc-MIBI 显像,为阴性,提示该肿物良性可能性大。由于患者所提供的病史中，否认有外伤史，遂考虑为甲状腺原发良性肿块。建议半个月后复查。复查时，患者重诉病史，承认外伤。拟诊为外伤性甲状腺肿块并出血。法医检验后，综合分析认为王某存在甲状腺挫裂伤，故依据《标准》5.5.4c“甲状腺挫裂伤”评定为轻伤二级。

第四节　咽喉部损伤

咽喉部损伤多系遭受机械性暴力、物理或者化学因素的作用，导致咽喉部组织结构破坏或者功能障碍。咽喉紧密相邻彼此相通，且咽的解剖位置较深，喉的前上方有下颌骨，后方有颈椎，因此咽喉部单独出现损伤的机会不多，常与口腔颌面部及颈部外伤共同发生。

一、鉴定标准

条款	内容	损伤程度
5.5.1b	咽喉部广泛毁损，呼吸完全依赖气管套管或者造口	重伤一级
5.5.1c	咽或者食管广泛毁损，进食完全依赖胃管或者造口	重伤一级
5.5.2c	咽部、咽后区、喉或者气管穿孔	重伤二级
5.5.2d	咽喉或者颈部气管损伤，遗留呼吸困难（3级）	重伤二级
5.5.2e	咽或者食管损伤，遗留吞咽功能障碍（只能进流食）	重伤二级
5.5.2f	喉损伤遗留发声障碍（重度）	重伤二级
5.5.3c	咽喉部损伤遗留发声或者构音障碍	轻伤一级
5.5.3d	咽或者食管损伤，遗留吞咽功能障碍（只能进半流食）	轻伤一级
5.5.4d	咽喉软骨骨折	轻伤二级
5.5.4e	喉或者气管损伤	轻伤二级
5.5.4f	舌骨骨折	轻伤二级
5.5.4h	颈部损伤出现窒息征象	轻伤二级

二、结构与术语

咽喉分鼻咽、口咽、喉咽三部分，是漏斗形肌性管道，前后扁平，位于第

1～6颈椎前方，为呼吸道与消化道的共同通道。成人长约12cm，上起颅底，向下于环状软骨下缘与食管口连接（见图5-7）[1]。

发声功能障碍：发音过弱、声嘶、低调、粗糙、带鼻音，严重时声哑、不能出声。

呼吸困难：呼吸频率增快，幅度加深或变浅，或者伴有周期节律异常，鼻翼煽动，紫绀等。

吞咽困难：吞咽固体食物出现哽噎感或呃逆等症状，难以下咽食物。

窒息征象：面、颈、上胸部皮肤出现针尖大小的出血点，以面部与眼眶部为明显；球睑结膜下出现出血斑点（见图5-8[2]，由安徽省歙县公安局提供）。

三、检查与诊断

1.咽喉部损伤一般可分为闭合性咽喉损伤、开放性咽喉损伤和咽喉腔内部损伤三种类型。

2.咽喉部损伤的临床表现主要为伤后出现咽喉疼痛、出血、呼吸困难、声音嘶哑、吞咽困难和发声功能障碍，也可因扼勒颈部导致颈部软组织损伤、甲状软骨、舌骨、环状软骨骨折，严重者可出现窒息并危及生命。

3.咽喉部及气管损伤一般行颈部X 线摄片或CT 扫描、MRI、喉镜、纤维支气管镜等检查。CT为喉部损伤首选检查方法，可鉴别血肿与水肿，还可观察损伤-坏死、纤维化及萎缩、腔道狭窄的情况。食管损伤一般行X线钡剂或食管镜检查。

4.闭合性咽喉损伤均系颈部遭到外来暴力直接打击所致。若遭受正前方暴力损伤多较重，常导致甲状软骨中部及上角处骨折，也可见环甲关节及环杓关节脱位，但环状软骨及舌骨骨折较少见。若喉遭受外侧方暴力打击，损伤一般较轻，喉可向对侧移位。

闭合性咽喉损伤临床表现主要为颈部肿胀变形，皮肤见淤青，喉部有明显触痛，疼痛可因发声、吞咽、咀嚼和咳嗽加重，并且可放射至耳部。呼吸困难及喘鸣等症状在环状软骨骨折时可见到。一侧声带运动消失，声带闭合不严

---

〔1〕 参见本书附录部分，第414页。

〔2〕 参见本书附录部分，第414页。

则多见于环杓关节脱位。嘶哑和失声通常可因损伤导致的喉粘膜水肿、出血、撕裂、喉软骨裸露及假性通道，声门狭窄变形，声带活动受限或固定等原因引起。

根据颈部外伤史，伤后临床表现，在结合咽喉部检查，颈部正侧位X线片及颈部CT等检查，对损伤认定不难。对发生嘶哑或失声者可行间接喉镜检查，并且需要与功能性声嘶或失声相鉴别。颈部正侧位X线片可显示喉骨折部位，颈部CT对诊断甲状软骨、环状软骨及舌骨骨折、移位及喉结构变形有较大价值。

器质性声嘶或失音者，有明显的咽喉部损伤，间接喉镜检查早期喉腔变形，后期瘢痕形成，使喉结构失去正常形态，声门变窄或声带运动障碍，CT检查表现异常。功能性失音，即癔症性失音（hysterical aphonia），多见于女性，表现为突然发病，常见于精神创伤或情绪激动后。说话时声音极轻或如耳语，但咳嗽、哭笑声如常。间接喉镜检查见双侧声带色泽形态正常，发声时不向中线靠拢，很少振动，但咳嗽或哭笑时，声带运动正常。

5.开放性咽喉损伤多见于锐器伤，导致颈部皮肤及软组织形成开放性创口与咽喉部相通。

开放性咽喉损伤在损伤初期有出血、呼吸困难、窒息乃至休克，治疗后可能出现咽、喉、气管及食管瘘。因咽喉腔狭窄可出现吞咽困难或者呼吸困难，因声带或喉返神经损伤而出现声音嘶哑甚至失明，因颈部瘢痕组织挛缩而影响颈部的正常活动。

开放性咽喉损伤根据外伤史，再结合临床表现及检查即可认定。

6.咽喉内部损伤指高温气体、液体或强酸、强碱等化学物质经过口鼻腔作用于咽喉腔内部出现的烫伤或烧灼伤。喉镜、气管插管等医学检查也可造成咽喉腔内部的机械性损伤。

咽喉内部损伤早期轻者出现咽喉部疼痛、唾液增多、吞咽困难、声音嘶哑等症状。重者出现呼气性呼吸困难，缺氧甚至昏迷。晚期可因咽喉腔内部瘢痕挛缩引起狭窄而影响咽喉的吞咽、呼吸、发声等功能。

咽喉内部损伤根据损伤史、病史和临床检查，再结合临床表现，一般都能认定。

7.呼吸困难分级。

呼吸困难分级	判断标准
1级	与同年龄健康者在平地一同步行无气短，但登山或者上楼时呈气短
2级	平路步行1000m无气短，但不能与同龄健康者保持同样速度，平路快步呈气短，登山或者上楼时气短明显
3级	平路步行100m即有气短
4级	稍活动（如穿衣、谈话）即气短

8.发声功能障碍分级：（1）重度：声哑，不能出声；（2）轻度：发音过弱，声嘶，低调，粗糙，带鼻音。

9.构音障碍分级：（1）严重构音障碍：发音不分明，语不成句，难以听懂，甚至完全不能说话；（2）轻度构音障碍：发音不准，吐字不清，语调速度、节律等异常，鼻音过重。

四、鉴定要点

1.根据外伤史、临床表现结合影像学检查，咽喉部外伤的诊断一般不难。但有些喉部外伤后遗症改变颇似肿瘤，应进行强化扫描帮助区别，肿瘤可见增强。

2.咽喉在人体结构中占有重要位置，涉及呼吸、进食、发声构音等重要功能，因此颈部外伤后，需注意相关功能检查以及损伤是否造成咽喉软骨骨折、舌骨骨折或者出现窒息征象。部分被鉴定人遭受窒息后常导致意识障碍甚至昏迷或因逆行性遗忘而不能回忆，应详细了解伤后出现的临床表现，必要时进行影像学检查，通过甲状软骨、环状软骨以及舌骨等损伤情况进一步判断。

3.由于喉部结构复杂，舌骨体积小，位置特殊，影像学检查应选择薄层扫描技术，否则极易漏诊喉部损伤。

4.对伤后发生声嘶或失声者，应进行器质性抑或功能性声嘶或失声的鉴别。

5.咽喉部损伤导致呼吸困难、发生功能障碍和构音障碍的，应在医疗终结、功能稳定后再进行鉴定。

案例5-4　颈部损伤的法医学鉴定

伤者 王某，女，24岁。被他人勒住颈部并被掐住颈部近1分钟。当时昏迷。查体：颜面部多处散见皮下出血点，颈前部见多处掐痕。

法医鉴定：伤者存在颈部窒息外伤史，颜面部多处皮下出血点，符合颈部损伤出现窒息征象，故依据《标准》5.5.4h“颈部损伤出现窒息征象”评定为轻伤二级。

（赵元峰）

参考文献

1.公安部刑事侦查局编：《〈人体损伤程度鉴定标准〉释义》，中国人民公安大学出版社2013年版。

2.刘技辉：《法医临床学》，人民卫生出版社2016年版。

3.陈康颐：《应用法医学各论》，上海医科大学出版社1999年版。

第六章　眼部损伤

眼是人体最重要的感觉器官，组织结构精细而脆弱，易受损伤。眼损伤后不仅能造成其组织结构不同程度的破坏，导致视功能障碍，还会因眼球萎缩、眼附属器损伤等影响容貌。

眼损伤常见的有：钝挫伤、眼球穿通伤、眼异物伤、眼附属器外伤、化学伤、热烧伤、辐射伤等。

本章节主要介绍五个方面的内容：眼附属器损伤、眼球结构损伤、损伤致视力下降、损伤致视野缺损、损伤致斜视或者复视。

第一节　眼附属器损伤

眼附属器包括眼睑、结膜、泪器、眼眶、眼外肌等，具有保护眼球、维持眼位和眼球运动的功能。本节介绍三个方面的内容：眼睑损伤、眼眶骨折、泪器损伤。

一、眼睑损伤

眼睑是位于眼球前面的软组织，分为上睑和下睑，对眼球起保护作用。上下睑之间的裂隙称睑裂，上、下眼睑的边缘叫睑缘（见图6-1）[1]。

眼睑创伤后，早期细胞增生，使瘢痕具有不断收缩的特点，这种收缩引起周围正常组织的继发性变形而造成挛缩及畸形。当瘢痕经过一定的时间，进入稳定阶段，瘢痕的挛缩或畸形则可造成眼睑形态、位置和（或）功能的永久

〔1〕 参见本书附录部分，第414页。

性异常，主要包括眼睑缺失、上睑下垂、眼睑外翻和眼睑闭合不全，致角膜、巩膜外露，影响面容甚至眼功能。

（一）眼睑缺失

1.鉴定标准

条款	内容	损伤程度
5.2.2e	眼睑缺失相当于一侧上眼睑1/2以上	重伤二级
5.2.3d	眼睑缺失相当于一侧上眼睑1/4以上	轻伤一级
5.2.4g	眼睑缺损	轻伤二级

2.结构与术语

眼睑缺失：是指眼睑的全层缺失（见图6−2）[1]。

3.检查与诊断

（1）临床表现：眼睑缺损可大至包括全部眼睑，其危害性上睑大于下睑。上睑中央部位的缺损更为严重，因角膜失去眼睑的保护，易发生角膜炎，导致溃疡，重则穿孔失明；下睑缺损主要产生溢泪症状等。

（2）分级分类：眼睑缺损可分为浅层缺损、深层缺损、全层缺损。临床上根据缺损范围分为：轻度，缺损横径小于等于眼睑全长的1/4；中度，缺损横径大于眼睑全长的1/4、小于的 1/2；重度，缺损横径大于眼睑全长的 1/2。

4.鉴定要点

（1）眼睑缺失系指眼睑全层缺失。使用眼睑缺失条款时，应以对侧正常眼或伤前正面照片为参考，确定其眼睑缺失程度。

（2）测量眼睑缺失程度时，被测者张开眼睛直视正前方，上睑上缘以眶下缘为界，下界以睑缘为界，两侧分别以内、外眦为界，通过几何图形法和坐标法分别测量健、伤侧眼睑面积计算缺失情况。

（3）眼睑疤痕收缩造成睑缘外形改变，呈切迹状退缩的，按眼睑缺损评定。

（4）造成眼睑位置、开闭功能异常以及其他视力功能改变的，对照鉴定标准相应条款进行评定。

〔1〕 参见本书附录部分，第415页。

（二）上睑下垂

1.鉴定标准

条款	内容	损伤程度
5.2.2g	一侧上眼睑下垂完全覆盖瞳孔	重伤二级
5.2.3f	一侧上眼睑下垂覆盖瞳孔超过1/2	轻伤一级
5.2.4i	一侧上眼睑下垂覆盖瞳孔	轻伤二级

2.结构与术语

上睑下垂：上睑的提上睑肌和平滑肌的功能不完全或丧失，导致上睑部分或全部下垂。

3.检查与诊断

临床表现：上睑下垂者如瞳孔被眼睑遮盖，为克服视力障碍，额肌紧缩，出现额纹横皱、眉毛高竖，或仰头视物。

在眼睛向前注视时，上睑缘遮盖上部角膜超过2mm。上睑缘位置异常降低，轻者不遮盖瞳孔，但影响外观。重者部分或全部遮盖瞳孔，影响视功能。

4.鉴定要点

（1）检查时应注意光线条件和药物对瞳孔的影响，被检查者在弥散的自然光线下自然睁眼平视前方，观察其睑缘遮盖瞳孔情况。一般以正常人睑裂在平视前方时上睑缘遮盖角膜上缘1～2mm为标准（注意两眼对称的规律），当平视时两眼睑裂垂直方向相差2mm，或上睑缘遮盖角膜上部3mm以上，就应考虑为上睑下垂。

（2）鉴定时应依据眼部损伤情况，排除眼球萎缩、内陷引起的假性下垂和肌源性、癔病性以及其他交感神经性等引起的上睑下垂。同时，上睑下垂除因提上睑肌损伤引起外，还可因动眼神经、颈交感神经和额肌损伤形成。动眼神经损伤所致的上睑下垂多较重，颈交感神经麻痹一般仅出现轻度的上睑下垂。

（三）睑外翻

1.鉴定标准

条款	内容	损伤程度
5.2.2f	一侧眼睑重度外翻或者双侧眼睑中度外翻	重伤二级
5.2.3e	一侧眼睑中度外翻；双侧眼睑轻度外翻	轻伤一级
5.2.4h	一侧眼睑轻度外翻	轻伤二级

2.结构与术语

眼睑外翻：指睑缘向外翻转离开眼球，睑结膜常有不同程度的暴露在外，常合并眼睑闭合不全。

3.检查与诊断

（1）临床表现：眼睑损伤最常见的原因是机械性损伤、高温损伤或化学性灼伤，后期瘢痕愈合，收缩、牵拉眼睑向外翻转，形成眼睑外翻畸形，影响容貌。

下睑外翻最重要的症状是溢泪，是由于泪点外翻引起（见图6-3）[1]。溢泪又可引起下睑皮肤湿疹及收缩，加重外翻。眼睑外翻使暴露的睑结膜上皮干燥、角化、慢性充血，肥厚，出现流泪以及眼球干燥等症状，并可出现眼睑闭合不全的现象，并发暴露性角膜炎。

（2）分级分类，眼睑外翻按程度可分为三度：

轻度外翻：表现为睑结膜与眼睑分离，破坏了眼睑与眼球之间的毛细管的功能或泪点脱离泪阜基部而导致溢泪；

中度外翻：睑缘结膜、睑板下沟和睑板结膜外翻；

重度外翻：穹窿结膜外翻暴露，结膜穹窿消失。

4.鉴定要点

（1）需与老年性眼睑外翻相鉴别。老年性眼睑外翻，仅限于下睑，系由于老年人眼轮匝肌功能减弱，眼睑皮肤及外眦韧带松弛，并下睑下坠而引起（见图6-4）[2]。

（2）眼睑外翻造成视力下降的。可依据视力下降程度相关条款进行损伤程度评定。

（3）眼睑内翻也是眼睑位置、形态和功能异常中常见的一种类型（见图6-5）[3]。临床上，瘢痕性眼睑内翻，按其轻重程度分为：轻度，引起异物感、灼热感、刺痛感、流泪等；重度，引起角膜炎性浸润及溃疡，严重者引起角膜白斑。《标准》对眼睑内翻未作具体规定，笔者认为，在鉴定实践中，因睑板、睑结膜损伤后疤痕收缩造成睑内翻的，应比照眼睑外翻作出评定。以下评定

〔1〕参见本书附录部分，第415页。
〔2〕参见本书附录部分，第415页。
〔3〕参见本书附录部分，第415页。

的原则较为适宜：轻度瘢痕性睑内翻，依据《标准》附则 6.4比照 5.2.4h，评定为轻伤二级；对于伴随角膜损伤导致角膜斑翳或者血管翳，则依照《标准》5.4.4b“角膜斑翳或者血管翳”评定为轻伤二级；若角膜损伤引起视力下降，可依据视力下降程度相关条款进行损伤程度评定。

（四）眼睑闭合不全

1.鉴定标准

条款	内容	损伤程度
5.2.4j	一侧眼睑闭合不全	轻伤二级

2.结构与术语

眼睑闭合不全：指上、下眼睑不能完全闭合，导致部分眼球暴露。

3.检查与诊断

眼睑闭合不全最常见原因为面神经麻痹后下睑松弛下垂、疤痕性眼睑外翻（见图6-6）[1]。轻者因闭眼时眼球反射性上转，只有下方球结膜暴露，引起结膜充血、干燥、肥厚和角化，用力紧闭尚可使睑裂闭合。重者用力闭眼也不能使睑裂闭合，导致角膜暴露引起暴露性角膜炎，甚至角膜溃疡，而且大多数伴眼睑外翻，眼睑不能紧贴眼球，泪小点也不能与泪湖密切接触，引起溢泪。

4.鉴定要点

眼睑损伤导致睑闭合不全时角膜暴露，引起角膜干燥，严重时由于引发暴露性角膜炎而影响视力、甚至失明。鉴定实践中对于重度眼睑闭合不全引起角膜受累的，可依据角膜相关条款评定；对于角膜受累影响视力的，依据视力损害条款进行评定。

二、眼眶骨折

眼眶骨折多发生于头面部遭受较强暴力时，在法医鉴定实践中较为常见，如交通事故伤、坠落伤、拳击伤与踢伤、棍棒打击伤以及爆炸伤。直接和间接暴力均可形成骨折。直接暴力造成的骨折位于力的作用部位，间接暴力性骨折系外力传导所致，如眼眶外上方受力导致的眼眶尖部骨折，颅面骨折累及眼眶等。

---

〔1〕 参见本书附录部分，第416页。

（一）鉴定标准

条款	内容	损伤程度
5.2.2h	一侧眼眶骨折致眼球内陷0.5cm以上	重伤二级
5.2.3g	两处以上不同眶壁骨折；一侧眶壁骨折致眼球内陷0.2cm以上	轻伤一级
5.2.4f	眶壁骨折（单纯眶内壁骨折除外）	轻伤二级
5.2.5d	眶内壁骨折	轻微伤

（二）结构与术语

1.解剖结构

眼眶为四边锥形的骨窝。其开口向前，内口朝向后略偏内侧，由额骨、蝶骨、筛骨、腭骨、泪骨、上颌骨和颧骨构成（见图6-7）。

眼眶可分为上、下、内、外四个壁。眼眶的四壁厚薄不等，除外侧壁外，其余三壁尤其是眶内壁筛骨纸板骨质较薄，易受外力作用而发生骨折。骨折以内侧壁和下壁最为常见，可单发于下壁或内侧壁，亦可同时发生。

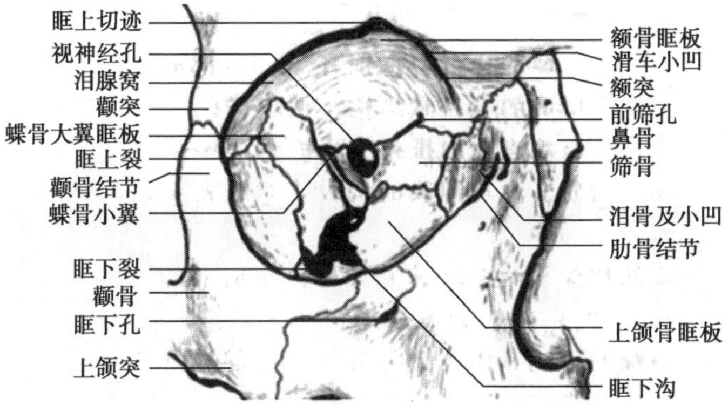

图6-7 眼眶构成

2.名词术语

眼球内陷：眼球内陷指的是由于眼球以外的原因所致的眼球内陷。眼球内陷是眶底粉碎性骨折的主要表现之一。眼眶骨折可造成眶腔增大、眶内容物减少，引起眼球内陷。眼球内陷时，可出现睑裂变小，上睑内2/3凹陷，上睑沟形成。

单纯性眶内壁骨折：指影像学检查仅显示为眶内壁骨折，但不伴有眼球内陷，不伤及眼外肌，不伴有复视或斜视等症状。

（三）检查与诊断

1.临床表现

由于骨折发生的部位、范围以及骨折形状、软组织疝出量的不同，症状和体征有较大的差异。

外伤早期因眶内软组织肿胀、出血伴有的眶内气肿，致使眶内压增高、眼外肌麻痹等原因，伤者多表现为眼睑肿胀充血，眼球突出、固定，球结膜出血、水肿，甚至球结膜突出于睑裂之外。外伤后1~2周眶内出血及水肿逐渐吸收，根据骨折的位置及范围，可出现不同程度的眼球内陷；因眼外肌的移位、嵌塞或纤维化可出现不同程度的眼位偏斜或眼球运动障碍，伤者出现复视症状；眼球内陷和眼球运动障碍是眼眶爆裂性骨折最常见的临床表现。

2.检查方法

检查常以水平位加冠状位CT扫描为常规扫描，必要时进行三维CT扫描和MRI检查，三维CT片或常规CT片可避免结构的重叠。

眼球突出度检查：测量眼球前后位置是否正常，可用Hertel突眼计测量。国人眼球突出度正常平均值为12~14mm，两眼差不超过2mm。

测量眼球突出度，除了用突眼计进行测量外还可以用CT法进行测量（见图6−8）。

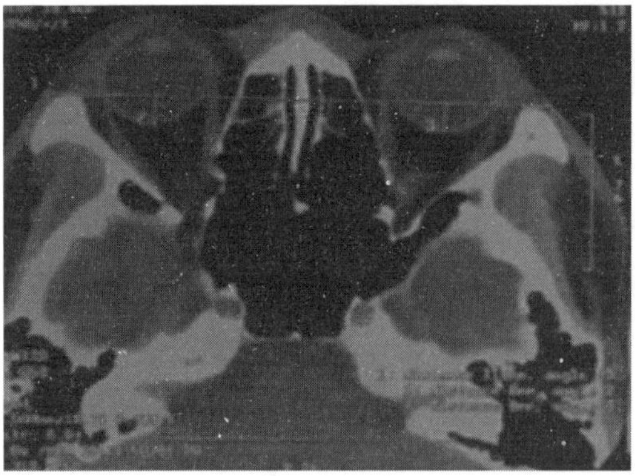

1

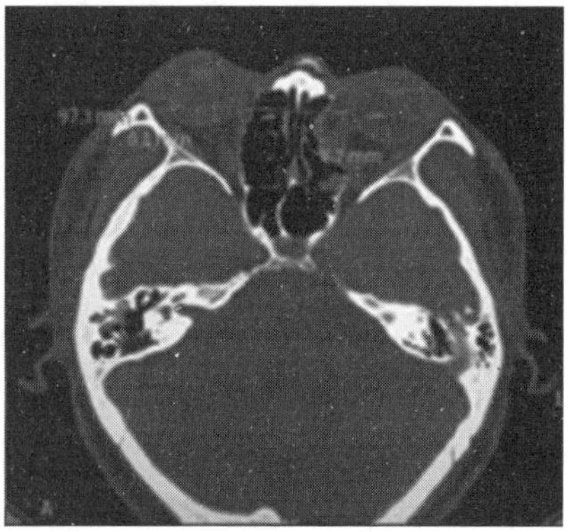

2

1.正常眼球位置　2.突眼度测量

图6−8　CT法测量突眼度

3.影像学表现

直接征象：内壁连续性骨质中断，断段成角错位、断裂端陷入筛窦；眶内壁曲度改变。

间接征象：眶周软组织肿胀；内壁骨折引起毗邻筛窦积液或积血；眶内容物疝入筛窦内，即“泪滴”征，此征象对眼眶骨折有特异性（见图6-9）；内直肌肿胀受累，显示肿胀、边缘模糊、甚至一并嵌入筛窦内；眶内积气虽不多见，一旦出现，即为眶内壁骨折的重要间接征象。

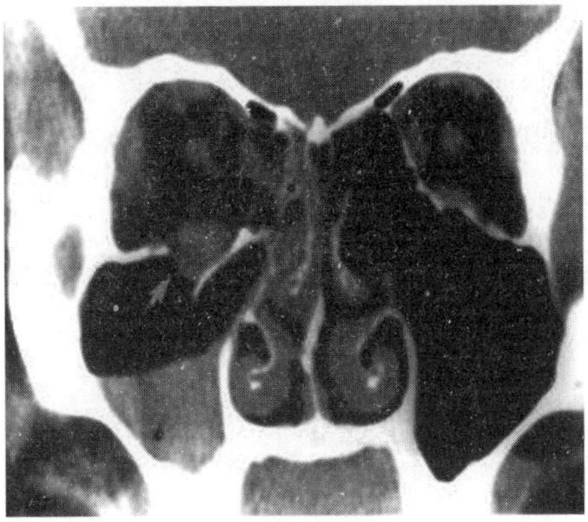

图6-9　泪滴征

（四）鉴定要点

1.鉴定时要全面了解案情，包括受伤的过程、就诊的经过、完整的病历资料。

2.虽然眼眶内侧壁发生骨折时，会出现眶周软组织青紫肿胀、眼睑擦伤、眼睑皮下气肿、球结膜出血、视力模糊等症状。但由于眼损伤的程度与眼眶内侧壁骨折并不成正比，在实践中往往会出现因外眼损伤表现轻微而导致眼眶内侧壁骨折漏诊的，所以在鉴定中遇到眼外伤后应及时进行CT检查，以明确骨折情况。

3.注意排除陈旧性骨折的可能。新鲜眼眶内侧壁骨折影像学表现除显示骨折直接征象外，常伴有眶周软组织肿胀、眶内出血、眼内直肌肿胀等间接征象，而陈旧性骨折影像学检查虽可见眶壁连续性中段，但缺少骨折间接征象，动态CT观察有助于判断是否为新鲜性骨折。

4.绝大部分眶内壁骨折无功能影响，或随着出血吸收和水肿消退，眼球运动功能障碍有的可缓解，愈合较好，亦不留功能障碍。因此单侧或双侧眶内壁骨折无论损伤类型和数量，均评定为轻微伤（5.2.5d）；除眶内壁外的其余三壁只要有任意一壁骨折，评定为轻伤二级（5.2.4f）；双眼八个眶壁中只要有两处不同眶壁的骨折（除两侧眶内壁骨折），评定为轻伤一级（5.2.3g）。眶内壁骨折伤及眼外肌、导致复视或斜视以及同时伴有眶缘骨折，则不宜将其理解为5.2.4f 所规定除外的单纯眶内壁骨折，而应依据该条款评定为轻伤。

5.眼球内陷的程度与眶壁骨折的范围大小、眶内组织的疝出程度有关，复合性眼眶骨折，因眶壁缺损较大，伴有骨折眶缘和眶壁的移位，眼球内陷往往更为明显。因此，对于眼眶骨折伴有眼球内陷，根据《标准》总则第4.1.3条之规定，对于以容貌损害或者组织器官功能障碍作为鉴定依据的，鉴定时应以损伤的后果为主，损伤当时伤情为辅，综合鉴定。对于此类鉴定需伤后90日后，待伤情稳定后进行鉴定。因正常人双眼的眼球突出度有一定差异，所以原则上不单纯以眼球内陷定伤，眼眶骨折致眼球明显凹陷行手术整复的，按术后测量结果评定。

三、泪器损伤

泪器损伤比较常见，钝物打击或锐器均可形成；有时合并眼眶外伤，有时系直接损伤所致，以泪小管、泪囊以及鼻泪管等泪道损伤较为多见。法医学鉴定工作中，最常见的泪器损伤为泪小管断裂伤，且常与眼睑和颅面部损伤同时存在。

（一）鉴定标准

条款	内容	损伤程度
5.2.2i	一侧鼻泪管和内眦韧带断裂	重伤二级
5.2.3h	双侧泪器损伤伴溢泪	轻伤一级
5.2.3i	一侧鼻泪管断裂；一侧内眦韧带断裂	轻伤一级
5.2.4k	一侧泪器损伤伴溢泪	轻伤二级

（二）结构与术语

1.解剖结构

泪器包括泪腺和泪道两部分，分属泪液的分泌部和排出部。泪液排出部（泪道）包括上下泪小点、上下泪小管、泪总管、泪囊和鼻泪管（见图6-10）[1]。

〔1〕 参见本书附录部分，第416页。

正常情况下，泪腺产生的泪液除了蒸发消失外，一部分泪液依赖于眼轮匝肌的“泪液泵”作用，通过泪道排出。

鼻泪管是眼泪从眼睛经内眦部排入鼻腔的管道，鼻泪管为膜性管道。上部包埋在骨性鼻泪管中，与骨膜紧密相结合；下部在鼻腔外侧壁粘膜深面，下部开口于下鼻道前部1/3与后2/3交界处。

内眦韧带起于鼻骨和上颌骨骨缝的外侧，向外渐渐加宽变厚，至泪前嵴上部和该处骨膜紧密相连，反折后行，止于泪后嵴上部。

2.名词术语

溢泪：指泪液排出受阻，不能经泪道流入鼻腔而溢出眼睑外。

（三）检查与诊断

1.临床表现

内眦部损伤，出现眼睑肿胀、淤血，眼睑皮下气肿，鼻背塌陷，外伤性内眦部畸形等表现。

泪器损伤后，造成鼻泪管，特别是骨性鼻泪管断裂，阻塞了泪道，引起溢泪。

内眦韧带断裂后表现为内眦角向外并稍向前移位，内眦外形较正常为圆钝，泪阜、半月皱襞及部分巩膜被外移的内眦角遮盖，睑裂横径缩短，眼部因变形而影响容貌，眼睑失去与眼球保持密切贴合的张力，致使泪点与眼球脱离而溢泪。

2.检查方法

常见的检查方法有泪道冲洗、荧光素钠试验X线碘油造影或超声检查，眼眶CT检查可明确显示骨性鼻泪管的结构。

（四）鉴定要点

1.根据外伤史、临床表现、泪道冲洗、探查以及影像学检查等方法确认有无泪道损伤或泪道损伤的部位和程度。

2.泪器损伤的鉴定一般应在伤情稳定后进行，鉴定时需要注意明确是否存在排泪功能的损害和对容貌的影响。

3.内眦韧带的断裂包括部分断裂。认定内眦韧带断裂必须具备三个条件其中之一：（1）术中明确存在断裂；（2）影像学明确诊断；（3）出现内眦韧带断裂后的形态学改变或功能障碍。

第二节　眼球结构损伤

从眼球的结构上区分，眼球结构损伤主要分为：眼球萎缩（缺失）、眼球穿通伤（眼球破裂伤）、眼前段损伤、眼后段损伤。

一、眼球萎缩（缺失）及眼球穿通伤（眼球破裂伤）

（一）鉴定标准

条款	内容	损伤程度
5.2.2d	一侧眼球萎缩或者缺失	重伤二级
5.4.4a	眼球穿通伤或者眼球破裂伤	轻伤二级
5.2.5e	眼部挫伤；眼部外伤后影响外观	轻微伤

（二）结构与术语

1.解剖结构

眼的结构包括眼球、眼眶、眼的附属器、视路以及眼部的相关血管和神经结构。眼球分为眼球壁和眼内容两大部分（见图6-11）[1]。

眼球壁分外、中、内三层。外层主要是角膜和巩膜，角膜就是瞳孔前缘，巩膜就是常说的白眼珠；中层包括虹膜、睫状体、脉络膜；内层为视网膜，视网膜中央部可见黄斑，其中央凹为视觉最敏锐部分，黄斑鼻侧为视盘。眼内容包括房水、晶状体和玻璃体三部分，与角膜一并称为屈光间质，构成眼的屈光系统。

2.名词术语

（1）眼球萎缩：是指外伤造成眼内炎症等引起眼球缩小变形并失明。

（2）眼球缺失：眼外伤导致的眼球缺失或眼球毁损无法保留而进行手术摘除。

（3）眼球穿通伤：指锐器作用致眼球全层穿孔性损伤，包括角膜穿通伤、角巩膜穿通伤和巩膜穿通伤。眼球穿通伤一般发生于外力直接作用部位。

〔1〕 参见本书附录部分，第417页。

(4)眼球破裂伤：指钝性外力作用致眼球全层破裂，眼球内外沟通。眼球破裂伤可发生于外力直接作用部位，但更多远离打击点，可发生于眼球后壁巩膜，尤其是眼外肌止点处。

(三)检查与诊断

1.眼球萎缩的临床表现为眼压降低，光感逐渐消失，前房变浅或变深，角膜深层新生血管，眼球变小变形。

2.眼球破裂的临床表现有疼痛、畏光、流泪、视力障碍、眼睑痉挛等。检查可见角膜伤口、前房改变、眼内容物脱出、虹膜与瞳孔改变等。较深的损伤可致晶状体、玻璃体甚至视网膜损伤，在某些情况下，可见眼球内有异物。

(四)鉴定要点

1.损伤认定：根据外伤史、致伤物、致伤方式、病历记载以及影像学检查可以认定。

2.无论眼球穿通伤或破裂伤，均造成眼球开放，内容物可能丢失，并有潜在的眼内感染风险，即使愈合后也会在角膜或巩膜遗留瘢痕，因此均可在损伤当时直接鉴定为轻伤二级。

3.遗留严重视力障碍的，待伤情稳定后再行复检，视功能(视力、视野)检验结果进行补充鉴定，重新评定伤情。

4.眼球壁非全层损伤，如角膜浅层裂伤、球结膜裂伤等，不属于本条款规定的范畴。

5.眼球萎缩应与眼眶骨折、眶内炎症后结缔组织牵引等引起的眼球内陷区分，眼球内陷援引标准其他条款。

二、眼前段损伤

眼前段损伤常见的有：角膜斑翳或者血管翳、前房出血、外伤性瞳孔散大、外伤性白内障、睫状体脱离与房角后退、虹膜根部离断或者虹膜根部缺损、晶状体脱位、外伤性青光眼、外伤性低眼压。

出现上述眼前段结构损伤性改变的，一经确诊，即可直接评定为轻伤二级；遗留严重视力障碍的，待伤情稳定后再行复检，视功能(视力、视野)检验结果重新评定伤情。

（一）角膜斑翳或者血管翳

1.鉴定标准

条款	内容	损伤程度
5.4.4 b	角膜斑翳或者血管翳	轻伤二级

2.结构与术语

角膜损伤根据程度不同，由轻到重分别是：Ⅰ度即角膜云翳，角膜损伤累及浅层，在角膜上遗留挫伤痕，对视力影响较少；Ⅱ度即角膜斑翳，损伤角膜外层，尚未达到全层时可形成斑翳，对视力影响较大；Ⅲ度即角膜白斑，损伤累及角膜全层，严重影响视力。

血管翳：角膜上本无血管，但因为缺氧等原因，角膜无法与空气直接接触，获得的氧气减少，于是结膜上的血管便会长入角膜为其供氧，以保证角膜的正常活动，血管一般会长入角膜前弹力层、基质层，外来的血管异物会导致角膜产生损伤，角膜翳也就产生了（见图6-12）[1]。

3.检查与诊断

角膜损伤后可出现眼痛、流泪、畏光等症状。角膜损伤后经修复，常遗留有肉眼可见的改变，影响角膜的透明度。裂隙灯检查可以明确范围、部位。

4.鉴定要点

（1）明确的外伤史（损伤后照片支持）、角膜检查瘢痕明确存在（临床上需拍照固定）、鉴定应在损伤90日后进行。

（2）若留有视力障碍，则须待视力恢复稳定后，根据视力下降情况进行补充鉴定。

（3）须注意与既往陈旧性角膜损伤进行鉴别，通过调查既往病史及就诊病历可以明确。

（二）外伤性前房出血

1.鉴定标准

条款	内容	损伤程度
5.4.4 a	前房出血须手术治疗	轻伤二级

〔1〕 参见本书附录部分，第417页。

2.结构与术语

眼球挫伤时，眼球前后径受压、眼球赤道部扩张、瞳孔括约肌反射性收缩、晶状体受压及反跳、房水的作用，这些因素均可以导致虹膜及睫状体撕裂、移位、血管破裂，出血积存于前房，形成外伤性前房出血（见图6-13）[1]。

3.检查与诊断

前房积血，可根据积血占前房的容量可分为三级。Ⅰ级：少于前房容量的1/3；Ⅱ级：介于1/3至2/3者；Ⅲ级：多于2/3者（见图6-14）[2]。

4.鉴定要点

（1）裂隙灯检查，明确积血等级。

（2）损伤性前房出血与外伤系直接因果关系，不考虑伤病关系。

（3）外伤性前房出血的法医学鉴定需在病情稳定后进行。前房出血须手术治疗的（主要包括前房冲洗术及凝血块清除术），评定为轻伤二级。Ⅰ级积血，一般数天后会完全吸收，眼压正常，无其他不良后果的，评定为轻微伤；Ⅱ级以上积血，一般多伴有房角、虹膜、睫状体等结构损伤，可能遗留继发性青光眼、角膜血染等不良后果，根据具体检查情况，进行评定。

（三）外伤性瞳孔显著变形或者散大

1.鉴定标准

条款	内容	损伤程度
5.4.4c	瞳孔括约肌损伤致瞳孔显著变形或者瞳孔散大（直径0.6cm以上）	轻伤二级

2.结构与术语

外伤性瞳孔显著变形或散大，是因眼球挫伤后导致瞳孔括约肌、睫状肌或支配神经麻痹而形成。

3.检查与诊断

应在光线柔和的室内，瞳孔光反射（直接或间接）检查，外伤性瞳孔散大，瞳孔多为不圆，对光反射迟钝或消失。

4.鉴定要点

（1）鉴定时机通常在损伤90日后。

---

〔1〕 参见本书附录部分，第417页。

〔2〕 参见本书附录部分，第418页。

（2）瞳孔显著变形是指瞳孔形态极度不规则；瞳孔散大须用裂隙灯检查测量其直径；直径大于0.6cm的，才能评定为轻伤二级。

（3）注意有无药物散瞳的可能（多次并间隔一段时间进行检查），并应排除伤前原有瞳孔异常改变；同时应充分考虑导致其瞳孔散大的病理基础。

（4）若遗留视力障碍，要考虑视力障碍的损伤程度。

（四）外伤性白内障

1.鉴定标准

条款	内容	损伤程度
5.4.4b	外伤性白内障	轻伤二级

2.结构与术语

透明的晶状体受伤后，晶状体囊和皮质遭到破坏，可因房水进入晶状体内，上皮水肿；也可因组织受伤、变性或瘢痕化而发生晶状体混浊（见图6-15）[1]。

3.检查与诊断

主要表现为晶状体混浊、视力下降。视力下降与晶状体混浊部位和程度有关。裂隙灯显微镜检查可明确诊断。

4.鉴定要点

（1）根据外伤史、病历资料及裂隙灯显微镜检查的结果可认定，多选择90日后进行鉴定。

（2）外伤后白内障的形成严重影响视力而未白内障手术治疗的，可根据《标准》相应条款鉴定为轻伤二级。待白内障手术治疗后，若仍然存在严重视力障碍的，可再行检验、鉴定，明确视力障碍的原因，重新评定损伤程度。

（3）鉴定须注意与先天性白内障、年龄相关性白内障以及并发性白内障等自身疾病鉴别。

在鉴定时，应当排除疾病或自身因素的影响。伤后病历记载的病情发展与变化可作为鉴别的依据，外伤性白内障多为一侧，病情发展为渐进的过程。同时对于老年人还要注意既往病史的收集。

---

〔1〕 参见本书附录部分，第418页。

案例6-1　外伤性白内障的法医学鉴定

2013年10月20日8时许，王某某（男，21岁，在校大学生）被人用钢管打伤左眼。

2013年10月20日检验：神清，VOS：光感（+），左眼上眼睑皮肤不规则挫裂伤2处，左眼颞侧球结膜下血肿，角膜透明，前房积血，瞳孔窥不清，右眼球（-）。

2013年10月21日检验：左眼视力指数/眼前，左眼上睑肿胀，缝线在位，结膜充血，水肿，角膜透明，前房欠清，下方见积血，可见渗出膜，瞳孔光反射消失，晶状体轻度浑浊，玻璃体、眼底窥不清，双侧眼压均为2.1kPa。左眼行彩超检验提示玻璃体混浊、脉络膜上腔积液。

2013年11月15日检验：VOD：0.5，VOS：0.3；左眼：上睑轻度红肿，结膜充血，角膜尚透明，前房清，深浅正常，瞳孔圆，轻度散大，光反射迟钝，晶体轻度浑浊，玻璃体浑浊；眼压：左眼：19mmHg，右眼：18mmHg。

2013年11月26日检验：视力 右1.2，左0.2，左眼瞳孔中度散大，眼底朦胧，隐见视盘（-）；眼压 右20，左19；B超左眼玻璃体混浊。

2013年12月23日彩超检查示：左眼玻璃体混浊，双眼轴偏长。

2014年1月17日超声检查示：左眼晶体混浊，玻璃体混浊，视网膜浅脱离。

2014年3月19日检验：左眼晶体浑浊，角膜透明，瞳孔轻度散大；彩超示：左眼晶体浑浊，玻璃体浑浊，网膜浅脱离。矫正后VOD1.5，VOS0.12。

2014年4月7日鉴定时检验：双眼矫正视力：VOD1.5，VOS0.12。左眼闭合完全，左上眼睑细小疤痕长约3cm，左眼角膜透明，瞳孔轻度散大，对光反射稍迟钝，晶体混浊，眼底窥不清。右眼（-）。

被鉴定人受伤当日检查见，左眼上眼睑皮肤不规则挫裂伤2处，左眼颞侧球结膜下血肿，前房积血。后眼科专科检查晶状体轻度浑浊，视力不同程度下降。伤后3个月及5个月行超声检查，均示左眼晶体浑浊。综合分析认为符合外伤性白内障病理变化过程。

（五）睫状体脱离与房角后退

1.鉴定标准

条款	内容	损伤程度
5.4.4 a	睫状体脱离；房角后退	轻伤二级

2.结构与术语

睫状体脱离：是指睫状体与巩膜之间的分离。形成原因多为闭合性眼外伤，如拳击伤，外力造成眼球瞬时变形，睫状体受到牵拉导致睫状体脱离。

房角后退：是指睫状肌的环形纤维和纵形纤维的分离，虹膜根部向后移位，前房角加宽、变深。形成原因系外力将房水压向前房角，使睫状体撕裂，虹膜和内侧睫状体向后移位所致。

3.检查与诊断

睫状体脱离的症状体征主要有：眼压下降、前房变浅、近视现象、视网膜水肿等。检查方法：超声生物学显微镜检查（UBM）、测量眼压。

房角后退的症状体征主要有：眼压增高、镜检房角后退。检查方法：前房角镜、UBM、前节OCT。

4.鉴定要点

（1）睫状体脱离与房角后退均为外伤所致。

（2）睫状体脱离鉴定选择时间一般在损伤90日后。

（3）房角后退无须明确后退的范围。

（4）房角后退是引起青光眼的危险因素。房角后退的程度越重、范围越大，发生青光眼的概率也越高。若出现外伤性青光眼，则按相应条款进行鉴定。

（5）睫状体脱离的特征性表现为持续性低眼压，后期若导致黄斑和视神经功能的损害，则根据相应条款进行鉴定。

（六）虹膜根部离断或者虹膜根部缺损

1.鉴定标准

条款	内容	损伤程度
5.4.3 b	一眼虹膜完全缺损	轻伤一级
5.4.4 a	虹膜根部离断或者虹膜缺损超过1个象限	轻伤二级

2.结构与术语

虹膜根部离断：是指虹膜根部与睫状体相连处分离。形成原因是，眼部受较强大外力打击后，眼球瞬间变形，因虹膜根部较为薄弱，其与睫状体相连处所受外力超过其生理弹性限度，即可发生断离。

损伤性无虹膜症：是指因损伤导致虹膜根部与睫状体相连处完全分离。表现为棕色虹膜完全不见。

3.检查与诊断

虹膜根部离断出现患眼肿胀疼痛、视力下降等，瞳孔呈“D”形或“双瞳孔征”以致单眼复视（见图6-16）[1]。眼科裂隙灯检查可明确诊断，伴有其他损伤可行OCT、超声、UBM检查。

4.鉴定要点

（1）虹膜根部离断或者虹膜缺损均为外伤所致。根据外伤史，结合伤后出现伤眼视物模糊、视力（主要是指近视力）下降、单眼复视、畏光、眼部肿胀、红视等不适症状，经检查证实存在虹膜根部断离、虹膜缺失、前房出血等体征，即可诊断。当虹膜根部离断或者虹膜缺损范围超过90°时，符合本条款规定的轻伤二级。

（2）应待出血吸收，经临床治疗，病情相对稳定后进行鉴定。

（3）应排除陈旧性虹膜损伤改变及先天性无虹膜。若伤后即来鉴定，可通过是否有新鲜出血来鉴别；若伤后数月来鉴定，主要依据损伤当时的病历记载有无新鲜性出血来判断。

（4）若合并其他损伤致重度视力损害，则再以其视力损害程度进行评定。

案例6-2　外伤性虹膜离断的法医学鉴定

2015年6月16日6时30分许，韦某某（男，1961年出生）被他人用疑似木条物品打伤面部，导致左眼受伤。

2015年6月16日检查：VOS手动/眼前，左眼下睑见皮肤裂口，裂口小，球结膜充血，角膜透明，前房血性混浊，虹膜7～8点根部离断，晶体轻混，眼底朦胧。眼压：L 10mmHg。

2015年6月17日检查：VOS手动，VOD 0.8，左眼内下虹根离断。左眼眶CT示左侧眶前软组织肿胀。左眼彩超示左眼晶状体混浊，左眼玻璃体混浊。

2015年6月18日检查：VOS手动/10cm VOD 1.0。左眼：眼睑红肿，结膜充血，鼻侧纤维血管组织长至角膜缘约2mm，角膜尚透明，前房房水轻浑，稍浅。

[1] 参见本书附录部分，第419页。

虹膜6～8点方位虹膜根部离断，伴震颤；瞳孔欠圆，约3.5mm，偏向颞上方、光反射消失，晶状体稍混伴震颤；玻璃体浑浊；眼底窥不清。眼压：Tn/T-1。

2015年6月29日检查：VOS手动/10cm，VOD 1.0。

2015年11月7日检查：VOS手动，VOD 0.8。左眼：内眦赘皮，鼻下方虹膜根部离断，瞳孔变形，晶体混浊，可见晶体震颤，玻璃体混浊，眼底示视网膜浅脱离。

2015年11月10日，在局麻下行"左眼超声乳化白内障吸出+张力环植入+人工晶体植入术"。术中植入张力环+23.0D人工晶体一枚。

2015年11月23日检查：VOS 0.1，VOD 1.0，左眼虹膜周边断离，人工晶体位正。眼底：乳盘界清，后极部网膜色可，网膜平伏。OCT：黄斑红色变性增厚，网膜欠平滑。

2016年1月20日检查：左眼视力优于0.05，低于0.1，右眼视力0.8。左眼角膜透明，瞳孔变形，虹膜根部离断，人工晶体位正，黄斑部污暗。视觉电生理示左眼波幅较对侧明显降低。

被鉴定人因外伤致左眼虹膜根部离断、睫状体脱离、玻璃体积血、外伤性白内障。行"左眼超声乳化白内障吸出+张力环植入+人工晶体植入术"。鉴定时检查其左眼瞳孔明显变形，人工晶体位正，左眼视力下降属重度视力损害。根据病程，其左眼重度视力损害为本次外伤所致。其左眼虹膜根部离断、睫状体脱离、玻璃体积血、外伤性白内障，评定为轻伤二级。其左眼视力重度损害，评定为轻伤一级。

（七）晶状体脱位

1.鉴定标准

条款	内容	损伤程度
5.4.4a	晶状体脱位	轻伤二级

2.结构与术语

任何机械性外力作用于眼部，导致晶状体前后震荡，晶状体悬韧带部分或全部断离，晶状体脱离原来的正常位置，即为晶状体脱位（见图6-17）。脱位的方向与悬韧带断裂的方向相反。分为晶状体半脱位（见图6-18）[1]和全脱位。

〔1〕 参见本书附录部分，第419页。

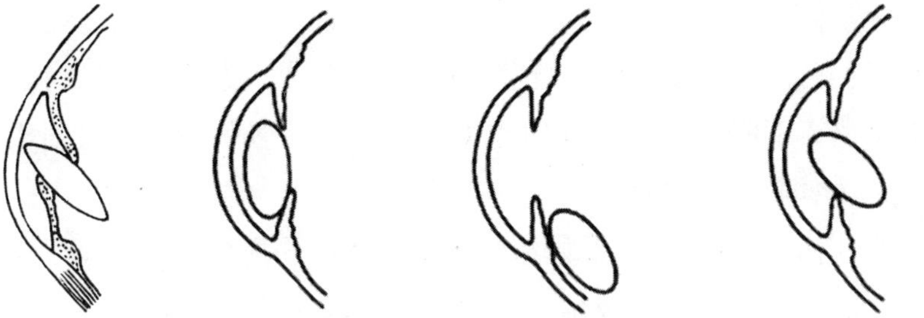

图6-17　晶状体脱位

3.检查与诊断

（1）晶状体全脱位：裂隙灯检查可见瞳孔区晶状体缺失。可向前脱入前房，或向后脱入玻璃体腔内，或嵌顿在巩膜与睫状体之间；眼球破裂者可脱出眼球之外。可行B超检查辅助诊断。

（2）晶状体半脱位：裂隙灯检查瞳孔区可见晶状体边缘。因悬韧带部分撕裂或松弛，晶状体前后径增加，远视力下降，近视力尚可。有时会出现单眼复试。部分伤者也会发生白内障、继发性青光眼或虹膜睫状体炎。对于轻度的半脱位，可行UBM、OCT等辅助检查。

4.鉴定要点

（1）多为外伤所致，需鉴别与本次外伤之间关系，可通过是否同时伴有眼睑肿胀、前房积血、虹膜睫状体炎等新鲜性损伤来进行判定。

（2）轻伤二级中的“晶状体脱位”包括全脱位与半脱位。

（3）诊断明确于伤后即可进行鉴定。对于因晶状体脱位引发的并发症，可根据具体情况进行补充鉴定。

（4）需注意与一些先天性疾患造成的晶状体位置异常相鉴别，如先天性晶状体异位、马方综合征等。

（八）外伤性青光眼

1.鉴定标准

条款	内容	损伤程度
5.4.3a	外伤性青光眼，经治疗难以控制眼压	轻伤一级
5.4.4b	外伤性青光眼	轻伤二级

2.结构与术语

青光眼：是指眼内压力增高超过个体能够承受的极限，造成视神经损害、视野缺损及视力下降等一系列视功能损伤的病变。多种类型的眼损伤都可以引起眼压异常增高，导致青光眼的发生。

常见的外伤性青光眼包括眼内出血及晶体损伤所致青光眼（与房角处房水回流受阻有关），钝性挫伤致房角后退性青光眼。炎症因素也可引发。

3.检查与诊断

（1）房角后退性青光眼：单眼发病，眼压升高，病程发展缓慢，房角加深加宽，晚期可有视神经损害及视野缺损。

（2）眼内出血所致青光眼：①前房出血性青光眼：前房大量积血，眼压急骤升高，会造成继发性不可逆性视神经损伤，多伴有晶状体混浊或角膜血染。②血影细胞性青光眼：有玻璃体积血史，眼压突然升高，角膜水肿伴褐色沉着物，抗青光眼药物治疗无明显效果，但冲洗前房多有效。③溶血性青光眼：有玻璃体积血，眼压急剧增高，角膜水肿伴褐色沉着物，房水有褐色颗粒浮游而混浊。

（3）晶状体脱位性青光眼：是指眼球钝挫伤后，导致晶状体半脱位或全脱位而引起的继发性青光眼。

4.鉴定要点

（1）明确的外伤史，存在导致外伤性青光眼的损伤，眼科检查未见明显病理性改变。

青光眼的诊断中不能单纯以眼压测定的平均值为青光眼诊断的标准，还应结合其他检查。

对于眼部钝挫伤后出现一过性眼压增高但很快恢复正常且未遗留明显视觉功能障碍后遗症的，不能认定为外伤性青光眼。

（2）外伤性青光眼，若遗留视力或视野损害，则根据具体情况进行评定。

（3）重点是注意外伤性青光眼与病理性青光眼鉴别。注意有无外伤导致其眼压增高、房水回流障碍的因素，并注意病程发展过程，同时收集其既往眼部疾患的调查。

三、眼后段损伤

(一)玻璃体积血

1.鉴定标准

条款	内容	损伤程度
5.4.4a	玻璃体积血	轻伤二级

2.结构与术语

当眼球挫伤后，导致视网膜、脉络膜、睫状体血管破裂出血，经玻璃体后界膜进入玻璃体内而形成玻璃体积血。一般自玻璃体出血3天至6天开始，多数红细胞溶解，被巨噬细胞吞噬；浓密的凝血块和膜状混浊体吸收极为缓慢，反复出血后形成的机化膜则永不吸收。

3.检查与诊断

视力不同程度下降，量少时有飞蚊症，量大时视力下降严重。裂隙灯下见飘动的红细胞，新鲜出血眼底有红光反射，出血量大且浓密时则不能窥见眼底(见图6-19)[1]。后期可导致玻璃体混浊、继发性青光眼、外伤性增生性玻璃体视网膜病变(外伤性PVR)及牵拉性视网膜脱离等。裂隙灯显微镜、检眼镜、B超等检查，即可明确诊断。

4.鉴定要点

(1)明确诊断即可进行鉴定。如严重玻璃体积血致视力达盲目程度，需待玻璃体切割术后再就视力情况进行损伤程度评定。

(2)需注意与眼部或全身性疾病引起的玻璃体出血相鉴别。视网膜血管炎、视网膜血管瘤、糖尿病性视网膜病变等都可引起玻璃体出血。根据致伤方式、伤后病历、检查所见、双眼对比等有助于判定伤病关系。

(二)外伤性视网膜脱离

1.鉴定标准

条款	内容	损伤程度
5.4.4a	外伤性视网膜脱离	轻伤二级

2.结构与术语

外伤性视网膜脱离：是指外伤导致视网膜神经上皮层与色素上皮层分离。

〔1〕 参见本书附录部分，第419页。

眼球受强力挫伤后引起眼球变形，对眼组织产生牵引力量，由于玻璃体基底部的牵引，可造成锯齿缘断离或玻璃体基底部附着区周边视网膜撕裂，导致视网膜脱离。视网膜下出血、渗出也会造成继发性视网膜脱离。

3.检查与诊断

依据损伤的部位、程度、是否合并其他眼部损伤以及视网膜脱离的类型，临床表现不尽相同。早期主要表现为眼前有漂浮物或闪光感，视物模糊；视网膜脱离进一步发展则出现视野缺损；若波及黄斑，则中心视力严重下降或丧失。

眼底检查以及B超、OCT、眼底荧光血管造影等可明确诊断。

4.鉴定要点

（1）外伤性视网膜脱离，依据《标准》，评定为轻伤二级。同时进行视力检查，依据视力情况进行损伤程度评定，以重者定级。

（2）应注意外伤视网膜脱离与非外伤视网膜脱离的鉴别。

非外伤性视网膜脱离必然以视网膜和（或）玻璃体变性为基础，视网膜组织变性后变薄或供血不足而形成裂孔，以致脱离。外伤性视网膜脱离则有明显外伤史，且伤后不久即发病，常合并眼的其他部位损伤。两者裂孔部位也有不同。外伤性裂孔多在锯齿缘，而非外伤性者多位于赤道部。

（3）若伤前存在引起视网膜脱离的自身因素，应判定外伤是主要原因还是疾病为主要原因，或者共同作用，再根据鉴定原则进行损伤程度评定。

在法医学鉴定实践中，以高度近视者因视网膜、玻璃体变性造成的非外伤性视网膜脱离多见。

（三）外伤性视网膜出血

1.鉴定标准

条款	内容	损伤程度
5.4.4a	外伤性视网膜出血	轻伤二级

2.结构与术语

当眼球挫伤时，视网膜受到钝力的作用，导致视网膜中央血管破裂或层间毛细血管破裂，形成视网膜出血（见图6-20）[1]。视网膜内毛细血管出血称为视网膜内出血；位于视网膜神经纤维层和内界膜之间或内界膜和玻璃体之间的

〔1〕 参见本书附录部分，第419页。

出血称为视网膜前出血；而受伤当时未出血，伤后一段时间后发生的视网膜出血，则多是因为视网膜下新生血管膜出血引起。

3.检查与诊断

浅层出血沿神经纤维层走向分布，呈线状或火焰状，颜色由新鲜逐渐变为暗红。深层出血，眼底所见呈类圆点状，色暗红。视网膜下出血，若出血位于色素上皮层下时，呈黑灰色或黑红色；若出血位于神经上皮层下时，颜色鲜红，境界清楚。

后节OCT检查，可判断出血的部位、来源、原因。眼底照相有助于了解出血的范围、位置、双眼视网膜状况。B超检查对于视网膜前出血有诊断价值。眼底荧光血管造影（FFA）可明确视网膜出血并与其他眼病相鉴别。

4.鉴定要点

（1）判定为外伤性视网膜出血，伤后即可进行损伤程度鉴定；若出现视力损害，则依据视力损害情况进行补充鉴定。

（2）视网膜出血与多种自身疾病或病理基础相关，外伤只是可能的原因之一，需注意伤病关系的分析、判断。某些全身性疾病，如糖尿病、高血压均可产生视网膜出血性改变。患有眼底动脉硬化、血管炎等病变者，在遭受外伤后较易引发视网膜出血。

（四）外伤性黄斑裂孔

1.鉴定标准

条款	内容	损伤程度
5.4.4a	外伤性黄斑裂孔	轻伤二级

2.结构与术语

眼部钝挫伤后，玻璃体牵拉或者黄斑区网膜水肿、出血继发黄斑囊样变性均可形成黄斑裂孔（见图6-21）[1]。裂孔形成多在外伤后2周至4周。此外，在所有的外伤性黄斑裂孔者中，几乎均存在玻璃体后脱离，提示即使外伤是黄斑裂孔的主要原因，自身因素也很可能起到了一定的作用。

3.检查与诊断

（1）出现不同程度的视力下降，视物变形，中心注视点为暗点。全层裂孔

〔1〕 参见本书附录部分，第419页。

时中心视力损害明显。

（2）眼底见黄斑中心凹或中心凹旁裂孔；位于中心凹的裂孔边缘清晰，稍隆起，大小不超过视盘；位于中央凹旁则较大且边缘不整齐。裂孔基底部可见散在的白点和色素，有时周围出现视网膜皱褶及黄白色病灶。

（3）可通过眼底光相干断层扫描（OCT）与眼底荧光血管造影（FFA）等辅助检查确诊黄斑裂孔。

4.鉴定要点

（1）外伤性黄斑裂孔若出现视力受影响时，要同时综合视力情况进行损伤程度评定。

（2）鉴定时需根据其伤后诊治经过，分析眼部病情变化是否符合外伤性黄斑裂孔的病理生理学规律，并注意排除高度近视及多种玻璃体、视网膜病变导致黄斑裂孔的可能。

案例6-3　外伤性黄斑前膜形成的法医学鉴定

2016年1月6日14时许，仇某某（男，44岁）被他人打伤左眼。

2016年1月6日检查：VOD 0.6　VOS 0.4。左眼睑肿胀青紫，局部明显隆起，角膜外侧上皮大片擦伤，前房水尚清；散瞳查眼底：视网膜前可见絮状混浊，眼底视网膜平伏，黄斑中心反光不见。左眼B超：左眼玻璃体混浊。

2016年1月11日检查：VOD 1.5　VOS 0.4。左眼睑仍淤青，球结膜下出血，眼底视乳头周围有黑色色素沉着，黄斑中心反光可见，略水肿。

2016年3月15日检查：VOD 1.2　VOS 0.15，左：+0.50DS：$-0.50DS\times68^{\circ}=0.8$。眼底检查：右眼底未见明显异常，左眼底视盘色界尚可，黄斑区色素分布不均匀，左眼后极部网膜可见广泛变性。

2016年3月20日检查：R：PL：1.0；L：+0.50DS/$-1.00DC\times90$：0.3。眼底：视乳头界清，左侧色略淡，右黄斑区中心反光可见，左侧黄斑区结构紊乱。

2016年4月18日检查：VOS：$-0.50DC\times65=0.3$。OCT检查示：左眼网膜表面前膜牵引反射灶中心凹曲线消失。

2016年7月14日检查：VOD 1.0　VOS 0.15。左眼玻璃体混浊，黄斑前膜中心反光不清。

2016年12月14日检查：VOD 1.0　VOS 0.15。：OS：+0.50DS：0.2。

2016年12月21日鉴定时检查：双侧瞳孔对光反射灵敏。VOS 0.15（矫正0.2）。

被鉴定人伤后当日检查见其左眼睑青紫，局部肿胀，角膜上皮大片擦伤，左眼视力0.4。后经多次、多家医院视力检查，显示其左眼视力持续下降，视力在0.15~0.2，被鉴定人伤后多次检查显示其左眼黄斑前膜形成，后出现黄斑皱褶。故分析认为其视力下降系黄斑前膜及黄斑皱褶引起，黄斑前膜及黄斑皱褶系本次外伤所致。依据《标准》5.4.4 f之规定，其左眼的损伤程度评定为轻伤二级。

第三节　损伤致视力下降

一、鉴定标准

条款	内容	损伤程度
5.4.1a	一眼眼球萎缩或者缺失，另一眼盲目3级	重伤一级
5.4.1c	双眼盲目4级	重伤一级
5.4.2a	一眼盲目3级	重伤二级
5.4.2b	一眼重度视力损害，另一眼中度视力损害	重伤二级
5.4.3c	一眼重度视力损害；双眼中度视力损害	轻伤一级
5.4.4f	一眼矫正视力减退至0.5以下（或者较伤前视力下降0.3以上）； 双眼矫正视力减退至0.7以下（或者较伤前视力下降0.2以上）； 原单眼中度以上视力损害者，伤后视力降低一个级别	轻伤二级
5.4.5a	眼球损伤影响视力	轻微伤

二、结构与术语

（一）盲及视力损害分级标准（见表6-1）

表6-1　盲及视力损害分级

分类	远视力低于	远视力等于或优于
轻度或无视力损害		0.3
中度视力损害（视力损害1级）	0.3	0.1

续表

分类	远视力低于	远视力等于或优于
重度视力损害（视力损害2级）	0.1	0.05
盲（盲目3级）	0.05	0.02
盲（盲目4级）	0.02	光感
盲（盲目5级）		无光感

（二）眼球萎缩

眼球萎缩：是指眼球作为视功能的主要结构虽然存在或者部分存在，但视功能已经消失或者仅存定位不准确的弱光感视力。

判断标准包括：（1）眼球外形改变、全面缩小，影响容貌；（2）眼球突出度较健眼明显降低；（3）超声或CT等影像学检查可见眼球内结构萎缩、毁损；（4）视力在光感以下；（5）眼压降低；（6）无继续治疗价值，具有眼球摘除的手术适应证。

（三）眼球缺失

眼球缺失：是指眼球作为视功能的主要结构已经缺失，不存在任何视功能。

三、检查与诊断

视力，是指分辨物体表面两点间最小距离（夹角）的能力，包括远、近视力。远视力是法医学鉴定中评价视敏度最常用的指标。远视力测试目前主要依赖心理物理学检查方法，如视力表视力测试。目前鉴定实践中仍以最佳矫正远视力作为评定指标。

（一）视力的检验和记录方法

1.一般方法

常用国际标准视力表作为评价远视力的检查工具，检查距离为5米，以小数视力或对数视力方法记录视力水平（鉴定标准所称的视力水平均为小数视力）。检查时，鉴定人指定视标，嘱被鉴定人读出，根据其读出的最小视标确定其视力水平。

检查时遮蔽非受检眼，检查未遮蔽眼。一般按先“健”眼、后“伤”眼的顺序，也可先右眼、后左眼。

采用对数视力表获得视力值为5分记录，按表6-2换算为小数视力。

表6-2 视力小数记录与5分记录结果换算表

小数视力	5分记录
无光感	0
光感	1
手动	2
0.01（数指/50cm）	3
0.02（走进至1m距离看清0.1视标）	3.3
0.05（走进至2.5m距离看清0.1视标）	3.7
0.1	4.0
0.15	4.2
0.2	4.3
0.25	4.4
0.3	4.5
0.4	4.6
0.5	4.7
0.6	4.8
0.8	4.9
1.0	5.0
1.2	5.1
1.5	5.2

若被鉴定人不能辨认最大视标的方向，可令其逐步走近视力表（最小距离不能小于1m），直至能够辨认视标方向为止。若走近至1m时仍不能辨认视标方向，则可根据需要检查其数手指的能力、辨认手动的能力以及辨认光感的能力。

检查数手指能力时，若受检眼仅能辨清距受检眼50cm的手指数，则记录为数指/50cm（CF/50cm）。

检查识别手动能力时，若受检眼仅能辨认眼前20cm的手晃动时，则记录为手动/20cm（HM/20cm）。

检查光感能力时，若受检眼能看到光，则记录为光感（LP），必要时记录能够辨认光感的最大距离（如3m光感或LP/3m）；否则记录为无光感（NLP）。

2.矫正视力的检验和记录方法

法医学鉴定标准所称的视力均为矫正视力，鉴定时需对被鉴定人的受检眼进行充分的屈光矫正后了解其最佳矫正视力。可采用屈光镜片、接触镜或针孔镜矫正，检查并记录最佳矫正远视力。

若受检眼在针孔镜下视力可获得提高，可记录针孔镜视力。如裸眼视力为0.3，针孔镜下视力为0.6，则记录为：0.3，+针孔镜→0.6。

经验光后试插镜片，视力有提高者，可记录插镜视力。如裸眼视力为0.3，插−2.00Ds镜片时视力为0.8，则记录为：0.3，−2.00Ds→0.8。

若存在屈光不正，但经插片试镜仍无法提高视力的，应记录为视力不能矫正。

（二）改变测试距离检验时的视力换算

获知被鉴定人逐步走近视力表能看清视标的最大距离，根据公式$V=(d/D)V_0$换算受检眼的视力。其中，V为实际视力，V_0为所看清最小视标代表的视力水平，D为正常眼看清该视标的距离，d为被鉴定人看清该视标的实际距离。例如，2m处能看清0.1，则实际视力为$(2/5)\times 0.1=0.04$。

（三）伪盲或伪装低视力的检验

伪盲或伪装低视力的检验在法医学检案中非常重要，一般要求鉴定人员必须熟练掌握和运用。目前伪盲或伪装低视力检验方法主要仍以心理物理学方法为主。

这里所说的“盲”系指完全失明（无光感），也即盲目5级。“伪盲”系指伪装失明。伪装视力降低即为行为视力检查结果与实际视力不相符合，被鉴定人存在夸大视力下降程度的情况。

1.双眼伪盲的检验，常用以下方法：

（1）行为观察。令被鉴定人双眼注视眼前某处目标，被鉴定人多故意往其他方向看；双眼伪盲者通过障碍物时一般不会绊脚，而真盲者往往被障碍物绊脚。

（2）视动性眼球震颤试验。令被鉴定人注视眼前迅速旋转、画面有垂直线条的视动鼓，伪盲者可出现水平性、快慢交替、有节律的跳动型眼球震颤，即视动性眼球震颤；而真盲者不出现此种震颤。

（3）瞬目试验。用手指或棉棒，在被鉴定人不注意时，作突然出现在盲眼前的动作，但不要触及睫毛或眼睑，如为真盲则无反应，伪盲者立即出现瞬目动作。

2.单眼伪盲的检验，常用以下方法：

（1）障碍阅读法。嘱被鉴定人阅读距离30cm远的横排书报，让头与读物均固定不动，然后在被鉴定人双眼和读物之间置一垂直笔杆，距眼约10cm左右。如仅用单眼必然会因眼前笔杆遮挡部分视线出现阅读障碍；如被鉴定人继续阅读不受干扰，则证明其为双眼注视读物，此“盲眼”应属伪盲。

（2）瞳孔检查，伪盲者双眼瞳孔应等大（需注意排除药物扩瞳）。观察瞳孔对光反射，伪盲眼直接对光反射存在，健眼间接对光反射也存在，但外侧膝状体以后的损害，可不发生瞳孔大小、形状及对光反射异常。

（3）瞬目试验。将健眼遮盖，用手指或棉捧，在被鉴定人不注意时，作突然刺向盲眼的动作，但不要触及睫毛或眼睑，如为真盲则无反应，伪盲者立即出现瞬目动作。

其他的还有同视机检查、三棱镜试验、柱镜重合试验、雾视法、雾视近距阅读试验、视野检查法、红绿色试验等。

3.伪装视力降低的检验，常用以下方法：

（1）变换测试距离法。遮盖健眼，检查时若在5米看到0.2视标，然后令其走近视力表缩短检查距离，观察其视力变化，若在2.0米仍只能看到0.2视标，该眼可能为伪装视力降低。

（2）视野检查法。检查视野，在不同距离、用不同光标检查的视野，若结果显示范围无变化，则可能为伪装视力降低。

（3）雾视法。双眼分别查视力后，将镜架戴于被鉴定人眼前，在健眼前放一＋12.0Ds的球镜片，在低视力侧放－0.25Ds的球镜片，如双眼同时查视力，其视力较单独查低视力眼的视力好时，则该眼为伪装视力降低。

案例6-4　伪装视力降低的法医学鉴定

2015年4月1日，张某某（男，1971年出生）被他人打伤全身多处。

2015年4月1日检查，前额处可见3cm×3cm的皮下血肿，右眼肿胀，诉视力模糊。

2015年4月2日检查：VOD 0.05，VOS 0.3，双眼结膜充血，角膜透明，前房清，晶体透明。眼底：双眼视盘边清、色正，黄斑反光可见。矫正视力：右眼0.2，左眼0.4。

2015年4月4日检查：角膜透明，前房清，晶体密度增高，瞳孔光反射可见，玻璃体稍混浊，视盘界清A：V～2：3，未见明显出血及渗出，黄斑反光欠清，后极部网膜色稍淡，眼压：Tn。

2015年4月7日视野检查：右眼中心30度视野缺损，左眼周边视敏度下降。

2015年4月10日视觉电生理检查：双眼P波时程延迟。

2015年7月6日检查：视力VOD 0.07，VOS 0.9，前房(－)，晶体(－)，OCT(－)。

2015年7月17日检查：右眼0.08，无提高，左眼0.6 +0.50Ds→1.0，角膜透明，前房正常，晶体透明，视盘欠清，黄斑区色素紊乱，中心反光未见。视觉电生理检查：右眼潜伏期稍延长，幅值降低。

2015年7月18日，鉴定时检查，诉右眼视力明显下降。对数视力表检查：VOD 0.12，VOS 0.4，经雾视法检查，其右眼矫正视力为0.6。角膜透明，视盘(－)，视网膜未见明显异常。

被鉴定人外伤后主诉视物不清，多次视力检查示右眼视力明显下降，但眼科专科检查未见明显器质性病变。本次鉴定时，经雾视法检查其右眼矫正视力为0.6。故分析认为，被鉴定人目前右眼无明显视力障碍，也未发现导致其视力下降的病理基础，故对其损伤程度不予评定。

（四）视觉电生理检查

视觉电生理检查可以作为视力评估的重要参考，以视诱发电位（VEP）为首选。

1.视诱发电位

VEP是视觉器官受到光或图形刺激后在特定部位所记录到的电位变化，一般是指在枕叶皮层所记录到的电位改变。VEP主要用于观察视神经和视觉传导通路功能的变化，从视网膜到视皮层任何部位神经纤维病变都可产生异常的VEP。VEP技术包括闪光视诱发电位（FVEP）、图像视诱发电位（PVEP）。图像翻转视诱发电位（PRVEP）属一种瞬态PVEP反应，在目前临床眼科及法医学鉴定实践中较为常用。

PVEP主要由N_1、P_1、N_2和P_2等构成。因正常情况下各波的潜伏期基本一致，故在P-VEP，通常以各波的潜伏期值作为N_1、P_1、N_2的标记，将这三个波分别记录为N_{75}、P_{100}和N_{135}。PRVEP的模式波形（见图6-22）。

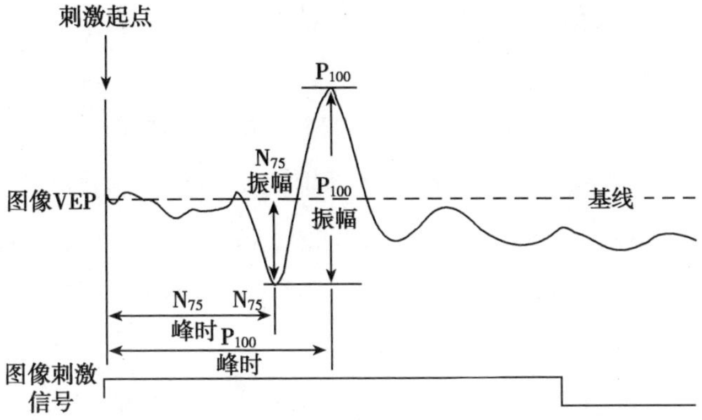

图6-22　PRVEP波形模式

以PRVEP波形为例，在分析测量时，主要关注波形的分化情况（波形的完整性）以及各波的潜伏期值以及振幅，其中最主要的判断指标依次为P_{100}波的潜伏期与振幅。P_{100}的振幅为P_{100}减去N_{75}的值。正常PVEP的判断有三条标准：（1）双眼VEP波形振幅之差小于30%；（2）刺激双眼的VEP振幅较刺激单眼的VEP振幅增高25%以上；（3）双眼P_{100}潜伏期之差小于5ms（或双眼差值小于10%）。

VEP完全消失是有意义的，通常说明视通路已阻断。PVEP是一种客观的视功能检测手段，可用于“客观视力”的测定和推断。在法医学实践中，若通过检查眼球结构，未发现其存在足以引起视力下降的损伤性改变或其他病理因素，而视力检测结果却显示视力水平异常低下时，可运用PVEP验证视力检测结果。

虽然VEP是一种视功能评定的客观方法，但在实际应用时应注意：（1）VEP属于皮层电位，被鉴定人的精神状态对结果有一定的影响；（2）被鉴定人的注视程度对于检测结果影响很大，注视不良可造成波形潜伏期延迟、振幅降低甚至完全消失；（3）多种眼病可能影响PVEP结果，应注意排除自身疾病的影响；若周边视野受损而中心视力尚可，PVEP可能引出较正常的波形；（4）PVEP波形有一定的个体差异，因此双眼比对具有重要意义；同时，检测时务必考虑屈光不正和屈光间质混浊的影响，应进行充分的屈光矫正。

PVEP分析是主观的，且受到受检者合作程度的影响，只是在一定条件下才能反映视力障碍的大致程度，在实际鉴定中仍只能作为参考依据，应结合眼部结构检查结果、视力的心理物理学检验结果综合评定。

2.视网膜电图

视网膜电图（ERG）是另一项重要的视觉电生理技术。ERG可用于评估视网膜的功能，法医学鉴定中常需要联合运用ERG与VEP检测。若被鉴定人“伤眼”PVEP异常，鉴定人不能确认该结果的可靠性时，可记录双眼P-ERG，特别注意“伤眼”的P-ERG，如P-ERG也是异常的，那么“伤眼”视力障碍为器质性损伤所致的可能性较大。

检查注意事项：（1）充分散瞳；（2）一般明适应或暗适应至少20分钟，如先前曾进行眼底照相等检查，则暗适应需1个小时；（3）眼球保持固视。

（五）眼底荧光血管造影

利用眼底荧光血管造影可以发现脉络膜、视网膜、黄斑以及视神经乳头的损伤。

（六）光学相干断层扫描（OCT）

OCT对视网膜特别是黄斑部的多种疾病诊断具有重要的价值，也可用于青光皮的神经纤维层厚度定量测量及随诊检查等。

案例6-5　OCT在视网膜病变中的检查应用案例

2012年8月19日，徐某某（男，62岁）被人殴打致伤全身多处。

2012年8月19日检查：右侧眉弓见长约1.5cm皮肤裂口，伤缘整齐，深致骨质，全身可见多处挫擦伤。

2012年8月22日主诉右眼外伤后看不见。检查：VOD 0.2，VOS 0.5。前房清，晶体（-），视盘界清，黄斑中心凹反光弥散。

2012年8月23日OCT检查：右眼黄斑前膜伴水肿（见图6-23）。[1]

2012年10月11日检查：VOD 0.2，VOS 0.7。OCT示：右黄斑前膜伴水肿，左黄斑大致正常。

2012年10月18日多焦电生理检查：右眼黄斑功能中度受损；左眼黄斑功能轻度受损。

2012年11月27日OCT检查：右眼黄斑前膜伴水肿。

---

〔1〕 参见本书附录部分，第420页。

2012年12月11日检查：VOD0.12，VOS0.5。OCT示：左眼大致正常；右眼黄斑水肿，前膜形成（见图6–24）[1]。

2012年12月12日鉴定时，经雾视法检查，VOD0.6，VOS0.6。

被鉴定人于2012年8月19日受伤，眉间见一处创口，伤后4天进行OCT检查证实其右眼黄斑水肿、黄斑前膜已存在，但外伤所致黄斑前膜的形成机制为外力作用后引起黄斑水肿、出血等炎症反应，随后才出现纤维增殖现象，4天时间难以形成；且之后数次OCT检查均示其右眼黄斑前膜伴水肿，同时前膜形态均表现一致，未见动态变化。故分析认为，被鉴定人右眼黄斑前膜伴水肿不符合本次外伤所致，不宜引用《标准》对其右眼损伤程度进行评定。

四、鉴定要点

1.若根据视觉功能障碍进行损伤程度鉴定的，原则上应在损伤或因损伤所导致的并发症、后遗症医疗终结后方可进行。所谓临床治疗终结系指经临床医学一般原则所承认的医疗措施实施后达到临床效果稳定，即眼部损伤症状消失或稳定，眼部体征及视觉功能情况趋于相对固定。

一般而言，较轻的或不遗留明显视觉功能障碍的眼部损伤，可适时进行鉴定；若存在视觉功能障碍或将以视觉功能障碍为依据评定损伤程度的，建议其鉴定时机为损伤后3～6个月以后。

2.视力经用镜片（包括接触镜、针孔镜等），纠正达到正常视力范围（0.8以上）或者接近正常视力范围（0.5～0.8）的都不属视力障碍范围。

3.法医学检案的很多案件中，伤者对于视力检查不配合，过分夸大其视力损伤程度，伪盲或伪装视力降低。实践中，必须进行相应伪盲或伪装视力降低的检查，并结合视觉电生理的检验结果。

4.对于被鉴定人自述伤后出现视觉功能障碍，鉴定人应根据眼器官结构的检查结果，分析其损伤性病理基础及伤病关系。对于无法用损伤性质、部位、程度等解释的视觉功能障碍，应排除损伤与视觉功能障碍的因果关系。

5.鉴定实践中，往往很难获取伤者伤前的真实视力资料，法医检案时应有明确证据证明其伤前视力情况。对于伤者提供的驾驶证体检表，由于驾驶证

---

〔1〕 参见本书附录部分，第420页。

体检不规范，所以法医在鉴定时应慎用。

6.由于眼科专业性较强，法医检案时，可请求眼科医生会诊支持。

案例6-6　眼部伤病共存的法医学鉴定

2013年12月13日7时，杨某某（男，1966年）因纠纷被他人打伤左眼部。

2013年12月13日就诊时诉左眼视物不清，既往高血压病史1年，2-DM病史2年，血糖控制欠佳。检查：VOD 0.4，VOS 0.1；左眼10点钟方向距角膜缘约2mm处可见一个约2mm巩膜裂伤，伴少许虹膜嵌顿，前房混浊，虹膜面少许积血，深度正常，瞳孔不规则，向10点钟方向牵拉，瞳孔区少许絮状渗出物，光反射未引出，人工晶体位正，眼底窥不清。

2013年12月13日行“左眼角巩膜缘破裂伤清创缝合+探查+前房冲洗术”，见角巩膜缘从10点半至12点裂伤伴虹膜嵌顿。

2013年12月28日检查：VOS 0.02，鼻上方角巩膜缘缝线可见，眼底视盘可见，视网膜平伏，网膜面可见散在出血点。

2014年8月15日复查：VOD 0.6　VOS指/20cm，鼻侧球结膜伤口对合好，缝线在位。虹膜9点至12点处后粘连，瞳孔欠圆，偏右上方移动约3mm，晶体夹挂，后囊混浊。

后经调查，该被鉴定人曾于2013年11月29日行IOL植入，切口以角巩缘为基底，10点-2点。术后第三天（2013年12月2日），视力0.6。

被鉴定人杨某某曾于2013年11月29日行左眼白内障手术，手术切口以角巩缘为基底在10点至2点范围。2013年12月13日7时，杨某某被他人打伤左眼，致左眼巩膜破裂伤伴虹膜嵌顿及左眼外伤性前房积血，故其左眼所受外伤是客观存在的，本次巩膜破裂位于角巩膜缘从10点半至12点，在其2013年11月29日左眼白内障手术的手术切口范围之内，由于手术切口无缝线，且手术后仅2周该部位即受到外力作用，本次巩膜破裂处位于左眼球结构的薄弱部位，故被鉴定人杨某某2013年12月13日外伤后左眼巩膜破裂伴虹膜嵌顿系左眼白内障手术与本次左眼外伤共同作用所致。

2013年12月2日被鉴定人杨某某左眼视力0.6，而2014年8月15日其查左眼视力指数/20cm，分析认为导致其左眼视力下降的原因为左后发障和虹膜粘连。2013年12月13日其左眼外伤后查其左眼瞳孔区少许絮状渗出物，符合“后发障”（后发性白内障）的病理表现，属于白内障手术的常见并发症，与左眼外伤之间无直接因果关系；而虹膜粘连系其左眼白内障手术与左眼所受外伤共同作用导致的虹膜嵌顿引发，故认定其左眼所受外伤对其左眼视力下降起次要作用。

案例6-7　视神经萎缩致盲目的法医学鉴定

2013年3月11日，蔡某某（男，69岁）被他人用拳头和螺丝刀打伤左眼。

2013年3月11日查体：左眼颞侧皮肤可见一长1~2cm裂口，左眼远视力光感，左侧上下睑肿胀，皮下淤血，眶压（++++），眼球各方运动受限，左侧结膜充血（++），颞侧结膜下淤血，瞳孔直径6mm，直接对光反射消失，眼底见左侧视乳头水肿，苍白，视网膜平伏，黄斑中心凹欠配合。行眼眶CT及MRI示左侧眼眶内侧壁骨折，左眼前方、球后间隙高密度影，左侧视神经及眼外肌肿胀，眶周软组织肿胀。

2013年4月1日检查：VOD0.4 VOS无光感。左眼上下睑皮下淤血呈青紫较前面积减小，左眼上方球结膜充血（+），前房深浅正常，窥见视乳头水肿，边界稍模糊，较前稍清，色稍红，视网膜平伏，黄斑中心凹反光未见。

2013年6月4日，视力：VOD：0.2，VOS：无光感，电生理检查：左眼P_{100}潜伏期延迟；P_{100}振幅降低；（左眼加做FVEP）左眼可诱导出FVEP波形。

2014年3月5日，左眼底见视乳头边界清，色苍白，黄斑中心凹反光消失，视神经萎缩；遮盖右眼，左眼对光、物刺激无瞬目反应；左眼视力光感可疑。视觉诱发电位：左侧P_{100}波潜伏期延长。

被鉴定人伤后左眼出现红肿、视物不清等症状，入院检验提示左眼眼压增高，眼底见左侧视乳头水肿、苍白，视网膜平伏，黄斑中心凹欠配合。影像学诊断提示左侧眼眶内侧壁骨折，左眼前方、球后积血，左侧视神经及眼外肌肿胀，眶周软组织肿胀。伤后3个月检查视力：VOS：无光感，左眼P_{100}潜伏期延迟，P_{100}振幅降低。伤后1年检验左眼瞳孔直接光反射微弱迟钝，乳头边界清，色苍白，黄斑中心凹反光消失，左眼对光、物刺激无瞬目反应，左眼视力光感可疑。视觉诱发电位提示左侧P_{100}波潜伏期延长。综合分析认为，被鉴定人蔡某某符合外伤性所致的左眼视神经萎缩的病理变化过程，现左眼视力为盲目。

第四节　损伤致视野缺损

一、鉴定标准

条款	内容	损伤程度
5.4.1b	一眼视野完全缺损，另一眼视野半径20° 以下（视野有效值32%以下）	重伤一级
5.4.2c	一眼视野半径10° 以下（视野有效值16%以下）	重伤二级
5.4.2d	双眼偏盲或者双眼残留视野半径30° 以下（视野有效值48%以下）	重伤二级
5.4.3d	一眼视野半径30° 以下（视野有效值48%以下）；双眼视野半径50° 以下（视野有效值80%以下）	轻伤一级
5.4.4g	一眼视野半径50° 以下（视野有效值80%以下）	轻伤二级

二、结构与术语

（一）视野

当眼球正视前方一固定目标，在维持眼球和头部不动的情况下，该眼所能见到的空间范围称为视野。视野的大小通常以圆周度表示。视野是法医学鉴定中除视力外另一项重要的指标。

正常视野类似不规则的椭圆形，颞侧最大，下方次之，鼻侧因有隆起的鼻背遮挡而稍小，上方因有上眼睑遮挡为最小，中心偏颞侧有一竖直椭圆形生理盲点。生理盲点位于中心固视点外侧15.5°、水平线下1.5°处，垂直径约7.5°，横径5.5°，系无视觉区。

（二）视野缺损

若受检眼视野的周界缩小或视野的范围内出现不能看见的盲区，则属于视野缺损。依据视野缺损的大致形态特征，可分为向心性缩小、象限性缺损、偏盲、生理盲点扩大等。

（三）视野缺损程度分级（见表6–3）

表6–3　视野缺损的程度

视野缺损程度	视野度数（直径）
视野接近完全缺损	小于5°
视野极度缺损	小于10°
视野重度缺损	小于20°
视野中度缺损	小于60°
视野轻度缺损	小于120°

（四）偏盲

偏盲，指视野的某一部分缺损。分为双颞侧偏盲和同向偏盲（见图6–25）。

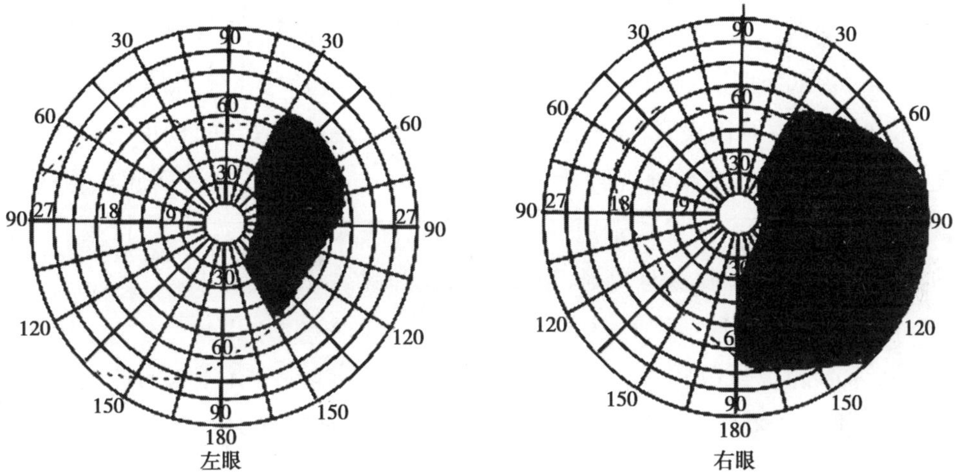

图6–25　同向偏盲

三、检查与诊断

（一）视野的检查方法

一般先查“健”眼，后查“伤”眼；也可先查右眼，后查左眼。疑有伪装视野缺损的，可重复检查，以观察结果的可信度。

对比法视野检查可作为初步筛查有无视野缺损的方法。对于可能存在视野缺损的被鉴定人，应进一步行视野计视野检查。

计算机自动视野计的基本结构包括：（1）固定装置：有固定头部的结构和供被鉴定人固视的注视点；（2）视标及移动装置：视标可有不同直径大小（1mm、3mm、5mm、10mm）（法医学鉴定行动态视野检查时推荐使用5mm直径的视标测定），不同直径的视标，其测得的正常眼的视野值也不同，直径大的视标用于检测周边视野，1mm直径的视标主要供检查中心暗点用；（3）照明：在检查过程中照明的强度不能改变，重复检查时条件亦不能改变；（4）记录装置通常为自动记录。

静态视野检查结果的视敏度变化趋势往往与动态视野检查结果基本吻合，因此，同时运用两种方法，也是鉴别伪装视野缺损的有效手段。

影响视野检查结果通常受下列因素影响：（1）年龄，是影响检查的主要因素。随着年龄的增加，视网膜敏感性逐渐下降，等视线呈向心性缩小。（2）固视情况，在视野检查时，固视的好坏对检查结果精确性影响很大。（3）被鉴定人受检眼的明适应或暗适应程度，在做视野检查的时候，受检眼应充分适应视野计的背景照明。（4）屈光不正，屈光不正不能使光标在视网膜平面形成焦点，检查结果不能代表真实的视野，因此检测时应选择适合的矫正镜。（5）瞳孔大小，过小会严重影响视野检查的结果，但过大则会影响视网膜成像的质量。（6）人为因素，如镜片架边缘、矫正镜片、高假阳性率、高假阴性率、应用的视标、背景照明、刺激时间等，以及被检查者的学习接受能力。

（二）视野缺损的评估

正常眼的视野范围为：颞侧最大，向下次之，鼻侧因有隆起的鼻背遮挡，故稍小，向上因有上眼睑遮挡，为最小。八个方位视野度数正常值分别为：颞侧85度，颞下85度，下侧65度，鼻下50度，鼻侧60度，鼻上55度，上侧45度，颞上55度。

视野缺损通常为以下两种情形：（1）一眼规则性向心性视野缺损，残余视野半径小于60度；（2）一眼不规则性视野缺损，残余视野有效值不足96%。

需评价视野缺损程度时，可通过周边视野检测结果计算得出视野有效值，再换算成视野半径（或直径）。计算时，先在视野检查图上取颞侧、颞下、下侧、鼻下、鼻侧、鼻上、上侧、颞上共八条子午线，读出与视野曲线相交的数值。视野正常的人测得的视野曲线在8条子午线的交点之值合计为500。在计算受检眼的实际视野时，可将所测得的8个方向子午线的实际视野度数值相加，再除以500，获知实测视野有效值。

即：实测视野有效值(%)-(8条子午线实测视野值之和/500)×100%。

根据计算所得视野有效值，查下表(见表6-4)，可以获知其残存视野所相当的视野半径(直径)。

表6-4　视野有效值与残存视野半径、直径对照

视野有效值(%)	视野度数(半径)	视野度数(直径)
8	5°	10°
16	10°	20°
24	15°	30°
32	20°	40°
40	25°	50°
48	30°	60°
56	35°	70°
64	40°	80°
72	45°	90°
80	50°	100°
88	55°	110°
96	60°	120°

举例：右眼动态视野检查情况(见图6-26)[1]。

根据图6-26，该被鉴定人右眼八个方位的实测视野数值分别为：颞侧60度，颞下60度，下方35度，鼻下5度，鼻侧5度，鼻上8度，上方52度，颞上55度。上述数值之和为280度。按上述公式计算，视野有效值为56%，查上表，其右眼残存视野半径为35度(视野直径70度)。

四、鉴定要点

1.视野检查方法的基本原理仍然是心理物理学检验。在视野检查结果不稳定时，要特别注意伪装或其他因素的影响。可用多焦视觉电生理检查对客观视野进行评估。

2.鉴定时机应选择在多次视野检查结果基本稳定后进行，同时应充分考虑造成视野缺损的病理基础。

〔1〕 参见本书附录部分，第420页。

3.注意视力损害与视野缺损的相应关系

视力损害与视野缺损均属视觉功能异常，两者性质、临床表现、检查方法均不同，但都属于眼外伤后损伤程度法医学鉴定中重要的评价指标。若双眼分别存在视力损害与视野缺损，两者可按下表进行折算（见表6-5）。

表6-5　视力损害与视野缺损相应关系

<table>
<tr><th>视力损害分级</th><th>视野缺损分级</th></tr>
<tr><td>轻度或无视力损害</td><td rowspan="2">轻度缺损</td></tr>
<tr><td>中度视力损害（视力损害1级）</td></tr>
<tr><td>重度视力损害（视力损害2级）</td><td>中度缺损</td></tr>
<tr><td>盲目3级</td><td>重度缺损</td></tr>
<tr><td>盲目4级</td><td>极度缺损</td></tr>
<tr><td>盲目5级</td><td>接近完全缺损</td></tr>
</table>

第五节　损伤致斜视或者复视

一、鉴定标准

条款	内容	损伤程度
5.4.4d	斜视；复视	轻伤二级

二、结构与术语

（一）斜视

正常人眼平视前方时为第一眼位，眼球向上方、下方、颞侧、鼻侧注视时为第二眼位，向颞下、颞上、鼻下、鼻上注视时为第三眼位。外伤致一条或多条眼外肌或其支配神经损伤（或麻痹），可致眼球在某一方向或某几个方向的运动受限，造成外伤性斜视。

外伤性斜视的常见原因：（1）眼外肌肌腱断裂。肌腱断裂时立即出现眼球运动障碍，后期可出现复视。（2）眼外肌陷入或嵌顿。如眼眶壁爆裂性骨折，眼外肌嵌顿于骨折的眶壁处，可致眼球运动障碍，引起限制性斜视。（3）眼外肌瘢痕形成。创伤后瘢痕及邻近组织粘连，造成眼位异常及运动受限。(4)眼球移位。眶部外伤致眼球在眼眶内向某一方向发生移位，眼外肌运动不能补偿，可致眼球运动受限。(5)运动神经损伤。如外展神经、滑车神经、动眼神经损伤，可引起相应的眼位异常及运动受限。

(二)复视

存在眼位异常或眼肌麻痹等因素时，可导致双眼视物重影，称复视。复视即物体在双眼视网膜的非对应部位被感知而成为两个物像。

外伤性复视的常见原因有：(1)眼外肌的损伤如水肿、离断等；(2)支配肌肉的运动神经麻痹；(3)眼外肌、眼球、悬韧带、眶骨膜和筋膜嵌顿骨裂隙内；(4)局部瘢痕粘连等。

需注意有时可因眼睑肿胀、眼内组织或视神经损伤致视力低下而掩盖复视症状。

三、检查与诊断

(一)临床表现

(1)眼位不正。双眼向麻痹方向转动时，斜视角加大，第二斜视角大于第一斜视角；(2)复视；(3)伤眼向麻痹肌方向转动时，出现转动不全或完全受损，代偿性头位偏斜。

(二)功能检查

观察双眼相对眼位，测定眼位偏斜角度，眼睑眼球运动是否受限，测定有无复视及其性质。常见的检查方法有：遮盖检查、斜视角检查、单眼运动检查、双眼运动检查等。鉴定实践中常用的方法有遮盖-去遮盖试验、交替遮盖试验、角膜映光法、同视机法、遮盖加三棱镜试验、单眼运动检查、双眼运动检查等。

四、鉴定要点

1.在实际鉴定中，需注意与自身疾病引起的斜视或者复视加以辨别，如颅内占位性病变、代谢性疾病、肿瘤转移、血液循环障碍、神经肌肉病变以及退行性病变等系统疾病。

2.斜视和复视既与眼附属器的结构密切相关，同时又直接关系到眼的视觉功能。鉴定中宜注意密切观察诊疗过程中的功能改变特点，必要时应了解伤前情况。

3.虹膜根部离断、晶状体脱位或半脱位等眼外伤可引起单眼复视，不属于本条款规定的情形。

4.合并视力损害的，应以其视力损害程度对其伤情进行评定。

案例6-8　外伤性斜视并盲目的法医学鉴定

2014年4月5日下午，韩某某（男，1974年出生）与他人发生纠纷被人打伤头部。

2014年4月5日入院时头痛呕吐，自诉有短暂昏迷史。检查：烦躁不安，嘴唇可见缝合伤口，脑电图示轻度异常脑电图，头部CT示左侧枕叶高密度影，考虑脑挫伤，MRI示左侧颞枕交界区小斑点状异常信号，考虑脑挫裂伤出血。

2014年4月18日眼科会诊记录：VOD 1.2 VOS 指数，左眼角膜尚明，瞳孔圆，光反射消失，眼底见视乳头界清，色苍白。

2014年4月21日视神经诱发电位检查示左侧VEP异常，左眼视乳头环形扫描示RNFL完全消失，眼科诊断为左眼视神经萎缩。

2014年4月29日查体：VOD 1.2 VOS指数/2尺，左眼瞳孔6毫米，对光反射迟钝，玻璃体混浊，视盘色淡，左侧VEP异常。

2014年6月27日CT示右额顶慢性硬膜下血肿，住院行“右额顶慢性硬膜下血肿钻孔置管外引流术”，术中见暗红色陈旧性血液流出。

2014年10月10日检查：VOD 1.0 VOS 指数/眼前，左眼外斜视，角膜(-)，前房清，瞳孔3.5毫米，对光反射消失，视盘界清，色苍白，网膜平，黄斑反光不佳。

2014年12月1日检查：左眼光感，右眼1.5。诱发电位示左侧P_{100}波分化不清。

2015年4月22日检查：VOD 1.2 VOS 指数/尺，左眼外斜视5°～10°，左眼角膜透明，瞳孔轻度散大，光反射迟钝，视盘边界清，色淡。

被鉴定人伤后行头颅CT及MRI检查，示左枕叶脑挫裂伤，无视觉障碍；伤后半个月诉左眼视物模糊，行视神经诱发电位检查示左侧VEP异常，左眼视乳头环形扫描示视网膜神经纤维层完全消失，继而左眼视力继续下降，说明被鉴定人左眼视神经萎缩诊断成立。伤后一年鉴定时检查:左眼外斜视,VOS指数/尺,左眼瞳孔轻度散大,光反射迟钝,视盘边界清;上述病程符合视神经萎缩的病理变化过程。根据病程特点,结合调查既往未发现有眼科就诊病史,分析认为被鉴定人韩某某左眼视神经萎缩与2014年4月5日外伤有关。

(肖圣兵)

参考文献

1.赵勘兴、杨培增:《眼科学》,人民卫生出版社2008年版。

2.刘技辉:《法医临床学》,人民卫生出版社2016年版。

3.刘瑞珏、夏文涛:《眼科司法鉴定实务》,科学出版社2014年版。

第七章　耳损伤

耳又称前庭蜗器，是人的听觉和位觉感受器（见图7-1）[1]。从解剖学上，耳由外耳（耳廓、外耳道、鼓膜）、中耳（鼓室、咽鼓管、乳突窦、乳突小房）和内耳（骨迷路、膜迷路）三部分组成，其中外耳道的骨部、中耳、内耳和内耳道包含于颞骨内。从生理学上，外耳、中耳是声波的传导装置，是耳的附属器，位于内耳的听感受器（听器）和位觉感受器（平衡器）分别感受声波刺激和头部位置变动、重力变化和运动速度刺激，二者的功能虽不同，但在结构上关系密切。此外耳还具有保持容貌完整性的作用。

耳损伤是法医学鉴定中较常见的损伤，可单独发生，亦可合并发生。耳损伤后常伴有耳鸣、耳痛，听觉、平衡等功能障碍与容貌毁损。耳损伤除涉及原发性损伤的鉴定外，对于遗留听功能障碍的，应注意把握鉴定时机、损伤与损害后果之间的关系以及伤病关系的分析论证。

本章耳损伤内容主要包括耳的结构损伤以及听力功能、前庭平衡功能损伤程度的鉴定。

第一节　耳廓损伤

耳廓显露于外，易遭受各种机械性损伤以及烧伤、冻伤等，其中以擦挫伤及撕裂伤多见。

---

〔1〕 参见本书附录部分，第421页。

一、鉴定标准

条款	内容	损伤程度
5.2.2k	耳廓离断、缺损或者挛缩畸形累计相当于一侧耳廓面积50%以上	重伤二级
5.2.3j	耳廓离断、缺损或者挛缩畸形累计相当于一侧耳廓面积30%以上	轻伤一级
5.2.4l	耳廓创口或者瘢痕长度累计6.0cm以上	轻伤二级
5.2.4m	耳廓离断、缺损或者挛缩畸形累计相当于一侧耳廓面积15%以上	轻伤二级
5.2.5f	耳廓创	轻微伤

二、结构与术语

（一）解剖生理

耳廓位于头部两侧，一般与头颅约成30度角，左右对称，由弹性软骨和结缔组织构成，表面覆盖着皮肤，分前（外）面和后（内）面。耳廓前（外）面凹凸不平，主要表面标志有：耳轮、耳轮脚、耳轮结节、三角窝、舟状窝、耳屏、对耳屏和耳屏间切迹等（见图7-2）[1]。

耳廓的形状有利于收集声音、聚集声波能量，还可以判断声源的位置。耳廓缺损、畸形后一方面使容貌明显改变，影响面容的整体美观；另一方面使声音的传导受到一定的影响。

（二）损伤特点及术语

耳廓皮肤与软骨粘连紧密，皮下组织少，外伤后发生肿胀时，易压迫神经致剧痛。若有血肿或渗出物极难吸收，血肿机化可使耳廓明显增厚变形。如处理不当，可发生软骨膜炎、软骨坏死，纤维化和瘢痕挛缩，耳廓增厚、卷曲，正常支架结构和轮廓消失，耳廓挛缩畸形，影响容貌。

交通事故、咬伤、切割伤等可造成耳廓离断伤，包括耳廓全部或部分完全离体或仅残存少量皮肤相连（见图7-3）[2]。

外伤、感染等造成耳廓软组织、血管严重损伤后，耳廓部分或完全坏死、无法存活，或因医疗所需予切除可造成耳廓部分或全部缺损（见图7-4）[3]。

---

〔1〕 参见本书附录部分，第421页。
〔2〕 参见本书附录部分，第422页。
〔3〕 参见本书附录部分，第422页。

另外，因耳廓血管位置浅表、皮肤菲薄，故易冻伤。

三、检查与诊断

（一）临床症状

耳廓损伤可表现为局部红肿、擦伤，挫裂创、出血，组织缺损甚至耳廓部分或完全离断，并伴有触痛、压痛、牵拉痛等不适症状。鉴定时应注意观察并详细记录耳廓的形态、大小，是否有缺损、畸形，解剖标志是否清楚或消失等。

（二）测量方法

由于耳廓表面不平整、形态不规则，耳廓缺损或畸形的面积测量是临床法医鉴定的难点。目前常用的方法有毫米平方格坐标纸法、棉纸粘贴比拟片法和数码照相图像软件处理法等（见图7-5）[1]。

耳廓创痕长度的测量推荐使用可随意弯曲、定形、伸缩性较小的细铜丝紧贴耳廓表面，依照不规则创痕形状弯曲，使其与创痕长度吻合，标记起始点后将细铜丝拉直，用直尺测量长度。该方法亦可用于其他部位体表不规则创痕长度的测量。

四、鉴定要点

1.耳廓离断，经再植、再造手术存活的，按当时损伤情形鉴定损伤程度。认定耳廓离断应要求委托鉴定单位提供当时损伤的相关证据材料予以证实。

2.耳廓缺损、畸形如有明确且充分的证据证明外伤后因其他外因介入如医疗不当或伤者自伤等人为因素加重的，应以原发性损伤即当时损伤的伤情评定其损伤程度，否则应以损伤的最终结局评定伤者的损伤程度。

3.耳廓缺失面积、创痕长度测量应采取多人多次或多方法进行，然后计算平均值，力求结果更准确。

4.耳廓贯通创、撕裂创所致的创口或者瘢痕，按耳廓前后分别测量累加计算长度，长度达到6cm以上评定为轻伤二级，不足则评定为轻微伤。

5.耳廓擦伤、挫伤、血肿可比照头皮损伤的相应条款（5.1.5b）鉴定损伤程度。

---

〔1〕 参见本书附录部分，第422页。

第二节　外耳道损伤

轻度的外耳道损伤多因挖耳或器械操作不慎所致；严重的外耳道损伤见于锐器、高温烫伤或化学腐蚀所致。颅脑损伤或颌面部损伤有时也可合并外耳道损伤，常见的如鼓室骨折可波及外耳道内2/3的骨性部分，乳突外伤、手术不慎，可后遗外耳道狭窄或者闭锁。

一、鉴定标准

条款	内容	损伤程度
5.3.3b	双耳外耳道闭锁	轻伤一级
5.3.4e	一耳外耳道横截面1/2以上狭窄	轻伤二级

二、结构与术语

（一）解剖生理

外耳道是人体唯一被覆皮肤的盲管，起自耳甲腔底，向内止于鼓膜，略呈S形弯曲，长2.5～3.5cm，成人外耳道外1/3为软骨部，内2/3为骨部。外耳道皮下组织甚少，皮肤与软骨膜和软骨紧密相贴，当感染肿胀时易导致神经末梢受压而引起剧痛。外耳道主要功能为收集、传导声波，并保护耳深部结构。

（二）名称术语

外耳道狭窄、闭锁：外耳道损伤后因结缔组织增生、瘢痕收缩或骨折移位等可造成外耳道狭窄或闭锁，外耳道狭窄或闭锁可对伤者听力造成影响。

外耳道闭锁也可为先天性改变，进行损伤程度鉴定时应注意加以鉴别。

三、检查与诊断

（一）临床表现

外耳道损伤早期可见外耳道皮肤撕裂，表现为外耳道肿胀、渗血、皮下积血及皮肤破损。若继发感染发生严重的外耳道炎，外耳道内可见肉芽组织增生。后期常因结缔组织增生，纤维隔形成，造成外耳道瘢痕性狭窄甚至闭锁（见图7-6）[1]。

外伤性外耳道狭窄可无自觉症状，耳镜检查可见患侧外耳道较健侧狭小，部位多在外耳道峡部，使耳腔分泌物、角蛋白碎屑排出受阻，轻者可影响听力，重者可发生外耳道胆脂瘤（见图7-7）[2]。

（二）检查方法

外耳道炎症导致的外耳道狭窄或者闭锁临床常规耳镜检查即可明确，继发外耳道胆脂瘤可累及鼓膜中耳和乳窦，X线检查了解中耳及乳突情况。

单纯外耳道骨折较少见，多合并头颅或面颅的骨质损伤，外耳道骨折可有外耳道骨部畸形或外耳道塌陷，CT扫描检查可以明确诊断。

外耳道狭窄或者闭锁引起传导性聋，可行纯音测听、听觉诱发电位等检查了解听力下降的程度。

四、鉴定要点

1.根据外伤史、伤后表现，并结合临床检查，确定与外伤的因果关系。通常用外耳道窥镜摄像或MRI判断外耳道狭窄的程度。

2.双侧外耳道均闭锁应与先天性外耳道闭锁相鉴别，先天性外耳道闭锁常伴有耳廓或中耳的畸形，大多需要手术，手术所见可以证实合并其他部位的畸形。

3.单纯外耳道狭窄一般不会造成听力减退41分贝以上，损伤程度以外耳道狭窄程度评定伤情，听力测试可不作为必须检查项目。

第三节　鼓膜损伤

鼓膜最常见的损伤为外伤性鼓膜穿孔，直接外力（如挖耳、外耳道异物、颞骨骨折等）或间接外力（如掌击耳面部、爆震伤等）均可导致鼓膜穿孔，法医临床鉴定遇到的绝大多数为间接外力所致的鼓膜穿孔。

〔1〕 参见本书附录部分，第422页。

〔2〕 参见本书附录部分，第423页。

一、鉴定标准

条款	内容	损伤程度
5.3.4a	外伤性鼓膜穿孔6周不能自行愈合	轻伤二级
5.3.5a	外伤性鼓膜穿孔	轻微伤

二、结构与术语

鼓膜位于外耳道与鼓室之间，为一半透明膜，幼儿呈圆形，成人为椭圆形。成人鼓膜长径约9mm，宽约8mm，厚约0.1mm。鼓膜周缘较厚，下3/4固定于鼓膜环沟内，坚实紧张，为紧张部。其前下部有一三角形的反光区，称光锥。鼓膜上1/4的三角形区，薄而松弛，为松弛部。组织学上鼓膜从内向外分为三层，分别为粘膜层、固有层、非角化鳞状上皮层，鼓膜穿孔后仅内层和外层可以再生。

为便于描述，临床上常沿锤骨柄作一假想直线，另经鼓膜脐作一与其垂直相交的直线，将鼓膜分为前上、前下、后上、后下4个象限（见图7-8）[1]。

鼓膜通过振动将声波传递到中耳，鼓膜的振动完全跟随声波，具有良好的频率响应特性和较小的失真性。另外，鼓膜还具有保护中耳、声能增益及阻抗匹配的作用。

三、检查与诊断

（一）临床表现

鼓膜破裂即刻出现耳痛、耳鸣、听力减退，有时少量血液从外耳道流出或擤鼻时空气从耳内溢出。如合并内耳损伤时则有眩晕、恶心，混合性或感音性耳聋，合并颅底骨折时可有脑脊液耳漏。

（二）损伤机制

间接外力多见于压力性损伤，如掌击耳部、爆震伤。当外耳道内空气压力突然改变，超过一定生理限度致使鼓膜破裂。

直接外力导致的鼓膜穿孔常见于异物刺伤，或者腐蚀性化学物质，或者高

---

〔1〕 参见本书附录部分，第423页。

温液体灼伤等。颞骨岩部纵行骨折也可造成鼓膜撕裂。此外鼓膜穿孔亦常见于造作伤。

(三)检查方法

耳镜检查可以直接观察鼓膜穿孔的位置、形态,是诊断鼓膜穿孔、鉴别穿孔形成机制最直观、有效的手段(见图7-9)[1]。间接损伤穿孔多发生在鼓膜紧张部,穿孔多为一个,早期多呈裂隙状、梭形,有时可呈三角形、不规则形,穿孔边缘锐利、不整齐或内翻,有少量出血或附有血痂,1周左右穿孔边缘增厚,形状圆钝。直接损伤穿孔常位于紧张部后上象限,穿孔形态各异,类似刺入物横截面;颞骨骨折合并鼓膜穿孔的,鼓膜裂伤始于上方,有外耳道出血或脑脊液耳漏。

声阻抗检查鼓室图因漏气无法引出呈B型,故在耳镜检查不能明确穿孔是否愈合时,可结合声阻抗检查予以确定。

纯音听力测试表现为传导性轻度听力障碍。双侧乳突X线多表现为双侧鼓室正常或伤侧硬化。

四、鉴定要点

1.法医临床学鉴定时应明确耳部外伤史、临床症状与体征,行内窥镜检查照相,确定为外伤性鼓膜穿孔才能参照《标准》进行损伤程度鉴定。

2.鉴定时应注意观察、记录鼓膜穿孔的形态、大小和部位,以及有无出血等外伤性特征。结合外伤史、临床表现以及内窥镜照相记录的鼓膜穿孔初期表现和损伤的演变、转归等,为鉴定提供客观依据。

3.鼓膜穿孔后因治疗或护理不当易继发感染化脓,可延迟或影响穿孔的愈合。笔者认为除能证明被鉴定者为延迟穿孔愈合时间,故意造成感染外,对外伤性鼓膜穿孔后继发感染化脓6周不能自行愈合的,可评定为轻伤二级。

4.外伤性鼓膜穿孔后随着时间的延长以及继发感染化脓,穿孔形态可发生变化,逐渐变成类圆形或圆形,对鉴别鼓膜穿孔性质带来困难。鉴定时,对耳面部有明确外伤史,自诉有耳痛、耳鸣、听力减退等症状的,应及时进行乳突CT、高分辨鼓膜内窥镜检查、摄像,建议每隔1～2周定期复查耳镜至鼓膜愈合,或者在鼓膜未愈合情况下,定期复查时间须满6周。

---

〔1〕 参见本书附录部分,第424页。

5.外伤性鼓膜穿孔鉴定为轻伤二级应严格把握6周不能自行愈合的期限。对6周内自行鼓膜修补的，因不能确定其6周内是否自行愈合，评定为轻微伤。

6.病理性鼓膜穿孔、鼓膜穿孔造作伤鉴别。

慢性化脓性中耳炎所致鼓膜穿孔常有反复流脓病史，表现为混合性聋，以大穿孔为多见，周围无充血或血痂，可有脓性分泌物，穿孔形态多为圆形或椭圆形，边缘圆钝、整齐，有上皮覆盖，未穿孔部位厚薄不一，有时可见钙化斑（见图7-10）[1]。乳突CT片多呈硬化型改变，气房密度增高或有骨质破坏（见图7-11）。

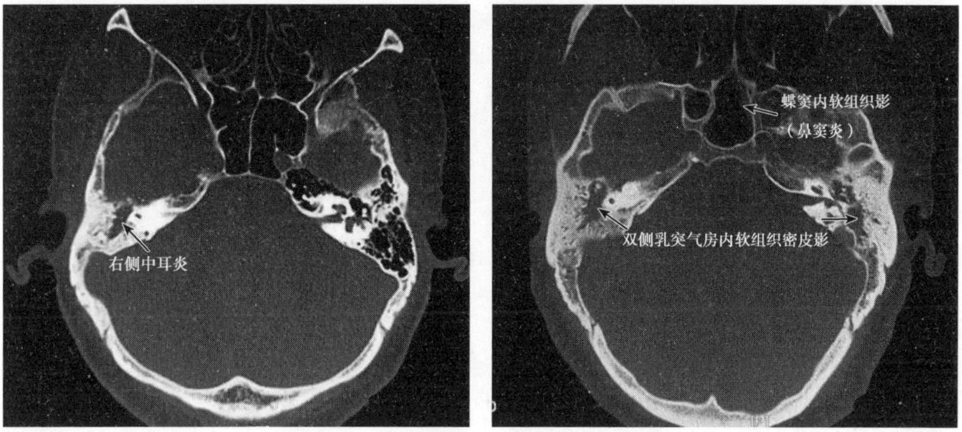

图7-11　乳突硬化，气房密度增高

鼓膜穿孔造作伤耳面部外伤史常不明确，常缺乏伤后临床表现记录，耳镜检查外耳道通常会出现人为损伤痕迹，鼓膜穿孔的形态、部位、数量及病理演变等常与压力性损伤导致的穿孔不相符。

案例7-1　鼓膜穿孔的法医学鉴定

简要案情：2017年11月17日，沈某某（女，32岁）与他人发生厮打，沈某某面部多处抓伤，其自诉左耳疼痛，要求鉴定。

资料摘要：伤后2小时入院，病历中无耳部损伤记录，耳镜检查提示双耳外耳道通畅，左耳鼓膜可见穿孔，边缘圆钝，右耳鼓膜完整，标志清晰。2018年1月11日中耳CT提示双侧乳突呈气化型，气房气化良好，两侧中耳、内耳各结构、听小骨形态、位置正常，局部未见骨质破坏及硬化环。伤后多次复查

〔1〕 参见本书附录部分，第425页。

（伤后2小时、14天、28天、43天及2个月）耳镜检查穿孔形态（见图7-12）[1]。

分析说明：沈某某受伤后主诉左耳疼痛，入院查体病历资料无耳部损伤记录，伤后耳镜检查左耳鼓膜中央较大穿孔，边缘圆钝，外耳道无血迹，鼓膜无充血，后多次复查耳镜，鼓膜穿孔形态、大小无明显变化，不符合外伤性鼓膜穿孔特征及愈合转归演变，且耳部外伤史不明确，此例鼓膜穿孔应为伤前即存在的病理性穿孔，故不宜对该鼓膜穿孔进行损伤程度鉴定。（本案例由阜阳市公安局提供）

第四节　中耳损伤

中耳损伤多并发于颅脑损伤、颞骨骨折特别是纵行骨折。法医临床鉴定常见中耳损伤为听骨骨折或脱位、听骨链固定以及鼓室内积血等。

一、鉴定标准

条款	内容	损伤程度
5.3.4b	听骨骨折或者脱位；听骨链固定	轻伤二级
5.3.5b	鼓室积血	轻微伤

二、结构与术语

（一）解剖生理

中耳介于外耳和内耳之间，是位于颞骨中的不规则含气腔和通道，由鼓室、咽鼓管、乳突窦和乳突小房组成，其中与听觉功能关系最直接的是鼓室（见图7-13）[2]。

鼓室为颞骨内最大的不规则腔隙，位于鼓膜与内耳之间。鼓室内含有三块听小骨、两块肌、一根神经和与大气压相等的空气。鼓室内的锤骨、砧骨和镫骨三块听小骨在鼓膜与内耳迷路的前庭窗之间以关节和韧带连接成听骨链

〔1〕 参见本书附录部分，第426页。

〔2〕 参见本书附录部分，第427页。

（见图7-14）[1]，组成杠杆系统。

（二）名词术语

听骨链：锤骨、砧骨和镫骨以关节相连，锤骨柄附着于鼓膜，镫骨底与卵圆窗膜相连，砧骨居中连接锤骨和砧骨，三块听小骨形成一个两壁之间呈固定角度的杠杆，将鼓膜振动传入内耳。

三、检查与诊断

（一）临床症状

外伤性鼓室积血常合并颞骨骨折，临床表现为耳闭、听力下降。鼓膜未破时，鼓膜呈蓝色，唾液中可带血；鼓膜破裂时，有血液自外耳道流出。鼓室积血继发感染或血肿机化、纤维素渗出，可致听小骨之间粘连、固定，听骨链受损。

听骨链损伤后即有耳痛、耳鸣及传导性听力下降，可伴有眩晕、鼓膜撕裂等。当伴有严重颅脑外伤时，早期脑外伤症状可遮盖听骨损伤症状。

（二）损伤机制

听骨链损伤多发生于头部或耳部受到外界暴力打击或爆震伤。听骨链离断主要由于头部突然受到加速或减速暴力作用，鼓膜张肌强力收缩以及骨折碎片直接作用所致。此外，临床还常见医源性损伤导致的听骨链损伤。

听骨链损伤最常见的是砧镫关节脱位，这与砧骨长突与镫骨的连接较为薄弱，容易脱位、骨折有关，其次为砧骨长突骨折或砧骨分离、锤骨柄骨折或锤骨分离、镫骨骨折。

（三）检查方法

耳镜检查见鼓膜可有无撕裂，可有鼓室积血，甚至卵圆窗破裂。鼓膜外观完整时可进行声导抗测试，听骨链中断表现声顺值增高，鼓压曲线呈Ad型，有粘连或固定形成时，鼓压曲线呈As型。

纯音测听患耳多呈传音性听力下降，听力损失多大于50dB HL，但一般不会超过60dB HL，暴力大可使卵圆窗破裂、毛细胞神经以及听神经损伤，则合并感音性听力下降。

听性脑干反应可以出现各波潜伏期顺序延长，Ⅰ～Ⅴ波间期在正常范围。

〔1〕 参见本书附录部分，第427页。

中耳高分辨螺旋CT扫描提示中耳出血，或者颞骨骨折累及中耳，或者听小骨位置改变，能提高听骨链损伤诊断率，协助判明损伤性质（见图7-15、图7-16[1]）。

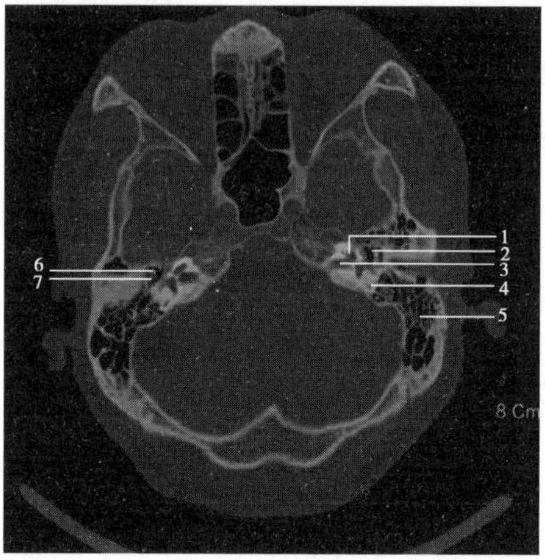

1.耳蜗　2.鼓室　3.内耳道　4.半规管　5.乳突　6.锤骨　7.砧骨

图7-15　正常中耳及内耳CT

四、鉴定要点

1.中耳损伤鉴定时应首先明确头部或耳部外伤史，结合临床表现、影像学检查以及听力学检查结果综合判定。

2.凡头部外伤后有听力障碍、鼓室积血或鼓膜破裂出血，或有眩晕，或有面瘫者应考虑颞骨骨折。通过影像学和听功能检查可以明确损伤部位、损伤程度与损害后果。X线可显示骨折线，但X线未发现骨折时仍不能排除颞骨骨折，需进行颞骨薄层CT扫描。

3.单纯鼓室积血，未发生继发感染、血肿机化，经治疗或自行多在1～2周内吸收，一般不会对听力造成损害，评定为轻微伤。外伤后出现听骨链损伤的临床表现，经影像学检查结合声导抗检查结果，确诊为听骨链骨折或者脱位，评定为轻伤二级。

4.听骨链固定见于外伤后鼓室积血继发听骨链固定，中耳炎及耳硬化症亦可以出现听骨链的固定。鉴定时应注意与伤前中耳炎、耳硬化症的鉴别。

---

〔1〕 参见本书附录部分，第427页。

耳硬化症为双耳或单耳渐进性听力下降，伴有耳鸣，多为低频性、持续性或间歇性。患者在一般环境中分辨语音困难，在嘈杂环境中听辨能力反而提高（韦氏误听现象）。耳镜检查鼓膜较薄或正常，可以透红征；纯音听力测试以传导性听力障碍为主，骨导曲线在2kHz下降（Carhart切迹），晚期为混合性聋；声导抗鼓室图多呈As型，声顺降低，镫骨肌反射消失；乳突X线显示气化良好，颞骨薄层CT检查常可比较清晰显示骨迷路硬化源，有时可见耳蜗广泛骨质疏松，呈“双环征”。

5.鼓室损伤合并听力损害、面神经损伤的，应在伤后3～6个月后依据《标准》相关条款进行评定。

第五节　听力损伤

声音通过空气传导与骨传导传入内耳，以空气传导为主。空气传导声波经外耳道传入，再经鼓膜、听骨链、前庭窗，引起耳蜗螺旋器上的基底膜振动，刺激毛细胞，发出感音神经冲动，经听神经纤维传入脑干及更高的听中枢，引起听觉。当头部受到外伤后引起听觉传导径路上任一环节出现病变都会引起不同程度的听力障碍。

一、鉴定标准

条款	内容	损伤程度
5.3.1a	双耳听力障碍（≥91dB HL）	重伤一级
5.3.2a	一耳听力障碍（≥91dB HL）	重伤二级
5.3.2b	一耳听力障碍（≥81dB HL），另一耳听力障碍（≥41dB HL）	重伤二级
5.3.2c	一耳听力障碍（≥81dB HL），伴同侧前庭平衡功能障碍	重伤二级
5.3.2d	双耳听力障碍（≥61dB HL）	重伤二级
5.3.3a	双耳听力障碍（≥41dB HL）	轻伤一级
5.3.4c	一耳听力障碍（≥41dB HL）	轻伤二级
5.3.5c	外伤后听力减退	轻微伤

二、名词术语

（一）听力障碍

由于损伤或者疾病等原因，导致听觉系统解剖结构完整性遭受破坏，或者功能障碍，出现的听力损失或者丧失。

（二）听阈

听阈是指刚能引起人耳听觉的最小声强值，阈值越高表示听力越差，听阈低表示听力好。听阈一般用听力级的分贝数（dB HL）来表示。

（三）听力

听觉系统对声音的感受能力和分辨能力，临床上通常以听阈的高低来表示，正常听力为25dB HL以下。

（四）听力零级

听力零级是某国家或地区健康青年正常耳听阈的声压级（SPL）统计的平均值，是纯音听力计上听力损失或听力级为“0”分贝的含义值，它代表一个国家或地区的听力标准。

（五）听力级（dB HL）

听力级是指人耳在某一频率的听阈比正常听阈（听力零级）高出的分贝数。

（六）正常听力级（dB NHL）

正常听力级各实验室进行听觉脑干诱发电位（ABR）测试建立的，由一组正常听力年轻人能听到的刺激声信号的最小刺激声强度的平均值。

（七）主观测听

主观测听又称为行为测听，依靠受检查者对声刺激信号进行主观判断，然后作出某些行为反应。主观测听结果易受受检查者年龄、智力、文化程度、主观心理等因素支配。

（八）客观测听

客观测听以受检查者接受声音刺激后引起生理反应，判断受检查者的听力状况及受损部位。不受受检查者年龄、智力、精神状态等主观因素影响，检查结果客观、准确性高。

（九）传导性聋

传导性聋系传音、变压结构受损，使声波达到内耳的声能量减低，神经末梢所受到的刺激减弱，导致听力减退，病变部位主要位于外耳和中耳。常见的损伤有耳廓缺损、外耳道狭窄、外伤性鼓膜穿孔、听骨链中断、鼓室积血（液）等。一般听力损失不超过60dB HL，可伴有低调耳鸣。

（十）感音性聋

感音性聋也称耳蜗性聋，其病变位于耳蜗，主要是由于耳蜗螺旋器听毛细胞损害所致。由于感音性聋和神经性聋的临床表现基本一致，过去统称为感音神经性聋，常见损伤为内耳（迷路）震荡伤。

（十一）神经性聋

神经性聋也称蜗后性聋，其病变主要位于听神经、耳蜗核、脑干、中脑或听皮层，因听神经及传导路径损害而导致听力障碍，称为神经性聋，常由颞骨骨折、脑挫裂伤造成。

（十二）混合性聋

混合性聋是指耳的传音系统和感音神经系统均有损害，表现为传导性聋和感音神经性聋双重特点。

三、检查与诊断

损伤性听力障碍鉴定时须确证有头部或耳部外伤史，有头部、耳部或者颅脑损伤的临床表现，如头晕、呕吐、眩晕、听力下降等，鼓膜、鼓室损伤具有外伤性特性等。颞骨薄层CT扫描有时可见迷路水肿、出血，排除疾病或畸形，必要时行内耳MRI检查。

听力障碍程度的确定应使用现有的听力学技术和方法，尽可能采取多种测试项目组合，多种测试指标相互印证，综合评定。

（一）主观听力测试法

目前法医临床学检查最常用的主观听力测试方法为纯音听力测试，包括气导听阈和骨导听阈测试。

根据纯音听阈图的不同特点，可对耳聋作出初步诊断。

1.传导性聋

骨导阈值正常或接近正常；气导阈值提高，一般不超过60dB HL；气、骨导之间差值大于10dB，一般不大于60dB；气导曲线平坦，或低频听力损失较重，呈曲线上升型（见图7－17）。

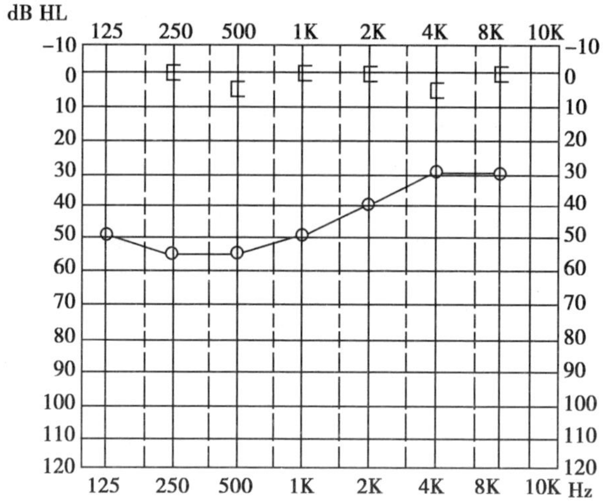

图7-17　右耳传导性聋

2.感音神经性聋

气、骨导曲线呈一致性下降，一般高频听力损失较重，听力曲线呈渐降型或陡降（见图7-18）。

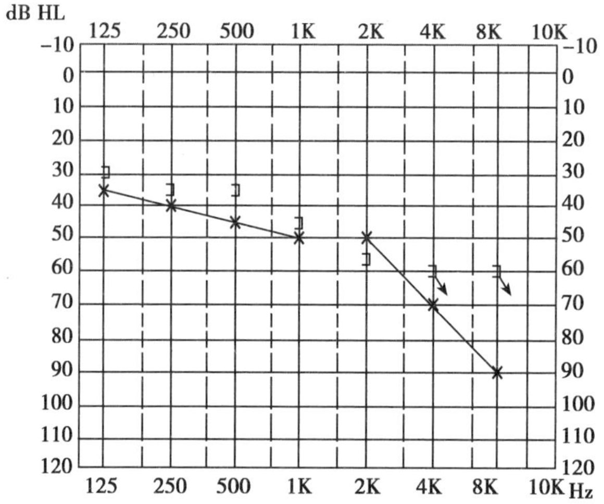

图7-18　左耳感音神经聋

3.混合性聋

兼有传导性与感音神经性聋的听力曲线特点，存在气骨导差；部分可表现为低频段，以传导性聋的特点为主；高频段的气、骨导曲线一致性下降（见图7-19）。

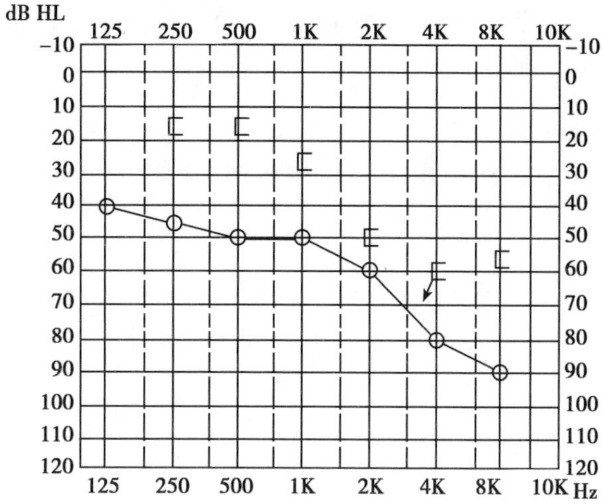

图7-19　右耳混合性聋

纯音听力测试受试者主观因素影响，法医损伤鉴定时受试者常伪装或夸大听力受损，故鉴定中不单独使用。如短时间内（1～2天）在相同条件下重复测试，如测试结果的相关性较好，误差在10dB以内，可作为行为听阈。如果两次测试结果相关性不好，提示伪聋或有夸大情况，或纯音气导各频率（0.5kHz、1kHz、2kHz、4kHz）听阈均值提示听力障碍在41dB HL以上的，应进行客观听力测试。

（二）客观听力测试法

目前应用较广泛的有听觉诱发电位测试和声导抗测试。

听觉诱发电位测试是通过测定声刺激所诱发的耳蜗、脑干及大脑皮层等部位产生生物电变化，了解被检查者听觉系统功能状态。可以准确地测定听力障碍的性质及程度，以及损伤的部位等，是目前临床最具实用价值的客观测听法。测试项目包括短声听性脑干反应、耳蜗电图、40Hz听觉相关电位、多频稳态反应等。

声导抗测试客观测试中耳传音机构是否正常，听骨链是否中断、硬化，咽鼓管是否通畅，鼓室内有无负压、积液、粘连。可鉴别感音性聋是由于耳蜗感受的病变还是由于蜗后神经病变引起。常规进行鼓室图和声反射阈测试。

在听阈评估时，听力学单位一律使用听力级（dB HL）。进行听力测试的实验室应建立不同项目听觉诱发电位反应阈与纯音听阈之间相关性的基础数据，取得反应阈与纯音气导听阈之间的修正值，听觉诱发电位反应阈经修正后可以等效为该频率的听力级。

1.短声听性脑干反应

利用声刺激诱发潜伏期在10ms以内的脑干反应，听性脑干反应由7个正波组成（见图7-20）。

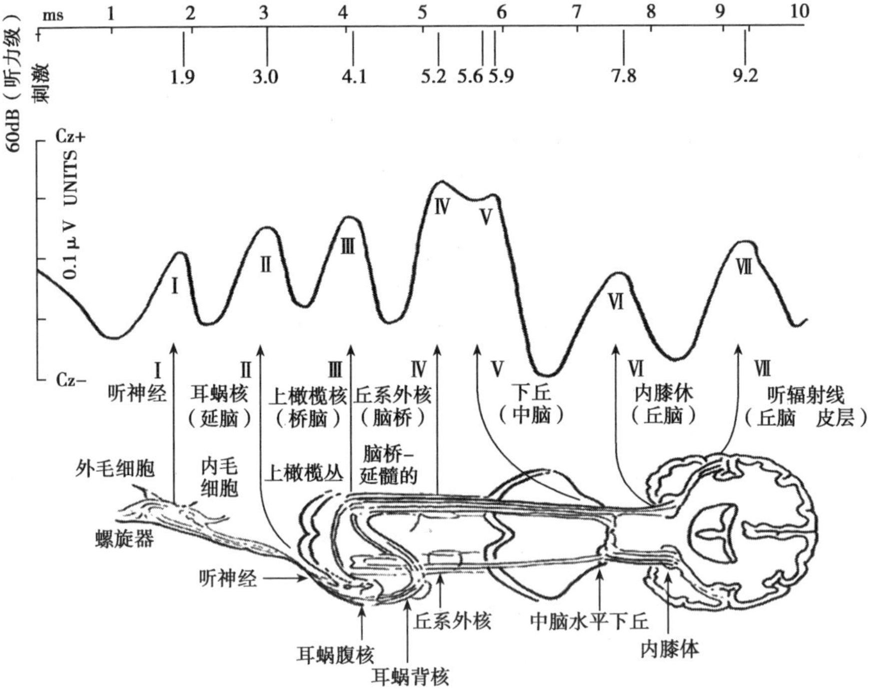

图7-20　听性脑干反应7个典型波及来源示意图

临床上采用最稳定的Ⅰ、Ⅲ、Ⅴ波潜伏期，Ⅰ~Ⅲ、Ⅲ~Ⅴ、Ⅰ~Ⅴ波峰间时（IPL），两耳Ⅴ波潜伏时和Ⅰ~Ⅴ波峰间期时差（ILD）判断听神经至下丘核听通路状况，利用Ⅴ波阈值判断中高频（2～4kHz）的听敏度。听性脑干反应测试具有不受被测试者意识状态（催眠、昏迷、镇静剂、麻醉）影响的优点。

一般情况下，受试者听觉诱发电位反应阈（dB NHL）要比其行为听阈高（dB HL）10～20dB（该差值又称“修正值”），即受试者的行为听阈等于其听觉诱发电位反应阈减去“修正值”。听觉诱发电位检测实验室如果没有自己的“修正值”，则取平均值（15dB）作为“修正值”。听觉诱发电位测试时，若最大输出声强仍引不出反应波形的，以最大输出声强为反应阈值。

2.40Hz听觉相关电位

其频率特性可以反映0.5kHz、1kHz、2kHz频率的听敏度，测定的反应阈与听性脑干反应一样需减去校正值后才是受试者的行为听阈。需注意，一般医院常规在睡眠状态下进行40Hz听觉相关电位测试，睡眠状态下测试的反应阈值比清醒状态下测试的反应阈值高5～10dB。

3.耳蜗电图

对蜗性听力减退有诊断意义，其反应阈值高于听阈10dB。

4.鼓室图测试

正常鼓室图呈“人”字形曲线。正常峰值点在±50daPa，峰值为0.3～1.6mL。鼓室图分型如下（见图7-21）：

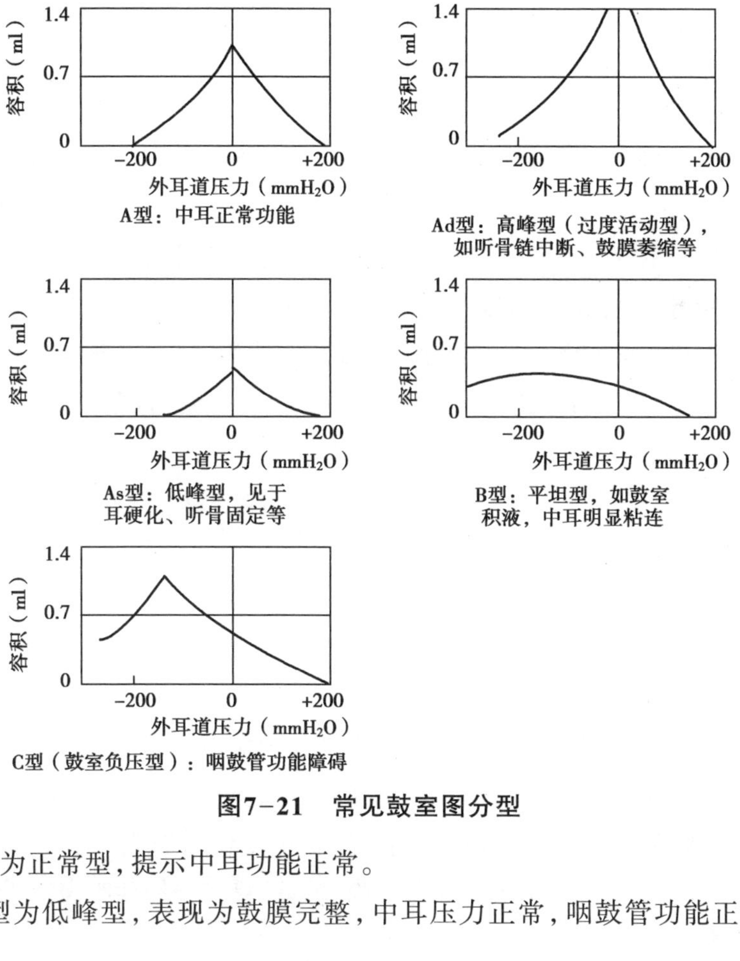

图7-21　常见鼓室图分型

A型为正常型，提示中耳功能正常。

As型为低峰型，表现为鼓膜完整，中耳压力正常，咽鼓管功能正常，但鼓膜活动度降低，可见于耳硬化症和听骨链固定等。

Ad型为高峰型，系鼓膜听骨链过度活动所致，如听骨链中断，鼓膜萎缩或瘢痕菲薄、松弛等。

B型为平坦型，见于鼓室积液，鼓膜粘连，也可见于鼓膜穿孔，耵聍栓塞等。

C型为负压型，见于咽鼓管功能障碍。

5.声发射阈（镫骨肌声反射阈）测试

声反射的引出可以作为中耳传音功能正常的指标，反射存在表示听骨链完善，活动良好，声反射弧完整。声反射阈未引出可能存在中等度以上的听力障碍、中耳病变、面神经损伤等。如果纯音听阈与声反射阈之差小于40～60dB提示有耳蜗病变。

（三）不同损伤听力障碍听力学表现

1.外耳和中耳损伤引起的听力下降，其纯音测试表现为传导性耳聋，此时空气传导途径受阻，但骨传导尚可部分代偿，听觉诱发电位测试可以有轻度或中度听力障碍，中耳损伤听性脑干反应可出现各波潜伏期顺序延长，Ⅰ～Ⅴ波间期在正常范围。

2.内耳、蜗神经、听觉传导通路及听觉中枢疾患引起的耳聋，为感音神经性耳聋，合并中耳损伤的呈混合性聋。

内耳损伤耳声发射异常。听性脑干反应有听力障碍；单纯蜗性损伤者，轻度听力障碍表现为各波潜伏期及Ⅰ～Ⅴ波间期在正常范围；合并传音障碍者表现为各波潜伏期顺序延长，Ⅰ～Ⅴ波间期在正常范围；听力障碍严重者波形可以消失。耳蜗电图表现为伤耳CAP波增宽，出现不对称的锯齿波或双波，阈值提高，或波形消失。

单纯蜗后损伤时，耳声发射可正常引出；听性脑干反应提示伤耳Ⅴ波潜伏期延长，两耳Ⅴ波潜伏期差大于0.4ms，Ⅰ～Ⅴ波间期延长超过5ms，或与对侧耳相差大于0.45ms，或者波形消失。

3.爆震性听力障碍，一般有明确高强度脉冲噪声暴露史，有中耳或内耳损伤的临床表现，听力学检查提示感音神经性或混合性听力障碍，可伴有眩晕。

4.噪声性听力下降，一般有明确持续噪声环境暴露史，有听力下降或耳鸣症状，耳科检查无阳性发现，听力学检查提示感音神经性听力障碍，早期以4kHz下降为主。

5.外伤继发感染后听力下降，一般有耳部外伤后继发感染史，有中耳或内耳感染的临床表现，听力学检查提示传导性或混合性听力障碍，感染累及鼓室或乳突时颞骨CT检查有阳性发现。

四、鉴定要点

1.了解案情，在送检资料中应有确证引起听力障碍的损伤记录，询问听力障碍的临床症状和诊疗过程，详细全面地进行耳科检查及体格检查，并尽可能获取伤前病史资料和损伤早期的听力资料。

2.判断外伤与听力障碍的因果关系，常规摄颞骨薄层CT扫描，明确中耳或内耳损伤，排除疾病或者畸形，必要时进行内耳MRI检查，排除病理性聋、诈聋。对于不能确定损伤与听力障碍之间存在直接因果关系的，不宜直接参照《标准》进行损伤程度评定。

3.鉴定时限，对损伤后主诉听力下降的，应在伤后1周内进行常规听力测试，在伤后3～6个月或医疗终结后听力障碍程度相对稳定时复查听力测试，确定听力减退后果。

4.对听力测试应以主、客观测听方法相结合，做出听力损伤类型的诊断。建议选择纯音听阈，听性脑干反应以及1～2项有频率特性的听觉诱发电位（如40Hz听觉相关电位、短纯音或短音听性脑干反应、听性稳态反应、皮层诱发电位）作为测试基本项目。

5.听力减退程度取0.5kHz、1kHz、2kHz、4kHz四个频率气导听阈级的平均值，如所得均值不是整数，则小数点后尾数采用“四舍五入”法进为整数。

6.声音的强度级为0dB SPL时，正常人就应该听到，但言语听力减退在25dB以下的，仍属正常听力范围。正常人随着年龄增大，听力亦会下降，当年龄超过60岁时，必须进行老年性听力损伤修正，年龄每增加一岁，递减0.5dB。

案例7-2　听力下降的法医学鉴定

简要案情：刘某（男，18岁）被人持械打伤入院就诊，自诉外伤后头痛头晕，耳鸣、听力下降。

资料摘要：伤后查体神志清楚，GCS15分，左侧颞顶部有两处分别长2cm、2.5cm创口。入院后给予清创缝合、对症治疗，请五官科会诊，伤者耳鸣症状缓解不明显。

伤后10日纯音测听提示左耳中度混合性聋；伤后1月纯音测听为重度感音性聋。声导抗及诱发电位未见异常。

伤后3月余鉴定。体格检查左侧颞顶部两处头皮疤痕，双耳乳突无压痛，双耳廓无畸形，双外耳道通畅，双耳鼓膜完整。头颅CT显示左侧颞顶部软组织肿胀，颅骨及颅内未见外伤性改变。

中耳阻抗：双耳鼓室图呈A型，双耳镫骨肌反射引出。

40Hz听觉相关电位（500Hz、1000Hz、2000Hz、4000Hz）阈值：右耳分别为10dB HL、15dB HL、15dB HL、30dB HL；左耳分别为20dB HL、15dB HL、15dB HL、30dB HL。

双耳听性脑干反应短音阈值：15dB HL。

分析说明：外伤性听力障碍的认定，首先判断外伤与听力障碍的因果关系，同时鉴别伪装和夸大听力减退的情况。本例中，刘某头部外伤史明确，电测听示听力重度感音性聋，但客观听力学检查未见其听力存在异常，影像学及耳科检查未发现听觉系统存在损伤。刘某听力障碍缺乏损伤基础，主、客观听阈检查结果不相符，存在伪装和夸大听力减退的情况，故本次外伤导致其听力障碍的依据不足，不宜对刘某听力进行损伤程度鉴定。（本案例由安徽省阜阳市公安局提供）

第六节　前庭、平衡功能损伤

前庭功能的损害往往在损伤当时较为严重，但经过治疗，相当部分功能可以代偿，《标准》所涉及的条款均为损害后果。

一、鉴定标准

条款	内容	损伤程度
5.3.2c	一耳听力障碍（≥81dB HL），伴同侧前庭平衡功能障碍	重伤二级
5.3.2e	双侧前庭平衡功能丧失，睁眼行走困难，不能并足站立	重伤二级
5.3.4d	一侧前庭平衡功能障碍，伴同侧听力减退	轻伤二级

二、结构与术语

人体维持平衡就是使身体在空间保持舒适的位置，平衡功能的维持主要靠前庭、视觉和本体感觉三个系统的协调作用来完成，即平衡三联。三个系统各自的作用不同，其中前庭系统最为重要。

前庭神经系统包括前庭感受器、初级和二级前庭神经元以及各级神经中枢。前庭感受器位于内耳，包括3个半规管（外、上和后半规管）、椭圆囊和球囊。椭圆囊和球囊中各有一囊斑，称耳石器。椭圆囊和球囊司静止平衡，如坐或立。

三、检查与诊断

（一）临床症状

在损伤鉴定案件中单独出现前庭感受器损伤的较少见，一般见于头部外伤中，往往合并其他部位的损伤，颅脑损伤或者伴听力损伤多见。

前庭功能障碍表现为平衡障碍、眩晕、眼球震颤。内耳损伤可以出现听力障碍和前庭功能障碍两方面的临床表现。前庭神经与蜗神经伴行部位损伤往往导致眩晕、耳鸣、听力减退。前庭神经和耳蜗神经进入脑干后彼此分开，前庭系统在脑干部位损伤导致眩晕，不伴有听力减退。

眩晕可有内耳疾病（如迷路炎、梅尼埃尔氏病等）、中枢性疾病（如听神经瘤、颞叶肿瘤等）和许多全身性疾病（如高血压、低血压、椎基底动脉供血不足等）所引起。前庭功能检查对鉴别这些疾病有重要价值。但绝不是一种前庭功能检查就能确定诊断，需要两种或两种以上检查，综合分析其结果，再结合病史、全身检查、神经系统检查以及各种化验才能作出准确诊断。

（二）检查方法

视频眼震电图（VNG）检查是使用数字视频记录技术监测和记录眼球运动的一种方法。视频眼震电图测试包含扫视试验、凝视试验、跟踪试验、视动试验、位置试验、温度试验以及转椅急停试验和转椅正弦摆动试验。为中枢性及外周性眩晕的定位提供诊断依据。

静态姿势图（SPG）检查利用生物力学原理和临床相结合，将重心平台与计算机联机，记录人体重心在平面连续变化图形及轨迹并进行分析，捕捉身体平衡系统、中枢系统的障碍，定量分析身体重心动摇的程度、性质，对眩晕、平衡功能障碍者进行辅助诊断。

计算机动态姿势图（CDP）测试前庭、视觉和本体感觉的不同组织形式，对姿势控制的影响以及自主姿势反应和运动协调能力。包含感觉整合测试（SOT）和运动能力控制能力测试（MCT）。SOT结果根据其条件组合模式初步判定病损类型。MCT测试的姿势反应潜伏时延长或两侧反应协调性异常提示严重额前庭系统损害或姿势反应通路损害。

耳石功能检查包括主观垂直视觉（SVV）和前庭诱发的肌源性电位（VEMP）。SVV是对椭圆囊功能的检查，其标准化测量可以提供有价值的诊断信息，向患侧偏斜提示患侧前庭终末器官、前庭神经或低位脑干病变；向对侧偏斜见于上位脑干或小脑尾侧的病变；SVV对双侧对称性的耳石功能损害不适用。VEMP是对球囊功能的检查，对前庭神经炎、内淋巴积水、上半规管裂孔综合征、听神经瘤及一些神经-感觉的退行性变具有鉴别诊断价值。

四、鉴定要点

1.鉴定时首先需确证头部或耳部遭受了外力作用，并有伤及前庭平衡系统的损伤基础，伤后出现前庭功能障碍的临床表现，经治疗90日后仍遗留前庭功能障碍。

2.不能仅仅依据被鉴定人的主观表现，应进行视频眼震电图、静态和动态平衡仪检测确定有无前庭功能障碍以及障碍程度。

（张　垒）

参考文献

1.刘技辉：《法医临床学》，人民卫生出版社2016年版。

2.柏树令：《系统解剖学》，人民卫生出版社2001年版。

3.公安部刑事侦查局：《人体损伤程度鉴定标准释义》，中国人民公安大学出版社2013年版。

4.司法部司法鉴定管理局：《〈人体损伤程度鉴定标准〉适用指南》，法律出版社2013年版。

5.伟力:《法医活体损伤鉴定影像学图谱》,中国人民公安大学出版社2009年版。

6.中华人民共和国公安部:《听力障碍的法医学评定》,中国标准出版社2011年版。

第八章　胸部损伤

第一节　概　述

胸部由胸壁、胸腔和纵隔构成，是人体损伤的常见部位。胸部损伤的严重程度关键在于是否影响正常的呼吸、循环功能。胸腔内心、肺及大血管等重要器官损伤，以及出血、呼吸道阻塞和心脏填塞等均可危及生命。

一、解剖结构

胸部由胸壁和胸内器官构成。位于躯干的上段，上方起自颈部，下方为腹部。胸部内有心、肺、大血管等重要器官，并有食管经过（见图8-1）[1]。胸部与腹部的软组织相连，胸腔与腹腔之间以横膈为界。

二、损伤分类

通常根据损伤是否造成胸膜腔与外界相通，将胸部损伤分为以下两种：

（一）闭合伤

胸壁完整，无创口贯通胸腔，但可有胸壁挫伤、胸廓骨折、胸腔内部脏器损伤。多由高坠、冲击、爆震等所致。

（二）开放伤

胸壁的完整性被破坏，有创口贯通胸腔，可伴或者不伴有胸腔内部脏器的损伤。多由锐器、火器所致。

---

〔1〕　参见本书附录部分，第428页。

三、胸部损伤的临床表现

（一）胸痛

胸痛是胸部损伤的最常见症状。损伤局部有不同程度的疼痛，常因疼痛而影响呼吸运动。呼吸或咳嗽时伤处疼痛尤甚，故不敢用力呼吸。

（二）呼吸困难

呼吸困难是指主观感觉空气不足及呼吸费力，客观表现为呼吸频率、深度和节律异常。正常人呼吸每分钟16～20次，每分钟呼吸24次以上，称呼吸过速；每分钟低于10次，称呼吸过缓。如呼吸持续性浅快或深慢，或节律不均匀，深浅不一，伤员需用力呼吸，辅助呼吸肌参与呼吸运动，严重者鼻翼扇动，呼吸时张口耸肩，端坐呼吸，并出现发绀，均为呼吸困难。

呼吸困难的主要原因是呼吸系统、循环系统的损伤或疾病。常见的胸部有关损伤为：胸廓广泛损伤，多发性肋骨骨折，连枷胸，外伤性血气胸，广泛肺挫伤（如爆震伤），气管、支气管堵塞、狭窄、断裂，创伤性肺不张，肺栓塞，膈肌损伤，膈神经损伤，心包填塞，心脏损伤，吸入性烧伤，多发性骨折合并脂肪栓塞等。

（三）咯血

胸部创伤病人咯血是肺或支气管损伤的证据。

（四）发绀

表现为口唇及甲床呈青紫色。

（五）皮下气肿

常见于面颈部、胸部及上肢，是张力性气胸以及气管、食管破裂时的常见表现。

（六）反常呼吸运动

多发肋骨或胸骨骨折造成胸壁软化形成连枷胸，此类伤者吸气时软化胸壁向内凹陷，呼气时向外凸出。

四、胸部损伤的鉴定要点

1.详细了解被鉴定人伤后不适主诉，以便对照审查病历资料。

2.仔细审查病历资料中的体格检查记录，注意症状、体征和损伤的病理基础是否相适应，防止夸大或遗漏伤情。

3.审阅就诊期间的系列辅助检查资料(包括B超、X线、CT和磁共振等),注意甄别骨折的新旧、数量等。

本章将按照胸部解剖从外向内对胸部损伤的检验鉴定依次进行阐述。

第二节　胸壁软组织及女性乳房损伤

一、胸壁软组织损伤

本节胸壁软组织损伤指构成胸壁的皮肤、脂肪及肌肉等组织的损伤,单纯性胸壁皮肤损伤(创口或疤痕、软组织烧伤、烫伤及软组织挫伤等)在本书的相关章节另行阐述。

(一)鉴定标准

条款	内容	损伤程度
5.6.4e	胸部损伤,致皮下气肿1周不能自行吸收	轻伤二级
5.6.4g	胸壁穿透创	轻伤二级
5.6.4h	胸部挤压出现窒息征象	轻伤二级

(二)结构与术语

胸壁是由皮肤、皮下组织、肌肉、壁层胸膜以及其中的神经血管和淋巴组织构成。

皮下气肿:是指胸部皮下组织有气体积存。

胸壁穿透创:致伤物自胸壁皮肤经由胸壁组织刺破壁层胸膜形成的创。

窒息:由于呼吸运动受阻或异常,产生全身各器官组织缺氧、二氧化碳滞留,从而引起组织细胞代谢障碍、功能紊乱和形态结构损伤的病理状态。

窒息征象:包括颜面部瘀血、肿胀,睑球结膜、颜面部或上胸部针尖样出血,一过性意识障碍,以及呼吸、心跳的改变等。

(三)检查与诊断

胸壁皮下气肿一般都继发于胸骨或肋骨骨折伴气胸,尤其多见于多根肋骨骨折伴张力性气胸者,也可并发于气管、支气管、肺及食管损伤。偶见继发于内窥镜检查损伤。以手按压皮下气肿的皮肤,可及捻发感或握雪感,胸部CT检查等可确诊。

（四）鉴定要点

1.胸部皮下气肿需CT扫描确诊。

2.胸部穿透创需刺破壁层胸膜，常伴有血气胸。

3.胸部挤压出现窒息征象指胸部严重或长时间挤压导致伤者颜面部、睑球结膜出现针尖样出血等窒息征象。对于窒息征象要以出现客观征象（如弥漫性出血点）为主要依据。

案例8-1　胸部挤压出现窒息征象的鉴定

某日，一小学生蹲在校门口旁边选购书本时，由于人群拥挤发生踩踏致该学生被多名学生压在身下，后经保安发现予以救出。入院就诊主诉：被压后出现一过性意识障碍。体检：颜面部大量针尖样出血点（见图8-2）[1]。后经随访未见明显并发症及后遗症。该被鉴定人由于被多人挤压在下面，因胸廓受挤压而严重影响呼吸运动，致缺氧窒息改变。体检见颜面部大量针尖样出血点的客观窒息征象，鉴定为轻伤二级。（本案例由淮南市公安局提供）

二、女性乳房损伤

乳房是胸前壁的一部分，胸前壁的机械性损伤、烧伤和化学性损伤均可能累及乳房。女性乳房不仅具有哺乳功能，而且是女性第二性征标志之一。

（一）鉴定标准

条款	内容	损伤程度
5.6.2c	女性双侧乳房损伤，完全丧失哺乳功能；女性一侧乳房大部分缺失	重伤二级
5.6.3b	女性一侧乳房损伤，丧失哺乳功能	轻伤一级
5.6.4a	女性一侧乳房部分缺失或者乳腺导管损伤	轻伤二级
5.6.5b	女性乳房擦挫伤	轻微伤

（二）结构与术语

1.解剖结构

乳房是皮肤特殊分化的器官。女性乳房具有哺乳功能。青春期女性乳房发育，其形态呈半球状或圆锥形，大小因人而异，与多种因素有关。女性乳房位于胸前壁胸肌和深筋膜的浅面，覆盖第2～6肋前面。乳房与胸肌筋膜之间

〔1〕 参见本书附录部分，第428页。

有疏松结缔组织和淋巴管（见图8-3）。因此，女性乳房可轻度移动。

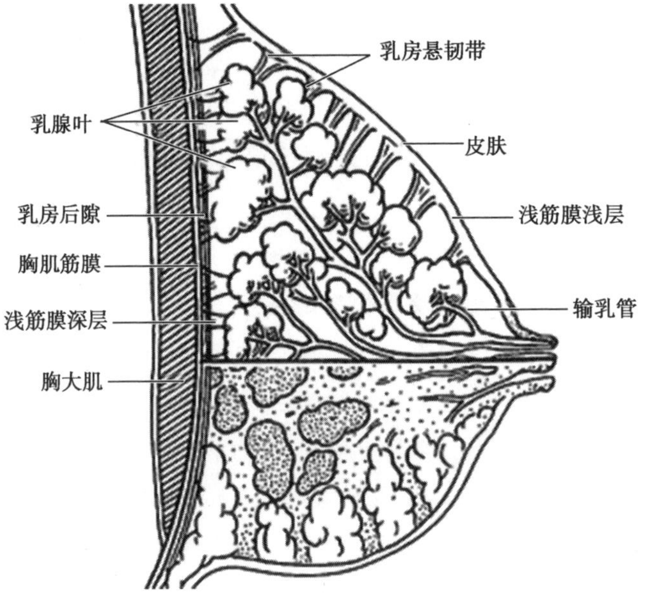

图8-3　乳房矢状切面

2.名词术语

乳腺导管：乳腺被纤维组织隔成15~20个乳腺叶，叶又分为若干乳腺小叶。一个乳腺叶有一个排泄管（最终开口于乳头），称输乳管（又称乳腺导管）。

哺乳功能：乳汁产生和传输乳汁的通道均正常，方可完成哺乳功能。

（三）检查与诊断

女性乳房的缺失指的是乳房组织结构的缺失，但在法医学鉴定实践中，要准确测定乳房缺失的体积非常困难，相对精确的方法是通过图像分析和测量软件进行计算。为了便于操作和统一把握，建议按照以下方法进行测量：

被检查女性取仰卧位平躺，以健侧乳房作为参照，置乳头于乳房基底的中心点，以乳头为圆心、以乳房基底为周径设定为360度圆周，减去伤侧乳房缺失组织所占的弧度数，再除以360度，即为伤侧乳房缺失百分比。两侧乳房部分缺失时，比照上述方法推算；部分乳房连同乳头缺失时，取乳房基底的中心点为圆心进行计算。

（四）法医学鉴定要点

1.根据损伤情况结合完整病历资料，明确其外伤史。

2.哺乳功能出现障碍，应有乳腺、输乳管、输乳管窦及乳头等因外伤导致结构上改变。手术探查及造影等均可确诊。

3.完全丧失哺乳功能是指双侧乳房均有乳腺、输乳管、输乳管窦或乳头等结构的破坏，无法进行哺乳。

4.已绝经妇女不适用影响哺乳功能条款，可参照组织结构缺失或损伤的条款。

5.乳房尚未完全发育的未成年女性，在适用影响哺乳功能条文时，要根据此次损伤导致乳房结构改变的程度，合理判断是否完全丧失哺乳功能。

6.笔者认为，女性一侧乳房大部分缺失，虽没有明确规定缺失的具体数值，但本着对文字的理解及本书中其他章节对“主要”“大部分”的划分方法，建议“大部分”宜把握在缺失75%以上。

第三节　胸部骨折、关节脱位

胸部外伤导致的肋骨骨折较为常见，直接暴力、间接暴力均可导致。单纯性胸骨骨折少见，多系强大暴力直接打击胸骨造成。肩锁关节脱位较胸锁关节脱位常见，以直接暴力损伤导致为主。

一、鉴定标准

条款	内容	损伤程度
5.6.3c	肋骨骨折6处以上	轻伤一级
5.6.4b	肋骨骨折2处以上	轻伤二级
5.6.4c	胸骨骨折；锁骨骨折；肩胛骨骨折	轻伤二级
5.6.4d	胸锁关节脱位；肩锁关节脱位	轻伤二级
5.6.5a	肋骨骨折；肋软骨骨折	轻微伤

二、结构与术语

（一）解剖结构

胸部的骨性结构主要包括12块胸椎、12对肋骨、1块胸骨、1对锁骨和2块肩胛骨。胸部活动度较大的关节主要有胸锁关节和肩锁关节。胸骨、肋骨以及胸椎共同构成骨性胸廓，保护胸腔内脏器，并参与呼吸运动（见图8-4）。

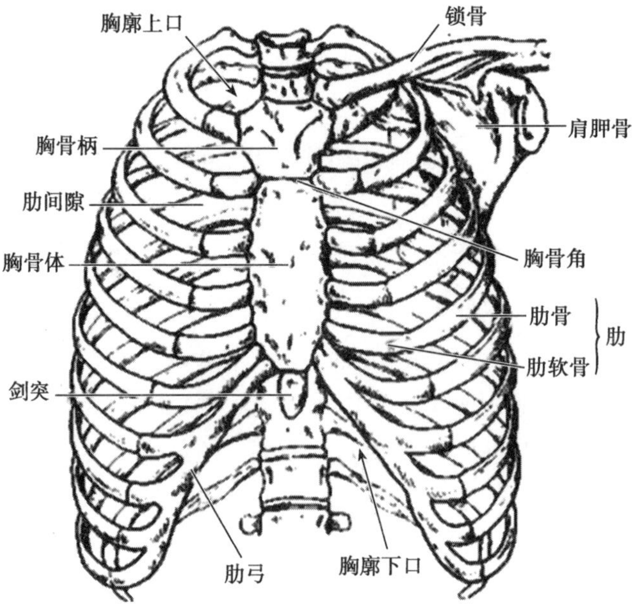

图8-4　骨性胸廓结构

（二）名词术语

1.胸锁关节：是上肢与躯干之间的唯一关节，由锁骨胸骨端与胸骨锁切迹以及第1肋软骨构成，属鞍状关节。胸锁关节可做3轴运动，即在矢状轴上锁骨外侧端做升降运动，在垂直轴上做前后运动，两者联合做环转运动。

2.肩锁关节：由肩峰内侧缘和锁骨肩峰端的关节面构成，属平面关节（见图8-5）。

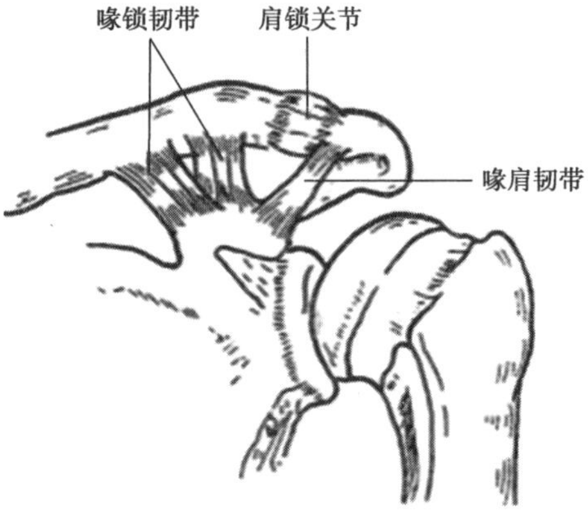

图8-5　肩锁关节的解剖结构

三、检查与诊断

胸部骨骼骨折主要依据X线及CT扫描，必要时进行复查或行CT三维重建，可以有效防止漏诊和误诊。

肩锁关节脱位临床分为三型（见图8-6）。

Ⅰ型：为肩锁关节囊、韧带挫伤，尚未断裂。肩部有打击或跌倒受伤史，临床表现为肩锁关节处疼痛、肿胀、肩部活动时加重，局部压痛明显，但CR片拍摄常不能发现明显移位。

Ⅱ型：为肩锁关节囊破裂，部分韧带损伤或者断裂，关节半脱位，在具备Ⅰ型临床症状体征外，手指按压锁骨外端有弹性感，CR片拍摄时可见锁骨外端向上撬起，为半脱位。

Ⅲ型：除有Ⅰ型的临床表现外，肩外上方肿胀严重，与对侧比较有时可发现患侧明显高起，按压时弹性感更加明显，肩活动受限。CR片拍摄时可见锁骨外端完全离开肩峰的相对关节面，为完全脱位。

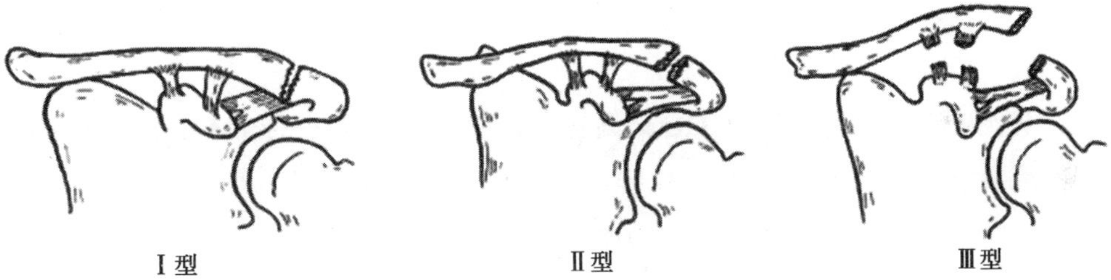

图8-6　肩锁关节脱位的分型

四、鉴定要点

（一）肋骨骨折鉴定要点

1.有明确的胸部外伤史，肋骨骨折与损伤方式及损伤机制对应。

2.查看病历记录中所示的临床表现和体格检查与影像学诊断是否吻合。

3.X线片、CT等各种影像学检查技术之间可相互补充、相互印证，应综合分析相关影像学资料。X线片常常因分辨率低、拍摄体位及骨折移位不明显等导致漏诊，必要时待其伤后2周左右，骨折处骨痂开始形成或出现骨膜反应时，骨折线比较清晰地显现时复查；多层螺旋CT三维重建可以准确判断有无骨折、明确骨折位置、确定骨折的类型以及邻近组织的损伤情况，既可对肋软骨骨折进行诊断，也能通过骨痂形态和愈合情况，进行新鲜与陈旧性的骨折鉴别。如被鉴定人在就诊期间没有做多层螺旋CT三维重建的，建议加做此项检查，以防漏诊、误诊。

4.粉碎性骨折因存在两条以上骨折线，可符合标准所说的轻伤二级。鉴定标准条款5.6.3c和5.6.4b中的骨折不包括肋软骨骨折，儿童除外；条款所指的肋骨骨折不包括皮质连续性未见破坏的肋骨挫伤、皮质凹陷（临床上常以肋骨骨折的诊断出现）。

5.鉴定实践中还应注意区分肋骨骨折是否为病理性、发育变异或者医源性损伤等特殊情况。

6.当骨折的数量、新旧程度等出现争议，由于伤后恢复时间较长，这时再对被鉴定人进行三维CT扫描已无益于鉴别诊断，应让委托单位及时到其当时就诊医院调取CT胶片的原始数据，利用相关软件对其原始数据进行图像浏览、测量、调节窗宽窗位、放大、转换格式以及对DICOM图像进行多平面重建和简单的三维重建，可进一步明确诊断。

案例8-2　使用共享DICOM浏览及后处理软件打开原始CT数据图像确认肋骨骨折

刘某某，男，53岁，2016年10月7日被人殴打致胸部受伤。2016年11月8日办案单位委托对刘某某进行人体损伤程度鉴定。阅送检CT胶片仅显示左胸第2～4肋骨皮质形态异常，未见明确骨折线。要求委托单位到经治医院调取刘某某伤后胸部三维成像原始数据（刻录在光盘上），使用共享DICOM浏览及后处理软件打开原始CT数据图像，像医院CT工作站一样切换各种窗口，对图像进行放大、测量、切割、旋转、多平面重建以及三维重建，确认其左胸第1、2、3、4后肋近脊柱旁肋骨骨皮质连续性中断，骨折线清晰、断端锐利。遂将骨折部位图像转换为JPG格式（见图8-7）保存下来作为鉴定书附件附于鉴定书中（光盘与原始记录一起存档）。据此认定刘某某左胸4处肋骨骨折，构成轻伤二级。（本案例由安徽朝阳司法鉴定所提供）

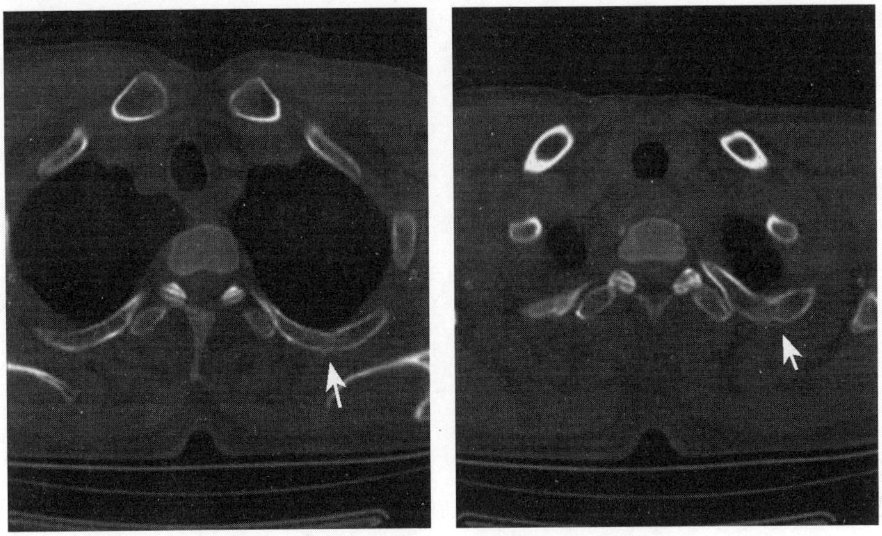

图8-7　JPG格式CT图像显示骨折情况

（二）胸骨骨折鉴定要点

1.胸部外伤史。

2.一般对应骨折处胸壁软组织存在擦伤、挫伤或创口等伤痕。

3.胸部X线片或CT检查可确诊骨折，但鉴定时要注意排除医疗性损伤。

（三）锁骨骨折及肩胛骨骨折鉴定要点

1.明确外伤史（锁骨骨折以间接暴力造成骨折多见）。

2.X线片或CT检查确诊骨折。

3.单纯骨皮质砍（刺）痕不适用该条款。

（四）胸锁关节及肩锁关节脱位鉴定要点

1.关节脱位以直接暴力作用居多，摔跌时肩部着力亦可以导致。

2.肩锁关节脱位中，I型脱位经固定制动后，可恢复，不属于轻伤范围，Ⅱ型和Ⅲ型适用本条款。

3.胸锁关节经影像学检查确诊，即使是半脱位亦可使用条款评定为轻伤二级；

4.需注意与关节习惯性脱位进行鉴别。关节习惯性脱位常见于关节结构先天的缺陷或后天损伤未治愈遗留的后遗症。除非影像学明确诊断有关节囊破裂、部分韧带损伤，否则不属于轻伤条款规定。

第四节 心脏损伤

心脏是一个中空的肌性纤维性器官。心脏节律性收缩和舒张驱使血液循环流动。心脏是人体重要的生命器官，心脏的损伤结果常导致危及生命。

一、鉴定标准

条款	内容	损伤程度
5.6.1a	心脏损伤，遗留心功能不全（心功能Ⅳ级）	重伤一级
5.6.2a	心脏损伤，遗留心功能不全（心功能Ⅲ级）	重伤二级
5.6.2b	心脏破裂；心包破裂	重伤二级
5.6.3a	心脏挫伤致心包积血	轻伤一级

二、结构与术语

（一）解剖结构

心脏位于胸腔中纵隔内，外有心包包裹。心脏的大小约与自体握拳相似。成年男性正常心脏重250~270g，女性240~260g（见图8-8）[1]。

心脏被心间隔分为左右两半心，左右半心各又分成左右心房和左右心室4个腔，同侧心房和心室借房室口相通（见图8-9）[2]。

（二）名词术语

心功能不全：心功能不全是指各种心脏结构或功能性疾病，导致心脏的收缩功能和（或）舒张功能发生障碍，心脏排血量不能满足机体组织代谢需要，以肺循环和（或）体循环淤血，器官、组织血液灌注不足为临床表现的一组综合征。主要表现为呼吸困难、体力活动受限和体液滞留。

心功能不全分级，以病人的临床表现为依据，将心功能状态分为四级：

Ⅰ级：体力活动不受限制，日常活动不引起过度的乏力、呼吸困难或者心悸；

〔1〕 参见本书附录部分，第429页。
〔2〕 参见本书附录部分，第429页。

Ⅱ级：体力活动轻度受限制，一般活动可引起乏力、心悸和呼吸困难等症状；

Ⅲ级：体力活动明显受限制，轻度活动即可引起乏力、心悸和呼吸困难等症状；

Ⅳ级：体力活动重度受限制，病人不能从事任何活动，即使在休息时也可出现心衰的各种症状和体征。

心脏挫伤：指伤后出血胸前区剧烈疼痛，向左肩臂放射，并有心悸、胸闷、恶心、呕吐等。严重者可出现呼吸困难，甚至发生休克。

心律失常是轻度心肌损伤的主要表现，常见有持续性窦性心动过速和期前收缩、阵发性心房纤颤，心肌挫伤严重者可出现心力衰竭。心电图检查因心脏损伤部位及程度不同而表现各异，常见ST段升高、T波低平或倒置、心律失常等，其表现类似心肌梗死、血液中磷酸肌酸激酶（CPK）和乳酸脱氢酶（LDH）增高等。

心脏破裂：包括心壁穿透伤、室间隔破裂、瓣膜撕裂、腱索断裂等。

三、检查与诊断

（一）心脏挫伤

心肌挫伤发生后，即时或经数日后出现心前区剧痛，向左肩臂放射，并有心悸、胸闷、恶心、呕吐等。

体检常见胸背部软组织损伤，或有肋骨骨折。脉搏加快、血压偏低，心界叩诊无明显扩大，可听到心包摩擦音，心音可呈钟摆律。心律失常是轻度心肌损伤的主要表现，常见有持续性窦性心动过速和期前收缩、阵发性心房纤颤，心肌挫伤严重者可出现心力衰竭。

心电图检查因心脏损伤部位及程度不同而表现各异，常见ST段升高、T波低平或倒置、心律失常等，其表现类似心肌梗死。

血生化检查可见血液中磷酸肌酸激酶（CPK）和乳酸脱氢酶（LDH）增高等。

（二）心包积血

伤后感剧烈及持久的胸前区疼痛、胸闷不适、烦躁不安，严重者有呼吸困难、端坐呼吸或神志不清。

胸背部软组织损伤、肿胀，锐器、火器伤者可检见创。出现静脉压上升、动脉压下降及心脏搏动微弱的征象。伤者呼吸浅促、肤色苍白、脉搏细弱、常出现奇脉，颈静脉怒张、血压偏低，心浊音区扩大，心音微弱、低远。X线检查见心阴影增大，心搏动微弱。心包腔穿刺可抽出血液。

（三）心脏破裂

伤者常感胸闷不适、烦躁不安，严重有呼吸困难、端坐呼吸，甚或出现休克以致死亡。

X线检查有心包积血的表现。心包穿刺可抽出血液。心电图检查异常，出现异常P波、QRS波增宽、ST波移位、T波倒置等。

四、鉴定要点

（一）心脏挫伤鉴定要点

1.外伤史（胸背或腹部受暴力撞击）明确。

2.伤后出现心肌缺血或梗死症状。

3.心电图表现为心律不齐或缺血性改变。

4.血生化检查可见磷酸肌酸激酶及其同工酶（CPK−MB）增高。

5.常伴有胸骨骨折或左侧前段肋骨骨折。

6.无法解释的低血压。

7.心包摩擦音。

8.心包腔内积液。

9.临床运用扩冠状血管药物后症状不能缓解的诊断性治疗可辅助确诊。

（二）心包积血鉴定要点

1.外伤史明确。

2.临床表现为：感剧烈及持久的胸前区疼痛；胸闷不适、烦躁不安，严重者有呼吸困难、端坐呼吸或神志不清。

3.X线等辅助检查示心阴影增大。

4.心包腔穿刺可抽出血液。

（三）心脏破裂鉴定要点

1.外伤史明确。

2.伤后出现胸闷、呼吸困难、烦躁。

3.失血性休克的程度与体表伤情不符者。

4.急性或慢性心包填塞。

5.急性充血性心衰。

6.心电图异常。

7.影像检查心包腔积血或心包腔穿刺抽出血液。

8.手术所见。

第五节 胸腔大血管损伤

一、鉴定标准

条款	内容	损伤程度
5.6.2j	胸腔大血管破裂	重伤二级

二、结构与术语

胸腔大血管:是指主动脉、主动脉弓分支(包括左锁骨下动脉、左颈总动脉、头臂干)、胸主动脉、肺动脉、肺静脉、上腔静脉和下腔静脉(见图8-10)[1],是体循环与肺循环的主要管道系统。

三、检查与诊断

因胸部大血管多为近心端主干血管,管腔压力高,破裂出血迅猛,失血性休克症状显著。结合外伤情况容易确诊。

四、鉴定要点

确证出现胸腔大血管破裂可直接鉴定为重伤二级。此类损伤常须手术治疗,应重视手术探查所见。胸腔大血管受钝性暴力作用致内膜撕裂形成夹层,适用于本条款。

〔1〕 参见本书附录部分,第430页。

第六节 肺、气管、支气管损伤

肺是呼吸系统中最重要的气体交换器官。肺占据胸腔大部分空间，通过气管与外界气体相通。

一、鉴定标准

条款	内容	损伤程度
5.6.1b	肺损伤致一侧全肺切除或者双肺三肺叶切除	重伤一级
5.6.2e	气管或者支气管破裂，须手术治疗	重伤二级
5.6.2f	肺破裂，须手术治疗	重伤二级

二、结构与术语

（一）解剖结构

1.肺脏解剖结构

肺位于胸腔内，坐落于膈肌上方、纵隔的两侧，左右各一。左肺分为上下两叶，右肺分为上、中、下三叶（见图8-11）。

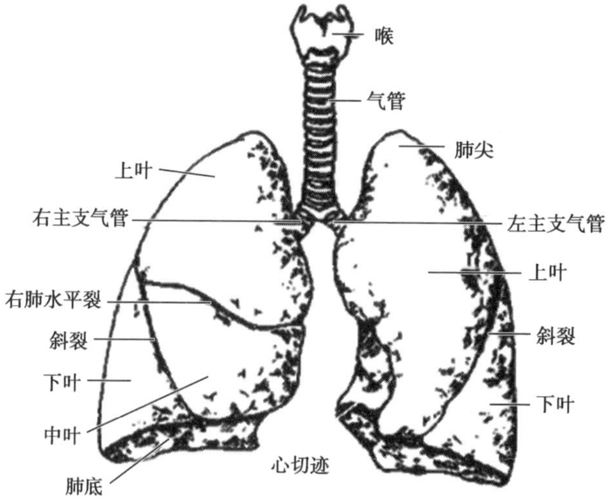

图8-11 肺脏解剖结构

2.气管和支气管解剖结构

气管位于食管前方，上端平第6颈椎体下缘始于环状软骨的下缘，下行入胸腔，至胸骨角平面（平第4胸椎体下缘）分为左右支气管，斜行入左右肺门。气管胸部前方有胸骨柄、胸腺、左头臂静脉、主动脉弓、头臂干、左颈总动脉和心深丛，后方有食管，左后方有左喉返神经，左侧有左迷走神经和左锁骨下动脉，右侧有奇静脉弓和右迷走神经，右前方有右头臂静脉和上腔静脉（见图8-12）[1]。

气管或支气管破裂多见于严重挤压或撞击胸部等闭合性损伤，也可见于枪弹、锐器等穿透伤。因此，气管或支气管破裂常分为闭合性损伤和穿透性损伤。

（二）名词术语

在开放性胸部损伤时，肺损伤主要是因致伤物直接作用于肺组织所引起；而在闭合性损伤时，由于肺受胸壁软组织、骨性胸廓的保护，一般不易受损伤，但当外力的作用达到一定程度时，引起肺的不同程度的损伤。常见的损伤有肺挫伤、肺裂伤和肺爆震伤。

三、检查与诊断

（一）肺挫伤

常见于胸部受钝性暴力打击或挤压，或交通意外中的减速伤。由于暴力作用的强度及方式不同，肺挫伤可表现为局限性或广泛性。局限性肺挫伤在暴力作用的局部有血液从受伤血管溢出到周围肺实质内，广泛性肺挫伤则是强大暴力影响到一叶、甚至一侧全肺，表现为出血性肺实变。肺受到挫伤后，组织发生出血、渗出、水肿，局部肺不张、肺泡破裂等，肺血流因阻力增高而减少，气体交换能力减弱，从而影响呼吸功能。

肺挫伤的伤者感胸痛、胸闷、咳嗽、咯血，可有呼吸困难。如挫伤面积大，常咯出泡沫状血性痰。胸部或背部有软组织损伤、肿胀，听诊伤侧呼吸音减弱。X线胸部检查见肺挫伤处有结节状密度增高的阴影，严重肺挫伤则可见弥漫性粟粒样混浊阴影。

（二）肺裂伤

任何物体穿入肺均可造成肺裂伤，使肺内血管、肺泡、细支气管损伤，多

〔1〕 参见本书附录部分，第430页。

见于锐器或枪弹直接伤及肺或暴力引致肋骨骨折的骨断端刺破肺。常表现为气胸、血胸。

临床表现主要有胸痛、气短、呼吸困难,胸背部可有软组织损伤。由于创伤性肺裂伤常伴有肺挫伤,X线胸片、CT检查均为模糊团块状阴影。

(三)肺爆震伤

剧烈爆炸释放巨大能量,产生迅速的气流变化及极度的气压改变,形成高压高速冲击波。这种冲击波对人体的胸腹部产生猛烈的压缩和扩张,引起血管、心肺内的压力和血量急剧的增减和升降,造成微血管破裂。同时,冲击波通过密度不同的组织时发生折射和撕裂的作用,使肺组织撕裂,形成间质性肺气肿。

肺爆震伤临床表现有胸痛、胸闷、憋气感、咳嗽、咯血、吐血性泡沫液,可有呼吸困难。肺部呼吸音减弱,有散在湿性啰音或肺实变体征。

X线检查:轻者仅有肺纹理增加,重者可见斑点状阴影或大片致密影。

(四)气管或支气管破裂

胸部创伤后支气管破裂的临床表现主要表现为呼吸困难、颈部皮下或纵隔气肿、气胸或张力性气胸、血气胸、发绀等。

X线检查:穿透性气管、支气管破裂显示一侧或双侧气胸,纵隔气肿。闭合性气管、支气管破裂可看到广泛性皮下气肿、纵隔气肿、张力性气胸、血胸。

CT检查:可发现气管断裂的直接征象。

纤维支气管镜:不仅可以明确气管及支气管破裂的部位,还可以判断裂口的大小。

四、鉴定要点

1.肺破裂的手术适应症:胸腔闭式引流若发现有重度漏气,且引流后呼吸困难无明显改善,肺仍不能复张的;肺裂伤所致进行性血胸且患者有生命体征恶化的;广泛性肺裂伤的。

2.气管或支气管破裂的手术适应症:有进行性呼吸困难经引流尚不能缓解的。

3.对于肺叶切除的把握,可根据手术记录,参考术后病理检验结果,结合鉴定检验所见综合判定。

4.“气管或者支气管破裂，须手术治疗”及“肺破裂，须手术治疗”是指确证损伤，具有手术适应证，且已行手术治疗。无法确证存在气管、支气管或者肺破裂损伤的，可依据所引起的气胸、肺压缩程度等表现，做出鉴定意见。

第七节 气胸、血胸

气胸、血胸是严重的胸部损伤之一，胸部外伤比较常见。

一、鉴定标准

条款	内容	损伤程度
5.6.2g	血胸、气胸或者血气胸，伴一侧肺萎陷70%以上，或者双侧肺萎陷均在50%以上	重伤二级
5.6.3e	血胸、气胸或者血气胸，伴一侧肺萎陷30%以上，或者双侧肺萎陷均在20%以上	轻伤一级
5.6.4f	胸腔积血；胸腔积气	轻伤二级

二、结构与术语

（一）解剖结构

胸膜腔是由壁层胸膜和脏层胸膜共同组成的一个潜在性空腔，正常情况下腔内不含有气体，只有微量液体存在，呈负压，使肺组织能保持在扩张状态，并在呼吸运动中随胸廓体积变化而缩小和扩张，也使静脉内血液易回流入心。当气体或血液进入胸膜腔后，使其负压消失，从而妨碍呼吸和循环功能（见图8-13）[1]。

（二）名词术语

1.气胸

胸膜腔内积气称为气胸。气胸的形成多由于肺组织、气管、支气管、食管破裂，空气逸入胸膜腔，或因胸壁伤口穿破胸膜，胸膜腔与外接相通，空气进入所致。气胸可分为闭合性气胸、开放性气胸和张力性气胸三类。

〔1〕 参见本书附录部分，第431页。

2.血胸

血胸可见于钝器伤、锐器伤及火器伤。胸膜腔内的积血称为血胸。其血液主要来自肺组织破裂、肋间血管破裂以及心脏和大血管破裂出血。

3.血气胸

气胸与血胸同时存在,称为血气胸。

4.自发性气胸

自发性气胸是指因肺部疾病使肺组织和脏层胸膜破裂,或靠近肺表面的肺大疱、细微气肿疱自行破裂,使肺和支气管内空气逸入胸腔。多见于男性青壮年或患有慢性支气管炎、肺气肿、肺结核者。

三、检查与诊断

(一)闭合性气胸

空气经破裂的伤口进入胸膜腔后,原来破裂的伤口闭合,胸膜腔不再与外界相通,不再有空气进入胸膜腔,则称为闭合性气胸。闭合性气胸常见于肋骨骨折断端内陷,刺破肺组织,或胸壁上较小的穿透性创伤;进入胸膜腔内的空气一般不多,可逐渐被吸收而自行消失,受压缩的肺也随即逐渐扩张,恢复原状。

主要临床表现有:患者一般无明显症状,如进入空气较多,伤者感到胸部紧闷和气短。因伤侧的肺虽受到一定程度压缩,但健侧的肺有足够的补偿能力,故不出现呼吸困难。

胸部或背部可有局部软组织损伤和裂创,或者有肋骨骨折征象。伤侧胸部呼吸运动减弱,叩诊呈鼓音,呼吸音和语震颤减弱或消失。X线片检查可见伤侧胸部透光度增强,并可见不同程度的肺压缩。

(二)开放性气胸

开放性气胸常是胸部锐器或枪弹损伤所致,引起胸腔与外界直接相通,空气随呼吸进入胸腔的结果,其严重性与开放性创口大小直接有关。若创口较大,则胸膜腔内负压消失,腔内压力与大气压相同,伤侧胸膜腔内的肺被压缩,纵隔亦因伤侧压力增大而向健侧移位,使健侧肺部分被压缩。同时,因伤侧胸膜腔内压力在呼气或吸气时,均与大气压相等,而健侧胸膜腔在呼气时和吸气时,腔内压力不同,以致在呼吸运动中,纵隔随呼吸发生摆动,这种状态称为纵隔扑动(见图8-14)。纵隔扑动使纵隔内大血管受压,增加静脉回流的困难，影响循环功能，同时刺激纵隔及肺门的神经，极易引起休克。

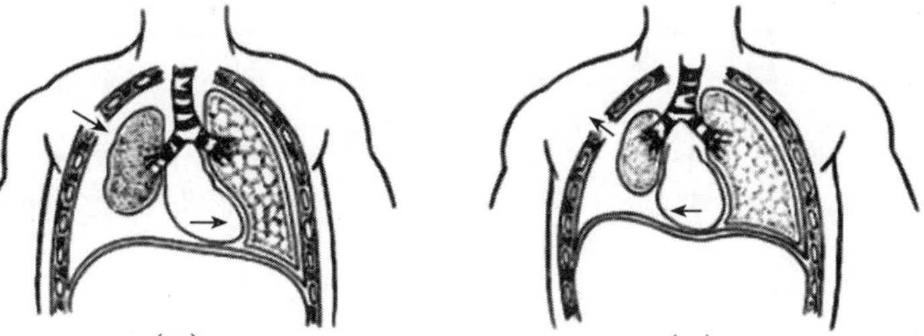

（1）吸气　（2）呼气

图8-14　开放性气胸的纵隔扑动

主要临床表现有：胸痛、胸闷、呼吸困难、血压下降，严重者发生休克。伤员肤色苍白，湿冷、发绀，胸背部检见创。创口因呼吸运动有空气进出，可发生响声。触诊气管向健侧偏移，叩诊心浊音区向健侧偏移。X线检查可见纵隔移位及纵隔扑动。

（三）张力性气胸

张力性气胸是指肺泡或肺组织裂伤，其裂口处与胸腹腔相通且形成活瓣，吸气时空气从裂口进入胸腔，呼气时活瓣关闭，胸腔内气体无法返回气道排出，因而胸腔内空气不断增多，压力不断升高，故又称高压性气胸。当胸腔内空气压力达一定程度并伴有壁层胸膜撕裂时，空气被挤入纵隔，并扩散至皮下组织，形成颈部、面部、胸部等多处皮下气肿。

主要临床表现：张力性气胸者常有烦躁不安、胸痛剧烈、高度的呼吸困难、发绀，有肺组织裂伤时出现咯血。

伤者胸背部有软组织损伤或创，端坐呼吸，气管和纵隔向健侧移位，可能有广泛的皮下气肿，伤侧胸壁饱满，肋间隙变平，叩诊呈鼓音。X线检查可见纵隔显著移位、膈肌下降；有纵隔气肿或皮下气肿时，可见纵隔或皮下组织有许多空气影。

（四）血胸

外伤导致肋间血管及乳内血管破裂、胸腔大血管破裂或肺破裂，出血积存于胸腔。

主要临床表现视血胸出血量的多少及出血速度快慢而有所不同。小量血胸者，临床症状和体征可不明显。中量血胸及大量血胸者，均有呼吸及循环功能障碍的表现，伤者感气短、气促、呼吸困难、面色苍白或发绀，有压迫感和严重胸痛。

胸背部有软组织损伤或创，呼吸促，脉搏快、弱，血压降低。叩诊伤侧浊音，听诊呼吸音消失。X线正位片见液性阴影，外侧高、内侧低，膈肌外形消失。如伴有气胸，可见液平面。小量血胸的X线检查仅见肋膈角变纯。做胸腔穿刺可抽出血液。

（五）血胸分级

临床上按照积血量的不同将血胸分为三种类型：小量血胸，积血少于500ml，或肋膈角消失；中量血胸，积血500～1000ml或液平面平肩胛骨中部；大量血胸，积血1000ml以上或液平面超过肩胛骨中部（见图8–15）。

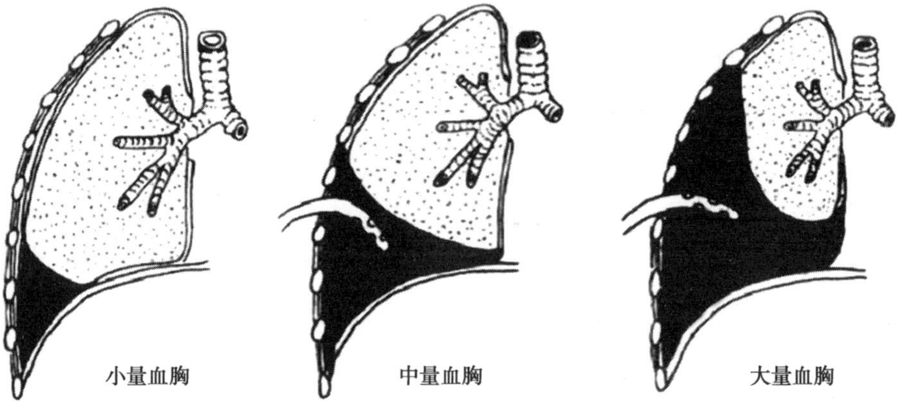

图8–15　血胸分级

（六）气胸分级

气胸的程度是根据胸腔内积气量的多少来进行分级的。小量气胸是指肺萎缩在30%以下，对呼吸循环影响较小，多无明显症状，空气可自行逐渐吸收，一般不需特殊治疗。中量气胸指肺萎缩在30%至70%，70%以上为大量气胸，可严重影响肺部通气功能。

四、鉴定要点

1.胸部外伤史明确。

2.X线、CT扫描或体检、引流等确认气胸存在。

3.致伤工具、异物或自身断离骨质刺破胸膜腔等引起气胸的病理基础。

4.要注意外伤性气胸与自发性气胸的鉴别。

5.气胸压迫肺致其萎缩，其体积测量方法有目测法、面积与体积法、平均胸膜间距离法、三线法和CT测量法，CT测量法最为准确。

CT测量法的扫描方案与临床实际应用方案相同，扫描平面垂直于长轴，选用层厚10mm，层距10mm，横断面连续扫描。扫描范围包括肺尖至肺底，重建图像显示矩阵为512×512。

扫描后的图像测量方法：一种是利用计算机工作站的容积测量法手工测算出每次的气胸总量。由操作人员在每一层面上用轨迹手工圈划出气胸侧胸廓及压缩肺的完整轮廓，使用AUTOCAD软件计算每层CT片气胸侧的胸廓与肺的截面积（上层的截面积为S上，下层的截面积为S下）、相邻两层的厚度为h，采用棱台体积计算公式分别计算气胸侧相邻两层的胸廓与肺的体积V（mm^3）。V=1/3［S上＋√（S上S下）+S下］h（√ 表示平方根，公式1），各层体积之和即求得正常时肺体积与胸廓内体积，肺压缩比值（%）=［（胸廓内体积－肺体积）÷胸廓内体积］×100%（公式2），最后按（公式2）求得气胸时肺的压缩比值（%）。另一种是利用计算机容积自动测量系统测量气胸的容积，MDCT计算机容积自动测量系统测量气胸的容积分五个步骤：显示双侧胸膜腔区域→探查气胸区→分区和标记气胸带→删除假阳性区域→测量并报告气胸容积，并用3D法显示。

6.肺部轻微挫伤导致的单纯性胸膜反应，虽CT扫描可见少量胸腔积液（要结合积液CT值与该被鉴定人血管内血液CT值判断，排除积血），但患者可自行吸收者不评定为轻伤。

第八节　纵隔器官损伤

纵隔是两侧纵隔胸膜间全部器官、结构与结缔组织的总称。纵隔主要包括胸腺、心包、心脏、血管、神经、淋巴管、淋巴结、胸导管、气管、支气管、食管、膈神经以及膈肌。其中心包和心脏损伤、气管和支气管损伤以及胸部大血管损伤在本章的其他节已做阐述，本节将对鉴定条款所涉及的纵隔、食管、膈神经及膈肌损伤进行说明。

一、鉴定标准

条款	内容	损伤程度
5.6.2d	纵隔血肿或者气肿，须手术治疗	重伤二级
5.6.3d	纵隔血肿；纵隔气肿	轻伤一级
5.6.2h	食管穿孔或者全层破裂，须手术治疗	重伤二级
5.6.3f	食管挫裂伤	轻伤一级
5.6.2k	膈肌破裂	重伤二级
5.5.4g	膈神经损伤	轻伤二级

二、结构与术语

（一）解剖结构

1.纵隔

纵隔是位于两侧胸膜腔之间的器官总称。位于胸骨后方，脊柱前方的一个间隙。两侧有纵隔胸膜和胸腔分开，上为胸廓入口，下为膈肌。（见图8-16）[1]

2.膈肌

膈肌是扁平薄肌，向上膨隆如圆顶状，将胸腔及腹腔分隔，有食管、主动脉、下腔静脉从其中穿过（见图8-17）。膈肌破裂见于胸部和腹部严重的挤压伤，或直接的暴力作用。

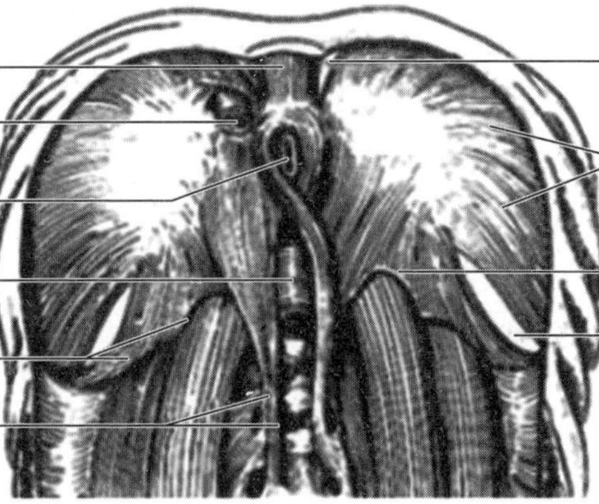

图8-17　膈肌解剖结构

〔1〕 参见本书附录部分，第431页。

3.食管

食管前方有气管、气管杈、左主支气管、左喉返神经、右肺动脉、心包；后方有胸主动脉、胸导管、奇静脉；左侧有左颈总动脉、左锁骨下动脉、主动脉弓、胸主动脉；右侧有奇静脉弓（见图8-18）[1]。食管位置较深，外伤性食管破裂并不多见，多因刀刺或枪弹所致。

（二）名词术语

1.纵隔气肿

纵隔内的气管、支气管、食管受伤发生破裂，空气将通过裂口进入纵隔，颈部外伤后气体由于胸腔负压的抽吸作用亦可进入纵隔，形成纵隔气肿；肺挫伤致肺泡破裂，溢出气体沿着肺内血管扩散到肺门，形成纵隔气肿。纵隔气肿可使纵隔胸膜破裂，继发气胸，出现双侧气胸可严重危及生命。

高压性气胸内的气体亦可因纵隔胸膜破裂进入纵隔形成气肿。侵入纵隔的气体积聚，压力增高，压迫纵隔内器官，气管、大血管受压，造成心低排血量、循环衰竭和呼吸功能障碍。同时纵隔内气体沿筋膜蔓延到颈部、面部、肩部及前胸部，形成皮下气肿。

2.纵隔血肿

外伤致纵隔内血管破裂，血液积聚于纵隔内，形成血肿。

三、检查与诊断

（一）纵隔气肿

伤者有外伤史，感呼吸困难、胸痛。可在颈、面部出现皮下气肿，按之有捻发感，颈静脉充盈，叩诊心浊音界消失。X线正位片对少量纵隔气肿显示不够清楚，可用侧位片，见纵隔有清透亮气影。CT显示纵隔内有气体影。

（二）纵隔血肿

患者有胸痛、呼吸困难等症状。辅助X线、CT扫描即可确诊。

（三）食管损伤

根据损伤的原因大体上分为机械性损伤和化学性损伤。机械性损伤又分为腔内损伤和腔外损伤。近年来随着在食管腔内用仪器进行诊断和治疗的病例迅速增加，医源性食管损伤的比例逐渐增加。一般通过X线检查、食管造

〔1〕 参见本书附录部分，第432页。

影、胃镜检查、CT检查和其他诊断性穿刺可确诊。

（四）膈肌损伤

膈肌是分隔胸腹腔的重要器官，同时又是非常重要的呼吸辅助器官。膈肌破裂容易导致胸/腹内疝，引起呼吸障碍。

四、鉴定要点

（一）纵隔血肿、气肿

一般通过CT扫描显示纵隔内有气体影（气肿）或高密度影（血肿）即可确诊，当纵隔血肿或气肿不断进展，压迫纵隔器官，引起呼吸、循环衰竭，须手术减压。经手术治疗的评定为重伤二级，未经手术的评定为轻伤一级。实践中，某些间质性肺气肿患者，也可产生自发性纵隔气肿，应注意鉴别。

（二）食管全层破裂或食管穿孔

1.刺器、火器及胸部挫伤等外伤史。

2.X线胸部透视常见一侧液气胸。

3.胸片侧位可见纵隔气肿。

4.对液气胸进行诊断性穿刺，如抽出物为血性酸味液体或者发现食物残渣。

5.造影检查：造影剂溢出食管。

6.CT扫描检查：可清楚地显示纵隔气肿和胸腔积液、食管旁脓腔及纵隔污染的范围。

上述4、5、6三项中满足任一项即可确诊。

（三）膈肌破裂

闭合伤或开放伤均可引起。枪弹伤、锐器伤引起的膈肌损伤多为胸腹联合伤，手术探查易发现。胸腹挤压伤减速伤或撞伤引起的膈肌破裂，由于缺乏典型临床征象，加之有合并伤存在，受伤早期往往不易及时做出正确诊断，容易漏诊。经造影或胸腔镜检查可确诊。膈肌作为呼吸重要辅助器官，膈肌一旦破裂容易导致胸/腹内疝，引起呼吸障碍。故所有膈肌破裂均须手术修补，均适用于本条文。

案例8-3　外伤性纵隔气肿的法医学鉴定

某男，16岁，因琐事与他人发生争执，被多人围殴，受伤倒地后又被他人踢踹胸腹部。入院体检:颜面部散见擦挫伤,胸前壁上缘压痛(+),胸廓挤压试验(-)。胸片示:上纵隔右侧缘可见条形低密度影。胸部CT示:胸部诸肋骨未见骨折征象,气管、腔静脉旁可见低密度影,双肺无实变,胸腔无积液,肋骨未见明显骨折。伤后第二天复查胸部CT(见图8-19)示:纵隔气肿较前增多,弥漫范围广泛。给予支持对症治疗。伤后40天复查胸部CT:未见明显异常。该被鉴定人外伤史明确,阅伤后系列胸片及CT见伤者为单纯性纵隔气肿,气肿早期逐渐扩散,弥漫致肺部等处,后期逐渐吸收直至消失,符合外伤性纵隔气肿的转归;且结合被鉴定人双肺未见明显病变,可确认被鉴定人外伤性纵隔气肿诊断成立。依据《标准》5.6.3d之规定,评定为轻伤一级。(本案例由安徽省淮南市公安局提供)

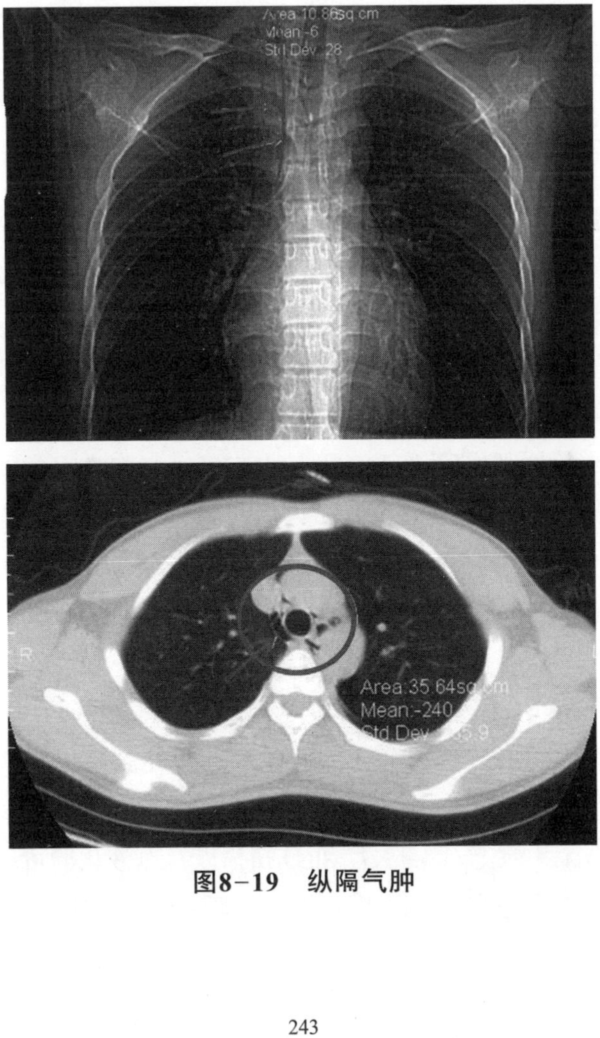

图8-19 纵隔气肿

第九节　胸部其他损伤

胸部损伤常因致伤物携带污物或外伤致胃内容逸入胸腔而继发感染，也常常直接导致气管瘘、食管瘘或胸导管堵塞、破裂形成乳糜胸等较为严重的并发症。

一、鉴定标准

条款	内容	损伤程度
5.6.2i	脓胸或者肺脓肿；乳糜胸；支气管胸膜瘘；食管胸膜瘘；食管支气管瘘	重伤二级

二、结构与术语

1.脓胸：创伤性脓胸指胸部创伤后并发的细菌性胸膜腔感染积脓。

2.肺脓肿：指胸部外伤致污染物进入肺组织，肺组织由于化脓菌感染引起组织发生炎症坏死，导致形成肺脓肿。

3.乳糜胸：外伤性乳糜胸是由于胸导管因外伤所致堵塞或破裂，引起回流的淋巴乳糜液外漏并积存于胸膜腔内。

4.支气管胸膜瘘：胸部外伤致肺及较大支气管与胸膜间形成的通道。

5.食管胸膜瘘：胸部外伤致食管破裂后与胸膜之间形成异常通道。

6.食管支气管瘘：胸部外伤致食管、支气管在相应处破裂，使食管与支气管建立异常通道，食管内异物经瘘道进入肺，引起肺部感染。

三、检查与诊断

1.脓胸按病理发展过程可分为急性脓胸和慢性脓胸。患者常有高热、胸痛等征象。积脓较多时伴有胸闷、咳嗽、咳痰症状。脓胸的确诊首选是胸腔穿刺抽得脓液并作涂片检查，胸部X片和CT扫描以及血液化验可帮助确诊。

2.肺脓肿常表现为高热、胸痛、咳嗽等，后期咳嗽加剧，脓肿破溃于支气管，咳出大量脓臭痰。胸部X片及CT检查可确定肺脓肿的位置、形态，支气管造影可了解病变范围，痰液检查和血液检查也是最终确诊的依据之一。

3.乳糜胸临床表现有胸痛、气短、心悸、发热等。胸部穿刺液检查可确诊；胸部X线检查见积液影；B超检查帮助乳糜胸定位和定量；淋巴管造影可明确淋巴管和胸导管有无阻塞、压迫和损伤的部位。

4.胸部瘘管包括支气管胸膜瘘、食管胸膜瘘和食管支气管瘘。通过X线检查、造影检查可确诊。

四、鉴定要点

（一）脓胸的鉴定要点

1.存在胸部外伤、气管或食管损伤。

2.血液检验提示感染明显。

3.胸部X片和CT扫描提示包裹型脓腔约200ml以上。

4.患者常有高热、胸痛等征象，积脓较多时伴有胸闷、咳嗽、咳痰症状。

5.胸腔穿刺液化验可确诊。

（二）肺脓肿的鉴定要点

1.胸部外伤致污物进入肺的病理基础。

2.肺脓肿的临床表现明显。

3.血常规提示感染明显。

4.X线、CT检查见肺部脓肿影。

5.痰培养阳性。

（三）乳糜胸的鉴定要点

1.胸部外伤史。

2.伤后有胸闷、呼吸困难等症状。

3.影像学检查提示胸腔积液。

4.胸腔积液穿刺：乳糜定性阳性。

（四）胸部瘘管的鉴定要点

1.明确外伤史。

2.相应的临床表现。

3.影像学检查。

4.造影检查等。

总之，对于胸部损伤致脓胸、肺脓肿、乳糜胸、支气管胸膜瘘、食管胸膜瘘、食管支气管瘘等的损伤程度鉴定，关键在于准确地把握伤病关系分析。法医检验鉴定时，依据有气管、食管、肺损伤并确认系损伤并发症者，即可参照相应条款鉴定。

（杨明松）

参考文献

1.刘技辉：《法医临床学》，人民卫生出版社2016年版。

2.丛斌：《法医病理学》，人民卫生出版社2016年版。

3.王德广、王海杰：《人体局部解剖学》，复旦大学出版社2011年版。

4.王海杰：《人体系统解剖学》，复旦大学出版社2008年版。

5.陈孝平、汪建平：《外科学》，人民卫生出版社2013年版。

6.葛均波、徐永健：《内科学》，人民卫生出版社2014年版。

7.白人驹、徐克：《医学影像学》，人民卫生出版社2013年版。

8.万学红、卢雪峰：《诊断学》，人民卫生出版社2013年版。

9.公安部刑事侦查局：《人体损伤程度鉴定标准释义》，中国人民公安大学出版社2013年版。

10.司法部司法鉴定管理局：《〈人体损伤程度鉴定标准〉适用指南》，法律出版社2013年版。

第九章　腹部损伤

第一节　概　述

腹部损伤根据是否穿透腹壁、腹腔是否与外界相通，分为开放性损伤和闭合性损伤。开放性损伤常由刀刃、枪弹、弹片等利器所引起，闭合性损伤常系坠落、碰撞、冲击、挤压、拳打脚踢、棍棒等钝性暴力作用所致。无论开放或闭合都会导致腹部内脏损伤。常见受损内脏在开放性损伤中依次是肝、小肠、胃、结肠、大血管等；在闭合性损伤中依次是脾、肾、小肠、肝、肠系膜等。胰、十二指肠、直肠等由于解剖位置较深，损伤发生率较低。

一、解剖结构

腹部是躯干的一部分，居于胸部与盆部之间，由腹壁、腹腔及腹腔内容物等组成。上界为剑突和两侧肋弓下缘，经第11、12肋骨游离缘直至第12胸椎棘突的连线；下界为耻骨联合上缘，两侧的耻骨嵴、耻骨结节、腹股沟壁、髂前上棘、髂嵴和髂后上棘至第五腰椎棘突。

临床上常用两条水平线（两侧肋弓最低点的连线和两侧髂前上棘的连线）与两条垂直线（经左、右腹股沟中点）将腹部分为九个区（见图9-1），九个分区是：上方的腹上区和左、右季肋区，中部的脐区和左、右外侧区，下方的腹下区和左、右腹股沟区（髂区）。腹腔内包含肝、脾、胰、胆、胃、肠、肾等内脏器官和血管。

二、损伤特点

1.外轻内重。因腹壁由较厚的皮肤、皮下脂肪和肌肉层组成，通常可在腹壁皮肤上形成擦伤和（或）挫伤，有时腹壁损伤很轻微或无明显损伤痕迹，但腹腔内器官损伤却十分严重。

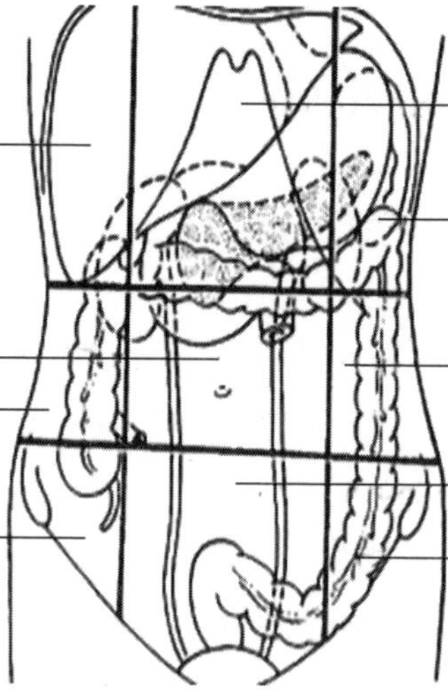

图9-1　腹部位置及分区

2.实质性脏器易受损。与空腔脏器相比，实质性脏器吸收能量多而缓冲能力差，所以闭合性损伤中，肝、脾、肾是最易受损的脏器。

3.固定脏器易受损。脏器的固定状态与缓冲能量大小直接有关，所以相对固定的脏器损伤较易游走的脏器更重。

4.合并性损伤多。因腹壁弹性好且腹内脏器较多，互相毗邻，闭合性损伤致伤面积一般又较大，故腹部损伤多容易引起多脏器的损伤。

三、临床表现

1.一般单纯腹壁损伤的症状和体征较轻，可表现为受伤部位疼痛，局部肿胀和压痛，有时可见皮下出血。

2.实质性脏器如肝、脾、胰、肾或大血管损伤导致腹腔内或腹膜后出血，主要临床表现包括面色苍白、脉率加快，严重时脉搏微弱、血压下降，甚至休克。腹痛呈持续性，腹膜刺激征（压痛、反跳痛、腹肌紧张）也并不严重。但肝破裂伴较大肝内胆管断裂时，因有胆汁刺激腹膜；胰腺损伤伴有胰管断裂，胰液流入腹腔，则可出现明显的腹痛和腹膜刺激征。移动性浊音是内出血的有力证据。肾脏损伤可出现血尿。

3.空腔脏器如胃肠道、胆道、膀胱等破裂的主要临床表现是弥漫性腹膜炎。

除胃肠道症状（恶心、呕吐、便血、呕血等）外，最为突出的是腹膜刺激征，其程度因空腔脏器内容物不同而异，通常是胃液、胆汁、胰液刺激最强，肠液次之，血液最轻。胃肠道内气体进入腹腔，膈下有游离气体，可使肝浊音界消失。

四、检查诊断

1.确切的外伤史和阳性体格检查是诊断腹部损伤的主要依据。

2.腹部创口要慎重考虑是否为穿透伤。有腹膜刺激征或腹内组织、内脏自腹壁创口突出者显然已穿透，且绝大多数都有内脏损伤。

3.闭合性损伤诊断中要判断是否有内脏损伤。需了解外伤史、进行全面体格检查和必要的实验室检查，往往需要通过临床辅助检查才能明确。常用的辅助检查方法有诊断性腹腔穿刺术和腹腔灌洗术、X线、超声、CT、MRI、MRCP（磁共振胰胆管造影）检查。

4.剖腹探查可明确诊断。

五、鉴定要点

1.详细了解腹部外伤史，认真审阅医院病历记录中的临床症状和体征，特别是影像学检查资料及手术记录。对于施行手术治疗的，应重点把握所采取的手术方式以及是否具有手术适应征的情形。

2.详细了解腹部既往病史，对疑有疾病病理改变的，应重点关注手术切除的脏器组织的病理检验结果，必要时调取脏器组织或病理组织切片，重新审阅。

3.腹腔脏器挫伤经医学影像学检查或手术直视证实的，方可依据相应条款鉴定为轻伤二级。如临床疑诊为脏器“挫伤”，但缺乏客观依据支持的，不宜鉴定为轻伤。

4.对于采取剖腹探查术者，应重点把握是否具有以下手术适应征：（1）全身情况有恶化，出现口渴、烦躁、脉率增快、体温及白细胞计数上升或红细胞计数进行性下降者；（2）腹痛和腹膜刺激征有进行性加重或范围扩大者；（3）肠鸣音逐渐减弱或消失；（4）膈下有游离气体，肝浊音界缩小或消失，或出现移动性浊音；（5）积极抗休克治疗而情况不见好转或继续恶化者；（6）消化道出血者；（7）腹穿抽出气体、不凝血、胆汁、胃肠内容物等；（8）直肠指诊有明显触痛。

本章内容主要包括腹腔实质性器官、空腔器官、泌尿系及腹腔大血管等损伤程度鉴定。

第二节 腹腔实质性器官损伤

本节所指的腹腔实质性器官包括肝、脾与胰腺。

一、肝损伤

（一）鉴定标准

条款	内容	损伤程度
5.7.2c	肝、脾、胰或者肾破裂，须手术治疗	重伤二级
5.7.3b	肝包膜破裂；肝脏实质内血肿直径2.0cm以上	轻伤一级
5.7.4b	肝包膜下或实质内出血	轻伤二级

（二）结构与术语

肝脏呈不规则的楔形，肝脏膈面有镰状韧带将肝脏分为左右两叶。肝脏大部分位于腹腔右上部，隐藏在右侧膈下和右季肋部深面，仅小部分超越正中线而达腹腔左上部（见图9–2）。肝脏前面有第6～9肋所遮盖，后侧有第6～12肋保护。肝脏是人体最大的实质性器官，具有分泌胆汁、代谢、凝血、解毒、免疫等功能，并参与蛋白质、脂类、糖类和维生素等物质的合成、转化和分解代谢，以及激素、药物等生物转化作用。

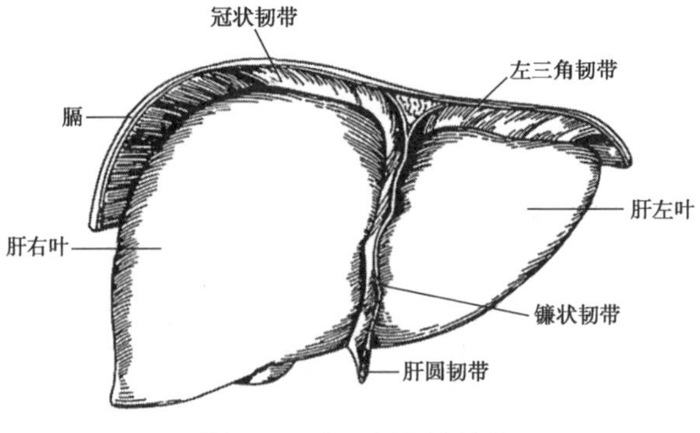

图9–2 肝脏解剖结构

肝损伤按其程度与部位可以分为：（1）肝包膜下破裂。破裂的部位较浅，肝包膜完整，出血在肝包膜下可形成血肿，达到一定量时或压迫肝组织造成局部坏死，或继发感染形成肝脓肿，或包膜破裂转为真性破裂。(2)中央型破裂。破裂的部位较深，易形成巨大血肿而压迫肝组织造成广泛性肝坏死，或继发感染形成肝脓肿。(3)真性破裂。肝实质或包膜均发生破裂，视破裂的程度和部位，可致腹腔积血和(或)因胆汁渗漏致胆汁性腹膜炎，引起急腹症。

(三)检查与诊断

根据明确的腹部外伤史、临床症状和体征，结合超声、CT(增强)、MRI、腹腔镜、血管造影等辅助检查以及腹腔穿刺、腹腔灌洗等手段，可明确诊断。手术探查可确诊。

(四)鉴定要点

1.肝破裂手术治疗方式主要包括肝修补术(缝合)、纱布填塞、肝动脉结扎术、肝切除术、肝移植术等。

2.肝破裂手术治疗应把握以下手术适应征：(1)肝真性破裂；(2)肝包膜下破裂，血肿张力大，随时可发生真性破裂；(3)肝中央型破裂，血肿量大，不及时处理会形成继发性肝脓肿。

3.在剖腹探查手术中发现肝包膜破裂范围小，实质裂伤浅表，仅予压迫或用明胶海绵等物即可止血，无须采取肝修补等手术治疗的，不宜鉴定为重伤二级。

4.超声或者CT检查可测量肝实质内血肿最大直径，若血肿形状不规则，可先行测量最大层面所显示的血肿面积，再换算成血肿直径。

5.病理性肝脏(如肝癌等)在轻微外力作用下即可发生破裂，鉴定时应根据肝脏既往病变的性质、程度，综合分析外伤与肝脏损伤之间的关系。当腹壁及周围组织器官具有明显损伤征象，同时伴有肝挫伤、血肿或肝破裂等表现，说明外力足够强大，外伤应考虑为肝损伤的主要原因；当腹壁及周围组织器官无明显外伤征象时，则不宜直接评定损伤程度。

二、脾损伤

(一)鉴定标准

条款	内容	损伤程度
5.7.2c	肝、脾、胰或者肾破裂，须手术治疗	重伤二级
5.7.3b	脾包膜破裂；肝脏实质内血肿直径2.0cm以上	轻伤一级
5.7.4b	脾包膜下或实质内出血	轻伤二级

（二）结构与术语

脾位于左季肋部深处，由多条与周围器官相连的韧带固定于腹腔中，脾前方为第9～11肋，后下方为左肾（见图9-3）。成人脾长10～12cm，宽6～8cm，厚3～4cm，重110～200g。脾实质组织脆弱，血运丰富，受外力极易破裂，是闭合性腹部损伤中最易受损的器官之一。有慢性病理改变（如血吸虫病、疟疾淋巴瘤等）的脾脏更易破裂。

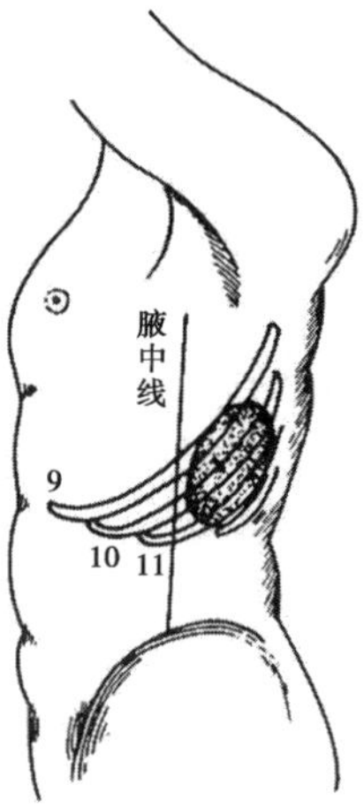

图9-3 脾脏解剖位置

脾损伤按损伤的程度与部位分为三种：（1）真性破裂。是指脾脏实质和包膜同时破裂出血，轻者线条状破裂，出血缓慢，常见于脾上极膈面；重者粉碎性破裂出血，如位于脾门者可立即发生失血性休克。（2）中央型破裂。是指脾实质深部的破裂，可发生局限性出血或血肿形成，若出血自行吸收，临床上可无明显症状和体征。（3）被膜下破裂。是指脾实质周边部分破裂，由于包膜完整，出血积聚于包膜下形成张力性血肿，如果血肿较小可无临床表现。

上述三种类型的脾损伤在一定条件下可以互相转化，尤其是中央型破裂可发展成包膜下破裂，而包膜下破裂可发展成真性破裂，后者常发生于外伤1～2周以后，约75%发生于外伤后2周以内，故又称为延迟性脾破裂。延迟性脾破裂占闭合性脾破裂的15%，其机理一般认为系包膜下破裂形成张力性血肿，包膜下裂口被血凝块或大网膜包裹而暂时不出血，当压力增大到一定程度或过早活动时，即可发生包膜破裂引起大出血。

（三）检查与诊断

根据明确的腹部外伤史、临床症状和体征，结合超声、CT（增强）、MRI等辅助检查以及腹腔穿刺等手段，可明确诊断。手术探查可确诊。

（四）鉴定要点

1.脾破裂手术治疗方式主要包括：（1）单纯缝合（可用网膜或人工材料衬垫）；（2）部分脾切除（多适用于脾上极或下极损伤）；（3）全脾切除。

2.脾破裂手术治疗应把握以下适应征：（1）出现失血性休克的临床表现；（2）粉碎性脾破裂、脾门附近脾破裂、脾门血管损伤，出血不能自止；（3）脾包膜下破裂伴有活动性出血、脾实质内血肿直径超过5cm或伴有活动性出血、血肿持续扩大;(4)累及脾段或脾门血管造成25%以上脾组织无血供。

3.术中发现脾包膜破裂范围小,仅予压迫或用明胶海绵等物即可止血,无须采取脾破裂修补等手术治疗的,不宜鉴定为重伤二级。

4.超声或者CT检查可测量脾实质内血肿最大直径,若血肿形状不规则,可先行测量最大层面所显示的血肿面积,再换算成血肿直径。

5.外伤后延迟性脾破裂的鉴定,应详细了解胸腹部外伤史及治疗过程,行脾切除治疗的,应重点关注脾脏病理检验结果。若病理检验结果为延迟性脾破裂的病理改变,且调查本次外伤至脾破裂期间无其他胸腹部外伤的,则可认定脾破裂与本次外伤存在直接因果关系。根据脾脏创伤愈合过程中的组织学改变(如纤维蛋白形成,炎细胞浸润,含铁血黄素沉淀等)可推断损伤的时间,有研究发现损伤的脾脏SMA(平滑肌肌动蛋白)阳性细胞表达具有时间规律性,可作为推断脾破裂时间的指标。

6.自身原有病理性脾肿大者,在遭受轻微的外力作用时即可发生严重脾损伤,鉴定时应根据脾脏既往病变的性质、程度,综合分析外伤与脾损伤之间的关系,全面分析,综合评定。当腹壁及脾脏周围组织器官具有明显损伤征象,同时伴有脾挫伤、血肿或脾破裂等表现,说明外力足够强大,外伤应考虑为脾损伤的主要原因;当腹壁及周围组织器官无明显外伤征象时,则不宜直接评定损伤程度。

案例9-1 外伤后延迟性脾破裂的法医学鉴定

张某,男,41岁。某年10月5日下午因与他人发生纠纷,被人持木棍打击腰背部,伤后感腰背部疼痛,未到医院就诊。10月10日出现左上腹剧烈疼痛,进行性加剧,至当地医院。查体,P:100次/分,R:22次/分,BP:110/72mmHg。腹部平坦,腹肌紧张,全腹压痛(+),以左侧腹部为甚,反跳痛(+)。腹部CT示脾脏破裂、腹腔积血。行剖腹探查术,术中见腹腔内积血1000ml,左上腹脾周见暗红色凝血块500ml,予清除,探查见脾脏上极有7.0cm×3.0cm创面,对应包膜下见9.0cm×7.0cm×3.0cm血肿,脾窝处腹膜后见局部血肿。术后诊断:闭合性腹部外伤、外伤性脾破裂。脾脏病理:符合外伤性脾破裂改变。

调取手术切除的脾脏标本请组织病理学专家重新切片会诊：脾破裂、包膜下血肿。镜下见血肿周围纤维蛋白网形成，炎细胞聚集，以中性粒细胞为主，脾破裂处及血肿内均见有含铁血黄素的巨噬细胞。符合外伤性延迟性脾破裂，损伤时间推断为4～7天。

张某被人持木棍打击腰背部，伤后感腰背部疼痛，5日后出现左上腹剧烈疼痛至医院行CT检查示脾脏破裂，术中见脾窝处腹膜后局部血肿。调查证实张某腰背部受外力打击，且本次外伤至脾破裂期间无其他胸腹部外伤。同时，其脾脏标本重新切片病理会诊结果符合延迟性脾破裂组织学改变。故根据《标准》5.7.2c之规定，张某外伤后延迟性脾破裂鉴定为重伤二级。（本案例由安徽省铜陵市公安局提供）

案例9-2　外伤性脾破裂的法医学鉴定

王某，男，61岁，某日因琐事与他人发生纠纷，后被他人用砖块击伤全身多处，伤后被“120”送往医院。查体：BP80／60mmHg。一般情况差，神志尚清。全身粘膜苍白，四肢冰冷，口唇苍白，头面部、胸腹部及四肢多处擦伤痕伴淤青，左上腹压痛明显，反跳痛（+），移动性浊音（+）。CT检查示脾脏破裂、腹腔积液（血）、左第十后肋骨折。急行剖腹探查术，术中见腹腔内积血约3000ml，脾脏体积增大，脏面见多处裂口，活动性出血。脾胃韧带、脾结肠韧带挫伤出血，横结肠左曲肠壁及系膜挫伤出血。清除积血，切除脾脏。诊断：脾破裂出血、失血性休克；全身多处软组织挫伤。术后脾脏病理：体积14.5cm×9.0cm×5.0cm，切面暗红色。镜下：脾内灶性出血，局部血肿形成，脾窦扩张，脾小体数量减少。病理诊断：符合外伤性脾破裂；淤血性脾肿大。

王某本次外伤致脾脏破裂，同时致左第十后肋骨折，脾脏周围的脾胃韧带、脾结肠韧带挫伤出血，横结肠左曲肠壁及系膜挫伤出血，说明外力足够强大。王某伤前虽患有脾脏肿大，但本次外伤是导致脾脏破裂的主要原因。故根据《标准》4.3.1及5.7.2c之规定，王某脾脏破裂鉴定为重伤二级。（本案例由安徽省铜陵市公安局提供）

三、胰损伤

（一）鉴定标准

条款	内容	损伤程度
5.7.2c	肝、脾、胰或者肾破裂，须手术治疗	重伤二级
5.7.3d	胰腺包膜破裂	轻伤一级
5.7.4d	胰腺挫伤	轻伤二级

（二）结构与术语

胰腺呈带状，位于腹上正中和在上腹最深处，横跨第1、2腰椎前方，居网膜囊后面，形成胃床的大部分，除胰尾外均属腹膜外位。通常将胰腺分为头、颈、体、尾四部分（见图9-4）[1]。

胰腺为混合性分泌腺体，分为内分泌腺和外分泌腺两部分。外分泌腺由腺泡和腺管组成，腺泡分泌胰液，胰管是胰液的排出通道。胰液中含有碳酸氢盐和各种消化酶。胰液通过胰管排入十二指肠，有消化蛋白质、脂肪和糖的作用。内分泌腺由大小不同的细胞团——胰岛组成，其分泌的物质主要成分是胰岛素、胰高血糖素等。

胰腺损伤约占腹部损伤的1%～2%，胰腺损伤常系上腹部强力挤压暴力直接作用于脊柱所致，损伤常在胰腺的颈、体部。胰腺损伤可分为：（1）胰腺血肿，多为包膜下血肿；（2）胰腺包膜破裂，不伴有胰腺实质损伤或仅有轻微的浅层胰腺实质损伤，不伴有胰管损伤及组织缺损；（3）胰腺破裂（包括断裂、碎裂），往往伴有胰管损伤或组织缺损。

疑有胰腺损伤且考虑可能存在胰腺外分泌者，具有手术探查的适应征，对于不伴有胰管损伤的胰挫伤，手术通常采用局部引流即可。不伴有胰管损伤的一般裂伤，可行胰腺修补。严重胰腺挫裂伤或横断伤，宜行切除-吻合术或其他相应术式。

胰腺假性囊肿是胰腺损伤的主要并发症。其形成多由于胰液、渗出液、坏死组织、血液的积存，刺激周围组织产生炎症和纤维结缔组织增生反应，生成一层纤维性的囊壁。其治疗多采用囊肿-空肠或囊肿-胃吻合术。

---

〔1〕 参见本书附录部分，第432页。

（三）检查与诊断

因胰腺位于上腹部后腹膜后深处，临床诊断有一定困难。血清淀粉酶和腹腔穿刺液中测得高数值淀粉酶有重要诊断参考价值。B超、CT等医学影像学检查有助于明确诊断。细致的手术探查一般不至于漏诊。锐器伤或枪弹伤致胰损伤者，常因伤后出血或腹膜炎体征须剖腹探查，在探查中发现胰损伤而确诊。

胰腺损伤后，胰液可积聚于网膜囊内而表现为上腹部明显压痛和腹肌紧张，还可因膈肌受刺激而出现顽固性呃逆和肩部放射痛。溢出的胰液若经网膜孔或破裂的小网膜流入腹腔，则出现弥漫性腹膜炎症状和体征，严重者可出现休克。

由于胰腺损伤早期缺乏特异性症状和体征，或者被其他脏器损伤的症状和体征所掩盖，早期诊断困难。因此，怀疑胰腺损伤时，应当进行超声、CT以及MRI动态观察，持续性、进行性血尿淀粉酶升高对胰腺损伤诊断具有一定意义，但淀粉酶值升高并非胰腺损伤特有，上消化道穿孔也可有类似表现。此外，血清淀粉酶正常并不能排除胰腺损伤。

（四）鉴定要点

1.“胰腺破裂，须手术治疗”包括：①术前或术中明确有胰腺损伤，具有手术适应征，且经缝合修补或切除-吻合手术（不包括单纯局部引流术）等治疗的；②胰腺假性囊肿形成、胰腺脓肿或胰瘘，具有手术适应征，且行囊肿-空肠或囊肿-胃吻合术治疗的。

2.剖腹探查术中发现胰腺包膜破裂，胰腺实质无损伤或有轻微浅层胰腺实质损伤，不伴有胰管损伤以及组织缺损，仅行局部引流而无须进一步手术，不宜鉴定为重伤。

3.外伤性假性囊肿的认定，主要根据外伤史、临床表现、影像学检查、手术所见以及组织病理学检查结果综合分析判断。鉴定时应注意排除胰腺真性囊肿，胰腺真性囊肿包括先天性单纯囊肿、多囊病、皮样囊肿、潴留囊肿等，胰腺真性囊肿内壁一般覆盖有上皮组织。

四、肝功能损害

（一）鉴定标准

条款	内容	损伤程度
5.7.1a	肝功能损害（重度）	重伤一级
5.7.4f	肝功能损害（轻度）	轻伤二级

（二）结构与术语

各种致伤因素致肝细胞严重损害，使其代谢、排泄、合成、解毒等功能出现严重障碍或者失代偿，可造成不同程度的肝功能损害。

（三）检查与诊断

表9-1　肝功能损害分度（Child-Pugh改良分级法）

项目	1分	2分	3分
血清清蛋白	3.1～3.5 g / dL	2.5～3.0 g / dL	＜2.5g / dL
血清总胆红素	1.5～2.0 mg / dL	2.0～3.0 mg / dL	＞3.0mg / dL
腹水	无	无或者少量，治疗后消失	顽固性
肝性脑病	无	无或者轻度	明显
凝血酶原时间	稍延长（较对照组＞3秒）	延长（较对照组＞6秒）	明显延长（较对照组＞9秒）

（四）鉴定要点

1.依据损伤病史、临床表现和肝功能实验室检查结果，综合分析肝功能损害程度。肝功能损害分度依照上表计分，10～15分属肝功能损害重度；7～9分属肝功能损害中度；5～6分属肝功能损害轻度。

2.外伤性肝功能损害鉴定应注意与各种病毒性、血吸虫性、肿瘤性、酒精性或中毒性加以鉴别。

第三节　腹腔空腔器官损伤

本节所指的腹腔空腔器官包括胃、十二指肠、小肠（空肠、回肠）、结肠（盲肠、升结肠、横结肠、降结肠、乙状结肠）、胆囊与胆道。

一、胃损伤

（一）鉴定标准

条款	内容	损伤程度
5.7.2b	胃、肠、胆囊或者胆道全层破裂，须手术治疗	重伤二级
5.7.3a	胃、肠、胆囊或者胆道非全层破裂	轻伤一级
5.7.4a	胃、肠、胆囊或者胆道挫伤	轻伤二级

（二）结构与术语

胃是食物消化的主要器官，上接食管，下连十二指肠。胃在中度充盈时，大部分位于左季肋区，小部分位于腹上区。胃前壁右侧与肝左叶相邻，左侧与膈相邻，前方有横结肠，后方有脾、肾、胰等器官。通常将胃分为贲门部、胃底、胃体、幽门部四个部分（见图9-5）。

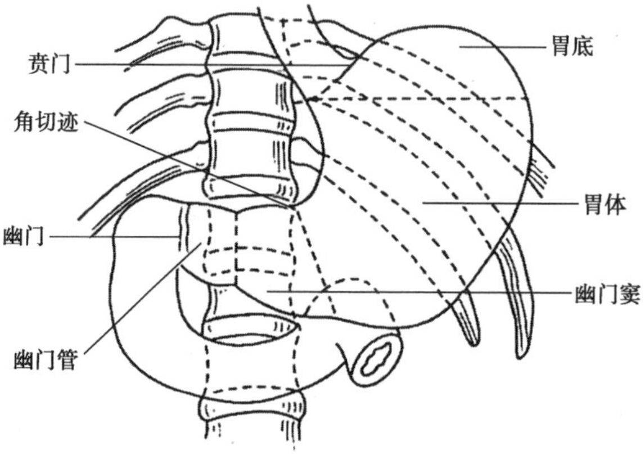

图9-5 胃解剖结构

胃因有肋弓的保护且胃壁较厚、活动度大、柔韧性好，故胃损伤在闭合性腹部损伤中少见，但多见于开放性腹部损伤中，特别是胸部以及上腹部的锐器伤或者枪弹穿透伤常伤及胃。胃在饱餐后呈膨胀状态，受到挤压或者冲击更容易造成损伤。

胃损伤包括机械性损伤与化学性损伤。机械性胃损伤又可包括胸部或者腹部穿透伤累及胃部，闭合性腹部外伤致胃损伤。机械性胃损伤多合并腹腔乃至胸腔其他器官的损伤。化学性胃损伤多系吞咽强酸、强碱等化学物质引起，同时可伴有口腔、食管、甚或十二指肠、上段空肠的损伤，多导致胃粘膜充血、水肿、糜烂和溃疡形成，重者粘膜坏死、脱落或者穿孔乃至严重的胃、十二指肠广泛坏死，且常遗留幽门瘢痕狭窄等后遗症。

从病理上分类，胃损伤包括胃壁挫伤、胃壁非全层破裂以及胃全层破裂（穿孔）等。机械性胃损伤多首先伤及胃的浆膜层与肌层，多不伴有明显的症状或者仅有局限性腹部疼痛，有时不易被诊断，多因在其他手术适应征行剖腹探查时偶然发现。若伤及胃壁全层，则立即出现剧烈腹痛及腹膜刺激征，可伴有肝浊音消失，影像学检查提示膈下游离气体，胃管内引流了出血性物等表现。

化学性胃损伤的起始损伤部位为粘膜，只有特别严重时才会造成胃壁全层坏死、穿孔，且穿孔多发生于吞咽化学物1～2日。

（三）检查与诊断

根据外伤史、临床表现、腹部平片、CT、MRI等医学影像学检查以及手术所见，可明确诊断。

（四）鉴定要点

1.胃破裂的手术方式包括破裂（穿孔）缝合修补、胃部分切除和全胃切除。

2.“胃全层破裂须手术治疗”是指机械性或者化学性损伤致胃壁全层贯通或者破裂，通常因胃内容流入腹腔，发展为感染性腹膜炎，确需并已实施缝合修补、胃部分切除或全胃切除等手术治疗。鉴定时应注意审查病历记录，尤其是手术记录中有无胃内容物流入腹腔的客观记录，必要时应向手术医生了解手术所见。

3.非全层破裂可以是机械性损伤引起胃浆膜层与肌层破裂而粘膜层与粘膜下层尚完整，也可以是化学性损伤引起的胃粘膜层和粘膜下层损伤（须达到粘膜坏死、脱落，并累及粘膜下层的程度）。

4.外伤性胃穿孔应与胃自身病变引起的病理性穿孔相鉴别。外伤性胃穿孔有明确的外伤史，除穿孔外还可见胃壁及周围组织的损伤，通过组织病理学检查可进一步明确。

案例9-3　胃破裂的法医学鉴定

钱某，女，37岁，因被人刀刺伤半小时入院。急诊科行胸腹CT检查后，拟“腹、背部刀刺伤”收住。病程中患者无昏迷及意识丧失。查体：神志清楚，精神欠佳，急性病容，P：90次／分，R：20次／分，BP：110／70mmHg。腹平，左上腹可见三处分别长约2cm、1.5cm、0.5cm创口。B超示腹腔积液（血）。急行剖腹探查术。术中见腹腔少许血性液体，左上腹部2cm创口贯通腹壁全层，右侧腹直肌断裂，另两处创口未贯通腹壁全层，继续探查见胃底近幽门处可见一1.5cm大小创口，伤及全层，给予间断缝合。余脏器未见异常。

本例鉴定意见有两种：第一种意见认为，术中见胃底近幽门处全层破裂，且行间断缝合修补手术治疗，应根据5.7.2b“胃、肠、胆囊或者胆道全层破裂，须手术治疗。”之条款，鉴定为重伤二级。第二种意见认为，伤者左上腹部刀刺伤致腹壁穿透创，手术探查见胃底近幽门处可见一1.5cm大小创口，伤及全层，但手术记录以及对手术医生的调查并未见胃内容流入腹腔，引起化学性腹膜炎，其胃壁全层破裂诊断依据不足，不宜鉴定为重伤二级。笔者同意第二种意见，调查材料反映伤者餐后2小时左右被锐器刺伤腹部，如胃全层破裂必然会导致胃内容物流入腹腔，本例手术中并未见胃内容流入腹腔，因此其胃壁全层破裂的诊断依据不足，不宜根据“胃、肠、胆囊或者胆道全层破裂，须手术治疗。”之条款鉴定为重伤二级。

二、十二指肠损伤

（一）鉴定标准

条款	内容	损伤程度
5.7.2b	胃、肠、胆囊或者胆道全层破裂，须手术治疗	重伤二级
5.7.3a	胃、肠、胆囊或者胆道非全层破裂	轻伤一级
5.7.4a	胃、肠、胆囊或者胆道挫伤	轻伤二级

（二）结构与术语

十二指肠是小肠的起始段，上连胃的幽门，下接空肠，全长约25cm，因其长度相当于12个手指的宽度而得名。大部分位于腹腔上部深处，紧贴腹后壁，是小肠中长度最短、管径最大、位置最深且最为固定的部分。整个十二指肠呈C型弯曲，包绕胰头。按其走向分为十二指肠上部、降部、水平部、升部（见图9-6）[1]。

十二指肠部位深且隐蔽，其损伤较为少见，多为上腹部穿透性损伤引起或者上腹部直接受钝性暴力作用所致。如交通事故时车辆方向盘撞击所致的上腹部闭合性损伤引起。根据损伤的程度分为十二指肠壁挫伤、肠壁血肿、穿孔、破裂等不同类型。

（三）检查与诊断

十二指肠破裂，肠内容物流入腹腔导致腹膜炎，诊断较容易，手术适应征十分明确，一般不至于有争议。根据腹部外伤史、临床表现、影像学检查或者手术所见，可明确诊断。

（四）鉴定要点

1.十二指肠手术方式包括单纯修补术、带蒂肠片修补术、损伤肠段切除-吻

〔1〕 参见本书附录部分，第433页。

合术、十二指肠憩室化手术、幽门旷置术、胰头十二指肠切除术(包括相应的改良手术)等。

2.因十二指肠隐蔽,非全层破裂较少获得明确诊断,故临床少见。若在剖腹探查术中证实存在十二指肠非全层破裂,可鉴定为轻伤一级。

3.外伤性十二指肠穿孔和破裂应与十二指肠溃疡等病变所引起的病理性穿孔相鉴别。影像学检查和组织病理学检查有助于确定是否病理性穿孔。

三、小肠、结肠损伤

(一)鉴定标准

条款	内容	损伤程度
5.7.2b	胃、肠、胆囊或者胆道全层破裂,须手术治疗	重伤二级
5.7.2e	腹部损伤致肠瘘或者尿瘘	重伤二级
5.7.3a	胃、肠、胆囊或者胆道非全层破裂	轻伤一级
5.7.4a	胃、肠、胆囊或者胆道挫伤	轻伤二级

(二)结构与术语

小肠是消化管中最长的一段,成人长5～7m,上端起自幽门,下端接续盲肠,分十二指肠、空肠和回肠三部分。空肠和回肠是小肠的主要部分,是进行消化和吸收的重要器官。

结肠在右髂窝内起于盲肠,在第3骶椎水平连接直肠,分为升结肠、横结肠、降结肠和乙状结肠4部分,大部分固定于腹后壁,结肠的排列酷似英文字母"M",将小肠包围在内(见图9-7)。

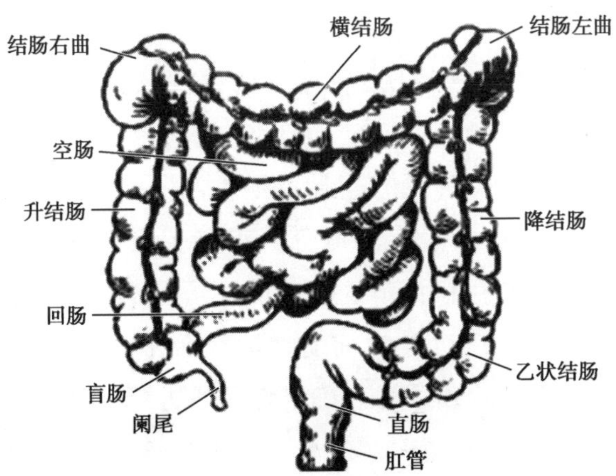

图9-7　小肠、结肠解剖结构

1.肠梗阻

肠梗阻是一种常见的外科急腹症，其病因较为复杂，主要分为机械性、动力性和血运性三大类。损伤后肠梗阻可能是机械性因素引起，如肠管创伤、腹内疝等；也可能是动力性的，多见于神经反射或者毒素刺激引起肠壁肌功能紊乱，使肠蠕动丧失或者肠管痉挛（如常见弥漫性腹膜炎引起麻痹性肠梗阻、慢性铅中毒引起肠痉挛等）；肠系膜血管损伤则可引起血运性肠梗阻等。

肠梗阻的治疗需根据梗阻的性质、部位、程度以及病因综合确定，包括非手术治疗与手术治疗。手术的目的是解除梗阻、去除病因。手术方式包括：（1）单纯解除梗阻的手术；（2）肠切除–吻合术；（3）肠短路吻合术；（4）肠造口术或外置术。

2.肠扭转

肠扭转是指腹部受外力作用后，引起一段肠袢以其系膜为长轴发生180°～360° 旋转而导致的肠梗阻现象，既有肠管梗阻，又有肠系膜血管的扭折不通，属闭袢性并绞窄性肠梗阻。肠扭转多发生于小肠与乙状结肠。其发生通常与以下因素有关：（1）解剖因素，如肠系膜先天性过长；（2）重力因素，如肠蛔虫团、饱食、肠壁大肿物等。如无以上因素，则可能是因为：（1）肠管剧烈和不规则的蠕动；（2）局部肠袢挫伤，甚至血肿形成等；（3）外伤后剧烈运动和体位变化等。

肠扭转可行纤维结肠镜检查与复位等非手术治疗，但相当部分难免剖腹手术。手术可考虑保留肠管，但须注意观察肠管活性，明确有坏死的肠段应切除。

3.肠瘘

腹部开放性或者闭合性损伤致肠破裂、局部感染时，若伤情严重或者治疗不及时、有效，可导致肠瘘。肠瘘包括肠与其他器官（如腹腔、胃等）的内瘘，以及肠与腹壁外的外瘘。肠瘘的病因包括：（1）先天性畸形；（2）手术；（3）损伤；（4）肿瘤、炎症。治疗上可分为控制感染、局部引流、封堵以及营养支持等非手术治疗和手术治疗。手术治疗可分为辅助性手术和确定性手术。剖腹探查、引流、肠造口等为辅助性治疗手术；为消除肠瘘而施行的修补、切除等则属于确定性治疗手术。确定性手术方式因病情可有较大差异，大致包括：（1）肠瘘局部肠袢切除–吻合术；（2）肠管部分切除–吻全合术；（3）肠袢浆膜覆盖修补术；（4）带蒂肠浆肌层覆盖修补术；（5）肠瘘部外置造口术；

（6）肠旷置术。

（三）检查与诊断

1.根据腹部外伤史、临床表现、影像学检查或者手术所见，可明确诊断。远段小肠穿孔、破裂，由于肠内容物的化学性刺激较小，症状与体征的发生以及发展较缓慢，容易造成诊治延误。肠破裂时腹腔诊断性穿刺以及腹腔灌洗常为阳性，此外腹部X线片以及CT检查可见气腹征象。

2.肠梗阻后可出现水电解质和酸碱失衡、休克、脓毒血症、呼吸和心脏功能障碍等全身性病理生理改变以及肠腔积气积液、肠蠕动改变、肠壁充血水肿与通透性改变等局部病理生理改变。以腹痛、腹胀、排便排气减少乃至停止等为主要症状，体征随病情进展而有不同特点，如绞窄性肠梗阻或者单纯性肠梗阻达晚期者，肠壁可出现坏死、穿孔并腹腔感染、炎症，可表现出腹膜炎体征。X线摄片（包括平片以及钡灌肠）有助于诊断。

3.小肠扭转者常突发持续性腹部剧痛并阵发性加重，多伴呕吐、腹胀等表现，查体可及腹部压痛、肠鸣音减弱以及气过水声。X线平片有助于诊断。但术前通常仅能考虑为绞窄性肠梗阻，常需手术方能明确诊断。乙状结肠扭转常多见于乙状结肠冗长，有长期便秘史的老人，常有腹部持续胀痛，逐渐隆起，以左腹部为甚，下腹部坠胀感但无排气、排便，查体叩诊呈鼓音，压痛以及肌紧张均不明显。X线片可见巨大双腔充气的肠袢，且有液平面。乙状结肠扭转可反复发作，部分急性发作者可出现严重的肠管充血、缺血，须及时处理避免肠坏死。

（四）鉴定要点

1.肠破裂须手术治疗是指穿透性或者闭合性腹部损伤致小肠、结肠全层破裂伤，肠内容物流出，引起腹膜炎症状和体征，且行手术治疗者。

2.肠损伤或者损伤致腹腔感染后肠内瘘或者外瘘形成，须具有确定性手术治疗的适应征。肠瘘经非手术治疗或者未经确定性手术治疗，肠瘘自愈的，不宜鉴定为重伤二级。鉴定时，应注意排除自身疾病（如易引起感染并致感染不能控制的慢性疾病）以及不当医疗行为等因素的影响。

3.肠梗阻的损伤程度鉴定应根据致伤方式、损伤后症状与体征、肠梗阻部位、性质与诊断治疗情况，依据伤病关系处理原则，综合分析。（1）腹部外伤史明确，无自身病理因素，肠梗阻与外伤时间间隔密切，外伤应为肠梗阻的主要原因；（2）解剖或者疾病因素与外伤因素两者共同作用，应判定为伤病共存，作用相当；(3)若肠梗阻主要因解剖结构异常或者疾病因素所致，外伤应为次要或轻微作用。

4.外伤性肠扭转的鉴定应把握以下原则：(1)外伤史明确，无自身病理因素，肠扭转与外伤时间间隔密切，分析外伤是肠扭转的主要原因；(2)解剖结构异常或者疾病与外伤因素共同作用，两者兼而有之、缺一不可，则判定为伤病共存、作用基本相当；(3)若肠扭转以解剖因素为主，应判定外伤为次要或轻微原因。外伤性肠扭转应在作出上述伤病关系的判定后，再行损伤程度鉴定。

四、胆囊、胆道损伤

（一）标准条款

条款	内容	损伤程度
5.7.2b	胃、肠、胆囊或者胆道全层破裂，须手术治疗	重伤二级
5.7.3a	胃、肠、胆囊或者胆道非全层破裂	轻伤一级
5.7.4a	胃、肠、胆囊或者胆道挫伤	轻伤二级

（二）结构与术语

胆囊、胆道均系肝外胆系，胆道包括左右肝管、肝总管与胆总管，还包括与胆囊相接的胆囊管。胆囊是呈梨形的囊状器官，长8～12cm，宽3～5cm，容量为40～60ml，可储存和浓缩胆汁。胆囊位于肝下面的胆囊窝内，其上方借结缔组织与肝相连。其解剖结构部位深且隐蔽，受伤机会较少（见图9-8）。

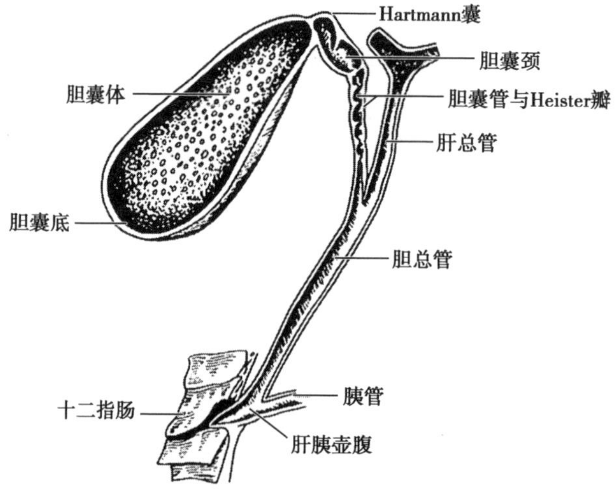

图9-8　胆囊、胆道解剖结构

胆囊损伤一般宜行胆囊切除术。胆总管破裂宜在裂口外另作切口置入“T”形管引流；胆总管完全断裂，则手术更为复杂，遗留胆总管狭窄等后遗症的机会也明显增加。

（三）检查与诊断

胆囊、胆道损伤多系由腹部穿透伤引起，且多伴有邻近器官如十二指肠、胰腺、比邻血管损伤，术前有时难以确诊，往往在手术探查中才能发现。根据外伤史、临床表现，结合医学影像学检查，可明确诊断。

（四）鉴定要点

1.腹部损伤致胆囊、胆道全层破裂，即具有行胆囊切除术或者胆总管引流等手术适应征。

2.胆囊或者胆道非全层破裂，在实际损伤中往往并不单独存在，常合并有其他损伤。合并有其他损伤的，可依据相应条款进行鉴定。

3.下列情形，应结合损伤程度等级划分原则，依据本条款鉴定为轻伤一级：(1)胆囊或者胆道壁存在损伤，致完整性受损，但尚不至于形成开放性损伤，经一般对症处理可以自愈；(2)胆囊或者胆道周围损伤致血肿形成并压迫引起功能障碍，需手术清除，但无须行胆囊或者胆总管外引流等术式；(3)胆囊损伤（如胆囊壁挫伤），尚不具备胆囊切除术的手术适应征，但为观察治疗需要行胆囊造口术。

五、消化吸收功能严重障碍

（一）鉴定标准

条款	内容	损伤程度
5.7.1b	胃肠道损伤致消化吸收功能严重障碍，依赖肠外营养	重伤一级

（二）结构与术语

短肠综合征是指大段小肠切除后，残存的功能性肠管不能维持营养需要的吸收不良综合征。

本条款规定的“胃肠道损伤致消化吸收功能严重障碍，依赖肠外营养”，是指爆炸、交通事故或者其他严重腹部外伤所致胃肠道（尤其是小肠）广泛损伤而不能保留，导致短肠综合征等后遗症，消化吸收功能基本丧失，不能通过经口获得足够的营养支持，须完全依赖肠外营养（如静脉营养）支持或者须依赖肠外营养补充，方能维持生命的情形。

（三）鉴定要点

1.消化吸收功能障碍的鉴定，首先要确定是否具有消化吸收功能障碍的损伤基础（如小肠切除范围、比例）、是否需要肠外营养支持。应注意：(1)进食方式；(2)营养补充方式；(3)残存小肠长度；(4)全身营养状况，如身高体重比、肌容量、皮下脂肪厚度；(5)实验室检验结果，如外周血淋巴细胞计数、血红蛋白以及血清白蛋白量等。外伤后不能通过正常摄食提供自身营养物质、完全依赖肠外营养，或者正常摄食不足以维持正常营养状况，需要适当补充肠外营养的，均属本条款规定的重伤一级的情形。

2.损伤后因治疗、康复需要临时采取禁食或者限制饮食措施而实施的肠外营养，因损伤影响消化吸收功能需依赖肠内营养支持的，均不属于本条款所规定的重伤一级情形，可根据原发性损伤及其并发症，参照本《标准》相应条款作出鉴定意见。

第四节　泌尿器官损伤

泌尿系统由肾、输尿管、膀胱以及尿道四部分组成，由于其解剖位置隐蔽，受到周围组织保护，一般不易受伤。当胸腹部、脊柱以及骨盆受到暴力打击或者挤压时，则容易合并泌尿系统损伤，损伤的好发部位多见于男性尿道，其次为肾和膀胱，输尿管损伤则较少见。

一、肾损伤

（一）鉴定标准

条款	内容	损伤程度
5.7.2g	肾周血肿或者肾包膜下血肿，须手术治疗	重伤二级
5.7.2i	肾损伤致肾性高血压	重伤二级
5.7.2j	外伤性肾积水；外伤性肾动脉瘤；外伤性肾动静脉瘘	重伤二级
5.7.4e	肾包膜下或者实质内出血	轻伤二级

（二）结构与术语

肾脏是成对的实质性器官。肾脏位于脊柱两侧，腹膜后间隙，属于腹膜外位器官。左肾在第11胸椎体下缘至第2～3腰椎间盘之间，右肾在第12胸椎体上缘至第3腰椎体上缘之间。前面有腹壁和腹腔内脏器，后面有腰背部肌群和胸廓保护（见图9-9）[1]。

肾脏是组织结构较脆弱的实质性器官，受钝性外力作用容易造成损伤，若肾脏存在自身疾病（如肾积水或者肾肿瘤）则更易发生损伤。开放性肾损伤多合并腹部其他器官的损伤。

1.肾损伤分级

按损伤程度分为两级：（1）轻度损伤，包括肾挫伤，1cm以下的肾裂伤；（2）严重损伤，包括1cm以上的肾裂伤、贯通收集系统的损伤、粉碎性损伤以及血管损伤。美国创伤外科协会将肾脏损伤分为五级：（1）Ⅰ级为挫伤；（2）Ⅱ级为无肾实质裂伤的局限性包膜下血肿或者局限性肾周围血肿；（3）Ⅲ级为肾皮质裂伤＜1cm，无尿外渗的情形；（4）Ⅳ级为肾皮质裂伤＞1cm而无收集系统裂伤或者尿外渗以及贯通肾皮质、髓质、收集系统的裂伤；（5）Ⅴ级为肾动、静脉主干损伤出血、肾粉碎性损伤或者肾蒂断裂（见图9-10）。

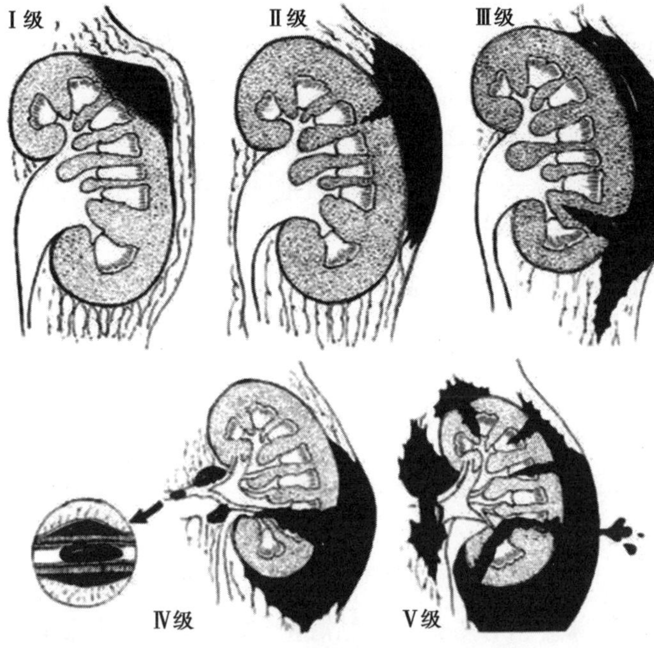

图9-10 肾损伤分级示意图

〔1〕 参见本书附录部分，第433页。

2.外伤性肾积水

肾脏、肾盂-输尿管连接处、输尿管及尿道等任何部位的创伤引起出血、感染、纤维化、瘢痕狭窄等，均可能引起肾积水。外伤性肾积水可导致肾小球滤过膜面积减少、有效滤过率降低，进而影响肾功能。其治疗原则为尽早解除梗阻、去除病因、最大限度地保护肾功能、控制感染、预防并发症。主要治疗方法包括非手术治疗和手术治疗。经非手术治疗效果不佳的，具有手术适应征。

3.肾性高血压

肾性高血压属继发性高血压，多系单侧或者双侧肾动脉主干或其分支狭窄，致受累肾血流量减少或者肾缺血，引起肾尿液生成和内分泌功能异常，终而导致高血压。各种原因的外伤导致肾蒂周围血肿、肾周围血肿、肾包膜下血肿机化、尿外渗引起肾周围组织纤维化、肾实质损伤后广泛瘢痕形成（瘢痕肾）、肾内假性动脉瘤、动静脉瘘、肾动脉及其分支狭窄、部分肾实质缺血或者肾蒂周围纤维化压迫肾动脉等，均可引起肾血流量下降、肾缺血，继而引起肾素-血管紧张素系统活性增加，导致动脉血压上升。目前国内高血压的诊断标准采用2010年《中国高血压防治指南》建议的标准，即高血压为收缩压≥140mmHg，舒张压≥90mmHg。

4.外伤性肾动脉瘤

外伤性肾动脉瘤多为动脉损伤后，血液通过破裂处进入周围组织而形成血肿，数周后，血肿外壁逐渐被机化，腔内表面则有内皮覆盖，血流不断通过动脉裂口，循环进出血肿腔，形成瘤样病变，故又称为外伤性肾假性动脉瘤。肾假性动脉瘤一旦形成，多数难以自愈，有导致大出血的风险，可危及生命，应予以及时处理。

5.外伤性肾动静脉瘘

外伤性肾动静脉瘘属于外伤继发性病变，需与原发性相鉴别。原发性肾动静脉瘘又称先天性肾动静脉瘘，肾动脉造影表现为曲张的血管团，内有多支动静脉瘘，一般位于集合系统粘膜下的固有层中，因而易破溃入集合系统引起血尿。继发性肾动静脉瘘相对多见，肾动脉造影表现为单支动脉通过扩张的血管与静脉直接相通，病变部位不定，与病因有直接有关，其临床表现多出现肾性高血压，肉眼血尿明显少于原发性者。特发性肾动静脉瘘最为少见，一般认为是肾脏的假性动脉瘤破溃入邻近静脉而形成，其影像学表现与继发性者相似。

（三）检查与诊断

1.肾损伤后常形成肾周围血肿、肾包膜下血肿或者肾实质内血肿，经超声、CT等医学影像学检查可以明确诊断。

2.外伤性肾积水诊断的主要依据有：（1）损伤病史，有时可能比较隐匿且症状不明显；（2）实验室检查，包括镜下、肉眼血尿、蛋白尿、结晶尿、脓尿或者管型；（3）超声检查，为简便、有效、无创伤检查手段；（4）X线检查，包括尿路平片（KUB）、静脉尿路造影（IVU）、经膀胱镜逆行尿路造影以及经腰部穿刺肾盂输尿管造影等；（5）同位素肾图；（6）尿动力学检查；（7）输尿管肾盂镜检查等。

3.关于一侧肾功能评价，推荐外源性放射性标记物（如^{99m}Tc–DTPA）的肾脏排泄率检测，该试验是测定肾小球过滤的“金标准”，准确率高，且可分别测定两侧肾脏的肾小球滤过率，用于评价单侧肾功能。一侧肾功能障碍的程度可根据肾小球滤过率检测结果进行分级：一侧肾功能轻度障碍（30～45ml/min），一侧肾功能中度障碍（10～30ml/min），一侧肾功能重度障碍（＜10ml/min）。只有当一侧肾功能达到重度功能障碍时，方可考虑患肾切除，否则应尽可能保留肾脏。

4.肾性高血压常用的诊断技术包括周围循环肾素活性测定（周围循环肾素值＜5 μgAl / ml · h者，基本可以排除肾性高血压；若大于此值，则应进一步作分肾静脉肾素测定）、排泄性尿路造影、分肾功能检测、同位素肾图、多普勒超声检查以及腹主动脉–肾动脉造影、数字减影血管造影、螺旋CT血管成像或者磁共振血管成像等血管造影检查。

5.外伤性肾动脉瘤常以外伤后迟发性血尿就诊，医学影像学检查（如数字减影造影，即DSA），有助于明确诊断。

6.外伤性肾动静脉瘘的主要检查手段为肾动脉造影。

（四）鉴定要点

1.肾损伤手术治疗方式包括：（1）引流术；（2）肾切除术；（3）肾部分切除术；（4）（选择性）肾动脉栓塞术等。肾损伤手术治疗应把握以下适应征：（1）开放性肾损伤；（2）确诊为完全性肾断裂、肾碎裂及肾蒂损伤的闭合性肾损伤；（3）非手术治疗期间观察生命体征仍未见改善，提示有活动性内出血；

(4)血尿逐渐加重，血红蛋白和血细胞比容持续降低；(5)腰腹部肿胀有明显持续加重趋势。

2.“肾周血肿或者肾包膜下血肿，须手术治疗”应同时满足以下条件：(1)肾脏存在闭合性或开放性损伤的损伤基础；(2)经医学影像学检查或手术探查证实存在肾周血肿或者肾包膜下血肿；(3)具有行手术治疗的适应征，且已行引流术、肾切除术、肾部分切除术、选择性肾动脉栓塞术等手术术式之一种。

3.外伤性肾积水手术方式包括：(1)肾盂成形术；(2)输尿管狭窄扩张成形术；(3)输尿管肾下盏吻合术；(4)肾切除术等。手术途径可以是开放性手术，也可以是腹腔镜、经皮肾镜或输尿管膀胱镜等内镜微创手术。

“外伤性肾积水”具有以下情形之一者，可鉴定为重伤二级：(1)尿路损伤致一侧或双侧肾积水，具有手术适应征；(2)尿路损伤致肾积水，一侧肾功能基本丧失，具有手术切除指征。

轻度肾积水或一过性肾积水，无须手术治疗者，不属于本条认定重伤二级情形。

4.损伤致肾性高血压的鉴定，需通过临床诊断技术检查与动脉粥样硬化、多发性大动脉炎、先天性肾动脉发育异常等自身疾病引起的高血压鉴别。

5.外伤性肾动脉瘤、外伤性肾动静脉瘘的鉴定，需把握以下原则：(1)具有引起上述病变的损伤基础；(2)经影像学检查证实；(3)导致包括肾性高血压在内的各种并发症。

6.肾挫伤鉴定时应注意：(1)具有引起肾挫伤的损伤基础；(2)经医学影像学检查或手术探查证实存在肾挫伤灶，必要时影像学随访提示挫伤灶存在逐渐吸收的动态变化；(3)手术治疗适应征不充分，经非手术治疗即可治愈。参照5.7.4e之规定，上述肾损伤分级中的轻度肾损伤与Ⅰ级、Ⅱ级肾损伤属于轻伤二级。

血尿是肾损伤后常见的临床表现，但应注意，外伤后血尿的严重程度与肾损伤分级情况不一定完全一致，如肾血管断裂或未伤及肾集合系统的肾损伤可不出现血尿。

7.原有病变（如肾积水、肾囊肿、肾肿瘤、肾结核等）的肾脏在轻微损伤时也可能导致肾损伤，鉴定时应考虑外界暴力程度与肾损伤之间的因果关系，再作出损伤程度鉴定。

二、输尿管损伤

（一）鉴定标准

条款	内容	损伤程度
5.7.2d	输尿管损伤致尿外渗，须手术治疗	重伤二级
5.7.2e	腹部损伤致肠瘘或者尿瘘	重伤二级
5.7.5a	外伤性血尿	轻微伤

（二）结构与术语

输尿管是成对的、位于腹膜外位的肌性管道。约平第二腰椎上缘起自肾盂末端，终于膀胱，长20～30cm。由于其管壁有较厚的平滑肌层，可作节律性蠕动，能使尿液不断地注入膀胱（见图9-11）[1]。

因输尿管的解剖位置及其活动性，外伤所致损伤并不多见。闭合性腹部损伤导致输尿管损伤多位于肾盂、输尿管交界处，其次是行经于横突前面的输尿管处。开放性输尿管损伤常伴有其他器官损伤，以输尿管中、下段为主。另外，医源性损伤尤其是腔内镜手术操作引起的损伤也非常罕见。

1.尿外渗

尿外渗是指输尿管真性破裂伤，尿液从裂口渗出到周围组织。输尿管损伤可以是开放损伤或者闭合性损伤引起，也可以是医源性损伤引起。此类情况多需手术治疗才能治愈。

2.尿瘘

腹部损伤（包括开放性损伤、闭合性损伤、医源性损伤）致肾盂、输尿管、膀胱、尿道等尿路结构与腹壁创口、肠道或者阴道等部位相沟通，形成尿瘘，经久不愈。与腹部体表直接沟通的，形成外瘘；与肠道或者阴道沟通的，形成内瘘。

3.外伤性血尿

肾、输尿管、尿道损伤均可引起血尿，影像学检查有时可能难以明确损伤灶。外伤性血尿经对症治疗多在短期内自行痊愈。

〔1〕　参见本书附录部分，第434页。

（三）检查与诊断

输尿管损伤后根据外伤史、临床症状与体征、B超和静脉尿路造影及逆行造影等辅助检查，可明确诊断。

（四）鉴定要点

1.输尿管破裂致尿外渗、腹部损伤致尿瘘一经确诊，均须手术治疗，符合本《标准》规定的重伤二级。

2.肾、输尿管、膀胱、尿道损伤均可引起血尿，医学影像学检查有时可能难以明确损伤灶。认定外伤性血尿应排除尿路结石、肿瘤、血管畸形、感染等病理状况。若血尿程度严重或者病程迁延，多可能存在较重的器质性损伤或者疾病，应综合泌尿系统全面检查结果，作出鉴定意见。

三、肾功能不全

（一）鉴定标准

条款	内容	损伤程度
5.7.1c	肾功能不全（尿毒症期）	重伤一级
5.7.2h	肾功能不全（失代偿期）	重伤二级
5.7.3e	肾功能不全（代偿期）	轻伤一级
5.7.4g	急性肾功能障碍（可恢复）	轻伤二级

（二）结构与术语

肾脏是机体排泄代谢产物，维持水、电解质和酸碱平衡，以及产生多种激素的重要器官。肾单位是肾脏最基本的功能和结构单位，由肾小球和肾小管组成。肾小球为特殊的毛细血管结构，具有滤过功能。肾小管参与多种物质的重吸收和排泄。肾单位正常结构的破坏即可导致肾功能障碍。

（三）检查与诊断

表9-2　肾功能不全分期

分期	内生肌酐清除率	血尿素氮浓度	血肌酐浓度	临床症状
代偿期	降至正常的50%（50～70ml / min）	正常	正常	通常无明显症状体征

续表

分期	内生肌酐清除率	血尿素氮浓度	血肌酐浓度	临床症状
失代偿期	25～49ml / min		＞177 μmol / L（2mg / dL）但＜450 μmol / L（5mg / dL）	无明显症状体征，可有轻度贫血；夜尿、多尿
尿毒症期	＜25ml / min	＞21.4mmol / L（60mg / dL）	450～707 μmol / L（5～8mg / dL）	常伴有酸中毒和严重尿毒症临床症状

（四）鉴定要点

1.本节所称肾功能不全为肾性或肾外损伤所致的双肾功能障碍，属损伤的后遗症，应待临床医学一般原则所承认的治疗终结后再行鉴定。

2.对肾损伤后遗留功能障碍进行鉴定时，应注意伤病关系分析，排除既往自身疾病（如肾病综合征及各种肾炎）对肾功能的影响。对于损伤后治疗过程中药物应用带来的肾毒性损害，需注意鉴别是否医疗过错的影响。

第五节　腹腔大血管损伤

腹部大血管损伤以交通事故所致多见，约78%的损伤由安全带、方向盘及车辆与机体作用所致，其他如胸部及腹部的刺创或枪弹创也可造成腹部大血管的开放性损伤。闭合性损伤多为钝性暴力造成，分为血管内膜损伤、动脉瘤形成和血管破裂三种，其中内膜撕裂可为非闭塞性分离，特别是在腹主动脉可形成主动脉夹层。

一、鉴定标准

条款	内容	损伤程度
5.7.2a	腹腔大血管破裂	重伤二级

二、结构与术语

胸主动脉于第12胸椎水平穿膈肌的主动脉裂孔，移行为腹主动脉，在腹腔内沿脊柱左前方下降，至第4腰椎体下缘处分为左、右髂总动脉，髂总动脉沿腰大肌内侧下行至骶髂关节处分为髂外动脉和髂内动脉，髂外动脉沿腰大肌内侧继续下降，经腹股沟韧带中点深面至肌前部移行为股动脉。髂外静脉是股静脉的直接延续，向上至骶髂关节前方与髂内静脉汇合成髂总静脉。下腔静脉由左、右髂总静脉在第4～5腰椎右前方汇合而成，沿腹主动脉右侧和脊柱右前方上行，穿膈肌的腔静脉孔进入胸腔再注入右心房（见图9-12）[1]。

主动脉夹层：腹主动脉壁由内膜、中膜和外膜构成，正常情况下这三层是紧密贴合在一起的。主动脉夹层是指各种原因造成的主动脉内膜破裂，血流进入主动脉壁内，导致血管壁分层形成假腔，血液在假腔中流动并挤压，真腔主动脉夹层过去也称为主动脉夹层动脉瘤。

三、检查与诊断

根据腹部或腰背部外伤史，伤后出现严重休克、腹膜刺激征等征象，影像学如血管造影、CT等提示有腹腔大血管损伤者，一般能作出诊断。但由于伤情危急，多数伤者来不及做进一步检查，因而最后确诊多在手术探查中发现。

四、鉴定要点

1.《标准》附则6.8中关于腹腔大血管进行了罗列，包括：下腔静脉、腹主动脉、髂总动脉、髂外动脉、髂外静脉，上述大血管破裂可直接援引本条款鉴定为重伤二级。腹腔其他血管损伤，不宜直接援引本条款，应依据相应条款进行鉴定。笔者认为，髂外静脉于骶髂关节前方与髂内静脉汇合成髂总静脉，从上述腹腔血管的解剖结构上看，髂总静脉应同属腹腔大血管。

2.主动脉夹层可造成血管腔的狭窄或堵塞，伤后逐渐出现下肢皮肤颜色改变、疼痛、变冷，股动脉搏动减弱或消失，进行性下肢瘫痪和大小便失禁等。腹部损伤致主动脉夹层形成，可依照本条款鉴定为重伤二级。

3.外伤性腹主动脉夹层需与非外伤性腹主动脉夹层加以区别。非外伤性腹主动脉夹层男性多于女性，中老年居多，常无腹部外伤史或外伤轻微，好发危险因素为主动脉中层囊性坏死或退变、遗传性结缔组织疾病、先天性二叶主动脉瓣、动脉炎、动脉瘤、高血压、动脉粥样硬化等。

---

〔1〕 参见本书附录部分，第434页。

4.腹主动脉存在动脉粥样硬化和血管内膜病变时，受外力作用更容易导致病变的血管损伤，应根据既往病变的程度，综合分析外伤与血管破裂之间的关系。

第六节　腹部其他损伤

一、弥漫性腹膜炎和感染性休克

（一）鉴定标准

条款	内容	损伤程度
5.7.2f	腹部损伤引起弥漫性腹膜炎或者感染性休克	重伤二级

（二）结构与术语

1.腹膜的壁层和（或）脏层因各种原因受到刺激或损害而发生急性炎症反应称为急性腹膜炎，是一种外科急腹症。按照炎症波及的范围，可分为弥漫性腹膜炎和局限性腹膜炎。其产生的原因可能为化学刺激，也可能为化脓性感染。

腹部损伤引起弥漫性腹膜炎属继发性腹膜炎之一种。其发病原因可能为：（1）外伤致空腔器官穿孔、破裂，消化液或内容物直接刺激；（2）实质器官如肝、胰损伤致化学性刺激或者腹腔积血致血性刺激；（3）继发于其他腹腔外伤性病变（如腹壁穿透性损伤、腹腔积血、急性绞窄性肠梗阻等）形成感染。

2.感染性休克是腹部损伤的一种严重并发症，可继发于腹部开放性损伤、空腔器官穿孔、破裂等腹部闭合性损伤以及其他各种腹部损伤。腹部损伤致感染性休克多合并弥漫性腹膜炎。其治疗除积极抗休克治疗措施外，尚需针对原发性损伤采取积极的措施。损伤多较复杂，伤情危重。

（三）检查与诊断

弥漫性腹膜炎诊断要点：（1）持续性腹部疼痛，程度往往较剧烈；（2）出现恶心、呕吐等消化道症状，肛门排气可减少或消失，盆腔腹膜炎明显者，可出现下坠感及便秘，但仅能排出少量粘液便，便后仍不觉轻松；（3）查体可见腹式呼吸减弱甚至消失，全腹压痛明显，伴腹肌紧张呈“板状腹”；(4)外周血实验室检验提示白细胞计数升高，中性粒细胞比例增高，可含有中毒颗粒；(5)多出现急性痛苦病容及强迫屈曲体位，可伴有体温升高。

(四)鉴定要点

1.腹部损伤引起弥漫性腹膜炎应把握以下条件：(1)确证腹部外伤史，可以是腹壁穿透性损伤，也可以是腹部闭合性损伤；(2)具有弥漫性腹膜炎的临床表现；(3)可以明确腹部外伤与弥漫性腹膜炎之间存在直接因果关系(损伤为主要原因)，或者可以排除自身疾病导致弥漫性腹膜炎。

2.损伤引起局限性腹膜炎或者弥漫性腹膜炎诊断依据不充分的，不宜鉴定为重伤二级。可根据原发性损伤及其并发症，参照本《标准》相应条款进行损伤程度鉴定。

二、腹腔积血和腹膜后血肿

(一)鉴定标准

条款	内容	损伤程度
5.7.2k	腹腔积血或者腹膜后血肿，须手术治疗	重伤二级
5.7.4h	腹腔积血或者腹膜后血肿	轻伤二级

(二)结构与术语

腹腔积血：腹部损伤致腹腔内器官或血管损伤、出血，血液积聚于腹腔。

腹膜后血肿：腹膜壁层与后腹壁之间的间隙称为腹膜后间隙。腹膜后间隙出血达到一定程度可形成腹膜后血肿。外伤伤及腹膜外血管或腹膜后器官，如肾、胰损伤以及骨盆、脊柱骨折等，血管破裂、血液流入腹膜后间隙，均可导致腹膜后血肿的形成。

(三)检查与诊断

腹膜后血肿突出的临床表现是内出血征象、腰背痛和肠麻痹，伴尿路损伤者常有血尿，血肿进入盆腔者可有里急后重感，直肠指诊可触及骶前区伴有波动感的隆起。根据外伤史、临床表现、超声、CT检查及手术所见可作出诊断。

(四)鉴定要点

1.腹腔积血须手术治疗应把握以下适应征，出现明显腹膜刺激征的临床表现，且符合如下情形之一：(1)出现内出血的症状和体征，达到休克(轻度)的程度；(2)医学影像学检查有腹腔积液征象；(3)腹腔穿刺抽出不凝血液；(4)腹壁创口深及腹腔，创口有血液流出；(5)出现其他相应急需手术的情形。

2.腹腔积血符合下列条件之一者，鉴定为重伤二级：(1)腹腔积血，具有上述手术适应征，且行剖腹探查及积血清除术；(2)剖腹探查证实腹腔存在活动性出血，并行止血操作，否则可能危及生命；(3)手术探查证实腹腔积血量达500ml以上。

3.闭合性腹部损伤引起腹腔积血者，怀疑存在腹腔器官活动性出血时，临床多采用剖腹手术的方式予以探查，探查的结果未发现腹腔器官活动性出血，腹腔积血量少(500ml以下)，且术中无实际止血操作的，不宜鉴定为重伤二级。

4.腹膜后血肿须手术治疗应把握以下适应征：(1)疑有腹腔器官损伤，或者疑有腹膜后血肿穿破致积血流入腹腔，腹腔穿刺抽出不凝血液，经手术探查证实为腹膜后血肿为主要损伤；(2)出现明显腹痛或腰背部疼痛症状，并因血肿压迫导致神经受压引发神经性疼痛，或者出现胃肠道功能异常(如肠麻痹征)、泌尿系统功能紊乱表现，或者盆腔腹膜后血肿时出现直肠刺激症状，直肠指检可触及波动感；(3)出现内出血的症状和体征，达到休克(轻度)的程度。

案例9-4　腹膜后血肿的法医学鉴定

某女，24岁，于半小时前左腰部被他人用匕首刺伤，当时左腰部渗血较多，主诉约500ml，被送医院。腹部CT：左侧腰部外伤，左侧腹膜后积血。拟“左腰部刀刺伤”收住院。病程中患者感左侧腰部剧烈胀痛，头昏不适，面色苍白。入院查：P：74次/分，R：20次/分，BP：110/80mmHg，神清痛苦貌，面色苍白，左肾区叩击痛阳性，左腰部见一长约3cm创口，有活动性出血。急诊手术探查：切开腰背筋膜，先探查左肾及上段输尿管未见损伤，腹膜后肾周有大量积血及淤血肿块，予血肿清除后用生理盐水冲洗，冲洗中发现腰大肌断裂2/3，并有活动性出血，充分暴露腰大肌两断端，仔细寻找出血点，在腰大肌近、远断端内各见一动脉分支断裂出血，分别予以缝扎加结扎，缝合腰大肌断端。

本例有两种鉴定意见：第一种意见认为，伤者腹膜后血肿虽经手术治疗，但血肿仅限于腹膜后，并未穿破致积血流入腹腔；虽有腰部剧烈胀痛症状，但未见血肿压迫神经引发的神经性疼痛、胃肠功能异常、泌尿系功能异常及直肠刺激症状；病程中仅有面色苍白，但其血压及脉搏均属正常范围，并未出现休克（轻度）的症状和体征。其损伤不符合《标准》5.7.2k“腹腔积血或者腹膜后血肿，须手术治疗。”条款规定的须手术治疗的情形，不宜鉴定为重伤二级。第二种意见认为，左腰部创口有活动性出血，术中见腰大肌断裂，腰大肌近、远断端内各见一动脉分支断裂出血，若不及时有效的止血治疗，血肿将进行性增加，进而危及生命，应属腹膜后血肿须手术治疗的情形，应根据5.7.2k“腹腔积血或者腹膜后血肿，须手术治疗。”条款之规定，鉴定为重伤二级。笔者同意第二种意见，伤者虽未出现腹膜后血肿须手术治疗的适应征，但因深部腰大肌动脉血管断裂引起活动性出血，若不采取手术止血措施则出血难以自止，易引发危及生命的并发症，且施行了缝扎加结扎止血措施。

三、腹壁穿透创

（一）鉴定标准

条款	内容	损伤程度
5.7.4i	腹壁穿透创	轻伤二级

（二）结构与术语

腹壁穿透创是指腹壁全层贯通的腹腔开放性损伤，可以是锐器伤、火器伤，也可以是交通事故等巨大钝性暴力所致，多合并腹腔器官的损伤。

（三）检查与诊断

多为手术探查证实。

（四）鉴定要点

1.鉴定时应注意确证损伤为腹壁全层穿透创。

2.纤细的针状物（如针灸）虽然可能导致腹壁全层穿透创，但未伤及腹腔内器官、血管，且出血在较短时间内自止、无须清创缝合及进一步特殊针对性治疗的，不属于本条规定的轻伤二级。

3.腹壁穿透创若伤及腹腔重要器官、血管的，可参照本《标准》相应条款进行鉴定。

（方丛行）

参考文献

1.公安部刑事侦查局:《人体损伤程度鉴定标准释义》,中国人民公安大学出版社2013年版。

2.司法部司法鉴定管理局:《〈人体损伤程度鉴定标准〉适用指南》,法律出版社2014年版。

3.司法部司法鉴定管理局、最高人民法院司法行政装备管理局:《〈人体损伤致残程度分级〉适用指南》,法律出版社2016年版。

4.陈孝平、汪建平:《外科学》,人民卫生出版社2013年版。

5.葛均波、徐永健:《内科学》,人民卫生出版社2013年版。

6.柏树令、应大君:《系统解剖学》,人民卫生出版社2013年版。

7.刘技辉:《法医临床学》,人民卫生出版社2016年版。

8.夏文涛:《〈人体损伤程度鉴定标准〉理解与适用——腹部损伤》,载《法医学杂志》2015年第1期。

9.赵元峰:《人脾破裂损伤时间推断的法医病理学观察》,载《临床与实验病理学杂志》2012年第5期。

第十章　盆部及会阴部损伤

盆部及会阴部位于躯干的下部。上界为两侧髂嵴大约第五腰椎平面，下界为男性阴囊或女性女阴平面。

盆部主要有骨性骨盆（见图10-1）及盆腔内脏器（见图10-2[1]、图10-3[2]）膀胱、尿道、输尿管、直肠和男女内生殖器官输精管、子宫、输卵管、卵巢等组成。骨盆由左右髋骨（耻骨、坐骨和髂骨）和骶、尾骨以及其间的骨连接构成的一完整的闭合骨环，并通过髋臼与下肢骨连接，起传导重力和支持、保护盆腔脏器的作用。骨盆前半部（耻、坐骨支）称为前环，后半部（骶骨、髂骨、髋臼和坐骨结节）称为后环。两侧髂骨与骶骨构成骶髂关节，并借腰骶关节与脊柱相连；两侧髋臼与股骨头构成髋关节，与双下肢相连。骨盆负重时的支持作用在后环部，故后环骨折较前环骨折更不稳定；但前环系骨盆结构最薄弱处，故前环骨折较后环骨折为多。

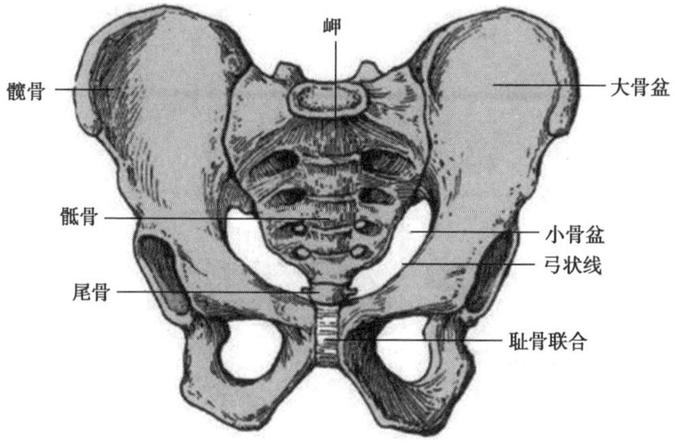

图10-1　骨盆结构

〔1〕 参见本书附录部分，第434页。

〔2〕 参见本书附录部分，第435页。

骨盆是连接脊柱和下肢的栋梁，具有将躯干重力传达到下肢，将下肢的震荡向上传到脊柱的重要作用，同时也是血管、神经和肌肉的通道。骨盆对盆腔内脏器、神经、血管等有重要的保护作用。但当骨盆骨折发生时，这些器官也容易受损伤。

医学上会阴有狭义和广义之分。狭义的会阴仅指肛门和外生殖器之间的软组织，广义的会阴是指盆膈以下封闭骨盆下口的全部软组织，其前界为耻骨联合下缘，后界为尾骨尖，两侧为坐骨结节，这四个点连接后形成的菱形区域即为广义的会阴部。法医学鉴定中所谓会阴部是指广义的会阴，包含肛门、男女外生殖器官阴茎、阴囊、睾丸、附睾、输精管、阴道和尿道口（见图10－4[1]、图10－5[2]）。

第一节　骨盆骨折

一、鉴定标准

条款	内容	损伤程度
5.8.2a	骨盆骨折畸形愈合，致双下肢相对长度相差 5.0cm 以上	重伤二级
5.8.2b	骨盆不稳定性骨折，须手术治疗	重伤二级
5.8.3a	骨盆 2 处以上骨折；骨盆骨折畸形愈合；髋臼骨折	轻伤一级
5.8.4a	骨盆骨折	轻伤二级

二、结构与术语

（一）骨盆不稳定骨折

外力往往会造成骨盆骨折，如物体击打、摔跌、碰撞，也有肌肉猛力收缩所致髂前上棘或坐骨结节撕脱骨折。当外力较大时，如车祸、高坠、挤压等，骨盆的前后环联合损伤并发生移位，使骨盆稳定性遭受破坏，形成骨盆不稳定性骨折。骨盆骨折分类方法较多，按骨盆环完整性受损程度的临床4型分类法有助于对不稳定性骨盆骨折的把握和操作。

Ⅰ型：即无损于骨盆环完整性的骨折，包括髂前上棘或髂前下棘、坐骨结

〔1〕 参见本书附录部分，第435页。
〔2〕 参见本书附录部分，第436页。

节、髂骨翼骨折，第5骶骨骨折或尾骨脱位，一侧耻骨单支骨折。

Ⅱ型：即骨盆环一处断裂的骨折，包括一侧耻骨双支骨折、耻骨联合分离、一侧骶髂关节附近骨折脱位。

Ⅲ型：即骨盆环两处以上断裂的骨折，包括耻骨联合附近两处骨折脱位（耻骨双支骨折或耻骨联合分离），合并髂骨或骶骨骨折或骶髂关节脱位，以及骨盆环多处骨折。常见的是耻骨联合分离和一侧骶髂关节脱位或髂骨、骶骨骨折，或者为单侧耻骨上下支骨折合并骶髂关节脱位或骶骨、髂骨骨折。

Ⅳ型：髋臼骨折，包括髋关节中心性脱位。

其中Ⅲ型骨折骨盆环失去稳定性，为不稳定骨折，而Ⅰ、Ⅱ、Ⅳ型的骨盆环仍稳定，故为稳定性骨折。

（二）骨盆骨折畸形愈合

骨盆骨折畸形愈合是指骨盆骨折愈合后骨折断端对线及对位差，存在分离、旋转或重叠畸形引起骨盆环欠规整，存在一定的变形。

（三）髋臼

髋骨由髂骨、坐骨和耻骨三部分组成，其外侧面有一个大而深的窝称为髋臼，是骨盆与下肢骨的连接处，与股骨头组成髋关节。髋臼是髋关节的重要组成部分，由于髋关节负重大，活动度大，因此很容易发生损伤。髋臼骨折（见图10-6）可由骨盆骨折时耻骨坐骨或髂骨骨折而波及髋臼，也可由髋关节中心性脱位所致。髋臼骨折易影响髋关节的活动和负重支撑作用。

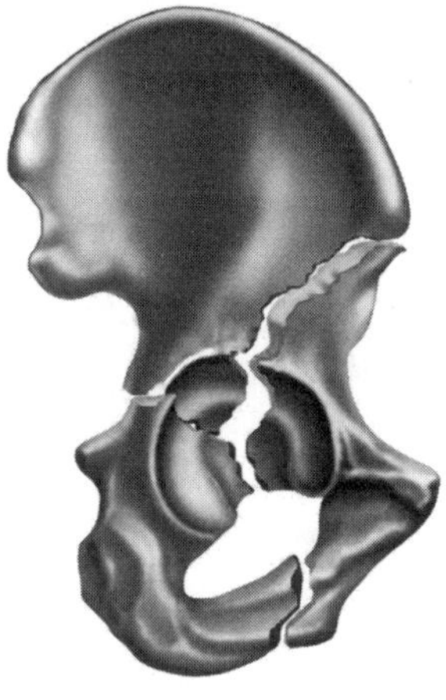

图10-6　髋臼骨折

三、检查与诊断

骨盆骨折一般通过X平片影像学检查即可明确诊断，必要时可摄骨盆入出口位片更好地观察骨折移位情况，有条件的可行CT扫描和三维重建能更加直观地反映骨折情况。

四、鉴定要点

1.骨盆不稳定性骨折，临床上往往采取手术复位治疗。具体手术指征：

(1)闭合复位失败。

(2)外固定术后残存移位。

(3)耻骨联合分离>2.5cm或耻骨联合交锁。

(4)垂直不稳定骨折。

(5)合并髋臼骨折。

(6)骨盆严重旋转畸形导致下肢旋转功能障碍。

(7)骨盆后环结构损伤移位>1cm,或耻骨移位合并骨盆后方不稳,患肢短缩>1.5cm。

(8)无会阴污染的开放性后方损伤。

(9)耻骨支骨折合并股神经、血管损伤。

(10)开放骨折。

骨盆不稳定性骨折,经过手术治疗,按5.8.2b评定为重伤二级。鉴定中应把握:(1)必须首先确定骨盆骨折属不稳定性骨盆骨折。通过术前和术后的X片或CT片等影像学资料相比较,参照不稳定性骨折的分类确定。(2)必须经过手术治疗。法医鉴定时必须审核有无手术指征,以防过度医疗导致鉴定错误。(3)骨盆不稳定性骨折临床上一般采用手术复位+内固定,但对于临床上采用骨针+外固定架固定,或因年龄等种种原因不能耐受手术而采取石膏外固定的,不应依照5.8.2b评定。(4)骨盆不稳定性骨折可因骨折移位而造成骨盆变形,但骨盆变形不是确定骨盆不稳定性骨折的必要条件。

案例10-1　骨盆不稳定性骨折的法医学鉴定

某男,32岁,因车祸造成右侧耻骨上下支骨折,骶髂关节脱位,属骨盆不稳定性骨折(见图10-7),经手术内固定复位,评定为重伤二级。

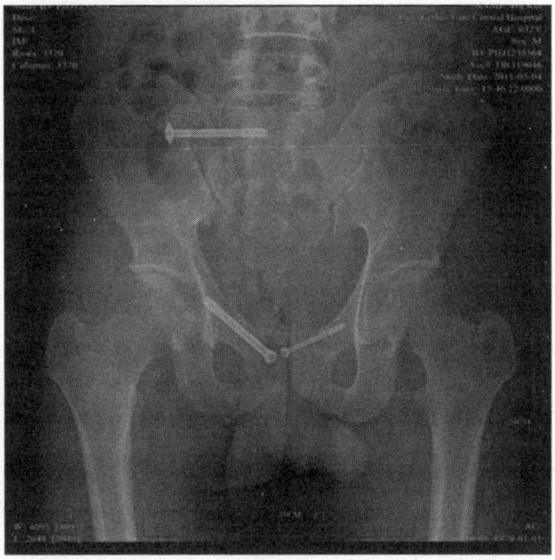

图10-7　骨盆不稳定性骨折

2.不稳定性骨盆骨折由于畸形愈合，可引起骨盆倾斜，造成伤者在直立状态下双足跟不在同一平面。这种情况下的双下肢长度差是由于骨盆的倾斜而造成的相对短缩，实际上双下肢的长度没有改变，因此需测量骨盆的倾斜程度来确定。

骨盆倾斜程度的测量可采用以下三种方法：

（1）测量胸骨剑突至两髂前上棘的距离，然后求两距离差。

（2）测量脐至两髂前上棘的距离，然后求两距离差。

（3）在骨盆平片上分别沿两髂骨翼最高点、两坐骨结节及髋臼中心点作三条水平线，上述水平线两条之间的距离，反映倾斜的程度。

上述三种测量方法以第3种方法更为直接，更符合鉴定标准要义。鉴定中应把握：（1）5.8.2a双下肢相对长度是指由于骨盆倾斜所致，应测量骨盆的倾斜度，不能以测量下肢长度来定；（2）如果采取第1、2种方法测量要换算成垂直方向的长度差值，而采用第3种方法测量时应注意所摄平片的缩放比例；（3）如果相对长度差大于5厘米，依据 5.8.2b鉴定为重伤二级；（4）5.8.2a不包含严重的骨盆骨折，如骨盆达到5.8.2b所规定的程度，则应以5.8.2b评定为重伤二级。

案例10-2　骨盆骨折畸形愈合鉴定

骨盆多发性骨折畸形愈合，造成骨盆倾斜，两侧髂脊髋臼均不在同一水平线上，导致双下肢相对长度相差5厘米（见图10-8），评定为重伤二级。

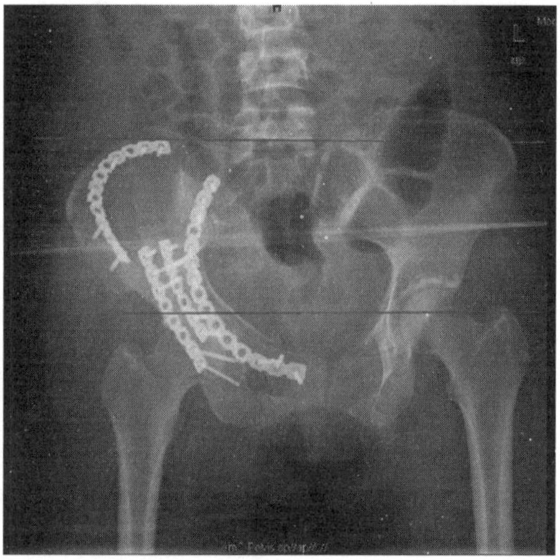

图10-8　骨盆骨折畸形愈合

3.骨盆骨折畸形愈合。骨盆两处骨折断端对线及对位差，存在分离、旋转或重叠畸形引起骨盆环欠规整，依据5.8.3a鉴定为轻伤一级。

4.髋臼骨折多由于骨盆骨折或股骨头冲击形成，最好以CT片检查为准。如果髋臼多发骨折且关节活动受限较重，应视其功能状况依据下肢关节活动功能中相应条款进行鉴定。

第二节　盆腔内组织器官损伤

一、鉴定标准

条款	内容	损伤程度
5.8.1b	子宫及卵巢全部缺失	重伤一级
5.8.2c	直肠破裂，须手术治疗	重伤二级
5.8.2d	肛管损伤致大便失禁或者肛管重度狭窄，须手术治疗	重伤二级
5.8.2e	膀胱破裂，须手术治疗	重伤二级
5.8.2i	子宫破裂，须手术治疗	重伤二级
5.8.2j	卵巢或者输卵管破裂，须手术治疗	重伤二级
5.8.2r	直肠阴道瘘；膀胱阴道瘘；直肠膀胱瘘	重伤二级
5.8.3c	输尿管狭窄	轻伤一级
5.8.3d	一侧卵巢缺失或者萎缩	轻伤一级
5.8.4b	直肠或者肛管挫裂伤	轻伤二级
5.8.4c	一侧输尿管挫裂伤；膀胱挫裂伤；尿道挫裂伤	轻伤二级
5.8.4d	子宫挫裂伤；一侧卵巢或者输卵管挫裂伤	轻伤二级
5.8.4l	轻度肛门失禁或者轻度肛门狭窄	轻伤二级

二、结构与术语

（一）大便失禁

大便失禁是指肛门失去控制排气、排便的能力，大便不自主流出的一种症状，也称肛门失禁。导致肛门失禁的因素很多，法医鉴定中主要指外伤导致肛门括约肌或支配肛门括约肌的神经受损所引起，如累及肛管括约肌的割刺伤、撕裂伤、烧伤，肛周损伤后遗严重的瘢痕影响括约肌收缩等。肛门失禁的程度依《标准》附录B.1.7分为轻度和重度（见表10-1）。

表10-1　肛门失禁分度

轻度	重度
稀便不能控制	大便不能控制
肛门括约肌收缩力较弱	肛门括约肌收缩力很弱或丧失
肛门括约肌反射较弱	肛门括约肌反射很弱或消失
直肠内测压，肛门注水法＜20cmH_2O	直肠内测压，肛门注水法20～30cmH_2O

（二）肛管损伤

肛管是消化道的末端，上自肛管直肠环平面，下至肛缘，长3～4cm，末端开口为肛门。肛管受损后形成严重瘢痕，可使肛门狭窄，出现排便困难。肛门括约肌损伤，使括约肌失去了括约功能可致大便失禁。

（三）瘘损伤

“瘘”是指体内脏器因病变或损伤向外溃破而形成器官之间或与外界相通的异常管道。盆腔脏器位置相邻紧密，往往因病变、剖腹产手术、腔镜检查不当或外伤等导致器官间形成瘘管，如直肠阴道瘘（见图10-9）[1]、膀胱阴道瘘、直肠膀胱瘘。瘘管的存在，会造成异常漏尿、漏便，严重时大便不能自控。一般无法自愈，大部分患者需要手术干预。由于病变部位局部解剖的特殊性和复杂性，导致手术难度大，若处理不当会导致反复感染、复发率高，往往导致患者难言的病痛，生活质量下降。

三、检查与诊断

子宫、卵巢、输卵管、直肠、尿道、膀胱均属盆腔内的重要器官，在受到暴力作用时往往会出现挫裂伤，甚至破裂出血，严重者会危及生命。盆腔器官由于受到骨盆的保护，一般性暴力导致较少，常出现在交通事故、锐器伤等，往往会合并骨盆骨折等其他损伤。根据损伤及临床表现结合影像学、超声检查，

〔1〕 参见本书附录部分，第436页。

必要时临床可行手术探查可明确诊断。对于有些损伤，特殊的专科检查更有助于确诊。如输尿管、膀胱、尿道或输卵管损伤行静脉肾盂造影、逆行肾盂输尿管造影检查、尿道造影、输卵管逆行造影或输尿管镜、尿道镜、膀胱镜等检查。腔镜检查、钡灌肠、超声和核磁检查均有助于明确瘘管的诊断等。

四、鉴定要点

1.对于子宫、卵巢、输卵管、直肠、输尿管、膀胱破裂行手术治疗的，按鉴定《标准》评定为重伤二级。此手术治疗是鉴定中的必要条件，对于有些如子宫不完全破裂、膀胱腹膜外破裂行保守治疗的，不能依据该条款评定。法医鉴定时必须审核有无手术指征，以防过度医疗导致鉴定错误。如手术指征不甚明确或行手术探查但未见器官全层破裂的，不能按此条款鉴定。

2.卵巢不仅是女性的生殖器官，同时也是女性的性激素分泌器官。因损伤致双侧的卵巢和子宫全部切除（包括宫颈），生育功能丧失同时，需要性激素的替代治疗，属于严重残疾情形，评定为重伤一级。5.8.1b规定的子宫及卵巢全部缺失是指同时发生的，单纯子宫或卵巢切除，应遵照5.8.2i或5.8.2j评定为重伤二级。对于一侧卵巢因外伤必须手术切除的应依据5.8.2j评定为重伤二级，而不宜依据5.8.3d做出损伤程度评定。

3.确证伤及肛管直肠环，使括约肌失去了括约功能而致大便失禁，此时应行乙状结肠造口，待伤口愈合后，二期行括约肌修补术。对于重度肛门失禁而须手术治疗的应评定为重伤二级。有时肛管损伤严重，治疗时直接行乙状结肠造口，因肛管系直肠的一部分，可以比照5.8.2c评定为重伤二级。在评判肛门失禁的严重程度时，直肠内测压肛门注水法，因个体的正常值差异较大，不能机械地仅依据测压值或某一项检查确定，应依据损伤基础、直肠指检、肛门反射结果，下消化道动力学检查结果综合分析判断。

4.肛管受损后形成严重瘢痕，使肛门狭窄，出现排便困难。肛门狭窄程度一般通过直肠指检来判断。正常指检容易通过，如果指检通过困难，为轻度狭窄；不能通过或只能容纳示指尖，为重度狭窄。肛门狭窄经定期扩肛不能奏效，有进行肛门狭窄成形术的指征，可以依据《标准》5.8.2d评定为重伤二级。

5.腔镜检查、钡灌肠、超声和核磁检查均有助于明确瘘管的诊断等。一旦确诊外伤造成直肠阴道瘘、膀胱阴道瘘、直肠膀胱瘘，无论如何治疗和治疗的效果，均依据5.8.2r评定为重伤二级。

6.盆腔内器官挫裂伤的鉴定重点在于明确诊断，确诊不能单凭临床症状，关键要有相应的影像学检查。常规超声检查对子宫、卵巢、输卵管、直肠、输尿管、膀胱等部位的挫裂伤即可确诊。对于超声检查不能确诊的情况下，需行相应的特殊检查，如静脉肾盂造影、逆行肾盂输尿管造影检查、尿道造影、输卵管逆行造影或输尿管镜、尿道镜、膀脱镜等检查。在明确诊断后可依据相应条款鉴定为轻伤二级。怀疑有盆腔内器官挫裂伤的，建议伤后尽快到医院检查，以便明确诊断。临床诊断有挫裂伤而超声检查一时不能明确的，一定要行特殊检查，以防日后因时机丧失无法明确诊断而造成鉴定工作被动。

7.卵巢破裂鉴定时须与卵巢巧克力囊肿自发破裂、卵巢异位妊娠破裂、黄体破裂、卵巢囊肿蒂扭转等相鉴别。当这些疾病存在时，一般轻微外力也会导致破裂，应注意按照总则4.3来把握伤病关系，评定损伤程度。

第三节　尿道损伤和排尿障碍

一、鉴定标准

条款	内容	损伤程度
5.8.2f	后尿道破裂，须手术治疗	重伤二级
5.8.2g	尿道损伤致重度狭窄	重伤二级
5.8.2s	重度排尿障碍	重伤二级
5.8.3b	前尿道破裂，须手术治疗	轻伤一级
5.8.4m	轻度排尿障碍	轻伤二级

二、结构与术语

（一）排尿障碍

排尿障碍是指排尿不顺畅、费力，须增加腹压才能排出。轻者表现为排尿延迟、射程短；重者表现为尿线变细、尿流滴沥且不成线，排尿时甚至需要屏气用力，乃至需要用手压迫下腹部才能把尿排出；严重的可发展为尿潴留。排尿障碍分功能性和阻塞性两大类，常因疾病（如肿瘤、炎症、前列腺增生等）、外伤（脊髓、尿道损伤等）、先天性异常等造成。本章外伤性排尿障碍主要指尿道损伤后导致尿道狭窄所引起的机械性梗阻。

（二）前、后尿道

男性尿道从解剖学上以前列腺为界分为前尿道（球部尿道与悬垂部尿道）及后尿道（前列腺尿道及膜部尿道）。

（三）尿道狭窄

尿道狭窄是指尿道较正常狭窄，多因尿道损伤严重或初期处理不当，瘢痕挛缩所造成，实际上是尿道外伤的后期并发症。临床对尿道狭窄的程度并没有明确的分级或分度，在确定尿道狭窄后，一般通过尿道造影或以测定残余尿量来判断狭窄相对程度较为客观准确。

三、检查与诊断

尿道损伤的诊断，应根据病史、体征、尿道器械检查和尿道膀胱造影术而确定。临床上确定尿道有无狭窄一般采用尿道探子、B超和尿道造影来检查确定，尿动力学检查也有助于对排尿困难的原因做出诊断。

四、鉴定要点

1.前尿道破裂对人体的损害较后尿道破裂损害轻，故男性前尿道破裂，须手术治疗的，其损伤程度评定为轻伤一级；后尿道破裂，须手术治疗的，其损伤程度评定为重伤二级。女性尿道相当于男性后尿道，其尿道损伤均按后尿道损伤评定损伤程度。

2.骨盆损伤引起的排尿功能障碍，是特指尿道损伤引起的后遗症，排尿困难是尿道狭窄的主要临床症状，因此在鉴定中首先要明确其原发性损伤基础。因脊髓损伤造成的排尿困难应参照脊髓损伤的有关条款评定。

3.尿道狭窄是尿道外伤后的后遗症，前尿道损伤手术治疗者，术后尚需定期尿道扩张治疗，因此对于排尿困难或尿道狭窄的鉴定，宜在多次尿道扩张治疗后鉴定。尿道狭窄经多次尿道扩张效果欠佳者，有手术指征而行手术治疗的，应为本《标准》所指的尿道重度狭窄，评定为重伤二级。

4.排尿障碍的程度通过残余尿量测定的方法较为客观准确。正常排尿后经导尿或B超检查膀胱内残余尿量≥50ml 时可依据5.8.2s鉴定为重伤二级，当排尿后膀胱内残余尿量<50ml 时可依据5.8.4m鉴定为轻伤二级。但排尿障碍宜受到主观因素干扰，法医应根据原发性损伤程度、临床表现、尿道造影检查结果进行综合判定，而不宜单独依据超声检查残余尿量确定。

第四节　外伤性流产和胎盘早剥

一、鉴定标准

条款	内容	损伤程度
5.8.2h	损伤致早产或者死胎；损伤致胎盘早期剥离或者流产，合并轻度休克	重伤二级
5.8.4n	外伤性难免流产；外伤性胎盘早剥	轻伤二级
5.8.5e	外伤性先兆流产	轻微伤

二、结构与术语

（一）流产

怀孕不足28周、胎儿体重不足1000g而终止妊娠的称为流产。流产发生于12周以前为早期流产，发生在12周不足28周的为中晚期流产。导致流产的原因较多，主要有遗传基因缺陷、过多接触有毒有害化学物质、胎盘内分泌功能不足、免疫因素、孕妇全身性疾病、子宫畸形、内分泌失调、创伤等。法医鉴定所涉及的外伤性流产大多由腹部尤其是下腹部的直接外力打击引发。外伤性流产一般经历先兆流产、难免流产、不全或完全流产几个阶段。早期仅表现为阴道少许出血，或有轻微下腹隐疼，出血时间可持续数天或数周，血量较少。后期一旦阴道出血增多，腹疼加重，检查宫颈口已有扩张，甚至可见胎囊堵塞颈口时，流产已不可避免。如妊娠物全部排出，称为完全流产；仅部分妊娠物排出，尚有部分残留在子宫腔内时，称为不全流产，需立即清宫处理。

（二）先兆流产

先兆流产指妊娠28周前，出现少量阴道流血和（或）下腹疼痛，宫口未开，胎膜未破，子宫大小与停经周数相符者，即有流产的先兆，但妊娠物尚未排出，经安胎治疗可以恢复正常妊娠。

（三）难免流产

难免流产即不可避免的流产，一般多由先兆流产发展而来。临床表现为阴道流血不断增大，阵发性腹痛更加剧烈，或出现阴道流水（胎膜破裂）、血块（胚胎组织）排出。难免流产如果是完全流产，胚胎完全排出（见图10-10）[1]，阴道出血常会减少或停止，腹痛也会减轻或消失。如果是不完全流产，部分胚胎组织留在宫腔内，还会继续出血，甚至会出现大出血休克。中晚期妊娠难免流产比较容易确定；早期妊娠明确者经B超检查胚囊消失，或早期妊娠不明确，但对排出的组织经病理学检查确定为绒毛或胚胎组织的，可以确定为难免流产。

（四）胎盘早期剥离

胎盘早期剥离是指妊娠20周后或分娩期正常位置的胎盘在胎儿娩出前，部分或全部从子宫壁剥离。腹部直接受到外力的打击或撞击，常是胎盘早期剥离的原因，如汽车的撞击、乘车时突然刹车的碰撞、摔跌时腹壁首先着地、殴打等都可导致胎盘早期剥离。胎盘早期剥离起病急骤，进展快，如诊断处理不及时会发生严重并发症危及母儿生命。胎盘早剥主要症状为腹痛和阴道流血，出血量一般较多，色暗红。根据临床表现、孕期（妊娠 20 周后或分娩期发生），借助于B超检查可以确诊。

（五）早产

正常足月孕期满37周至42周（260～293天），妊娠满28周至37周（196~259天）胎儿娩出称为早产。早产儿因尚不足月，又称未成熟儿，存活率低，伤残率高。导致早产的原因很多，损伤导致早产常见于孕妇腹部受打击撞击、摔跌或外伤性胎盘早剥引起。

（六）死胎

妊娠20周以后，胎儿在子宫内死亡，称为死胎，即胎死宫内。胎儿在分娩过程中死亡者称为死产，亦属死胎之一种。

---

〔1〕 参见本书附录部分，第436页。

（七）复发性流产

复发性流产指自然流产连续发生3次或3次以上，又称习惯性流产。

三、检查与诊断

涉及外伤性流产的鉴定时，首先要明确伤者的妊娠史、流产史和外伤史。伤前的生殖保健检查记录较能客观准确地反映情况，有助于准确推断孕期。通过外伤史、临床表现以及HCG化验和B超等检查来明确怀孕或胎儿情况。对于早期妊娠不明确者，可通过流产产物的组织病理学检查来确定。

四、鉴定要点

1.流产在涉及人身伤害的法医学鉴定中经常遇到，造成流产的因素较多，外伤并非流产的主要因素，因此凡遇到涉及外伤性流产的鉴定一定要慎重，要充分考虑到自然流产因素的存在，和非外伤性流产相鉴别。确定外伤性流产要在全面了解被鉴定人妊娠史、外伤史，全面检查的基础上合理评估，特别是要排除习惯性流产才能做出。

对于外伤后出现下腹疼痛、阴道流血症状，B 超检查胚胎正常，经医院检查诊断为先兆流产的，依据标准5.8.5e评定为轻微伤。

外伤性难免流产、外伤性胎盘早期剥离，依据相应条款评定为轻伤二级；如果不完全流产导致大出血出现轻度休克，评定为重伤二级。休克程度依据附录B.8.7 休克分度确定。

2.外伤性流产法医学鉴定时注意把握以下几方面：

（1）有明确的外伤史，特别是腹部的直接打击、撞击等；

（2）外伤后短时间内出现阴道流血、腹痛症状；

（3）血 HCG 定量测定符合流产的转归；

（4）无药物、习惯性流产等母体因素影响；

（5）伤后B超检查孕囊大小是否与孕期吻合，了解孕囊中胎心搏动的情况等；

（6）流产产物（胎儿/胎盘）组织病理检查为胚胎组织且无发育不良等异常。

3.血HCG水平测定的应用。HCG（人绒毛膜促性腺激素）是由胎盘滋养层细胞产生的，临床常用于早孕的诊断和监测妊娠健康状况的重要参考依据。HCG在受精后6天左右开始分泌，60～70天达到高峰。在妊娠的前8周增值很快，大约2天增值1倍，以维持妊娠。在大约孕8周以后，HCG逐渐下降，直到大约20周达到相对稳定。未孕妇女血HCG＜5mIU/ml，怀孕妇女血HCG＞25mIU/ml。流产后血HCG逐步下降，13天后血HCG应恢复正常。如不符合这一情况，则应考虑有异常可能。

4.对于伤者自送的流产产物，应行病理组织学检验证实为胚囊组织，同时行DNA检验以确证母体来源。

5.习惯性流产大多由孕妇黄体功能不全、甲状腺功能低下、先天性子宫畸形、子宫发育异常、染色体异常、自身免疫或多次人工流产造成。有临床资料显示，自然流产的发病率在15%～40%，复发率为20%～25%。而有习惯性流产史再次流产的复发率在50%～70%。一旦有习惯性流产史存在，一般不主张以外伤性流产评定损伤程度。

6.外伤后存在先兆流产，有些孕妇怕影响胎儿发育未进行观察及保胎治疗而直接做人工流产的不能认定为外伤性流产。

7.外伤性先兆流产及外伤性难免流产的认定难点在于腹部明确外伤史及流出的胚胎组织的病理学检验。外伤性早产的认定难点在于自身因素导致的早产与外伤因素导致的早产的区别。因此，在受理关于流产或者早产的鉴定案件时，要注意做好以下工作：

（1）告知伤者及时到正规医院就诊；

（2）告知伤者要将流产的流出物妥善保存，以便于做病理学检验；

（3）告知办案单位，立即调查其受伤过程，明确外伤史和妊娠史；

（4）腹部有无受外力作用；

（5）所受外力作用大小等；

（6）伤后的症状表现；

（7）获取生殖保健手册或病历资料；

（8）调查伤后是否积极就诊并配合治疗，诊疗过程是否规范、合理；

（9）注意排除伪造病历、消极治疗等因素。

第五节　女性会阴部损伤

一、鉴定标准

条款	内容	损伤程度
5.8.2k	阴道重度狭窄	重伤二级
5.8.2l	幼女阴道Ⅱ度撕裂伤	重伤二级
5.8.2m	女性会阴或者阴道Ⅲ度撕裂伤	重伤二级
5.8.3e	阴道轻度狭窄	轻伤一级
5.8.4e	阴道撕裂伤	轻伤二级
5.8.4f	女性外阴皮肤创口或者瘢痕长度累计 4.0 cm以上	轻伤二级
5.8.5a	会阴部软组织挫伤	轻微伤
5.8.5b	会阴创	轻微伤

二、结构与术语

(一)会阴阴道撕裂

会阴是指盆膈以下封闭骨盆出口的全部软组织结构，会阴部损伤多由于外力直接打击或性侵暴力造成，轻者造成会阴部挫伤，重者往往造成会阴阴道撕裂包括表浅的粘膜裂伤和深及阴道壁或盆底组织裂伤，有时，严重的盆部损伤和阴道撕裂伤还会因瘢痕形成阴道狭窄的后遗症。

《标准》附录B.7.3 会阴及阴道撕裂的分度标准与临床上相一致。根据损伤累及部位，一般将会阴部撕裂伤分为三个等级程度（见图10-11）[1]：

Ⅰ度：会阴部粘膜、阴唇系带、前庭粘膜、阴道粘膜等处有撕裂，但未累及肌层及筋膜。

Ⅱ度：撕裂伤累及盆底肌肉筋膜，但未累及肛门括约肌。

Ⅲ度：肛门括约肌全部或者部分撕裂，甚至直肠前壁亦被撕裂。

〔1〕 参见本书附录部分，第436页。

（二）阴道狭窄

阴道是女性性交器官和生殖通道，因损伤后瘢痕形成往往会造成阴道管径相对狭小。由于阴道是一个肌性管道，富有伸展性，其是否狭窄和狭窄的程度通过数量值准确的评价比较困难，一般以妇科检查中阴道指检情况来定。

三、检查与诊断

女性会阴部损伤通过临床妇科检查即可明确，对于阴道狭窄一般可通过阴道指检确定。值得注意的是，会阴部位是女性的私密部位，检查多有不便。法医鉴定时最好在医院与妇科医生共同检查，或将检查的要求告知医生请其协助检查并做好记录和损伤拍照。

四、鉴定要点

1.会阴阴道撕裂伤的鉴定根据病历描述、手术缝合记录和临床对会阴阴道撕裂分度的判定，依照《标准》条款即可进行损伤程度评定。需要时进行阴道检查，观察缝合后的瘢痕部位、触诊瘢痕范围等，结合临床记录综合判断阴道撕裂程度。

2.会阴阴道撕裂伤对幼女（年龄不满14岁）的身心健康损害较大，故幼女阴道撕裂伤达到Ⅱ度时，依照《标准》评定为重伤二级。

3.对于阴道狭窄的程度，以阴道指检情况而定。检查时能容纳 2 指（食指和中指）偏紧，视为轻度狭窄，依据《标准》5.8.3e评定为轻伤一级；若仅能容纳一食指的为严重狭窄，依据《标准》5.8.2k评定为重伤二级。

4.会阴阴道损伤涉及人的隐私，鉴定时要注意保护隐私。

第六节　阴茎和阴囊损伤

一、鉴定标准

条款	内容	损伤程度
5.8.1a	阴茎及睾丸全部缺失	重伤一级

续表

条款	内容	损伤程度
5.8.2n	龟头缺失达冠状沟	重伤二级
5.8.2o	阴囊皮肤撕脱伤面积占阴囊皮肤面积 50%以上	重伤二级
5.8.3f	龟头缺失 1/2 以上	轻伤一级
5.8.3g	阴囊皮肤撕脱伤面积占阴囊皮肤面积 30%以上	轻伤一级
5.8.4g	龟头部分缺失	轻伤二级
5.8.4h	阴茎撕脱伤；阴茎皮肤创口或者瘢痕长度 2.0 cm以上；阴茎海绵体出血并形成硬结	轻伤二级
5.8.4i	阴囊壁贯通创；阴囊皮肤创口或者瘢痕长度累计 4.0 cm 以上；阴囊内积血，2周内未完全吸收	轻伤二级
5.8.5b	阴囊创；阴茎创	轻微伤
5.8.5c	阴囊皮肤挫伤	轻微伤
5.8.5d	阴茎挫伤	轻微伤

二、结构与术语

阴茎是男性外生殖器官，由3个平行的长柱状海绵体组成。阴茎头又称龟头，为阴茎末端。阴茎头底部的游离缘隆起，称阴茎头冠。阴茎头冠的后方较细部称冠状沟，为阴茎头和体部的移行部（见图10-12）[1]。

三、检查与诊断

1.阴茎海绵体损伤。多见于直接打击撞击、粗暴性交等形成挫伤出血；阴茎缺失多见于阴茎切割伤、剪切伤、咬伤所造成的阴茎离断。

2.阴囊壁贯通创。是指阴囊壁全层贯通的阴囊开放性损伤，可以是锐器、火器伤。

3.阴茎或阴囊皮肤撕脱是指阴茎或阴囊皮肤自深层组织撕脱，多由于巨大钝性暴力所致（见图10-13）[2]。

---

〔1〕 参见本书附录部分，第437页。

〔2〕 参见本书附录部分，第437页。

4.阴囊积血（见图10-14）[1]是指阴囊或其内容物损伤后出血，并造成血液在阴囊内积聚。

通过外伤史、临床表现、临床触诊和B超、CT检查可以明确。阴茎挫伤、海绵体出血一般可在皮肤上看到淤青。阴囊积血可通过透光实验与鞘膜积水（见图10-15）[2]相鉴别。

四、鉴定要点

1.5.8.2b规定是指阴茎和双侧睾丸同时全部缺失，如仅阴茎全部缺失可按5.8.2n评定。外伤后确证有阴茎海绵体出血，并经超声及体检证实遗留阴茎海绵体硬结的，可依据《标准》5.8.4h评定为轻伤二级。

2.阴茎及阴囊皮肤撕脱伤面积的测量方法。采用软纸或薄膜平覆，沿边缘描绘损伤的形态后来计算撕脱伤的面积，相对较为准确。由于阴茎、阴囊皮肤的特殊组织结构，受环境影响较大，因此创口或面积的测量，在不同的条件下测量结果会出现较大的差异。故在测量阴茎及阴囊皮肤创口或撕脱伤面积时，应在正常室温（18℃～25℃）条件下，同时阴茎及阴囊皮肤处在自然、无张力状态下测量。

3.阴茎及阴囊皮肤有明确的外伤史，致皮肤撕脱、软组织创，或遗留瘢痕，可依据相应的《标准》条款确定其损伤程度。鉴定时应注意确证损伤为阴囊壁全层贯通创。纤细的针状物所致的阴囊全层穿透，未伤及阴囊内容物，且出血轻微或短时间内自止、无须清创缝合及进一步特殊治疗的，不宜依照阴囊壁贯通创来评定损伤程度。

4.阴囊积血有时不用治疗血液可自行吸收，但大量积血就需要外科手术排除。若2周未完全吸收，则可评定为轻伤二级。鉴定时应注意与常见的阴囊鞘膜积液相鉴别。

5.阴茎损伤多半合并有尿道损伤。阴茎外伤在未累及尿道或未出现排尿障碍时，视缺失和损伤的程度，依据相应的条款鉴定。当累及尿道出现排尿障碍时，在阴茎损伤和排尿困难两项中，择重评定。

---

〔1〕 参见本书附录部分，第437页。
〔2〕 参见本书附录部分，第437页。

第七节　睾丸及输精管损伤

一、鉴定标准

条款	内容	损伤程度
5.8.1a	阴茎及睾丸全部缺失	重伤一级
5.8.2p	双侧睾丸损伤，丧失生育能力	重伤二级
5.8.2q	双侧附睾或者输精管损伤，丧失生育能力	重伤二级
5.8.3h	一侧睾丸或者附睾缺失；另一侧睾丸或者附睾萎缩	轻伤一级
5.8.4j	一侧睾丸破裂、血肿、脱位或者扭转	轻伤二级
5.8.4k	一侧输精管破裂	轻伤二级
5.8.5d	睾丸挫伤	轻微伤

二、结构与术语

（一）生育能力丧失

睾丸位于阴囊内，通过精索与身体相连，左右各一，是男性的生殖腺，具有产生精子，分泌男性激素，刺激男性性征发育的功能。精子由睾丸产生后，在附睾内发育、成熟，并储存于附睾和输精管的附近睾段内，通过输精管和尿道射出体外。睾丸损伤多见于脚踢、手抓、挤压、骑跨、刀刺、枪弹伤等造成，损伤严重者导致精子生成障碍将影响男性的生育能力。双侧睾丸、附睾或输精管损伤后，精子生成或输精管堵塞导致精子排出功能严重障碍，也会导致男性生育能力丧失。男性生育能力是一个复杂的过程，本节《标准》所规定的丧失生育能力特指因睾丸、附睾、输精管损伤造成精子生成障碍或无法排出所导致。

（二）睾丸挫伤、破裂、脱位、扭转

会阴部钝性损伤可发生睾丸挫伤、破裂、脱位、扭转等，处置不当晚期则可出现睾丸萎缩。睾丸离开阴囊位置称睾丸脱位；睾丸与连系它的精索在

外力的作用下发生360°以上的扭转，称睾丸扭转（见图10-16）[1]，也叫精索扭转。

（三）睾丸萎缩

睾丸萎缩是指男子睾丸体积缩小痿软。正常成年男子的睾丸平均4～5cm长，2.5～3.5cm宽，重10.5～14g，两侧睾丸体积大致相同。正常睾丸与萎缩睾丸之间无明显分界线。外伤导致睾丸萎缩多因阴囊或睾丸部位撞击性损伤，造成阴囊血肿或睾丸挫伤、破裂、脱位、扭转等，使睾丸长期处于供血不足状态时发生。

三、检查与诊断

睾丸和输精管损伤可根据临床表现、触诊、超声、CT、放射性核素扫描及精子化验等检查确定。睾丸脱位浅部常位于皮下脂肪组织中、腹股沟区、耻骨前、阴茎根部、大腿内侧及会阴部或阴茎头部冠状沟附近，深部脱位可至腹股沟管、股管及腹部。对于外伤后不能扪及睾丸者，可经B超、CT、放射性核素扫描仔细查找脱位睾丸以明确诊断。要注意排除隐睾、先天性无睾、并睾等自身疾病。

睾丸扭转可根据临床症状（外伤后睾丸剧痛，迅速肿大并伴有严重的恶心、呕吐）、体格检查（睾丸和附睾的位置异常或触诊不清楚，触痛明显，托高不能缓解）、彩色多谱勒超声睾丸扫描（显示血流灌注降低减少）可明确诊断。

睾丸萎缩检查目前临床上常采用国际通用的睾丸体积测量器（见图10-17）测量睾丸体积（包括阴囊皮肤在内）。中国人的睾丸大小范围为15～25号，临床上常以小于12号的诊断为“睾丸萎缩”。睾丸萎缩时超声检查出现体积明显缩小，内部回声低并失去原来正常细密光点，彩色血流消失。法医鉴定时判断睾丸是否萎缩，除了测量睾丸的体积大小，还必须结合睾丸质地、超声检查和睾酮激素水平综合确定。当确定睾丸是否萎缩有困难时，最准确的方法是睾丸活检、病理检查。诊断发生困难时，应考虑做此项检查。

〔1〕 参见本书附录部分，第438页。

图10-17 睾丸体积测量器

测量时将被测睾丸拉起，绷紧阴囊皮肤，将睾丸测量子置于被测睾丸旁逐一比较，找出与被测睾丸大小最相近的睾丸测量子，其上标注的数字即为被测睾丸体积的毫升数。

四、鉴定要点

1.睾丸和输精管损伤比较复杂，鉴定时要明确外伤史，根据暴力的类型、大小和损伤当时的检查情况认真评估，注意临床表现和体格检查，结合化验、超声、CT 等辅助检查手段在排出自身疾病所致后方可认定。

2.5.8.2b规定是指阴茎和双侧睾丸同时全部缺失，如仅双侧睾丸全部缺失可按5.8.2p评定。

3.影响男性生育能力的因素很多，本节《标准》中睾丸、附睾或输精管损伤丧失生育能力特指生精和排精不能，只要依据精液检查即可，不需考虑过多因素，这样客观易于把握。

睾丸、附睾或输精管损伤后，多次精液检查未查到精子，临床诊断为无精症者，可视为丧失生育能力，依照5.8.2p或5.8.2q评定为重伤二级。一侧睾丸、附睾及输精管损伤，健侧功能仍然正常，可仅表现为生育能力的下降，并不足以导致生育能力丧失，依照5.8.3h评定为轻伤一级。鉴定时注意排除输精管结扎、无精子症疾病的情形。

4.睾丸随性成熟而迅速生长，至老年随着性功能的衰退而萎缩变小，在睾丸萎缩鉴定时要充分考虑到年龄因素的影响和机能，不能单纯依据测量数据认定。

5.会阴部损伤常会造成不同程度的多器官复合型损伤，有时往往因关注于某些损伤而忽略了别的损伤存在，如外力导致睾丸脱位，临床上易因伤者护痛、阴囊部血肿检查不细而漏诊。因此，鉴定时一定要认真审核病历资料，全面检查，必要时可待损伤治疗恢复一段时间后复查，防止因漏诊造成鉴定错误。

案例10-3 外伤性睾丸脱位的法医学鉴定

某男，40岁。纠纷中被人膝顶会阴部受伤。医院检查阴囊疼痛淤青，肿胀明显，诊断为阴囊积血，1周后疼痛消失，积血水肿渐消退，鉴定为轻微伤。当时未认真查体，对伤者右侧腹股沟区隐痛不适也未予重视。2月余，伤者以右侧腹股沟区隐痛不适到医院检查，发现右侧阴囊空虚，右侧腹股沟区内环口上方可触及一5.0cm×4.0cm×3.0cm大小类圆形物，质软，触痛，周围未触及肿大淋巴结，左侧睾丸、附睾、精索均正常，诊断为外伤性睾丸脱位，行睾丸复位术。术中见睾丸位于右侧腹股沟内环口，与周围组织粘连，大小、质地、血运均正常。充分分离后，将睾丸牵引固定于阴囊，术后恢复良好。重新鉴定以外伤性睾丸脱位鉴定为轻伤二级。

（王 刚）

参考文献

1.吴在德、吴肇汉:《外科学》，人民卫生出版社2008年版。

2.乐杰:《妇产科学》，人民卫生出版社2008年版。

3.柏树令:《系统解剖学》，人民卫生出版社2001年版。

4.刘技辉:《法医临床学》，人民卫生出版社2016年版。

5.公安部刑事侦查局:《人体损伤程度鉴定标准释义》，中国人民公安大学出版社2013年版。

6.范利华、朱广友等:《〈人体损伤程度鉴定标准〉理解与适用——骨盆及会阴部损伤》，载《法医学杂志》2015年第2期。

7.张建平、林其德等:《复发性流产的诊断与治疗》，载《现代妇产科进展》2006年第7期。

第十一章　脊柱及四肢(手)外伤

脊柱是全身骨骼的支柱，由24块椎骨、1块骶骨和1块尾骨通过韧带、关节及椎间盘连接而成；上端承托颅骨，中附肋骨，下连髋骨，具有支持躯干、维持重心、吸收震荡、保护脊髓以及进行运动的功能。四肢是人体运动系统的重要组成部分，由骨、关节、肌肉、肌腱、神经、血管等构成，具有行走、劳动和工作等功能。本章节主要从脊柱损伤、四肢损伤以及关节功能评定三方面进行阐述。

第一节　脊柱损伤

脊柱损伤是指外伤致脊椎骨、椎间盘、椎间关节、肌肉及韧带等组织结构的破坏或功能障碍，包括脊柱骨折、脱位、椎间盘及韧带损伤等。根据组织结构的不同分为椎骨损伤和椎间盘损伤；根据部位的不同分为颈椎损伤、胸椎损伤、腰椎损伤、骶尾椎损伤。脊柱损伤常见于机械性损伤，可由压缩、屈曲、牵张、旋转等外力引起，如交通事故、高坠、运动伤害等。

一、鉴定标准

条款	内容	损伤程度
5.9.3b	一节椎体压缩骨折超过 1/3 以上；二节以上椎体骨折；三处以上横突、棘突或者椎弓骨折	轻伤一级
5.9.4d	椎骨骨折或者脊椎脱位（尾椎脱位不影响功能的除外）；外伤性椎间盘突出	轻伤二级
5.9.5f	尾椎脱位	轻微伤

二、脊柱骨折、脱位

(一)结构与术语

1.解剖结构

脊柱从解剖结构和功能上可分为前、中、后三柱(见图11-1)。脊柱的前纵韧带、椎体前2/3和前部纤维环为前柱,椎体后1/3、后纤维环和后纵韧带为中柱,附件骨结构、小关节囊、黄韧带、棘突间韧带和棘突上韧带为后柱,中柱和后柱组成椎管。脊椎骨除第1颈椎、第2颈椎结构有所特殊外,其余可分为椎体和附件(椎弓、横突、上下关节突和棘突等)两部分(见图11-2)。寰椎(第1颈椎)呈环状,无椎体、棘突和关节突,由前弓、后弓和两个侧块组成;枢椎(第2颈椎)在椎体上方伸出一突起称齿状突,与寰椎的齿突凹相关节,即寰枢关节(见图11-3);寰枢关节是连接头颅和脊柱的重要结构。

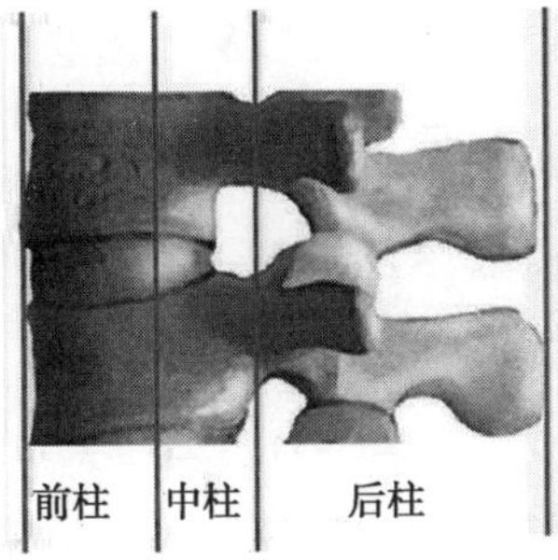

图11-1　椎体分区

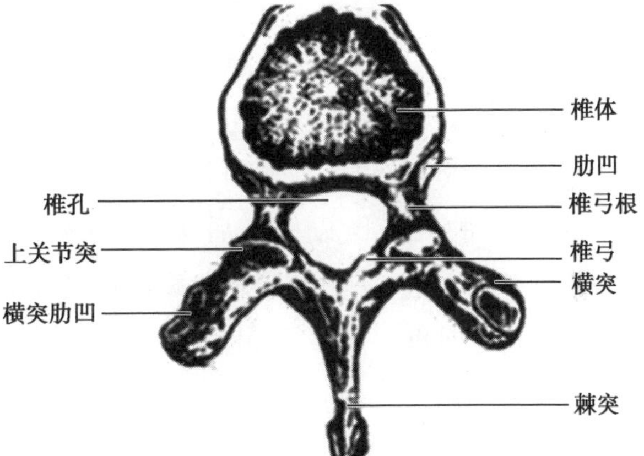

图11-2　脊椎解剖结构

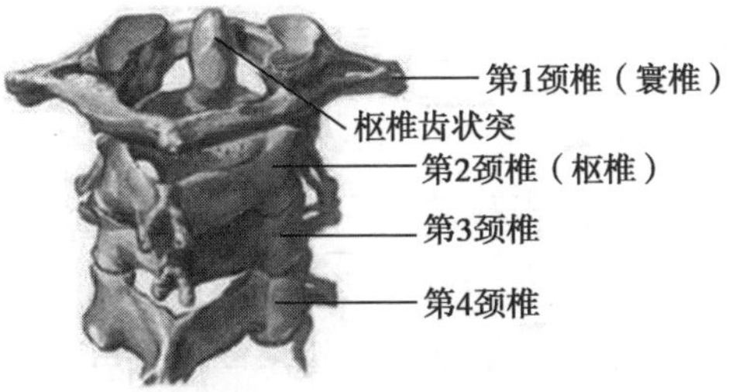

图11-3　寰枢关节

2.名词术语

（1）脊柱骨折：脊柱在瞬间受到超过负荷的暴力作用可导致损伤，其中以骨折最为常见。颈椎是脊柱活动性最大的节段，由于其特殊的结构，其骨折以齿状突骨折、枢椎椎弓骨折和椎体压缩性骨折较为常见。胸腰椎骨折以椎体压缩性骨折最为常见；由于胸腰段脊椎处于两个生理弯曲的交汇处，是应力集中部位，故胸腰椎骨折常发生于胸腰段。

①齿状突骨折：因枕后部受打击，由水平剪切与轴向压缩暴力共同作用造成。

②枢椎椎弓骨折：为颈2椎上下关节突之间的椎弓峡部骨折。

③椎体压缩性骨折：单纯轻度的椎体压缩性骨折为脊柱前柱损伤，暴力使脊柱向前屈曲，椎体的松质骨因压缩而变形呈楔形。如骨折压缩超过椎体1/3，为不稳定骨折；严重的骨折常并发脊椎后突成角、侧移，甚至发生椎体错位，压迫脊髓引起截瘫。椎体的压缩性骨折可以并发棘突和横突骨折。

④附件骨折：多发生在棘突、横突、关节突和关节突间等部位。

⑤棘突骨折：是肌肉猛烈收缩所致撕脱性骨折。着力点小但速度快的致伤物亦可造成棘突合并椎板骨折，折片内陷可致脊髓神经损伤。

⑥横突骨折：为腰方肌剧烈收缩引起，可有腰背筋膜的广泛撕裂引起腹后壁血肿，当血肿机化形成粘连，后遗慢性腰痛。

⑦关节突骨折：下胸椎受屈曲旋转暴力时可致一侧上关节突骨折，当骨折片向椎内移位时可能压迫脊髓。过伸暴力时可能造成下关节突骨折。

⑧关节突间部骨折：或称峡部骨折，常发生于第5腰椎。多为剧烈纵向压力造成，见于腰部遭猛烈打击。可伴发脊椎滑脱，导致脊柱不稳定。

（2）椎体脱位：常见于外伤引起的寰枢关节脱位和腰椎滑脱。

①寰枢关节脱位：寰枢椎无骨折，但因寰枢横韧带、翼状韧带、齿突尖韧带断裂，而致枢椎齿突与寰椎前弓间发生脱位。寰枢关节脱位有两种情况：一种是枕部受到向前的暴力造成寰椎横韧带断裂，或齿突骨折导致寰椎向前移位；另一种是头部受到轴向旋转暴力，损伤了翼状韧带和寰枢侧块关节囊韧带，使寰枢关节过度旋转。后一种情况称为寰枢关节旋转脱位（见图11-4）。

②腰椎滑脱：急性外伤、后伸性外伤产生急性骨折可导致腰椎滑脱。

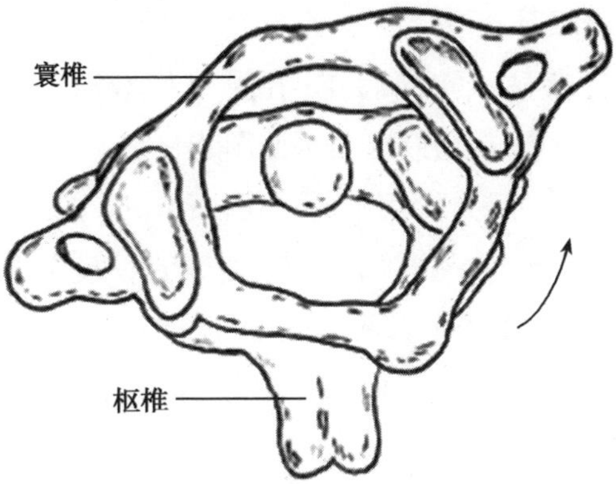

图11-4 寰枢关节旋转脱位

(二)检查与诊断

脊柱骨折和脱位，临床表现为局部肿胀、疼痛，活动功能障碍，严重者甚至会出现脊髓压迫症状。影像学检查为首选的检查方法。

1.椎体压缩性骨折

X线特征：①椎体压缩呈楔形；②椎间隙有时可保持正常；③不见骨折线，反可见致密影；④脊柱的纵轴线在骨折处常有后凸(见图11-5)[1]。压缩程度以X线侧位片上椎体前缘高度占后缘高度的比值计算，Ⅰ度为1/3，Ⅱ度为1/2，Ⅲ度为2/3。

CT特征：椎体前缘可见不规则的弧形骨折，骨小梁中断，椎体变扁，呈楔形改变；爆裂性骨折表现为中柱受累，可累及后壁或三柱，骨折片突入椎管内导致椎管狭窄。MRI除了显示骨折形态之外，还能显示骨质的缺血性变化、骨髓水肿、组织修复产生充血等现象。

2.寰枢关节脱位

X线特征：①齿突前间隙成人＞3mm，儿童＞5mm；②齿突侧间隙差值＞3mm；③两侧齿突侧间隙不对称并两侧块不等宽或寰枢椎上下间隙不等宽；④两侧齿突侧间隙不对称，并有临床症状和体征(见图11-6)[2]。

3.椎体滑脱

X线特征：前后位X片不易显示峡部病变。侧位X片能清楚显示椎弓崩

〔1〕 参见本书附录部分，第438页。
〔2〕 参见本书附录部分，第438页。

裂形态；裂隙于椎弓根后下方，在上关节突与下关节突之间，边缘常有硬化征象。斜位X片可清晰显示峡部病变；在椎弓崩裂时，峡部可出现一带状裂隙，称为苏格兰（Scotty）狗颈断裂征（见图11-7）。通常在侧位片上可测量滑脱分度（见图11-8）。国内常用的是 Meyerding 分级，即将下位椎体上缘分为4等份，根据椎体相对下位椎体向前滑移的程度分为Ⅰ～Ⅳ度。Ⅰ度：指椎体向前滑动不超过椎体中部矢状径的1/4者；Ⅱ度：超过1/4，但不超过2/4者；Ⅲ度：超过2/4，但不超过3/4者；Ⅳ度：超过椎体矢状径的3/4者（见图11-9）。

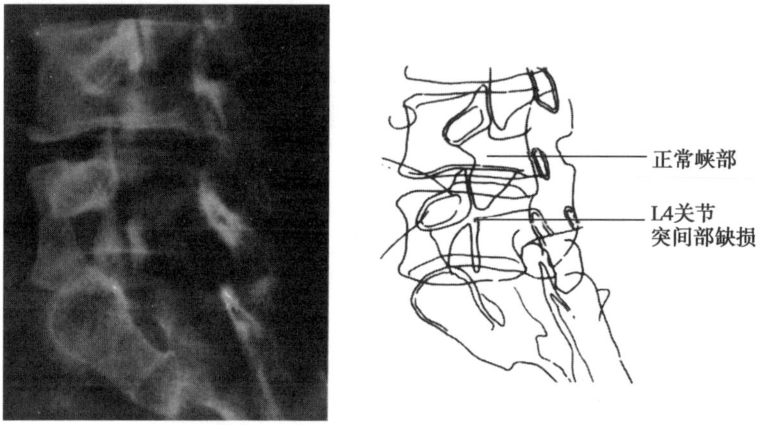

图11-7　狗颈断裂征（X斜位片）

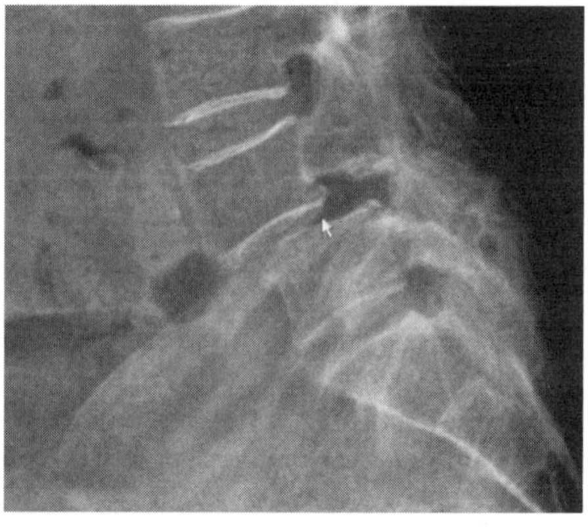

图11-8　腰椎滑脱（X侧位片）

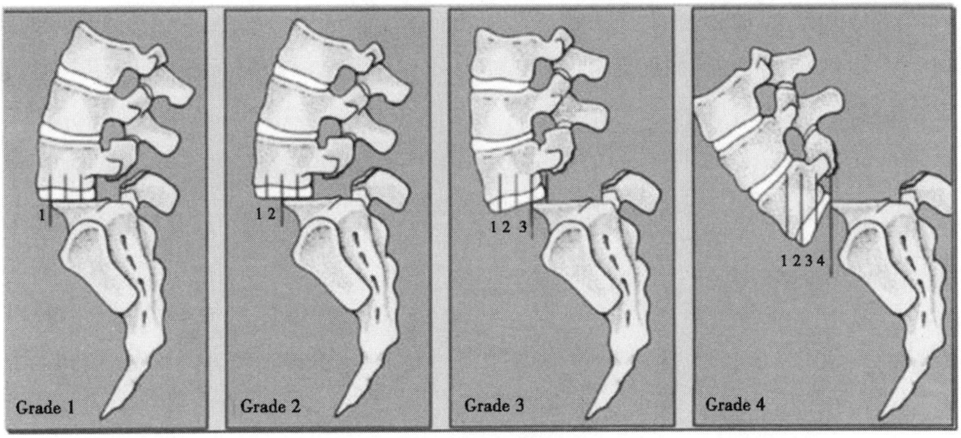

图11-9　腰椎滑脱的分级

CT检查主要表现为:(1)双边征;(2)双管征;(3)椎间盘变形,即出现滑脱水平的纤维环变形,表现为前一椎体后下缘出现对称的软组织影,而下一椎体后下缘无椎间盘组织;(4)峡部裂隙出现在椎弓根下缘平面,走行方向不定,边缘呈锯齿状;(5)三维CT或矢状面多幅重建可以明确椎间孔变化及滑脱程度。

(三)鉴定要点

1.在影像学检查中,X片作为脊椎骨折、脱位的首选检查方法。但是,MSCT扫描和应用图像后处理技术可更清晰地显示脊椎骨折与脱位,可以充分显示骨折的范围、程度、类型、骨折片的移位情况、椎管的骨性狭窄等;对于椎管内的碎骨片、血肿压迫脊髓的情况也能作出较明确的判断。而MRI多轴面的成像对脊椎骨折的显示更为全面,对出血、水肿以及骨折移位的显示比 CT更为清晰。

2.椎体的新鲜性骨折与陈旧性骨折鉴别。新鲜的椎体压缩性骨折表现为:X片上除椎体压缩部分呈楔形改变、骨折线较致密外,还可见骨折块、椎体被压缩的边缘呈阶梯状,以及椎旁软组织肿胀;陈旧性椎体骨折则表现为:椎体骨折线模糊不清、骨质疏松脱钙、椎体边缘模糊,可见唇样骨赘或椎体之间骨桥形成。另外,伤后早期MRI的信号强度也有助于分析和判断椎体的新鲜和陈旧性骨折。在脊柱退行性变或一些疾病基础上形成的椎体骨折,可参照上述特征进行鉴别。

椎体病理性骨折是在骨质疏松、脊柱结核、脊柱肿瘤或肿瘤样变的病理基础上发生的椎体骨折。表现为：受到外力作用轻微，一般多为纵向传导暴力造成，如跌坐、下楼梯滑倒等，为既往病变基础上受外力作用所致的条件性损伤。遇到此类损伤，要结合调查情况、病历资料、影像学资料综合分析，必要时可进行骨密度的检查。针对此类鉴定，按照伤病关系处理原则，进行降级，或者不做伤情评定（只说明因果关系）。

3.椎体压缩性骨折椎体压缩程度的测量：仅存在椎体前缘压缩时，一般与后缘进行比较；而椎体整体压缩则与上一椎体进行比较，即胸12椎体压缩一般与胸11椎体进行比较，而不与腰1椎体比较。

椎体的楔形变不能作为椎体压缩性骨折的直接认定标准，应结合损伤方式和病历资料，特别是损伤当时的影像学检查排查后认定。

4.正常人群中亦存在齿状突与侧块间距不对称的现象，且最大偏移差别可达5mm。另寰枢关节脱位的摄片时，由于被检者头向一侧轻度旋转或者令被检者增加一侧颈肌张力时，亦会发现齿状突偏移现象。因此，在认定寰枢关节脱位时需注意以下几点：(1)寰椎侧块与枢椎外侧缘不在一条垂直直线；(2)寰椎前移，寰齿间隙增大，在张口正位片两侧关节至齿状突距离不相等（大于5mm）；(3)寰枢关节韧带等软组织有损伤；(4)排除因体位、先天偏位生长及齿状突发育不良等因素导致的寰齿间隙改变；(5)外伤性寰枢关节脱位常伴有齿状突骨折。

5.外伤性腰椎脱位多伴有椎板峡部骨折，应注意与椎体退行性变及先天性发育异常所形成的腰椎脱位相鉴别。人体长时间站立行走及负重劳动，腰部负重较大，此外L4～L5向前下方倾斜，故身体自上而下的重力作用较为集中在此处，长时间后会造成韧带劳损、松弛，以至于造成椎体慢性滑脱。另外，先天性椎体滑脱由于椎板峡部发育不良，易容易造成L5～S1椎体滑脱。

案例11-1　胸椎压缩性新鲜骨折与陈旧性骨折的法医学鉴定

伤者与人发生推搡过程中致伤，CT示T_5、T_7、T_{11}胸椎压缩性骨折。后行MRI检查，在T2WI图像上仅T_7出现高信号，T_5、T_{11}与其他椎体信号一致（见图11-10）。故T_7为新鲜骨折，T_5、T_{11}为陈旧性骨折。

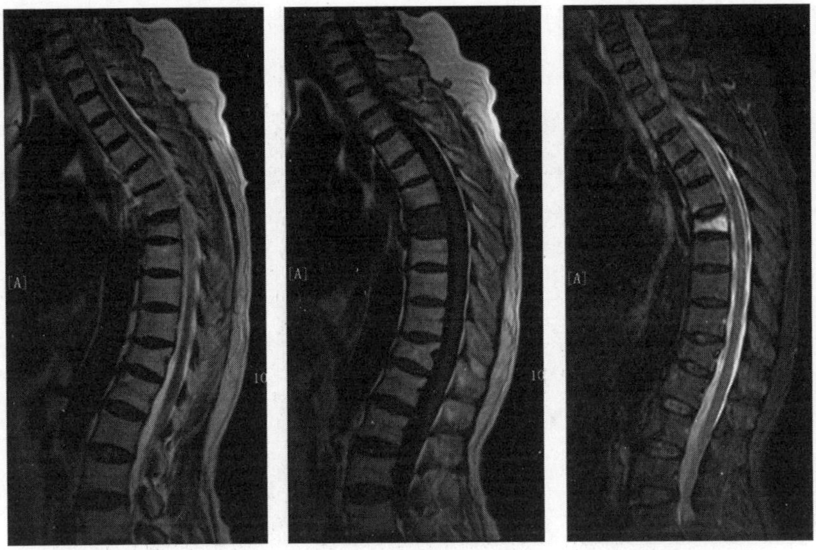

图11-10　T_5、T_7、T_{11}胸椎压缩性骨折，T_5、T_{11}陈旧性骨折

三、椎间盘损伤

(一)结构与术语

1.解剖结构

椎间盘共有23个，位于两个椎体间，由上下软骨板、纤维环和髓核构成，被临近周围的韧带、肌肉组织包绕保护。除了连接相邻椎体之外，还具有减轻和缓冲外力对脊柱、头颅的震荡，维持脊柱的稳定性，增加脊柱运动幅度的作用(见图11-11)[1]。

2.名词术语

外伤性椎间盘突出是指在外力作用下，椎间盘的纤维环破裂，髓核组织从纤维环破裂处突出(或脱出)。按突出的部位可分为颈椎间盘突出、胸椎间盘突出、腰椎间盘突出。

(二)检查与诊断

外伤性椎间盘突出，CT检查可直接显示椎间盘有无突出及其突出程度；表现为椎间盘后缘变形突出、硬脊膜囊受压变形、硬膜外脂肪移位、硬膜外间隙中软组织密度影及神经根受压移位等。MRI检查可从水平位、冠状位、矢状

〔1〕 参见本书附录部分，第439页。

位多个方向观察脊柱的解剖结构，了解髓核的突出部位和程度，其表现出的信号高低也直接反映了椎间盘组织的变化情况（见图11-12）。

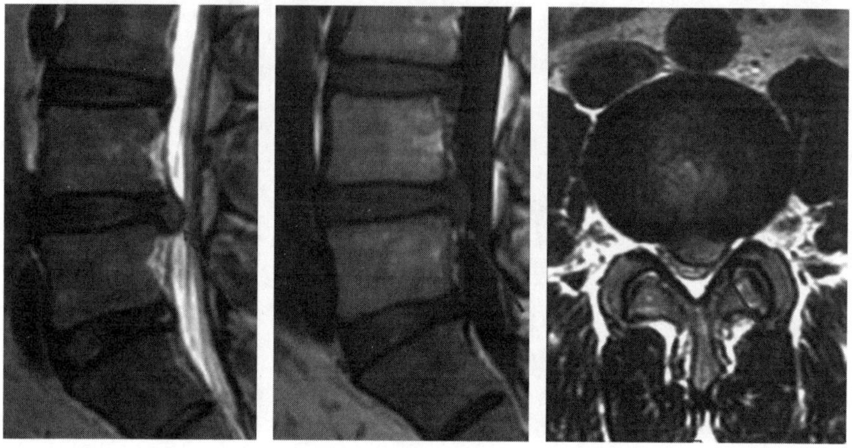

图11-12　椎间盘突出（MRI）

（三）鉴定要点

1.对椎间盘突出此类鉴定，除了拍摄CT之外，应进行MRI检查。MRI所表现的信号高低直接反映出了椎间盘组织的变化情况。外伤后新发的椎间盘突出一般在外伤后立即出现临床症状和体征，CT上显示突出的椎间盘组织与正常的椎间盘组织密度一致；而陈旧性椎间盘突出临床表现不典型，由于椎间盘退行性变往往是椎间盘突出发生的病理基础，CT片可显示密度不均匀或增高，MRI信号减弱。

2.外伤性椎间盘突出，其难点主要是椎间盘突出症与外伤关系的分析与判定。一般来说，外伤性椎间盘突出多为单个椎间盘发生，绝大多数属于在椎间盘退行性变基础上受外伤作用加重。因此，应根据被鉴定人受伤方式、年龄、职业特点、伤后症状和体征以及影像学检查的结果综合分析判断。（1）对于年轻人脊柱遭受较大暴力后临床出现椎间盘突出的症状和体征，影像学检查提示椎间盘突出，椎体及椎间盘无明显退行性变，可认定外伤与椎间盘突出的直接因果关系；（2）对于影像学资料显示脊柱畸形、椎管严重狭窄、椎间盘钙化、骨赘增生等退行性变，伤后出现椎间盘突出症状和体征，原则上不认为外伤是引起椎间盘突出的直接原因，应按照伤病关系降级原则进行损伤程度鉴定或者只进行伤病关系分析；（3）椎体及椎间盘明显退变的，伤后未出现椎间盘突出症状和体征的，应不予进行损伤程度评定。

第二节　四肢损伤

四肢损伤是日常法医学鉴定中最常遇到的，大致可分为肢体离断伤、四肢软组织(皮肤及皮下组织、肌肉肌腱、神经与血管)损伤、骨与关节损伤。

一、肢体离断伤

外伤造成的肢体离断或缺失，损伤原因众多，既包括切割伤、钝器伤、火器伤、挤压伤等外伤直接作用造成的离断，也包括损伤后肢体坏死、感染等截肢所造成的缺失。

(一)鉴定标准

条款	内容	损伤程度
5.9.1a	二肢以上离断或者缺失(上肢腕关节以上、下肢踝关节以上)	重伤一级
5.10.1a	双手离断、缺失或者功能完全丧失	重伤一级
5.9.2m	一足离断或者缺失50%以上；足跟离断或者缺失50%以上	重伤二级
5.9.2n	一足的第一趾和其余任何二趾离断或者缺失；另一足除第一趾外，离断或者缺失4趾	重伤二级
5.9.2o	两足5个以上足趾离断或者缺失	重伤二级
5.9.2p	一足第一趾及其相连的跖骨离断或者缺失	重伤二级
5.9.2q	一足除第一趾外，任何三趾及其相连的跖骨离断或者缺失	重伤二级
5.10.2d	一手拇指离断或者缺失超过指间关节	重伤二级
5.10.2e	一手示指和中指全部离断或者缺失	重伤二级
5.10.2f	一手除拇指外的任何三指离断或者缺失均超过近侧指间关节	重伤二级
5.9.3i	一足离断或者缺失10%以上；足跟离断或者缺失20%以上	轻伤一级
5.9.3j	一足的第一趾离断或者缺失；另一足除第一趾外的任何二趾离断或者缺失	轻伤一级
5.9.3k	三个以上足趾离断或者缺失	轻伤一级
5.9.3l	除第一趾外任何一趾及其相连的跖骨离断或者缺失	轻伤一级
5.10.3b	一手拇指离断或者缺失未超过指间关节	轻伤一级
5.10.3c	一手除拇指外的示指和中指离断或者缺失均超过远侧指间关节	轻伤一级
5.10.3d	一手除拇指外的环指和小指离断或者缺失均超过近侧指间关节	轻伤一级
5.9.4i	第一趾缺失超过趾间关节；除第一趾外，任何二趾缺失超过趾间关节；一趾缺失	轻伤二级
5.10.4b	除拇指外的一个指节离断或者缺失	轻伤一级

（二）结构与术语

肢体离断或者缺失。肢体离断是指损伤当时肢体完全离体，而肢体缺失是指肢体损伤严重而无法保留以致缺血坏死，或因医疗所需被截肢。

（三）检查与诊断

肢体离断或者缺失的平面应以 X 线平片上骨性标志作为判断依据。

（四）鉴定要点

1.肢体离断在损伤后即可进行鉴定，肢体缺失须在临床治疗终结后进行鉴定。

2.肢体离断是指断端处的血管、神经、肌腱以及骨质完全离断。即使有极少部分软组织相连，其远端既无运动及感觉功能，也无血运支配，应以“离断”论。肢体离断，经再植、再造手术成功的，按损伤当时情形鉴定损伤程度，而非以结果（再植后）计算。

3.在确定离断平面时，应把握以下原则：分析原始病历记录，包括受伤时的损伤情况、手术记录等；术前和术后分别拍摄 X线片确定离断平面的具体位置，确定损伤平面是否一致（因临床治疗需要，在原离断位置进行截肢的，以临床治疗终结后的缺失平面计算）；鉴定时，对检验情况应和病历记录详细印证。

4.“上肢腕关节以上”，是指腕关节掌骨以远（包括所有掌骨）离体或者缺失，也就是以腕掌关节作为基准（见图11－13）；“下肢踝关节以上”，是指踝关节距骨以远（包括所有距骨）离体或者缺失，也就是以胫距关节为基准（见图11－14）。一手离断或缺失，在《标准》中未有条款进行评定，结合重伤一级5.10.1a须达到双手离断或缺失，故一手离断或缺失可参照5.10.2d进行评定。

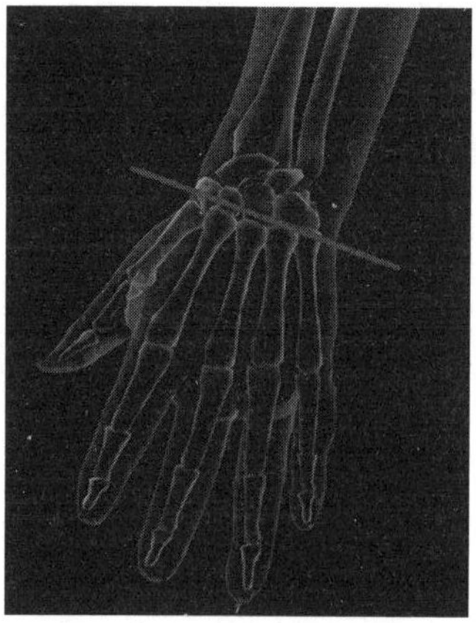

图11－13　腕掌关节

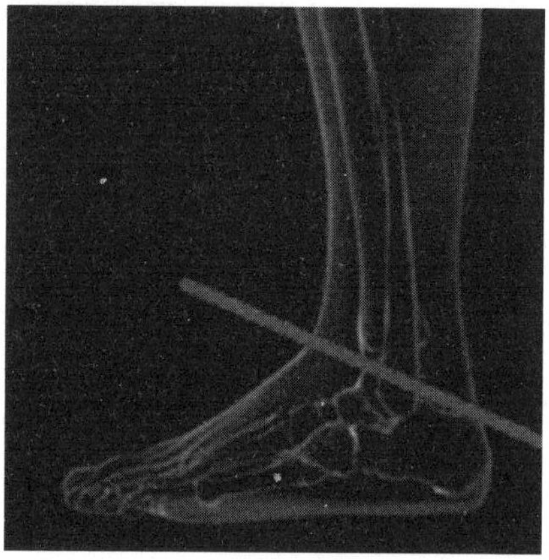

图11－14　胫距关节

“一手拇指离断或者缺失未超过指间关节”，须一手拇指离断或缺失末节指骨1/2以上，未达1/2的比照5.10.4c评定。

“一足离断或者缺失50%以上；足跟离断或者缺失50%以上”“一足离断或者缺失10%以上；足跟离断或者缺失20%以上”，可使用投影法及《人体损伤致残程度分级》中的足缺失评分法进行比较。

二、体表软组织损伤

（一）鉴定标准

条款	内容	损伤程度
5.9.3m	肢体皮肤创口或者瘢痕长度累计45.0cm以上	轻伤一级
5.9.4l	肢体皮肤一处创口或者瘢痕长度10.0cm以上；两处以上创口或者瘢痕长度累计15.0cm以上	轻伤二级
5.9.5a	肢体一处创口或者瘢痕长度1.0cm以上；两处以上创口或者瘢痕长度累计1.5cm以上；刺创深达肌层	轻微伤
5.9.5e	外伤致趾甲脱落，甲床暴露；甲床出血	轻微伤
5.10.5a	手擦伤面积10.0 cm²以上或者挫伤面积6.0 cm²以上	轻微伤
5.10.5b	手一处创口或者瘢痕长度1.0cm以上；两处以上创口或者瘢痕长度累计1.5cm以上；刺伤深达肌层	轻微伤
5.10.5e	外伤致指甲脱落，甲床暴露；甲床出血	轻微伤

（二）鉴定要点

本《标准》中“肢体创口或瘢痕”中的“肢体”指的是四肢和躯干。

由于单纯体表软组织闭合性损伤，如擦伤、挫伤等，经过两周或以上时间，就很难通过体检所见认定。因此，此类损伤应该在损伤征象消失前进行鉴定或者先行拍照固定。

笔者认为，一般不建议以创口长度进行评定，待其痂皮完全脱落，瘢痕基本稳定时再行检验，并与初检时进行比较，综合评定。

三、血管与神经损伤

（一）鉴定标准

条款	内容	损伤程度
5.9.2b	臂丛神经干性或者束性损伤，遗留肌瘫（肌力3级以下）	重伤二级
5.9.2c	正中神经肘部以上损伤，遗留肌瘫（肌力3级以下）	重伤二级

续表

条款	内容	损伤程度
5.9.2d	桡神经肘部以上损伤，遗留肌瘫（肌力3级以下）	重伤二级
5.9.2e	尺神经肘部以上损伤，遗留肌瘫（肌力3级以下）	重伤二级
5.9.2f	骶丛神经或者坐骨神经损伤，遗留肌瘫（肌力3级以下）	重伤二级
5.9.4b	四肢重要神经损伤	轻伤二级
5.9.4c	四肢重要血管破裂	轻伤二级

（二）四肢血管损伤

1.结构与术语

四肢重要血管包括上肢的腋动脉、腋静脉、肱动脉、肱静脉、桡动脉、桡静脉、尺动脉、尺静脉等，下肢的股动脉、股静脉、腘动脉、腘静脉、胫前动脉、胫前静脉、胫后动脉、胫后静脉、腓动脉、腓静脉（见图11-15）[1]。

2.检查与诊断

根据外伤史、症状体征，结合手术记录或者超声和DSA检查，可明确诊断。

发生在四肢主干动、静脉行程中任何部位的严重损伤，均应考虑血管损伤的可能性。创伤部位大量出血，搏动性血肿、肢体明显肿胀、远端动脉搏动消失等，是动、静脉损伤的临床征象。

血管损伤可形成假性动脉瘤，动-静脉瘘。血管痉挛、挫伤和受压可导致肢体缺血、坏死。肢体动脉断裂或内膜损伤所致的血栓可使肢体远端发生明显的缺血现象，即所谓的“5P”表现：（1）动脉搏动减弱或消失；（2）远端肢体缺血疼痛；（3）皮肤血流减少，皮肤苍白，皮温降低；（4）肢体感觉神经缺血而出现感觉麻木；（5）肢体运动神经失去功能，出现肌肉麻痹。

在外伤性动静脉瘘时可闻及血流来回性连续性杂音。

3.鉴定要点

“四肢重要血管破裂”，必须满足两点：（1）必须是上文提到的与神经伴行的重要血管；（2）血管须全层破裂。

若出现休克或肢体缺血、坏死等并发症、后遗症的，按并发症、后遗症的情形评定损伤程度。

---

〔1〕 参见本书附录部分，第439页。

（三）周围神经损伤

周围神经分为脑神经、脊神经和内脏神经，其中脊神经的前支分布于躯干前外侧和四肢的肌肉和皮肤，除了胸神经前支保持原有的节段行走形和分布，其余各部脊神经前支分别交织成丛，形成4个脊神经丛，即颈丛、臂丛、腰丛和骶丛。周围神经损伤是四肢损伤中比较常见的损伤，损伤原因以机械性损伤居多；包括周围神经主要臂丛及其主要分支（如肌皮神经、正中神经、尺神经、桡神经、腋神经、胸长神经、胸背神经和膈神经等）和腰骶丛及其主要分支（如股神经、闭孔神经、股前外侧皮神经、髂腹下神经、髂腹股沟神经、生殖股神经、坐骨神经、腓总神经、臀上神经、臀下神经、阴部内神经、股后皮神经等）的损伤。

1.结构与术语

（1）臂丛神经

臂丛神经由颈5～8和胸1前支组成，它是支配整个上肢运动和绝大部分感觉的混合神经（见图11-16）[1]。颈5、6、7、8和胸1脊神经根，出椎间孔后，从前斜角肌和中斜角肌之间传出，组成臂丛神经干。颈5～6组成上干，颈7单独组成中干，颈8和胸1组成下干，每干在锁骨的上方又分为前、后两股，随后，又重新组合，上干、中干前股组成外侧束，下干前股组成内侧束，上、中、下三干后股组成后束，再由这三个束发出神经支，分别为桡神经、正中神经、尺神经、腋神经和肌皮神经。

臂丛神经损伤可由直接暴力和间接暴力造成。直接暴力多见于枪弹伤和锐器伤，间接暴力主要见于头肩分离的牵拉性损伤。

（2）正中神经

正中神经由颈6～8、胸1组成，在上臂无分支，在肘部以下发出肌支和皮支。肌支支配前臂的前肌群（肱桡肌、尺侧腕屈肌和指深屈肌尺侧半除外）、手的鱼际肌（拇收肌除外）和第1、2蚓状肌，皮支分布于掌心、鱼际、桡侧三个半手指的掌面以及中节和远节背面的皮肤。

正中神经损伤常见于牵拉伤和肘部骨关节损伤。好发于腕部和前臂，高位正中神经损伤常合并臂丛神经损伤。前臂下部和腕部的正中神经位置较

---

〔1〕 参见本书附录部分，第440页。

浅，容易被锐器致伤；前臂的开放性损伤易造成正中神经部分或者完全断裂。

（3）桡神经

桡神经由颈5～8和胸1神经纤维组成，是臂丛神经中最大的一支。自后束发出，从上臂肱骨干上部内侧向下入桡神经沟内，经绕肱骨中段背侧向下发出肌支和皮支。肌支支配肱三头肌、肱桡肌、旋后肌、桡侧腕长伸肌、桡侧腕短伸肌、尺侧腕伸肌、指总伸肌、拇短伸肌、食指固有伸肌、小指固有伸肌等。皮支分布于上臂后外侧、前臂后面皮肤以及腕、手背部桡侧两个半手指皮肤。

由于桡神经在上臂紧贴肱骨，前臂也靠近桡骨，容易被锐器和钝器致伤。肱骨和桡骨骨折时桡神经会同时受伤，常见于肱骨干骨折。此外，桡神经还可因牵拉和压迫造成损伤，如上肢外展过久、长时间的绳索捆绑、头枕上臂等。

（4）尺神经

尺神经由颈8和胸1神经组成，是内侧束最大的分支。尺神经在肱动脉内侧下降，随后离开肱动脉走行于内上髁后方的尺神经沟内。尺神经在上臂无分支，在肘关节附近发出两个肌支，支配尺侧腕屈肌、指深屈肌尺侧头以及手部的小鱼际肌群、骨间肌、第3和第4蚓状肌、拇收肌、拇短屈肌；皮支分布于手背尺侧皮肤和手掌尺侧及尺侧一个半手指的皮肤。

由于尺神经在肘部位于肱骨内上髁后方的尺神经沟内，位置表浅，外力损伤及肘关节脱位、肱骨髁骨折、肱骨内上髁骨折是尺神经损伤的常见原因。

（5）坐骨神经

坐骨神经由腰4、5，骶1～3神经纤维组成。由梨状肌下经坐骨大切迹出骨盆后进入臀部，经坐骨结节与股骨大转子之间下降到大腿后面。肌支支配半腱肌、半膜肌、股二头肌及大内收肌。坐骨神经在大腿下1/3处分为胫神经和腓总神经。

由于坐骨神经的位置比较深，多见于锐器及火器的直接损伤；此外，骨盆骨折、髋关节脱位等亦可造成坐骨神经损伤。

（6）腓总神经

腓总神经由腰4、5，骶1、2神经纤维组成，在腓骨头前面分为腓浅神经和腓深神经。腓浅神经肌支支配腓骨长肌和腓骨短肌，皮质分布于小腿外侧、足背及第2～5趾背皮肤。腓深神经肌支支配胫骨前肌、踇长伸肌、踇短伸肌、趾短伸肌，皮支分布于小腿前面以及第1趾背侧和第1、2趾间皮肤。

腓总神经损伤可由钝性外力直接打击或锐器直接损伤，也可因腓骨头骨折后挤压、挫伤、牵拉腓总神经所致。

(7)胫神经

胫神经由腰4、5，骶1～3神经纤维组成。在腘窝内与血管伴行，至内踝后面分为足底内侧神经和足底外侧神经。肌支支配小腿后肌群和全部足底肌，皮支分布于小腿后面及足底皮肤。

由于胫神经位置较深，一般很少损伤；多见于锐器、枪弹或者车辆碾压伤。

(8)股神经

股神经由腰2～4神经组成。由腰大肌外缘穿出，在髂窝发出髂肌支和腰大肌支后进入股三角，穿出腹股沟后发出股内侧皮神经和股中间皮神经(支配股前内侧皮肤)及肌支(支配缝匠肌、耻骨肌、股四头肌)，后又分出隐神经，负责小腿内侧和内踝皮肤的感觉。

2.检查与诊断

周围神经损伤的认定应明确神经损伤的部位和性质，根据外伤史、损伤部位、临床表现、手术所见以及神经电生理检查加以认定，有时MRI也可以直接显示神经根撕裂等改变。

(1)臂丛神经损伤

臂丛神经干性损伤可分为：臂丛神经上干、中干和下干损伤。

臂丛神经上干损伤(C5-C6)：主要表现为腋神经及肩胛上神经麻痹，致使肩关节不能外展及上举；肩关节不能内旋或者外旋；肌皮神经麻痹，致使肘关节不能屈曲。腕部不能桡侧伸展。上臂、前臂及手部外侧的感觉异常。

臂丛神经中干损伤(C7)：单独的中干损伤比较少见，表现为桡神经支配的肌肉收缩无力，肱三头肌部分受影响，肱桡肌不受影响。

臂丛神经下干损伤(C8-T1)：主要表现为正中神经麻痹，致使手指与拇指不能屈曲、拇指不能对掌；尺神经麻痹致使小指处于外展位，手指不能内收与外展，指间关节不能伸直。感觉异常发生在上臂、前臂及手部内侧面与第4、5指。

臂丛神经束损伤可分为：外侧束损伤、内侧束损伤和后束损伤。

外侧束损伤：肌皮、正中神经外侧根与胸前外侧神经麻痹。肘关节不能屈，或虽能屈（肱桡肌代偿）但肱二头肌麻痹；前臂能旋前但旋前圆肌麻痹，腕关节能屈但桡侧腕屈肌麻痹，上肢的其他关节活动尚属正常，前臂桡侧缘感觉缺失。肱二头肌、桡侧腕屈肌、旋前圆肌与胸大肌锁骨部瘫痪，肩关节与手部诸关节健康搜索的运动尚属正常。

内侧束损伤：尺正中神经内侧根与胸前内侧神经麻痹。手内部肌与前臂屈肌群全部瘫痪，手指不能屈伸，拇指不能掌侧外展、不能对掌、对指，手无功能。上肢内侧及手部尺侧感觉消失。手呈扁平手和爪形手畸形，肩、肘关节功能正常。内侧束损伤和颈8胸1神经根损伤表现类似，但后者常有Horner征，肱三头肌、前臂伸肌群部分瘫痪。

后束损伤：腋、桡、胸背、肩胛下神经麻痹，三角肌、小圆肌伸肌群、背阔肌、肩胛下肌、大圆肌瘫痪肩关节不能外展，上臂不能旋内，肘与腕关节不能背伸，掌指关节不能伸直，拇指不能伸直和桡侧外展，肩外侧、前臂背面和手背桡侧半的感觉障碍或丧失。

全臂丛损伤：即臂丛上中下神经的联合损伤，表现为整个肢体运动、感觉障碍，晚期由于肌肉萎缩，肢体被动活动亦受限。

（2）正中神经损伤

肘上正中神经损伤：会造成旋前圆肌、桡侧腕屈肌、旋前方肌、掌长肌、指浅屈肌、指深屈肌、桡侧半及拇长屈肌瘫痪。故前臂不能旋前，腕和拇、食、中指屈曲功能障碍。感觉障碍与腕部正中神经损伤相同。

腕部正中神经损伤：所支配的前臂肌肉完全正常。所支配的鱼际肌、蚓状肌麻痹，表现为拇指对掌功能障碍，大鱼际萎缩、拇指内收形成“猿手”畸形。手部感觉丧失以正中神经伤影响最大，表现为手掌桡侧和桡侧三个半手指的掌侧感觉障碍，背侧食指、中指远节感觉障碍（见图11-17）[1]。

（3）桡神经损伤

上臂桡神经损伤（桡神经肘部以上损伤）：各伸肌广泛瘫痪，肱三头肌、肱桡肌、桡侧腕长短伸肌、旋后肌、伸指总肌、尺侧腕伸肌及食指、小指固有伸肌均瘫痪。故出现腕下垂、拇指及各手指下垂、不能伸掌指关节、前臂有旋前畸

〔1〕 参见本书附录部分，第440页。

形、不能旋后、拇指内收畸形(见图11-18)[1]。拇指失去外展作用,不能稳定掌指关节,拇指功能严重障碍。因尺侧腕伸肌与桡侧伸腕长短肌瘫痪,腕部向尺侧屈曲或桡侧屈曲困难。前臂背侧肌肉萎缩明显。手背桡侧半、桡侧两个半指、上臂及前臂后部感觉障碍。

前臂背侧桡神经伤,多为骨间背神经损伤,感觉及肱三头肌、肘后肌不受影响,桡侧腕长伸肌良好。其他伸肌均瘫痪。手背桡侧半、桡侧两个半指、上臂及前臂后部感觉障碍。

腕关节处损伤:无运动功能障碍,仅表现出感觉功能障碍。

(4)尺神经损伤

肘部尺神经损伤(尺神经肘部以上损伤):表现为尺侧腕屈肌和指深屈肌尺侧半瘫痪、萎缩,不能向尺侧屈腕及屈环小指远侧指关节。手指平放时,小指不能爬桌面。手内肌广泛瘫痪,小鱼际、骨间肌及第三、四蚓状肌、拇内收肌及屈拇短肌内侧头均瘫痪。小鱼际及掌骨间有明显凹陷。环指、小指有爪状畸形。肘上损伤爪状畸形较轻。如在指屈深肌神经供给远侧损伤,因指深屈肌失去手内肌的对抗作用,爪状畸形明显,即环小指掌指关节过伸、指间关节屈曲。不能在屈曲掌指关节的同时伸直指间关节。由于桡侧二蚓状肌的对抗作用,食中指无爪状畸形或仅有轻微畸形。各手指不能内收外展。夹纸试验阳性。拇指和食指不能对掌成完好的"O"形,此两指对捏试验显示无力,是由于内收拇肌瘫痪、不能稳定拇指掌指关节所致。小指与拇指对捏障碍。因手内肌瘫痪,手的握力减少约50%,并失去手的灵活性。手的尺侧、小指全部、环指尺侧感觉均消失。腕部尺神经损伤时,临床主要表现为小鱼际肌萎缩,骨间肌、蚓状肌萎缩,小指处外展位、环小指呈爪状,手指内收外展受限(见图11-19)[2]。手的尺侧、小指全部、环指尺侧感觉均消失。

(5)坐骨神经损伤

坐骨神经损伤时主要表现为半腱肌、半膜肌、股二头肌及胫神经和腓总神经支配的肌肉瘫痪,小腿不能屈曲,足及足趾运动完全消失,呈"跨阈步态"。跟腱反射消失,小腿外侧感觉障碍或出现疼痛,足底感觉丧失常导致损伤和溃疡。

---

〔1〕 参见本书附录部分,第440页。
〔2〕 参见本书附录部分,第440页。

(6)腓总神经损伤

腓总神经损伤时主要表现为胫骨前肌、趾长伸肌、趾短伸肌、腓骨长肌和腓骨短肌瘫痪，足和足趾不能背伸，足不能外展，足下垂并转向内侧而成为马蹄内翻足，足趾亦下垂，行走时呈“跨阈步态”(见图11-20)。小腿前外侧及足背面感觉障碍。

(7)胫神经损伤

临床表现为小腿腓肠肌、比目鱼肌及屈趾肌和足底部肌肉瘫痪，足部感觉消失，可出现足底压疮或神经性溃疡。损伤后主要表现为足跖屈、足内收及内翻动作困难，呈外翻足，足趾亦不能跖屈，足弓的弹性和强度丧失，小腿消瘦(见图11-21)。由于胫骨前肌挛缩而踝关节过度背伸，跟腱反射腓总神经损伤消失。

图11-20 腓总神经损伤

图11-21 胫神经损伤

(8)股神经损伤

股神经损伤后临床表现为伸小腿、屈大腿无力，不能登阶梯和跳跃，容易跌倒，股四头肌萎缩，膝反射消失，股前及小腿内侧感觉障碍。

3.鉴定要点

(1)由于周围神经具有再生的功能，因此对于神经功能的鉴定时限应根据神经恢复情况决定，原则上在损伤90日以后进行鉴定。

周围神经损伤构成轻伤以上，应为臂丛和腰骶丛神经重要分支损伤。周围神经损伤必须具有对应神经损伤的体征，肌电图失神经电位和神经支配区的肌肉萎缩是周围神经损伤的客观体征。

(2)正中神经损伤，“猿手”畸形为特有体征，感觉障碍绝对区为掌侧面桡侧三个半手指的感觉。桡神经损伤，典型的畸形为垂腕，感觉障碍绝对区为手背虎口区感觉障碍。尺神经损伤，特有体征为“爪形手”畸形，感觉障碍绝对区为手掌尺侧一指半皮肤感觉丧失。

(3)除了急性损伤之外，许多疾病或慢性损伤同样也可造成周围神经损害的症状与体征，如胸廓下口综合征、正中神经受压综合征、尺神经受压综合征、桡神经受压综合征等，应注意鉴别诊断。

胸廓下口综合征是指因骨性和纤维性增生及第7颈椎增长或锁骨骨折畸形愈合等，使臂丛神经、锁骨下动脉通过胸廓上口时受到压迫，从而引起一系列神经受压或神经、血管受压的症状和体征，临床上主要为臂丛神经受压的表现，如可出现不同程度的疼痛、麻木、感觉减退、握物无力、手部肌肉萎缩等。如果锁骨下动脉受压，还表现为肢体发凉、色泽较健侧苍白等。可通过X线、CT和MRI检查明确神经受压原因。

正中神经受压综合征既可见于外伤，也可见于疾病。外伤常见的原因有克雷斯骨折畸形愈合、舟状骨骨折及腕部软组织损伤等。疾病原因可见于腱鞘炎、腱鞘囊肿及全身结缔组织病等。该病多发在中、老年人，症状呈进行性加重趋势。X线、CT和MRI可帮助确诊。

尺神经受压综合征既可见于外伤，也可见于疾病。外伤原因如肘部陈旧性骨折，疾病原因常见于肘部骨关节炎、局部的腱鞘囊肿等。临床表现为尺神经部分损害的症状和体征。

桡神经受压综合征(又称桡管综合征)可因软组织损伤后粘连、肱桡关节前方关节囊较厚、桡侧伸腕短肌弓压迫等，临床表现为桡神经在桡管处受压的症状和体征。

(4)5.9.2c、d、e规定的“肘部以上”，以肘关节间隙为基准。

四、骨关节损伤

(一)鉴定标准

条款	内容	损伤程度
5.9.2g	股骨干骨折缩短5.0cm以上、成角畸形30°以上或者严重旋转畸形	重伤二级
5.9.2h	胫腓骨骨折缩短5.0cm以上、成角畸形30°以上或者严重旋转畸形	重伤二级
5.9.2i	膝关节挛缩畸形屈曲30°以上	重伤二级

续表

条款	内容	损伤程度
5.9.2j	一侧膝关节交叉韧带完全断裂遗留旋转不稳	重伤二级
5.9.2k	股骨颈骨折或者髋关节脱位，致股骨头坏死	重伤二级
5.9.2l	四肢长骨骨折不愈合或者假关节形成；四肢长骨骨折并发慢性骨髓炎	重伤二级
5.9.3c	膝关节韧带断裂伴半月板破裂	轻伤一级
5.9.3d	四肢长骨骨折畸形愈合	轻伤一级
5.9.3e	四肢长骨粉碎性骨折或者两处以上骨折	轻伤一级
5.9.3f	四肢长骨骨折累及关节面	轻伤一级
5.9.3g	股骨颈骨折未见股骨头坏死，已行假体置换	轻伤一级
5.9.3h	骺板断裂	轻伤一级
5.9.4e	肢体大关节韧带断裂；半月板破裂	轻伤二级
5.9.4f	四肢长骨骨折；髌骨骨折	轻伤二级
5.9.4g	骨骺分离	轻伤二级
5.9.4h	损伤致肢体大关节脱位	轻伤二级
5.9.4j	两节趾骨骨折；一节趾骨骨折合并一跖骨骨折	轻伤二级
5.9.4k	两跖骨骨折或者一跖骨完全骨折；距骨、跟骨、骰骨、楔骨或者足舟骨骨折；跖跗关节脱位	轻伤二级
5.10.4c	两节指骨线性骨折或者一节指骨粉碎性骨折（不含第2至5指末节）	轻伤二级
5.10.4d	舟骨骨折、月骨脱位或者掌骨完全性骨折	轻伤二级
5.9.5b	肢体关节、肌腱或者韧带损伤	轻微伤
5.9.5c	骨挫伤	轻微伤
5.9.5d	足骨骨折	轻微伤
5.10.5c	手关节或者肌腱损伤	轻微伤
5.10.5d	腕骨、掌骨或者指骨骨折	轻微伤

（二）四肢骨骨折

四肢骨分别由肢带骨和自由肢骨组成。四肢骨主要是长骨，长骨的两端为骨端，二者之间为骨干。骨端的表面由骨密质，内部由骨松质形成，骨松质由骨小梁相互交错连接形成的网状结构和骨髓构成；骨干则只有骨密质形成，内侧为骨髓腔。骨端和骨干之间残存有板状的软骨，称为骨骺板；随着生长发育，沿长轴向两侧方向生长并逐渐骨化，直至仅留下骨骺线。

1.四肢骨骨折

(1)结构与术语

①骨折指骨的完整性和连续性中断。根据骨折的程度和形态分为完全性骨折和不完全性骨折。

不完全性骨折，是指完整性和连续性部分中断；按其形态又可分为裂缝骨折和青枝骨折。完全性骨折，是指骨的完整性和连续性全部中断；按骨折线的方向及其形态可分为横形或斜形骨折、螺旋形骨折、粉碎性骨折、嵌插骨折、压缩性骨折等(见图11-22)。其中粉碎性骨折是指同一部位骨碎裂成三块以上，骨折线呈“T”形或“Y”形。

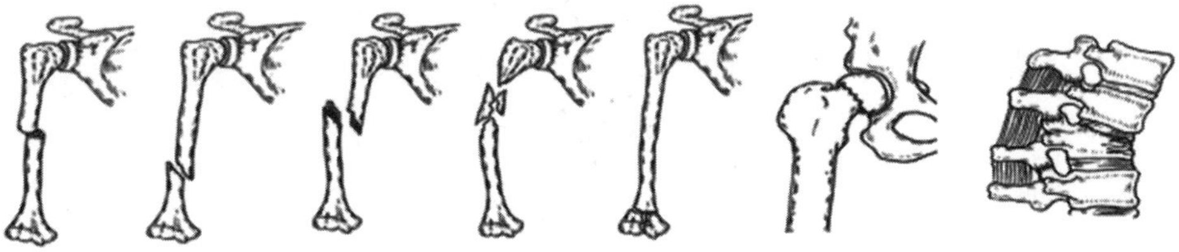

1　2　3　4　5　6　7

1.横形骨折　2.斜形骨折　3.螺旋骨折　4.粉碎骨折　5.“T”形骨折

6.嵌插骨折　7.压缩性骨折

图11-22　骨折类型

②骨骺损伤为干、骺愈合前骨骺发生的损伤，也称骺板骨折，包括骺板断裂和骨骺分离(见图11-23)。骨骺损伤可引起肢体的生长障碍，导致肢体短缩或关节畸形。

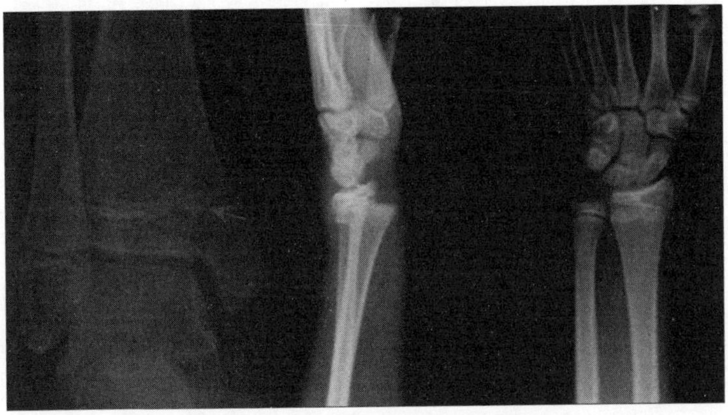

图11-23　骺板断裂及骨骺分离

(2)检查与诊断

四肢的骨折根据外伤史、临床表现以及影像学检查即能认定。X线片可显示骨折的部位、类型、程度和移位情况；CT检查可通过三维扫描进一步了解骨折的详细情况；MRI对骨、骨髓、软组织显示更具有优势，如骨挫伤、坏死等。

骨骺损伤的影像学检查中，X线片不能直接显示骨骺板的骨折线，只能通过骨骺和干骺端的对合关系等间接判断；MRI可显示软组织、软骨和骨组织，准确判断骨骺软骨的损伤以及骺板的骨桥和纤维桥。

(3)鉴定要点

①附则6.7规定，“骨皮质的砍(刺)痕或者轻微撕脱性骨折(无功能障碍的)的，不构成本标准中所指的骨折”。也就是说，《标准》中轻伤条款的骨折，不包括未达髓腔或髓质的骨质砍(刺)痕、骨皮质翘起和分离以及无功能障碍的撕脱性骨折。X片不能确定骨折是否到达髓腔或髓质的，可加拍CT三维重建予以确认。撕脱性骨折中，撕脱的骨折碎片行内固定手术的，恢复后虽无功能障碍，但可参照骨折予以评定。

②骺板断裂和骨骺分离适用于四肢长骨尚未完全闭合的未成年人。对于骺板损伤导致发育障碍、肢体短缩畸形的损伤程度，依据《标准》的相关条款予以评定。

③新鲜骨折与陈旧性骨折的区别：新鲜骨折在X线和CT上骨折线清晰锐利，可伴有软组织肿胀等；MRI检查显示明显骨髓水肿、骨挫伤等改变。陈旧性骨折在X线和CT上骨折线模糊、圆钝，愈合过程中可显示有骨痂形成；MRI检查显示骨髓信号正常。

④掌骨骨折累及关节面，达到1/2以上的，适用5.10.4d评定为轻伤二级。5.10.4c指的一节指骨粉碎性骨折(不含第2至5指末节)或者两节指骨线形骨折。

掌骨骨折在日常鉴定中应注意排除攻击性损伤所致的掌骨颈骨折。由于握拳时，第2、4、5掌骨头突出向前，容易造成掌骨颈骨折，又称“拳击骨折”(见图11-24)。对于明确系攻击他人时造成的掌骨颈骨折，不作损伤程度评定。

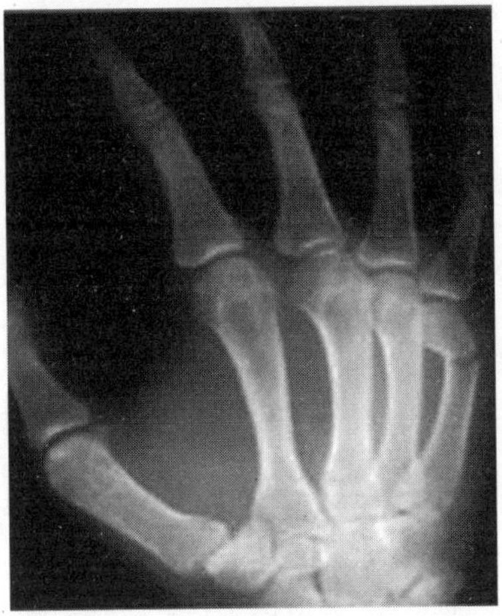

图11-24　第5掌骨颈骨折

案例11-2　肱骨撕脱性骨折的法医学鉴定

伤者，男，28岁，与他人发生纠纷后相互拉扯。PE：肩关节活动功能受限；X片示：左侧肱骨头撕脱性骨折（见图11-25）[1]。两周后，肩关节活动功能受限无改善，行"左侧肱骨头撕脱性骨折内固定术"（见图11-26）[2]。待内固定拆除一段时间后，肩关节活动功能尚可。鉴定意见：伤者被致左侧肱骨头撕脱性骨折，撕脱的骨折碎片需行内固定手术，恢复后虽无功能障碍，亦可参照骨折予以评定。

2.四肢骨骨折后遗症及并发症

常见有骨缺血性坏死、骨折不愈合、骨折畸形愈合、外伤性骨髓炎等。

（1）结构与术语

①骨缺血性坏死指的是当外伤累及骨营养血管，造成骨骼某处血运的破坏，可引起相应骨折部无菌坏死。某些特殊部位的骨折易合并无菌坏死，如股骨头、腕舟骨、距骨以及某些血循环完全破坏的粉碎性骨折的骨碎片。股骨颈骨折易并发股骨头缺血坏死，发生率在20%～40%。

②骨折不愈合是指骨折经过治疗，已超过一般愈合时间（9个月）并且经延长治疗（3个月），仍达不到骨性愈合。骨折不愈合受多种因素影响，其中外

〔1〕 参见本书附录部分，第440页。
〔2〕 参见本书附录部分，第440页。

界暴力、骨折类型、固定不当、感染等是主要因素。骨折不愈合最终可形成假关节，多见于腕舟骨骨折、锁骨中1/3、胫骨中下1/3交界处、肱骨干及尺骨干等处。

③骨折畸形愈合是指骨折在非正常解剖位置上愈合并影响或潜在影响功能者。骨折畸形愈合的主要原因有复位不佳、固定不牢、过早拆除外固定、骨骺损伤等。

④外伤性骨髓炎是指开放性损伤对骨折断端的直接污染、感染而造成的骨组织炎症，其特点是局限于骨折处，附近软组织亦出现急性化脓性炎症。

（2）检查与诊断

①骨缺血性坏死：X线片早期没有阳性发现，随病变进展出现骨小梁紊乱、中断、囊性改变、硬化，晚期出现塌陷变形、关节间隙变窄；但不宜区分骨坏死和骨修复（见图11-27）〔1〕。MRI可早期显示骨坏死改变。

②骨折不愈合：临床上对于骨折12个月后骨折两端仍未达到骨性连接，且修复过程停止的判定为骨折不愈合。骨折不愈合X线征象：骨折端有间隙；骨折端硬化，骨折面光滑清晰；骨髓腔封闭；骨质疏松；骨断端间无骨小梁形成（见图11-28）〔2〕。

③骨折畸形愈合：四肢长骨畸形愈合是指四肢骨折复位、愈合未达到临床骨折复位标准（见图11-29）〔3〕。临床骨折复位的参考标准：无旋转畸形和分离移位；成人短缩不超过1cm，儿童不超过1.5～2.0cm；对位良好，成人成角不能超过10°，儿童不能超过15°；对线良好，骨干对位至少达1/3，干骺端对位不能小于3/4。

④外伤性骨髓炎：根据外伤史、临床表现、实验室检查和影像学检查较易认定，经活检取死骨行组织学检查即可确认。

（3）鉴定要点

①骨缺血性坏死必须与非外伤性的骨坏死加以鉴别。非外伤性的骨坏死包括慢性酒精中毒和长期使用糖皮质激素导致的骨坏死，一般通过病史、伤后临床表现、骨坏死发生的时间、程度以及病变是单侧还是双侧等予以鉴别。

---

〔1〕 参见本书附录部分，第441页。

〔2〕 参见本书附录部分，第441页。

〔3〕 参见本书附录部分，第441页。

②骨折不愈合，一般在骨折愈合12个月后，依据临床表现和影像学检查确定为骨折修复过程停止。但应与延迟愈合加以鉴别。因为个体差异，不同类型和程度的骨折，愈合时间可有较大差别；不能盲目地将伤后时间作为不愈合的指标，应依据临床表现和影像学检查综合判定。

另外，四肢长骨骨折不愈合或者假关节形成，应排除因治疗不当或者医源性感染造成。否则，只能对外伤造成的骨折确定损伤程度；根据具体情况确定外伤和骨折不愈合的因果关系。

③四肢长骨骨折并发慢性骨髓炎应与伤者自身感染引起的血源性骨髓炎进行区别。前者为四肢开放性骨折且创面污染而并发的慢性骨髓炎。后者的致病菌多来自于疖、痈等病灶，在长骨干骺端形成骨脓肿后侵入髓腔；病理特征为同时存在骨质破坏、骨坏死和反应性新骨。伤者自身感染引起的血源性骨髓炎不在《标准》5.9.21规定的损伤范畴。

④四肢骨折畸形愈合，法医学鉴定时应注意对畸形进行规范性测量。

股骨干或者胫腓骨骨折缩短，应测量以股骨或者胫腓骨两端骨性标志的直线距离，与健侧进行比较。股骨干或者胫腓骨骨折成角畸形30°以上指的是股骨干或者胫腓骨骨折愈合后，骨折近段与远段长轴延长线所夹的锐角≥30°。

股骨干骨折旋转畸形指的是股骨上1/3骨折后，近折段受髂腰肌、臀中肌、臀小肌和髋关节外旋诸肌的牵拉而屈曲、外旋和外展，而远折段则受内收肌的牵拉而向上、向后、向内移位，导致向外成角和缩短畸形；股骨中1/3骨折后，其畸形主要是按暴力的撞击方向而成角，远折段又因受内收肌的牵拉而向外成角。胫腓骨骨折旋转畸形可参照股骨干骨折旋转畸形。股骨干或者胫腓骨骨折严重旋转畸形应根据骨折部位、性质和对肢体的影响程度综合判断。

(三)关节损伤

两块或以上相邻骨间的连接称为关节。关节包括关节软骨及其覆盖的骨端、滑膜滑液、纤维囊、关节内软骨盘及关节内外韧带等，分为关节囊、关节面和关节腔等。关节损伤指的是关节受外力作用所导致的关节组织结构破坏和功能障碍。主要表现为韧带损伤、关节脱位和关节内骨折等。

造成关节损伤的原因，有直接暴力，如交通事故、锐器砍伤及枪弹伤等；还有间接暴力，如传导外力及扭转外力等。

1.结构与术语

（1）关节脱位：直接暴力或者间接暴力作用于关节，使关节面在空间位置关系发生改变并不能回复到正常体位的状态，即为脱位。关节完全脱位表现为关节组成诸骨的关节面对应关系完全脱离或分离；半脱位为关节间隙失去正常均匀的弧度，呈分离移位，宽窄不均。

（2）半月板撕裂：半月板是构成膝关节的重要结构之一，为两个半月状纤维软骨，位于股骨髁和胫骨平台之间。前后端分别附于胫骨平台中间非关节面的部位，在髁间棘前方和后方，称之为半月板的前角和后角（见图11-30）[1]。损伤机制为膝关节半屈、内收或外展情况下受重力挤压和旋转力作用，半月板承受垂直压力的同时，又遭受牵拉力或剪切力作用，进而造成半月板撕裂。

2.检查与诊断

（1）关节脱位：根据外伤史、临床表现和影像学检查结果即能认定。

①肩锁关节脱位：临床表现为局部肿胀，肩锁关节处疼痛，肩关节活动受限，有时可见畸形。X线可见肩锁关节间隙增大，锁骨远端移位以及骨折等。

②肩关节脱位：按肱骨头的位置可分为前脱位、后脱位、上脱位和下脱位。临床表现为肩部疼痛肿胀，肩关节活动受限，呈“方肩”畸形（见图11-31）。X线检查可见关节囊空虚，肱骨头脱离关节盂（见图11-32）。常伴有肱骨大结节撕脱性骨折或肩袖损伤。

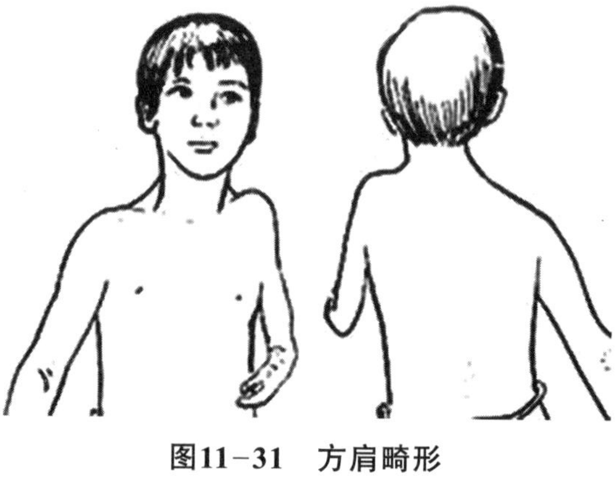

图11-31　方肩畸形

〔1〕 参见本书附录部分，第442页。

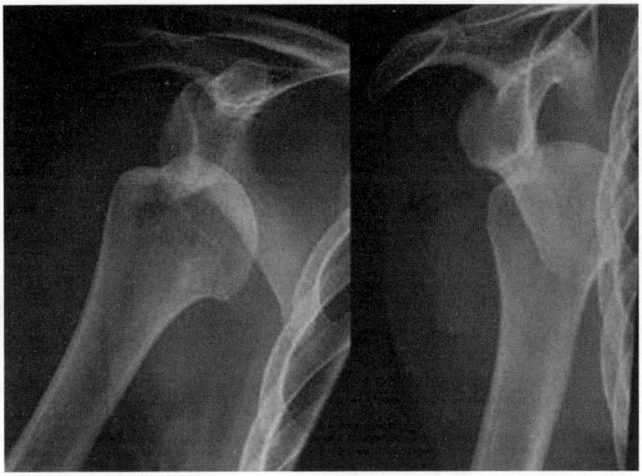

图11-32 肩关节脱位

③肘关节脱位：按脱位方向分为后脱位、前脱位、内侧脱位、外侧脱位和复合脱位。临床表现为局部疼痛肿胀，肘关节呈半屈曲状，活动受限；前臂外观变短，尺骨鹰嘴后突，肘后三角关系改变；侧方脱位可合并神经损伤。X线检查可见后脱位时尺桡骨向后方脱出；前脱位时，尺桡骨移位至前方，常合并尺骨鹰嘴或者喙突骨折。

④腕关节脱位：主要是指桡腕关节脱位和月骨周围脱位。临床表现为腕部肿胀疼痛，活动受限，畸形，可伴有正中神经和尺神经损伤。X线检查时，桡腕关节脱位可见腕关节结构紊乱，相对于桡骨，近排腕骨以远的腕骨向背侧或掌侧移位；月骨周围脱位可见腕中关节间隙消失，头状骨与月骨、桡骨与舟骨影像重叠区加大，舟月骨间关节间隙变宽；月骨掌侧脱位可见月骨轮廓由梯形变为三角形，周围关节间隙宽窄不等或完全脱向掌侧。

⑤髋关节脱位：按照暴力的大小和方向，分为髋关节前脱位、后脱位和中心脱位，其中大多数均为后脱位。临床表现为局部疼痛肿胀，髋关节功能障碍；后脱位时髋关节呈屈曲、内收、内转畸形，伤肢较健侧短缩，在臀部可摸到脱位的股骨头；前脱位则表现相反。X线检查可见股骨头从髋关节脱离，常伴有髋臼或股骨头软骨损伤（见图11-33）。髋关节脱位的并发症及后遗症主要有股骨头缺血性坏死、坐骨神经损伤等。

⑥膝关节脱位：分为前脱位、后脱位、侧脱位和旋转脱位，以后脱位居多（见图11-34）。临床表现为膝关节肿胀疼痛、畸形和关节功能障碍。

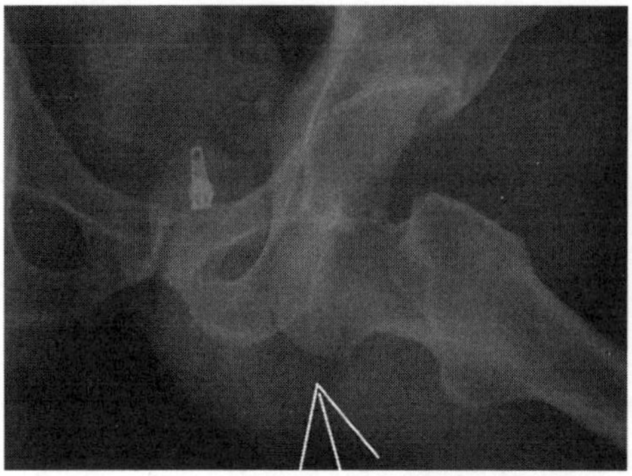

图11-33　髋关节脱位

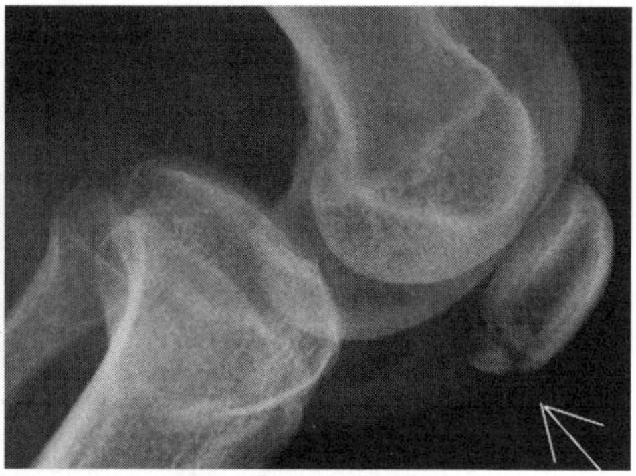

图11-34　膝关节脱位

⑦踝关节脱位：指距骨相对于踝穴的移位，常伴有胫骨远端关节面和后踝骨折。临床表现为踝部肿胀疼痛、畸形，踝关节活动受限，行走困难。

（2）半月板撕裂：临床表现为膝关节疼痛、肿胀，膝关节间隙压痛，半月板旋转挤压试验阳性。MRI检查可确诊。正常半月板在MRI影像上呈低信号，关节软骨和关节液所呈的高信号与之对比明显（见图11-35）；半月板撕裂在矢状面和冠状面上半月板内呈高信号影。关节镜检查是目前关节内损伤最好的直观诊断方法。

半月板损伤分为Ⅰ级损伤：半月板中央细微的退行性变，表现为半月板内一个或多个点状或椭圆形高密度影，未延伸到关节面缘；Ⅱ级损伤：半月板中央广泛的退行性变，半月板内信号增高，表现为线样高信号，未达关节面缘，可延伸至关节囊缘；Ⅲ级损伤：半月板关节面连续性破坏，可出现碎片及移位，半月板内线样高信号至少延伸到一个关节面缘或游离缘（见图11-36）。

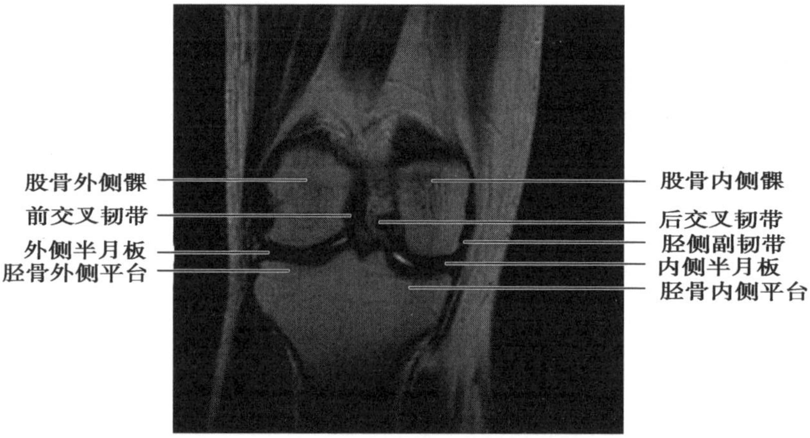

图11-35　膝关节MRI

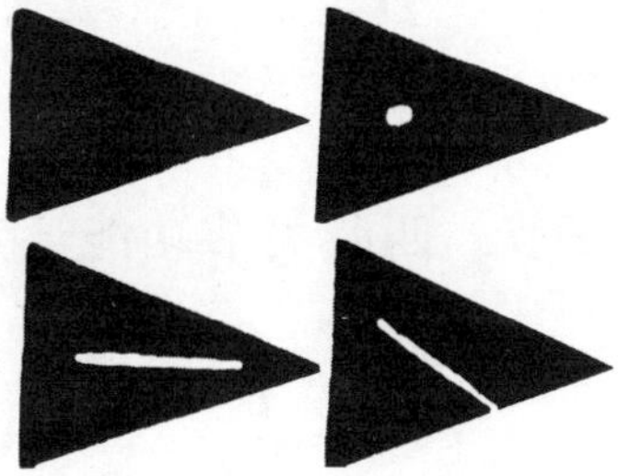

图11-36 半月板损伤分级

(3)韧带断裂:MRI检查可清晰显示关节韧带的损伤程度和类型。

3.鉴定要点

(1)本章的四肢大关节是指肩、肘、腕、髋、膝、踝六大关节。肢体大关节韧带是指上述六大关节的关节内外韧带。

(2)关节脱位一般在X线检查时即可发现,但关节脱位一般会伴有关节韧带损伤和骨折,所以必要的CT和MRI检查可明确关节软组织损伤、关节内和周围骨折。

四肢大关节脱位包括完全脱位和半脱位。肢体大关节韧带断裂包括部分断裂。

(3)“膝关节挛缩畸形屈曲30° 以上”指的是膝关节屈曲畸形时,股骨与胫骨长轴延长线的夹角≥30° 。所以遇到此类鉴定,应拍摄膝关节侧位片,来测量股骨与胫骨长轴延长线的夹角。

在膝关节半月板损伤的MRI检查中,并不是所有高信号都提示半月板撕裂。儿童和青少年因半月板边缘血供丰富,正常半月板可见Ⅰ、Ⅱ级损伤信号,另外临近处的一些小韧带或肌腱也可产生类似撕裂样信号,应注意鉴别。所以,在《标准》中“半月板破裂”必须是半月板的Ⅲ级损伤,即MRI检查时有明确的线状高信号到达关节面,或者撕裂的标准在连续两层或以上层面可见;尽量多层面、连续观察。

(4)四肢大关节损伤致关节腔积血、积液或关节囊开放性损伤,须手术(包括关节腔镜手术,不包括穿刺引流术)治疗的,比照5.9.4e评定。

(5)关节脱位合并其他损伤或者遗留关节功能障碍的,应按照相关条款进行评定。

第三节　四肢关节功能评定

一、鉴定标准

条款	内容	损伤程度
5.9.1b	二肢六大关节功能完全丧失	重伤一级
5.9.2a	四肢任一大关节强直畸形或者功能丧失50%以上	重伤二级
5.10.2a	手功能丧失累计达一手功能36%	重伤二级
5.10.2b	一手拇指挛缩畸形不能对指和握物	重伤二级
5.10.2c	一手除拇指外，其余任何三指挛缩畸形，不能对指和握物	重伤二级
5.9.3a	四肢任一大关节功能丧失25%以上	轻伤一级
5.10.3a	手功能丧失累计达一手功能16%	轻伤一级
5.9.4a	四肢任一大关节功能丧失10%以上	轻伤二级
5.10.4a	手功能丧失累计达一手功能4%	轻伤二级

二、四肢大关节功能评定

（一）结构与术语

关节强直指的是关节不能活动并固定在某一角度，可分为骨性强直和纤维性强直。

（二）检查与诊断

四肢大关节功能障碍根据外伤史、临床表现、影像学及电生理检查认定。

1.肌力分级

0级：肌肉完全瘫痪，毫无收缩。

1级：可看到或者触及肌肉轻微收缩，但不能产生动作。

2级：肌肉在不受重力影响下，可进行运动，即肢体能在床面上移动，但不能抬高。

3级：在和地心引力相反的方向中尚能完成其动作，但不能对抗外加的阻力。

4级：能对抗一定的阻力，但较正常人为低。

5级：正常肌力。

2.关节运动活动度（ROM）测量方法

（1）肩关节 ROM 测量方法

①屈曲与伸展

体位：坐位、立位、侧卧位、仰卧位（屈曲）、俯卧位（伸展）。肘伸展，置于体侧，手掌向内。

固定臂：通过肩峰的垂直轴线（坐位、立位）。

移动臂：与肱骨纵轴一致。

轴心：肩峰。

运动：屈曲是在矢状面上向前上方运动，也称前屈。伸展是在矢状面上向后上方运动，也称后伸。

正常值：屈曲 180° ，伸展 50° （见图11-37）。

②外展与内收

体位：坐位、立位、仰卧位。肘伸展，置于体侧，手掌向内。

固定臂：通过肩峰的垂直轴线（坐位、立位）。

移动臂：肱骨纵轴。

轴心：肩峰。

运动：外展是在冠状面上向外上方运动。内收检查时，如肩关节处于20° ～40° 屈曲位，上肢从身体前方向内运动。

正常值：外展180° ，内收45° （见图11-38）。

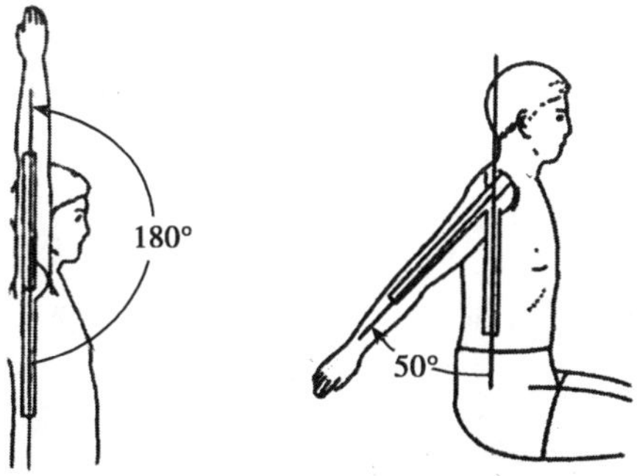

图11-37 屈曲与伸展（肩关节）

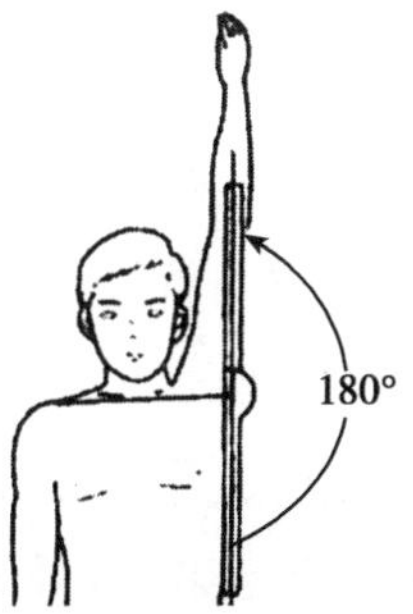

图11-38 外展与内收（肩关节）

③外旋与内旋

体位：坐位、立位、仰卧位。肩关节 90° 外展，肘关节 90° 屈曲，前臂中立位，掌心向内。

固定臂：通过尺骨鹰嘴的垂直轴线。

移动臂：与尺骨纵轴一致。

轴心：尺骨鹰嘴。

运动：外旋是前臂在矢状面向上方的运动。内旋是前臂在矢状面向下方的运动。

正常值：外旋 90° ，内旋 90°（见图11-39）。

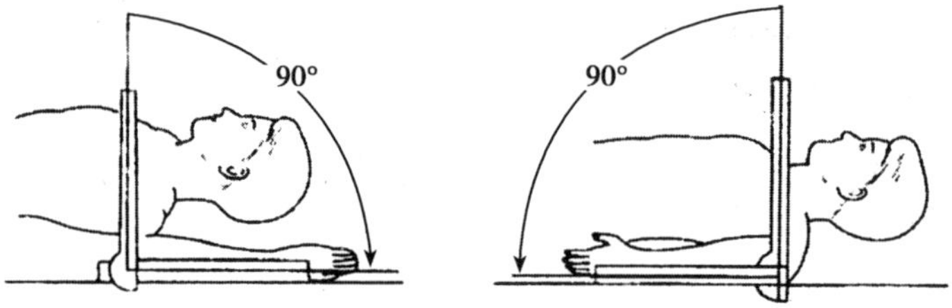

图11-39　外旋与内旋（肩关节）

（2）肘关节 ROM 测量方法

屈曲与伸展

体位：坐位或立位，上肢置于体侧，掌心向前。

固定臂：肱骨纵轴。

移动臂：桡骨纵轴。

轴心：肱骨外上髁。

运动：屈曲是前臂在矢状面向上运动。伸展是屈曲位返回的运动。

正常值：屈曲 145° ，伸展 0°（见图11-40）。

（3）腕关节 ROM 测量方法

①掌屈与背屈

体位：坐位或立位，肘关节90° 屈曲位，前臂中立位，腕关节伸直。

固定臂：桡骨纵轴。

移动臂：第2掌骨纵轴。

轴心：腕关节。

运动:掌屈是手掌向前臂屈侧的运动。背屈是手掌向前臂背侧的运动。

正常值:掌屈 60° ,背屈 60°(见图11-41)。

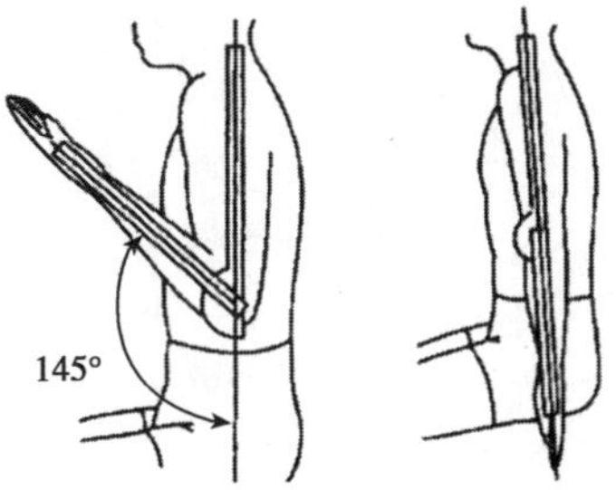

图11-40　屈曲与伸展(肘关节)

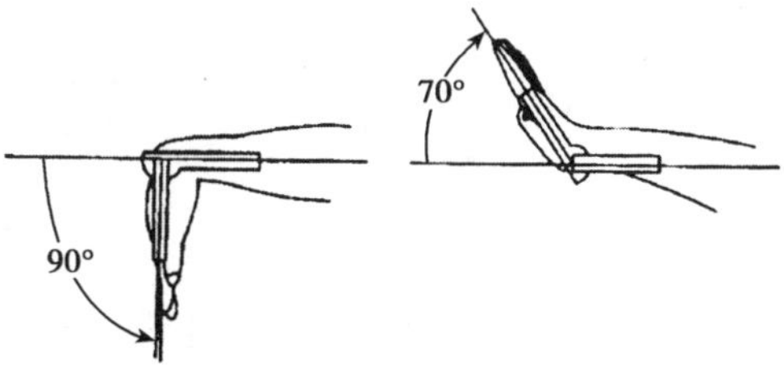

图11-41　掌屈与背屈(腕关节)

②桡屈与尺屈

体位:坐位或立位,肘关节屈曲 90° ,前臂旋前,腕关节伸直。

固定臂:前臂轴线。

移动臂:第3掌骨。

轴心:腕关节。

运动:桡屈,手向靠近桡骨方向运动。尺屈,手向靠近尺骨方向。

正常值:桡屈 20° ,尺屈 30°(见图11-42)。

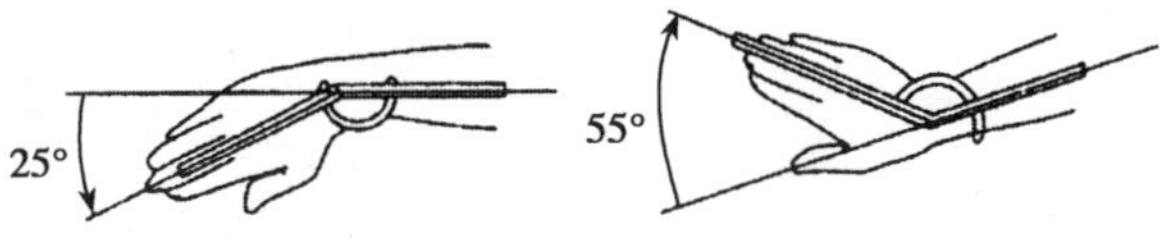

图11-42　桡屈与尺屈(腕关节)

(4)髋关节 ROM 测量方法

①屈曲与伸展

体位:仰卧位或侧卧位,骨盆固定,方法有膝关节屈曲和伸展两种,测定伸展时呈俯卧位。

固定臂:通过大转子的垂直轴线。

移动臂:股骨纵轴。

轴心:大转子。

运动:屈曲,下肢在矢状面上做向前上方的运动。伸展,下肢在矢状面上做向后方的运动。

正常值：膝伸展位屈曲90° ，膝屈曲位屈曲 125° ，俯卧位伸展 15°（见图11－43）。

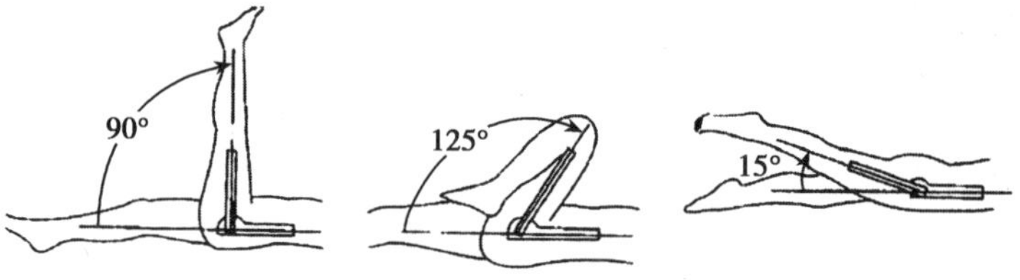

a.膝伸展位屈曲　b.膝屈曲位屈曲　c.俯卧位伸展

图11－43　屈曲与伸展（髋关节）

②外展与内收

体位：仰卧位（解剖位），骨盆固定。

固定臂：左右髂前上棘连线。

移动臂：股骨纵轴（髂前上棘与髌骨中心连线）。

轴心：髂前上棘。

运动：外展，下肢在冠状面上做向外的运动。内收，下肢在冠状面上做向内的运动。

正常值：外展 45° ，内收 20°（见图11－44）。

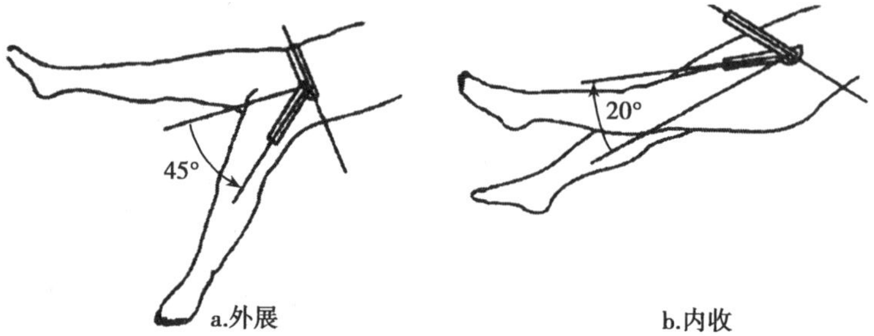

a.外展　b.内收

图11－44　外展与内收（髋关节）

③外旋与内旋

体位：仰卧位或俯卧位，膝关节呈 90° 屈曲位。仰卧位时，被测定下肢在床边自然下垂，另一侧下肢在床上呈膝立位。

固定臂：通过髌骨中心的垂直轴线。

移动臂：胫骨纵轴。

轴心：髌骨中心。

运动:外旋,小腿向另一侧下肢的方向运动。内旋,小腿向外侧方向运动。

正常值:外旋 45°，内旋 45°（见图11-45)。

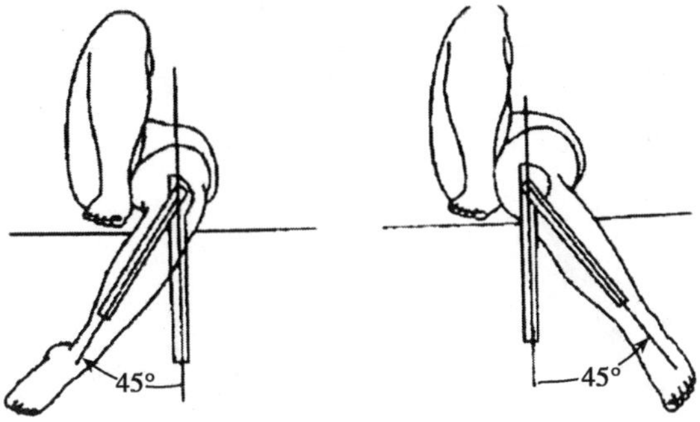

图11-45　外旋与内旋(髋关节)

(5)膝关节 ROM 测量方法

屈曲与伸展

体位:俯卧位,下肢伸展。

固定臂:股骨纵轴。

移动臂:腓骨小头与外踝连线。

轴心:股骨外侧髁。

运动:屈曲,小腿做向靠近臀部方向的运动。伸展,从屈曲位返回的运动。

正常值:屈曲 130°，伸 0°（过伸 10°）(见图11-46)。

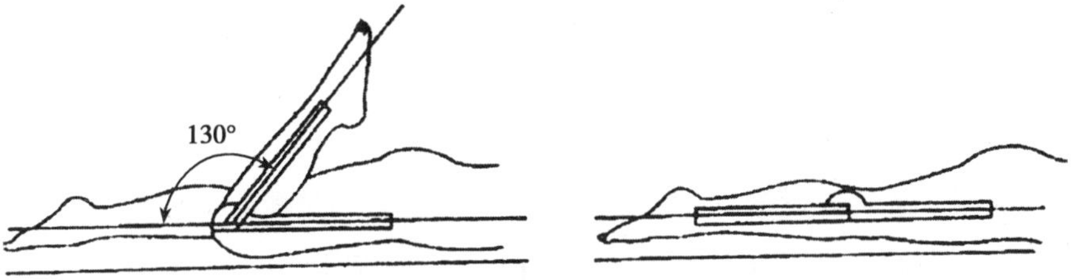

图11-46　屈曲与伸展(膝关节)

(6)踝关节 ROM 测量方法

背屈与跖屈

体位:坐位、俯卧位、仰卧位,使膝关节屈曲,踝关节中立位(防止踝关节的内、外旋)。

固定臂:小腿纵轴(腓骨小头与外踝的连线)。

移动臂:第5跖骨纵轴。

轴心:第5跖骨与小腿纵轴延线在足底的交点。

运动:背屈,足从中立位向上方运动。跖屈,足向下方的运动。

正常值:背屈 20° ,跖屈 45°(见图11-47)。

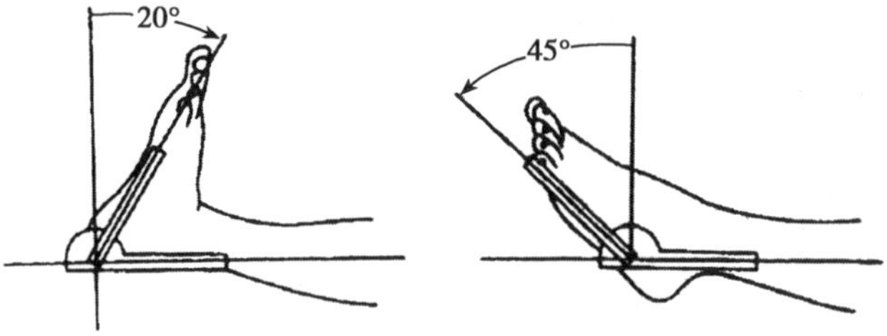

图11-47 背屈与跖屈(踝关节)

(三)鉴定要点

1.四肢大关节功能障碍要根据损伤的病理基础、伤后临床治疗和专科检查结果综合分析认定。涉及四肢骨折内固定造成功能障碍的,考虑到内固定对关节功能运动有一定影响,不能如实反映关节功能损伤的程度,建议在内固定拆除后再行功能评定。

2.关节强直要与关节挛缩和关节僵硬加以鉴别。关节挛缩指的是关节外软组织瘢痕造成的关节功能障碍;而关节强直指的是关节内纤维渗出粘连和骨性融合造成的关节功能障碍;关节僵硬指的是关节由于长期固定,静脉血和淋巴液回流不畅,关节内外组织纤维粘连所导致的关节活动僵硬、活动障碍。

3.由于关节功能测量和肌力检查的主观性,应两名或以上检验人员在场且分别测量,保证测量数据的正确和公正。关节功能测量检查肌力时应与健侧比较或者左右对比,阻力测试不能应用于2个关节以上。大关节功能丧失程度的计算方法可按照附录C.6的规定。

附录C.6第二项中规定:当关节活动受限于某一方位时,其同一轴位的另一方位功能丧失值以100%计。如腕关节掌屈和背屈轴位上的活动限制在掌屈10° ~40° ,则背屈功能丧失值以100%计,而掌屈以40° 计,查表得功能丧失值为30%，背屈功能以100%计，则腕关节功能丧失程度为65%。

但笔者认为，腕关节掌屈10°～4°度和掌屈20°～40°，虽然活动度不同，但是丧失的功能按照上述规定是相同的，这似乎不太合理，因为附录C.6.3~表C.4中腕关节掌屈和背屈的活动度测量是建立在腕关节伸直在0°位基础上。腕关节掌屈10°～40°时，虽然背屈丧失100%，但是掌屈却不能以40°计，而应该减去10°，以30°计；同样，腕关节掌屈20°～40°时，掌屈应减去20°，以20°计。其他各个关节类似情况可进行参照。

三、手功能评定

手功能主要由肢体(指)的完整情况、运动功能和感觉功能所组成。手功能障碍可由于手部软组织(皮肤瘢痕、肌腱、神经损伤)、手部骨折、手关节损伤等原因造成。其损伤可根据外伤史、临床表现、影像学检查和肌电图检查认定；手功能障碍程度必须通过损伤的病理基础、专科检查结果综合分析予以判定。

《标准》对手功能失能计算方法没有进行说明，虽然对各手指在一手功能中的占比予以赋值，未对各指关节赋值。计算运动功能障碍时，需要将单一手指的各关节失能程度综合换算为该手指的失能程度。

换算方式采用国内外认可的AB复合计算公式：A+［B×（100−A）］/100。该公式是Swanson在美国医学会（AMA）“四肢和腰背持续性损伤评判”的基础上，结合Boyes的直线测量法提出的A与B的复合值；其中A和B两项失能值的分母均为100，经复合计算不超过100%，即AB复合值≤100%。《标准》中规定了感觉功能占一手功能的50%，运动功能占一手功能的100%；一手不同功能障碍可利用AB复合公式进行复合，而不是简单地去相加，且复合公式可重复多次使用。计算失能值时，应以单个手指的失能为计算单位，将该手指的缺失、感觉、运动失能率，按AB复合公式逐一复合，再乘以该手指的功能系数得到的数值为手功能的失能值。但对于采用功能系数划分的百分比数值，计算时应予以相加，而不能使用复合公式。如一手中指存在感觉和运动功能障碍，应先计算出各自所占的失能率，然后逐一复合；而一手无名指、小指功能各丧失2%，一手功能丧失应该是2%+2%=4%，则不能使用AB复合公式。

本章节对手功能的评定从缺失、运动功能、感觉功能三方面进行阐述。

(一)手部缺失的功能评定

《标准》附录C.7对各指节、掌骨的功能权值进行了赋值。一手拇指占一手功能的36%,其中末节和近节指节各占18%;食指、中指各占一手功能的18%,其中末节指节占8%,中节指节占7%,近节指节占3%;无名指和小指各占一手功能的9%,其中末节指节占4%,中节指节占3%,近节指节占2%。一手掌占一手功能的10%,其中第一掌骨占4%,第二、第三掌骨各占2%,第四、第五掌骨各占1%。

手部损伤后导致完整指节缺失(在关节处),其功能的确定依据各指节所占一手功能的比例进行确定即可,然后比照相应的条款鉴定其损伤程度。但某一指节部分缺失时,首先要确定指节缺失的长度,再比照健侧同名手指的长度,算出该部分指节缺失丧失的功能。多个指节缺失,可逐一算出每个指节占一手功能的比例,然后将其相加。

指节部分缺失功能=该指节缺失长度/健侧同名指节正常长度×该指节所占一手功能的比例。

指节缺失的长度及健侧同名指节的长度,可依据 X线片进行测量。拍片时注意双手拍摄条件要一致。

掌骨部分缺失功能的确定与指节类同。

(二)手部感觉功能障碍的评定

手部感觉功能包含手背部感觉功能及手掌部感觉功能,由于手背部感觉缺失多为局限的,且对手的整体功能影响相对较小,因此在确定手感觉功能时以手掌部的感觉功能为主,而手背部的感觉功能可以忽略不计。一般认为手掌部感觉功能占整个手功能的50%;也就是说,当一手掌侧所有区域感觉丧失时,相当于该手感觉功能丧失100%,而该手功能相当于丧失了50%。

手感觉神经受损性质不同,治疗恢复状况不同,遗留感觉障碍程度也不同。感觉功能的检查适用感觉检查分级(见表11-1)和两点辨别试验标准(见表11-2),二者是依据国际手外科联合会的两种不同评定方法,且相互对应(见表11-3)。

表11-1　感觉检查分级

分级	感觉
S1	无感觉
S2	在单一神经支配区有深部组织痛觉
S3	在单一神经支配区有浅表痛觉和触觉
S4	在单一神经支配区有浅表痛觉和触觉,同时过敏反应消失
S5	在单一神经支配区,两点辨别实验恢复正常

表11-2　两点感觉辨别实验结果评定标准

分区	1	2	3	4	5	6
极差	>10	>10	>10	>20	>20	>20
减退	6~10	7~10	8~10	9~20	10~20	11~20
正常	5	6	7	8	9	10

注:分区1.指端→远侧指间关节;2.远侧指间关节→近侧指间关节;3.近侧指间关节→指蹼;4.指蹼→远掌横纹;5.远掌横纹→掌中心;6.掌中心→腕。

表11-3　两种感觉检查结果的对应关系

感觉分级检查	S1	S2	S3	S4	S5
两点辨别实验		极差	减退		正常

同时按照感觉功能对手的影响程度将手划分为12个区,计算出各级感觉障碍对各区失能的百分比(见表11-4)。

表11-4　手部感觉障碍对各部位失能影响

单位:%

分区加权分级	1	2	3	4	5	6	7	8	9	10	11	12
S1	7.2	10.8	5.4	3.6	5.4	3.6	2.7	1.8	1.8	2.7	3	2
S2	5.76	8.64	4.32	2.88	4.32	2.88	2.16	1.44	1.44	2.16	2.4	1.6
S3	4.32	6.48	3.24	2.16	3.24	2.16	1.62	1.08	1.08	1.62	1.8	1.2
S4	1.44	2.16	1.08	0.72	1.08	0.72	0.54	0.36	0.36	0.54	0.6	0.4
S5	0	0	0	0	0	0	0	0	0	0	0	0

注:1.拇指桡侧;2.拇指尺侧;3.食指桡侧;4.食指尺侧;5.中指桡侧;6.中指尺侧;7.环指桡侧;8环指尺侧;9.小指桡侧;10.小指尺侧;11.手掌;12.手背。

鉴定要点：

1.手的感觉功能障碍是指永久性的感觉障碍；在确定损伤引起手感觉功能障碍时，要将查体与神经电生理检查相结合，二者吻合一致才能确定。

2.单个指节感觉功能障碍，先测量得出分级，然后通过查表得出该指节所在手指感觉功能丧失的百分比权值，再乘以该指节在手指所占比例即得出该指节感觉功能丧失的百分比权值。多个指节感觉功能障碍，先算出各个损伤指节所占百分比权值，然后将其相加。指节感觉功能障碍同时伴有部分指节缺失，先算出残存指节功能障碍所占百分比权值，再加上手缺失失能占一手功能的百分比即可。

（三）手部运动功能障碍的评定

手运动功能由拇指、第2～5指、掌、腕的功能协调组成。为准确估算手功能丧失程度，按重要程度划分到手的各部位：拇指占36%，食指、中指各占18%，无名指、小指各占9%，掌腕部10%。

1.第2～5指运动功能障碍的评定

第2～5指运动功能障碍包括掌指关节（MP）、近侧指间关节（PIP）、远侧指间关节（DIP）的背伸失能（IE）、屈曲失能（IF）和关节强直（IA）（见表11-5）。

表11-5　第2~5指关节障碍所致手指失能

单位：%

关节失能		+30	+20	+10	0	10	20	30	40	50	60	70	80	90	100
MP	IE		0	3	5	7	10	12	27	41	56	71	85	100	
	IF		60	54	49	44	38	33	27	22	17	11	6	0	
	IA		60	57	54	51	48	45	54	63	73	82	91	100	
PIP	IE	0	0	0	0	3	7	11	14	25	36	47	58	69	80
	IF	80	73	66	60	54	48	42	36	30	24	18	12	6	0
	IA	80	73	66	60	57	55	53	50	55	60	65	70	75	80
DIP	IE	0	0	0	0	2	4	12	20	29	37	45			
	IF	45	42	39	36	31	26	21	15	10	5	0			
	IA	45	42	39	36	33	30	33	35	39	42	45			

注：+号数值代表过伸度数。

单个关节功能障碍，测量出关节的屈伸范围，代入表中即得出该关节的运动失能程度，乘以该指占一手功能的权值即得出该指的运动失能占一手功能的百分比。一个手指两个关节功能障碍，分别计算出各关节运动失能程度，通过AB复合计算公式求出该指的运动失能程度，再乘以该指占一手功能的权值，乘积即为该指的运动失能占一手功能的百分比。

例如，一手食指掌指关节活动正常，近侧指间关节活动范围0°～60°，远侧指间关节活动范围+10°～50°。代入表格查得：近侧指间关节IE=0，IF=24，IA=IE+IF=24；远侧指间关节IE=0，IF=10，IA=IE+IF=10；利用AB复合公式进行复合得出为31.6%，即为食指失能程度；再乘以食指占一手功能的比例，31.6%×18%≈5.7%，这就是该食指功能障碍占一手功能的百分比。

2.拇指运动功能障碍的评定

拇指的运动功能包括：掌指关节及指间关节的屈伸、内收外展以及对掌功能。上述三组运动功能分别占拇指功能的20%、20%、60%。

（1）拇指内收外展失能评定

拇指收展失能程度用拇指全长（T）与实际内收外展距离的比值表达。使拇指掌指关节和指间关节处于零度伸直位，第1掌骨基底桡背侧（以下简称A点）至拇指指尖的距离即为T（见图11-48）。四指处于伸直位，使拇指在手掌平面上运动，尽量内收或外展，然后经拇指指尖做一条与手长轴平行的直线，测量该直线与A点之间的垂直距离，内收时该距离称Ad，外展时该距离称Ab（见图11-49），当拇指指尖处于A点桡侧时，Ad或Ab为负值，拇指指尖处于A点尺侧时，Ad或Ab为正值。Ad与T的比值、Ab与T的比值分别对应拇指内收、外展运动失能的程度。临床医学根据Ad与T的比值、Ab与T的比值分别对应拇指内收、外展运动失能的程度，赋予拇指内收外展的运动失能百分比（见表11-6）。

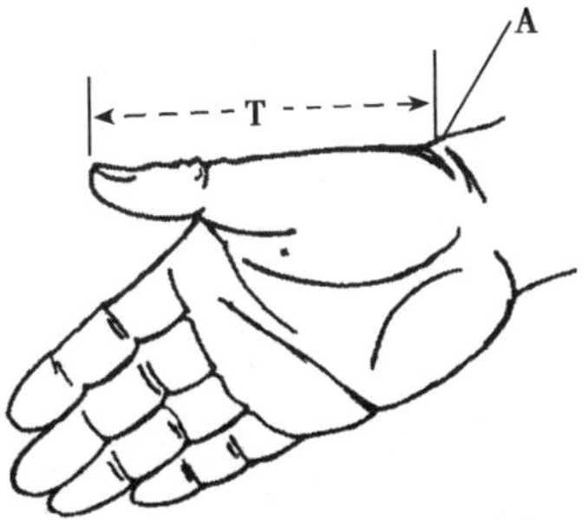

图11-48　拇指全长测量方法

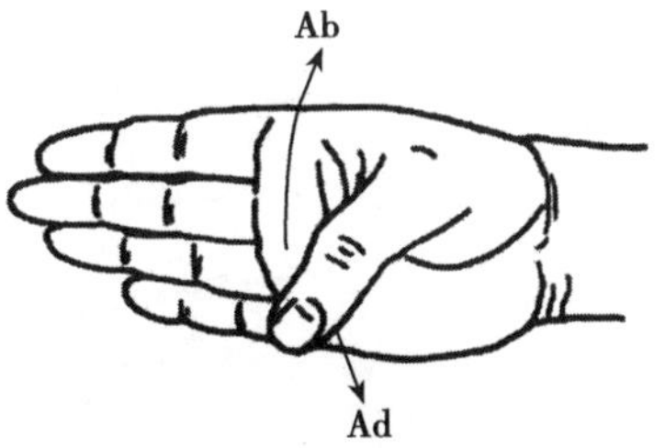

图11-49　拇指内收外展距离测量方法

表11-6　拇收展功能失能评定标准

单位：%

Ad或Ab	强直	拇指尺侧内收（Ad）	拇指桡侧外展（Ab）
-0.40T	90	90	0
-0.20T	85	85	0
0T	80	80	0
0.10T	50	30	20
0.20T	60	20	40
0.30T	70	10	60
0.40T	80	0	80
0.50T	90	0	90

（2）拇指对掌失能评定

拇指对掌失能程度用T与实际对掌运动距离的比值表达。使手掌及四指在冠状面处于伸直位，拇指尽量离掌心展开并与食指同处于一个矢状面内，测量拇指掌侧指间横纹中点（以下简称E点）至中指掌指关节掌侧横纹中点（以下简称F点）之间的连线距离，称为Mo，拇指向掌心做对掌运动，并尽量使E点向F点靠近，测量E点、F点之间的连线距离，称为mo（见图11-50）。Mo与T的比值、mo与T的比值对应拇指对掌运动失能的程度。临床医学根据Mo与T的比值、mo与T的比值对应拇指对掌运动失能的程度，赋予拇指对掌的运动失能百分比（见表11-7）。

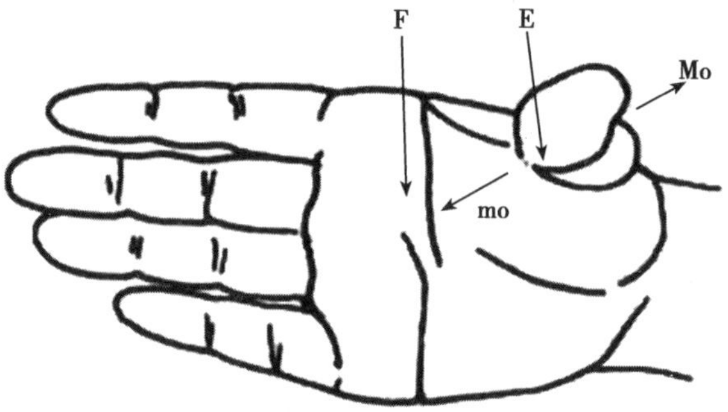

图11-50　拇指对掌活动测量方法

表11-7　拇指对掌功能失能评定标准

单位：%

Mo或mo	强直	向掌心移动(mo)	离掌心移动(Mo)
0.10T	100	0	100
0.20T	90	0	90
0.30T	70	10	60
0.40T	60	50	10
0.50T	50	50	0
0.60T	70	70	0
0.70T	90	90	0

(3)拇指掌指关节及指间关节的屈伸失能评定

拇指掌指关节及指间关节的屈伸失能包括背伸失能(IE)、屈曲失能(IF)或关节强直(IA)(见表11-8)。其失能程度参照第2～5指功能障碍的计算方法。

表11-8　拇指屈伸功能障碍所致的拇指功能损害

单位：%

关节失能		+40	+30	+20	+10	0	10	20	30	40	50	60	70	80
MP	IF	14	12	11	9	8	8	7	5	3	2	0		
	IE	0	0	0	0	0	0	0	3	7	10	14		
	IA	14	12	11	9	8	8	7	8	10	12	14		
IP	IF		14	11	9	7	6	5	4	3	3	2	1	0
	IE		0	0	1	1	1	2	4	6	8	10	12	14
	IA		14	11	10	8	7	7	8	9	11	12	13	14

例如，一手拇指掌指关节活动范围+20°～40°，指间关节强直位30°；拇指内收外展功能及对掌功能测量得：T=13，Ab=−8.0，Ad=2.5，Mo= 8.0，mo=4.1。先算出拇指屈曲失能：掌指关节IA=IE+IF=0+3=3，指间关节

IA=IE+IF=8，代入复合公式得出拇指屈曲失能为10.76%。拇指内收外展失能：Ab/T=−8.0/13=−0.62，Ab =−0.62T；Ad/T=2.5/13=0.19，Ad=0.19T；查表Ab对应数值为0，Ad对应数值为20，相加后为20，所以拇指内收外展失能为20%。拇指对掌失能：Mo/T=8.0/13=0.62，Mo=0.62T；mo/T=4.1/13=0.31，mo =0.31T；查表Mo对应数值为0，mo对应数值为10，相加后为10，故拇指对掌失能为10%。

然后将三功能失能数值分别乘以各占拇指功能的权值：10.76%+20%×20%+10%×60%=12.1%，相加后再乘以拇指所占一手比例：20.76%×36%=7.47%，即为该拇指活动障碍占一手功能的百分比。

3.鉴定要点

手的运动功能障碍主要依据损伤的病理基础（包括神经、肌腱、骨损伤的关系）、临床资料以及影像学和肌电图等专科检查结果进行认定。

手运动功能障碍检查包括腕与手指的主、被动活动范围以及肌力等情况。肌瘫时，手无主动功能或者很差，但被动功能会显示正常，所以上述手功能的测量计算均建立在被鉴定人的手主动功能的基础上。

在实际工作中，有些鉴定人员会利用伤侧关节活动度与健侧的比例值计算手运动功能的丧失程度。即手指关节屈曲功能丧失程度=（健侧正常屈曲度数−伤侧屈曲度数）/健侧正常屈曲度数，然后将手指关节屈曲功能丧失程度乘以该手指所占一手的比例。但该方法受个体差异、关节强直、双侧均受伤等因素干扰，影响数值的准确性。

案例11−3　尺桡骨骨折后手功能障碍的法医学鉴定

伤者王某与人发生纠纷后被致伤左手。X片示左尺桡骨远端骨折（见图11−51）。伤后6个月法医检验：左手拇指活动可，余四指关节稍僵硬，左手拇指能与食指对指，与其余三指不能对指，左手2~5指屈曲功能障碍。鉴定时，鉴定人认为伤者王某左手功能障碍与其左尺桡骨远端骨折的损伤机制不符。经调查访问和审阅病历资料，发现伤者王某在骨折后腕部一直石膏固定，且由于畏痛，左手手指也不常运动。最后鉴定人对伤者左尺桡骨远端骨折进行了损伤程度评定；而左手功能障碍因属于废用性功能障碍，损伤程度不进行评定，只说明因果关系。

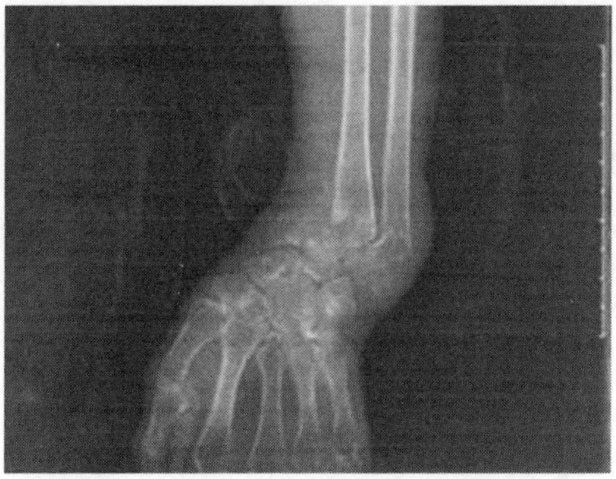

图11-51　左尺桡骨远端骨折

(四)手功能复合障碍的失能评定

手损伤造成的功能障碍，常常同时存在缺失、感觉功能障碍、运动功能障碍等方面问题。

一手指感觉、运动均有障碍：首先计算出该指感觉失能占该指功能的百分比，再计算出该指运动失能占该指功能的百分比；二者通过AB复合公式计算，所得值乘以该指占一手功能的权值，乘积即为该指全部失能占一手功能的百分比。

一手指部分缺失伴残存部位运动障碍：第一步先计算手指缺失失能占一手功能的权值。第二步用该手指占一手功能的权值减去缺失失能所占的权值，所得差值为该指残存部位占一手功能的权值；然后计算残存部位各关节总的运动障碍程度，乘以残存部位占一手功能权值，乘积为该指残存部位运动障碍失能占一手功能的百分比。再将第一步和第二步得出的数值相加，和值即为该指全部失能占一手功能的百分比。

一手指部分缺失伴残存部位感觉障碍：可参照一手指部分缺失伴残存部位运动障碍的方法计算。

多手指功能障碍，应按照上述标准逐个计算每一手指占一手功能的失能百分比，然后在将其相加，即为一手失能数值。

例如，左中指远节部分缺失，左中指残存远节长度（远侧指间关节至残余中指末端）为1.4cm；右中指远节长度（远侧指间关节至中指末端）为2.6cm。左中指远侧指间关节主动运动活动度：伸0°，屈60°。右中指远侧指间关节主动运动活动度：伸0°，屈70°。被动运动活动度与主动运动活动度均一致。

〈br〉先计算左中指缺失功能：（2.6−1.4/2.6）×8%=3.7%；然后得出残存部分的功能值：18%−3.7%=14.3%。左中指远侧指间关节活动度代入表中得出：IE=0，IF=5%，IA=5%；活动度丧失14.3%×5%=0.7%。二者相加即是左中指功能失能数值：3.7%+0.7%=4.4%。

（陈晓锋）

参考文献

1.陈孝平、汪健平：《外科学》，人民卫生出版社2013年版。

2.白人驹、徐克：《医学影像学》，人民卫生出版社2013年版。

3.刘技辉：《法医临床学》，人民卫生出版社2016年版。

4.公安部刑事侦查局：《人体损伤程度鉴定标准释义》，中国人民公安大学出版社2013年版。

5.司法部司法鉴定管理局：《人体损伤程度鉴定标准适用指南》，法律出版社2013年版。

6.李贵存、赵林、侍德：《手功能评定标准专题讨论会纪要》，载《中华外科杂志》1990年第28期。

7.李贵存、赵林、侍德：《手功能评定标准专题讨论会纪要（续）》，载《中华外科杂志》1990年第9期。

8.赵书强、王澍寰：《手功能评定标准的改进》，载《中华外科杂志》1994年第2期。

9.王澍寰：《手外科学》，人民卫生出版社2011年版。

第十二章　体表损伤

第一节　概　述

人体体表损伤是指人体体表所遭受的创伤，在损伤类型中最为常见。广义的体表损伤是包括头、面、颈在内的全身皮肤表面的损伤，但本章节所叙述的体表损伤是特指四肢及躯干部位的损伤，因为头、面、颈部的损伤都有对应的分则条款，故不包括在内。如果有涉及多部位的体表损伤程度鉴定时，可以结合运用分则条款及附则条款对损伤进行综合评定；如分则条款达到轻伤以上损伤程度，则不需要引用附则条款6.17；若多个分则条款均没有达到轻伤的程度，而运用附则条款6.17可以将体表的损伤评定为轻伤，那么在损伤程度鉴定时则必须运用附则条款6.17。

在人体损伤程度鉴定中，涉及体表的损伤主要类型有挫伤、创口（瘢痕）、撕脱伤、皮肤缺损等。如果单纯从上述损伤本身来看，体表损伤一般所致的后果与其他损伤相比显得较轻，所以在体表损伤的损伤程度分级中就没有重伤一级的划分，这也与《标准》附录A中轻重伤的定义相符。但在体表损伤（如挫伤）达到一定程度（如面积足够大）后，由于软组织的损伤可以导致创伤性休克、疼痛性休克，甚至皮下脂肪的损伤也可以导致脂肪栓塞的可能，故体表损伤也有可能导致严重的后果。

当然，如体表的挫伤导致休克、脂肪栓塞等损伤后果，在损伤程度鉴定时应按照其他相应条款来评定。

第二节　体表擦挫伤的损伤程度鉴定

一、鉴定条款

条款	内容	损伤程度
5.11.1a	挫伤面积累计达体表面积30%	重伤二级
5.11.2a	挫伤面积累计达体表面积10%	轻伤一级
5.11.3a	挫伤面积达体表面积6%	轻伤二级
5.11.4a	擦伤面积$20.0cm^2$以上或者挫伤面积$15.0cm^2$以上	轻微伤

二、结构与术语

（一）挫伤

挫伤是指由钝器作用造成的以皮内和（或）皮下组织出血为主要改变的闭合性损伤。

（二）擦伤

擦伤又称表皮剥脱，是指钝性致伤物与体表摩擦挤压造成的以表皮剥脱为主要改变的损伤。其主要类型有：抓痕、擦痕、撞痕、压擦痕等。

三、检查与诊断

法医工作者一般仅凭肉眼即可完成对擦伤、挫伤等的诊断。

四、鉴定要点

1.由于体表挫伤和擦伤容易愈合，为了准确的计算其损伤面积，应当在伤后及时对体表挫伤、擦伤进行检查，并作照相记录。病史资料未作记录的损伤，应当根据损伤检查结果，结合调查情况酌定。

2.在分析说明中，要体现出挫伤的诊断。由于在轻微伤条款中涉及擦伤，所以要注意擦伤与挫伤的鉴别。挫伤的范围以肉眼可见的皮下出血区或明显肿胀区为界线，主观感觉疼痛或软组织压痛范围不得计为挫伤面积。擦伤局部伴挫裂创或者皮肤缺损的，可以累计为擦伤，也可以按挫裂创创口长度或皮肤缺损面积确定损伤程度，以达到《标准》规定较高的等级作为最终结论。擦伤早期一时难以判断是否伴有创或皮肤缺损的，应当根据擦伤愈合后是否形成瘢痕确定损伤程度。

3.损伤面积计算。体表损伤常以不规则的损伤形态出现，如何精确的测算体表损伤面积是这类损伤的鉴定要点及难点。体表面积的计算方法：九分估算法、手掌法、公式计算法。

（1）九分估算法：成人体表面积视为100%，将总体表面积划分为11个9%等面积区域，即头（面）颈部占一个9%，双上肢占两个9%，躯干前后及会阴部占三个9%，臀部及双下肢占五个9%+1%（见表12-1）。

表12-1　体表面积的九分估算法

单位：%

部位	面积	按九分法面积
头	6	（1×9）=9
颈	3	
前躯	13	（3×9）=27
后躯	13	
会阴	1	
双上臂	7	（2×9）=18
双前臂	6	
双手	5	
臀	5	（5×9+1）=46
双大腿	21	
双小腿	13	
双足	7	
全身合计	100	（11×9+1）=100

注：12（周）岁以下儿童体表面积：头颈部=9+（12-年龄），双下肢=46-（12-年龄）。

（2）手掌法：受检者五指并拢，一掌面相当其自身体表面积的1%。

（3）随着计算机技术的发展，在我们的法医学实践中，有人利用计算机软件图像处理功能，摸索出测量人体体表损伤面积的方法。利用计算机图形处理软件测量不规则损伤面积结果较为准确，目前广泛应用的软件有Photoshop、AutoCAD等。在运用计算机对损伤面积进行计算时，需要计算出全身体表面积以确定损伤所占的百分比，其计算公式为S（平方米）=0.0061×身长（cm）+0.0128×体重（kg）-0.1529。

4.面积计算时，为了保证计算结果的客观性，可让不同的鉴定人分别计算后采取平均值，以减少测量误差。在鉴定文书中，要记载体表面积的计算方法。在鉴定文书中，损伤面积要尽量准确，不宜采用“达到多少以上”“未达到多少”来表达。

5.在一些损伤案例中，其体表挫伤呈散在性分布，肉眼可见皮肤损伤之间夹杂有小范围的空白区。若此时只对损伤面积进行计算，一是面积的准确性难以保证；二是难以准确地反映损伤程度。此时要根据挫伤的特点分析，虽皮肤损伤之间夹杂有小范围的空白区，但皮下软组织的出血可达融合状态，故此时体表面积计算可依据损伤的边界范围进行测量。当然，在损伤空白区较大时则不适宜运用上述方法。

案例12-1　南京后母虐童案

2013年6月，被告人李某某与其丈夫施某通过安徽省来安县民政局办理了收养施某某的手续，并将其带回南京市抚养。2015年3月31日晚，在其家中，李某某认为施某某考试作弊、未完成课外阅读作业且说谎，先后使用抓痒耙、跳绳对施某某进行抽打，造成施某某体表分布范围较广泛的挫伤（见图12-1）[1]。经南京市公安局物证鉴定所鉴定，施某某躯干、四肢等部位挫伤面积为体表面积的10%，其所受损伤已构成轻伤一级。（本案例来自网络）

第三节　体表创口（瘢痕）的损伤程度鉴定

一、鉴定条款

条款	内容	损伤程度
5.11.1b	创口或者瘢痕长度累计200.0cm以上	重伤二级
5.11.2b	创口或者瘢痕长度累计40.0cm以上	轻伤一级
5.11.3b	单个创口或者瘢痕长度10.0cm以上；多个创口或者瘢痕长度累计15.0cm以上	轻伤二级
5.11.4b	一处创口或者瘢痕长度1.0cm以上；两处以上创口或者瘢痕长度累计1.5cm以上	轻微伤

〔1〕 参见本书附录部分，第442页。

二、结构与术语

（一）创

创是指机械性暴力作用于人体造成皮肤全层组织结构连续性完整性破坏的开放性损伤。创的类型一般分为：钝器创、锐器创、火器创。

（二）瘢痕

瘢痕组织是创伤愈合的一种结局，是机体对致伤因子侵袭的一种防御反应，在创伤的修复中起到重要作用。

三、检查与诊断

法医工作者一般仅凭肉眼即可完成对创、瘢痕的诊断。深达真皮层下的创，一般会形成瘢痕，未达全层的损伤，不能定义为创，也不易形成瘢痕。

四、鉴定要点

1.由于在《标准》5.9.3m“肢体皮肤创口或者瘢痕长度累计45.0cm以上”、5.9.4l“肢体皮肤一处创口或者瘢痕长度10.0cm以上；两处以上创口或者瘢痕长度累计15.0cm以上”与本章节的相应条款文意上有冲突，为了合理的解释及适用条款，建议：所有创口或瘢痕仅位于四肢和躯干的，依据“5.9.3m”“5.9.4l”评定。肢体有创口或瘢痕，头、面、颈、会阴任意部位也有创口或瘢痕时，依据“5.11.2b”“5.11.3b”评定。

2.因临床治疗进行扩创的，由于临床扩创的必要性难以把握，在实际发生的案件中，曾出现过手术医生参与损伤造作的情况。为了避免这种情况发生，有些地方的公检法联席会议明确规定了临床扩创创口不计入创口长度的计算。但公安部《人体损伤程度鉴定标准释义》及司法部《人体损伤程度鉴定标准适用指南》都明确提出“因临床治疗需要进行扩创的，以扩创后创口或瘢痕长度确定损伤程度”。笔者认为，为了避免造作伤对鉴定意见的影响，可在损伤程度鉴定时对扩创的必要性进行分析论证，若确实需要临床扩创的（如组织毁损、深部异物存留等），扩创后的创口应该计入创口长度。

确实需要临床扩创的创口，扩创创口的长度如何计入总长度也是一个容易争议的问题。有人主张，因扩创是在原创口的基础上做延长，应该按单条创口计算总长度；另有人主张，扩创的医学基础是不同时间段形成的损伤，应该按多条创口计算总长度。笔者认为，确有必要的临床扩创已将非侵害人造成的损伤计入创口总长度，若再按单条创口计算长度，有“主观归罪”嫌疑，建议扩创后的创口按多条计算应该较为合理。

3.由于在身体某些特殊部位的瘢痕会受到体位的影响，故对特殊位置的瘢痕测量时需注意体位要求。(1)眼睑、口唇：自然闭合状态；(2)颈部：直立，双眼平视正前方；(3)双腋下：双手交叉掌心紧贴头顶；(4)虎口：拇指外展状态；(5)背部：自然直立体位，必要时可俯卧于体检床上，全身呈放松状态；(6)腹股沟：直立自然体位；(7)臀股沟：上身向前弯曲与双下肢呈90°，使臀股沟皱折自然展开；(8)肘、膝关节：功能位；(9)肘窝、腘窝：直立，上、下肢自然伸展体位。

4.测量创口或瘢痕长度，以厘米(cm)为计量单位，精确到小数点后1位。对弧形、弯曲、分支、交叉等不规则条状创口或瘢痕，应当分段测量再累加长度，或用无弹性细线准确比对创口或瘢痕，再测量线长以获得创口或瘢痕的实际长度。

第四节　体表其他损伤的损伤程度鉴定

一、鉴定条款

条款	内容	损伤程度
5.11.2c	撕脱伤面积100.0cm^{2}以上	轻伤一级
5.11.3c	撕脱伤面积50.0cm^{2}以上	轻伤二级
5.11.2d	皮肤缺损30.0cm^{2}以上	轻伤一级
5.11.3d	皮肤缺损6.0cm^{2}以上	轻伤二级
5.11.4b	刺创深达肌层	轻微伤
5.11.4c	咬伤致皮肤破损	轻微伤

二、结构与术语

（一）撕脱伤

因外力造成皮肤组织与肌肉深筋膜之间撕脱分离，形成囊腔样改变或皮肤破裂撕脱。

（二）皮肤破损

正常皮肤结构遭到破坏即构成皮肤破损，如咬伤致表皮剥脱、挫伤、创等。

三、检查与诊断

对于撕脱伤、皮肤缺损、刺创等，法医工作者一般仅凭肉眼即可对其进行诊断。

四、鉴定要点

1.撕脱伤的面积按游离软组织面积计算。对于潜行皮肤撕脱伤，检查时应在体表清晰标记出撕脱范围，并作照相记录。

2.对于长度的测量，为了保证测量结果的客观性，可让不同的鉴定人分别测量后采取平均值，以减少测量误差。

3.由于皮肤破损所对应的条款是轻微伤，所以对于皮肤破损的定义及界定就显得比较宽松，法医鉴定人员在鉴定时对皮肤破损的把握不应受字面意思的限制。如咬伤致表皮剥脱即构成皮肤破损。

4.机械性损伤导致的体表块状瘢痕，按实测瘢痕面积比照皮肤缺损相应条款确定损伤程度。

（宋　红）

参考文献

1.丛斌:《法医病理学》，人民卫生出版社2016年版。

2.刘技辉:《法医临床学》，人民卫生出版社2016年版。

3.闵建雄:《法医损伤学》，中国人民大学出版社2004年版。

第十三章　其他损伤

其他损伤是指本《标准》前述条文未列入的、综合性损伤或损伤引起的全身性、系统性并发症或后遗症。包括烧烫伤、电击伤、枪弹伤、溺水、休克、脑水肿、挤压综合征、脂肪栓塞综合征、呼吸功能障碍、异物存留、阴茎勃起功能障碍、假体或内固定装置损坏等。

第一节　烧烫伤

一、鉴定标准

条款	内容	损伤程度
5.12.1a	深Ⅱ°以上烧烫伤面积达体表面积70%或者Ⅲ°面积达30%	重伤一级
5.12.2a	Ⅱ°以上烧烫伤面积达体表面积30%或者Ⅲ°面积达10%；面积低于上述程度但合并吸入有毒气体中毒或者严重呼吸道烧烫伤	重伤二级
5.12.3a	Ⅱ°以上烧烫伤面积达体表面积20%或者Ⅲ°面积达5%	轻伤一级
5.12.4a	Ⅱ°以上烧烫伤面积达体表面积5%或者Ⅲ°面积达0.5%	轻伤二级
5.12.4b	呼吸道烧伤	轻伤二级
5.12.5b	面部Ⅰ°烧烫伤面积10.0c㎡以上；浅Ⅱ°烧烫伤	轻微伤
5.12.5c	颈部Ⅰ°烧烫伤面积15.0c㎡以上；浅Ⅱ°烧烫伤面积2.0c㎡以上	轻微伤
5.12.5d	体表Ⅰ°烧烫伤面积20.0c㎡以上；浅Ⅱ°烧烫伤面积4.0c㎡以上；深Ⅱ°烧烫伤	轻微伤

二、结构与术语

（一）烧烫伤

烧烫伤是由热力（火焰、热液体、热固体、热气体）、电击、放射线、化学物质等作用于人体造成的损伤（见图13-1[1]、图13-2[2]、图13-3[3]）。损伤的途径主要是身体接触、辐射和吸入，可伴有呼吸道烧烫伤或（和）有毒气体中毒。

（二）呼吸道烧伤

呼吸道烧伤是由于吸入火焰、干热空气、热蒸汽、有毒或刺激性烟雾、气体导致呼吸道损伤。

（三）有毒气体中毒

有毒气体中毒是指受伤环境中因热作用或挥发性化学物质产生的有毒、有害气体被人体吸入后造成的损伤。

三、检查与诊断

（一）烧烫伤的临床表现与分度（见表13-1）

表13-1　烧烫伤的临床表现与分度

程度	损伤组织		烧伤部位特点	愈后情况
Ⅰ度	表皮		皮肤红肿，有热、痛感，无水疱，干燥，局部温度稍有增高	不留瘢痕
Ⅱ度	浅Ⅱ度	真皮浅层	剧痛，表皮有大而薄的水疱，疱底有组织充血和明显水肿；组织坏死仅限于皮肢的真皮层，局部温度明显增高	不留瘢痕
	深Ⅱ度	真皮深层	痛，损伤已达真皮深层，水疱较小，表皮和真皮层大部分凝固和坏死。将已分离的表皮揭去，可见基底微湿，色泽苍白上有红出血点，局部温度较低	可留下瘢痕
Ⅲ度	全层皮肤或者皮下组织、肌肉、骨骼		不痛，皮肤全层坏死，干燥如皮革样，不起水疱，蜡白或者焦黄，炭化，知觉丧失，脂肪层的大静脉全部坏死，局部温度低，发凉	需自体皮肤移植，有瘢痕或者畸形

（二）呼吸道烧烫伤的临床表现与分度（见表13-2）

表13-2　呼吸道烧烫伤的临床表现与分度

程度	烧烫伤部位	临床表现
轻度	咽喉以上	口、鼻、喉粘膜发白或脱落，充血水肿，分泌物增多，有刺激性咳嗽，吞咽疼痛或困难，鼻毛烧焦

〔1〕 参见本书附录部分，第443页。

〔2〕 参见本书附录部分，第443页。

〔3〕 参见本书附录部分，第443页。

续表

程度	烧烫伤部位	临床表现
中度	支气管以上	出现声嘶和呼吸困难，早期痰液较稀薄（在火场烧伤的，多包含有黑色炭粒），肺部偶有哮鸣音或干啰音。气管切开可改善呼吸困难
重度	深及小支气管	呼吸困难发生早且严重，气管切开不能改善，肺水肿出现早，呼吸音减低并有干湿啰音

（三）电烧伤的临床特点

1.电弧烧伤同火焰烧伤。

2.电流烧伤的特点：入口处常炭化，形成裂口或洞穴；烧伤深达肌肉、骨骼，外小内大；没有明显的坏死层面；局部渗出重，可出现筋膜腔内水肿；进行性坏死，坏死范围可扩大数倍。

（四）常见化学烧伤的特点

1.酸烧伤：组织脱水，蛋白凝固，一般无水疱，迅速结痂，深部组织不受侵蚀。硫酸烧伤后痂呈深棕色，硝酸为黄棕色，盐酸为黄色。

2.碱烧伤：强碱可使组织细胞脱水并使脂肪皂化，碱离子还可与蛋白结合，形成可溶性蛋白，向深部组织穿透。创面呈粘滑或皂状焦痂，色潮红，有小水疱，创面较深；焦痂或坏死组织脱落后，创面凹陷，边缘不易愈合。

（五）有毒气体中毒的临床表现

1.有中毒症状：头晕、恶心、呕吐、昏迷等；

2.可以有皮肤粘膜溃烂表现；

3.可以有神经系统表现：神经衰弱、中毒性脑病等；

4.有呼吸系统炎症和声门水肿、化学性肺水肿：喷嚏、流涕、咽痛、咯痰、胸痛、气急、呼吸困难；

5.中毒程度重，可出现休克。

（六）烧烫伤的检查

1.实验室和影像学检查有助于酸碱烧伤及有毒气体中毒的诊断；

2.气管镜检查是诊断呼吸道烧烫伤最准确的方法。

（七）烧烫伤面积的测量与计算

1.体表面积计算方法：体表面积有三种计算方法，即九分估算法、手掌法、公式计算法。

（1）九分估算法（见表13-3）

表13-3　九分分度表

单位：%

部位	面积	九分法估算
头	6	1×9=9
颈	3	
前躯	13	3×9=27
后躯	13	
会阴	1	
双上臂	7	2×9=18
双前臂	6	
双手	5	
臀	5	5×9+1=46
双大腿	21	
双小腿	13	
双足	7	
全身合计	100	11×9+1=100

注：12岁以下儿童体表面积：头颈部=9+（12-年龄），双下肢=46-（12-年龄）。

（2）手掌法：五指并拢，手掌面积相当于身体表面积的1%。

（3）公式计算法：体表面积（平方米）=0.0061×身高（厘米）+0.0128×体重（千克）-0.1529。

2.烧烫伤面积测量方法：坐标纸法、微积分法、计算机法。

（1）坐标纸法：将透明坐标纸贴于损伤表面（同时拍照），描绘出损伤图形，再用坐标格计算面积。

（2）计算机法：运用photoshop的标尺功能，对损伤图形进行面积计算。

四、鉴定要点

1.准确认定烧烫伤程度。依据病历记录中的烧烫伤局部表现、愈合瘢痕、色素沉着、植皮情况，容易识别孤立的、深度表现典型的烧烫伤程度。对于广泛性、程度混杂的烧烫伤，法医学检验要及时，对原始损伤拍照固定。

2.准确测量烧烫伤面积。坐标纸法直观简便，计算机法相对准确。对于测量面积在临界值的，可以采用多人、多次、多种方法测量取平均值的办法。

3.《标准》5.12.1a、5.12.2a、5.12.3a、5.12.4a所列的两种情形分别鉴定，如两种情形均达不到规定数值，应当将程度重的烧烫伤面积计入程度轻的面积。

4.5.12.2a所指严重呼吸道烧烫伤须达到中度以上，即烧烫伤累及气管，出现呼吸困难。气管镜检查可见气管内有炭粒、粘膜水肿或溃疡、脱落。

5.局限性烧烫伤面积未达到本节鉴定标准，留有疤痕影响容貌和功能的，参照有关部位条文鉴定。

6.《标准》未列入低温损伤（冻伤）情形。因低温损伤与烧烫伤损伤机制类似，低温损伤可参照本节条文鉴定。（见表13-4）

表13-4　冻伤的分度（供参考）

程度	损伤组织	损伤局部表现	愈合情况
Ⅰ度	表皮	皮肤红肿、充血，自觉热、痒或疼痛	不留瘢痕
Ⅱ度	真皮层	红肿更显著，伴有水疱，疱内有血清样液，局部疼痛较剧，对针刺、冷热感觉消失	形成痂皮，脱痂后少有瘢痕
Ⅲ度	皮肤全层或累及皮下、肌肉、骨骼	开始复温后，水疱为血性，随后皮肤变褐、变黑，以致坏死，一般为干性坏死。程度严重的，可致整个肢体坏死	有瘢痕、功能障碍

第二节　枪弹创

一、鉴定标准

条款	内容	损伤程度
5.12.2b	枪弹创，创道长度累计180.0cm	重伤二级

二、结构与术语

1.枪弹创是由枪支发射的弹头或其他抛射物所致的人体创口。

2.创道是弹头或抛射物在人体运行造成组织损伤或缺损的通道。

枪弹作用于人体，可擦过、贯通、回旋、屈折或存留体内，形成不同形态的创道。

（1）贯通创道，弹头射入人体，穿越身体，又穿出体外形成的创道。

（2）盲管创道，弹头射入人体，在体内运行减缓并停止，形成有入口无出口的创道。

（3）屈折创道，弹头射入人体，在体内遇骨质等组织阻挡，改变方向，穿出人体或存留体内形成的创道。

（4）擦过创道，弹头擦过体表形成的非封闭创口。

三、检查与诊断

1.典型的枪弹射击人体，有射入口、射出口，合并多组织器官损伤，容易诊断。近距离射击，射入口侧周围或（和）衣服上有火药颗粒与烟晕，入口中心皮肤缺损，周围有擦拭轮、挫伤轮，射出口形态不规则。

2.X线检查是发现体内弹头和抛射物的最好方法，B超、CT、磁共振检查可以明确体内组织器官损伤情况。

3.手术探查和治疗也是确定创道的方法。

四、鉴定要点

1.创道的确定：（1）盲管创道位于射入口和弹头之间；（2）屈折创道要通过影像学检查或手术找到弹头在体内的转折点。

2.创道长度的测量方法：（1）擦过性创道，测量创口长度；（2）直线贯通创道，测量射入口和射出口之间的线段长度；（3）盲管创道和曲折创道，可以用B超或MRI等检查方法测量。

3.霰弹或抛射物造成的创道，累加计算。

4.创道长度不足180.0cm的，依据本《标准》附则6.5的规定鉴定损伤程度。

第三节　脑水肿、脑疝

一、鉴定标准

条款	内容	损伤程度
5.12.2c	各种损伤引起脑水肿（脑肿胀），脑疝形成	重伤二级

二、结构与术语

（一）脑水肿

脑水肿是指脑组织内水分增加，导致脑容积增大的病理现象，是脑组织对各种致病因素的反应。注意与脑脊液循环或吸收障碍所致的脑积水区别。本《标准》所指的脑水肿是由于机体受到物理性、化学性、生物性损伤所致。

（二）引发脑水肿的主要原因

1.颅脑损伤：压迫脑组织的凹陷性骨折、脑挫裂伤、颅内血肿、弥漫性轴索损伤、爆震伤（气浪冲击胸部使上腔静脉压力骤升，压力传入颅内，冲击脑组织）等均可引起脑水肿。

2.导致脑缺氧的损伤：颈部胸部损伤引起的窒息、呼吸困难；失血致长时间低血压、休克；一氧化碳中毒等，脑处于缺氧状态，脑内小血管麻痹扩张，血管通透性增加，产生脑细胞间质水肿，同时，钠泵运转失常，钠离子蓄积细胞内引发脑细胞水肿。

3.外源性或内源性中毒：砷、铅、铊、钡等金属中毒或其他生物性、化学性、物理性因素引起的全身性中毒，常并发弥漫性脑水肿。

4.脑的放射性损害，如微波、红外线、X射线、电磁损伤等。

（三）脑疝

脑疝脑水肿进一步发展，颅内高压产生。脑组织从高压区向低压区移位，导致脑组织、血管及脑神经等受压和移位，被挤入小脑幕裂孔、枕骨大孔、大脑镰下间隙等生理性或病理性间隙或孔道，出现严重临床症状，称为脑疝。分别称为小脑幕切迹疝、枕骨大孔疝（小脑扁桃体疝）、大脑镰下疝（扣带回疝）（见图13-4）。

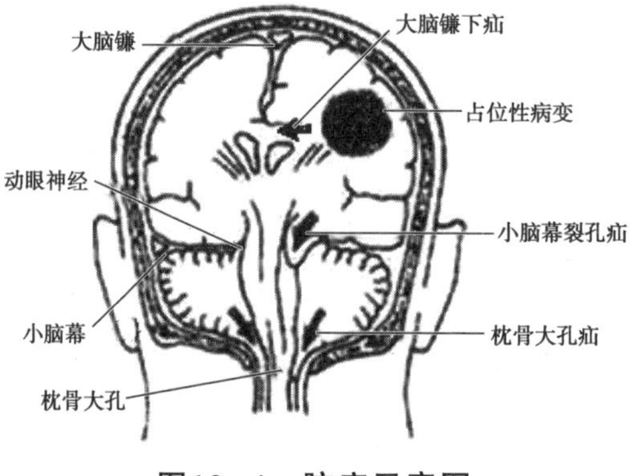

图13-4　脑疝示意图

三、检查与诊断

（一）临床表现

头痛，局灶性脑水肿可有相应部位脑损伤体征；迅速出现颅内压增高症状（头痛、呕吐、视神经乳头水肿——颅内高压三主征）、昏迷，多为弥漫性脑水肿，可出现意识障碍（嗜睡、昏睡、昏迷、瞳孔变化等）及生命体征变化（血压升高、呼吸不规则、脉搏徐缓、体温升高等）。

（二）颅内压监护

颅内压监护可以显示和记录颅内压的动态变化，提示脑水肿的发展与消退。

（三）CT或MRI扫描

CT或MRI扫描是直接诊断脑水肿的可靠方法，CT图像所显示的征象，在病灶周围或白质区域不同范围的低密度区（见图13-5），MRI在T_1或T_2加权像上，水肿区为高信号（T_1应为低信号）。

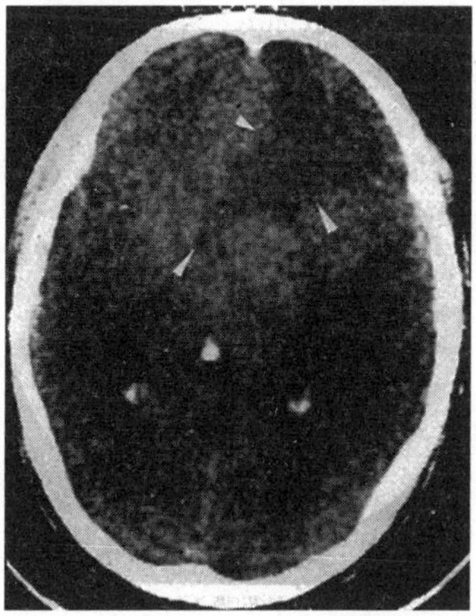

图13-5　脑水肿CT影像

（四）有效性治疗

经脱水治疗，病情随之改善，说明存在脑水肿。

四、鉴定要点

1.明确诊断脑水肿，依据临床表现、影像资料诊断不难，颅内压监护和有效性治疗后的病情改善等动态变化，对明确诊断脑水肿更有价值。

2.须确认引起脑水肿的原发性器质性组织器官损伤，排除脑炎、脑膜炎、脑血管疾病、颅内肿瘤、癫痫发作、重症肺炎、中毒性痢疾等疾病导致脑水肿的可能。

3.须论证原发损伤与脑水肿的必然联系，根据原发损伤的病理生理过程，确定脑水肿是原发损伤的病理阶段或结果。

4.脑水肿未形成脑疝，不能适用本条文，可对引起脑水肿的原发性损伤评定损伤程度。确诊脑水肿，有颅内高压征象的，可以依据《标准》附则6.2，比照5.1.3f评定损伤程度。

5.引起脑水肿的原发性损伤构成重伤的，不再适用本条文。

第四节 休 克

一、鉴定标准

条款	内容	损伤程度
5.12.2d	各种损伤引起休克（中度）	重伤二级
5.12.4f	各种损伤引起休克（轻度）	轻伤二级

二、结构与术语

（一）休克的概念

休克，是机体有效循环血容量减少、组织灌注不足，细胞代谢紊乱和功能受损的病理过程，是一个由多种病因引起的综合征。氧供给不足和需求增加是休克的本质，产生炎症介质是休克的特征。引起休克的因素包括大出血、创伤、中毒、烧伤、窒息、感染、中毒、过敏、心衰等。

本条款中规定的休克，是指物理性、化学性、生物性等因素作用于人体造成损伤导致的休克，不包括疾病因素引发的休克。

（二）休克的分类

临床一般将休克分为低血容量性、感染性、心源性、神经性、过敏性五类。低血容量性休克包括失血性休克、创伤性休克、烧伤性休克。

1.失血性休克：多见于大血管破裂、脏器破裂、多处创口，大量血液流失，通常迅速失血超过全身总血量的20%时，即出现休克。

2.创伤性休克：多见于严重外伤，如挤压伤、复杂性骨折等，血浆丧失，损伤处体液渗出，导致低血容量，同时微血管扩张并血管通透性增高，有效循环血量进一步降低。

3.烧伤性休克：主要由于毛细血管通透性增加导致体液丢失所致。烧伤休克的发生时间与烧伤严重程度密切相关，面积越大，程度越深，休克发生越早越重。

4.感染性休克：可继发于以释放内毒素的革兰阴性杆菌为主的感染，如急性腹膜炎、泌尿系感染等，又称为内毒素休克。

5.神经性休克：剧烈的神经刺激（如创伤、剧烈疼痛），可引起反射性血管舒缩中枢抑制，周围血管扩张，血液大量淤积在扩张的微血管中，有效循环血容量突然减少，引发休克。

6.心源性休克：是指心脏功能极度减退，导致心输出量显著减少并引起严重的急性周围循环衰竭的一组综合征。急性心包填塞、张力性气胸等可成为心源性休克的引发因素。

7.过敏性休克：是体外抗原性物质进入已经致敏的机体后，通过免疫机制在短时间内触发的一种严重的全身性过敏性反应，突然发生且程度剧烈。多有喉头水肿或哮喘。

三、检查与诊断

（一）休克的临床表现与分度（以《标准》附录为主，本节列出休克的临床分度，供参考，见表13－5）

表13－5　休克的临床表现与分度

分期	程度	神志	口渴	皮肤粘膜		脉搏	血压	体表血管	尿量	估计失血量
				色泽	温度					
代偿期	轻度	清楚，表情痛苦	口渴	开始苍白	正常	100次/分以下	收缩压正常，脉压缩小	正常	正常	20%以下（800ml以下）
失代偿期	中度	尚清楚，表情淡漠	很口渴	苍白	发冷	100~200次/分	收缩压70~90mmHg，脉压小	表浅静脉塌陷	尿少	20%～40%（800～1600ml）
	重度	意识模糊，甚至昏迷	非常口渴	显著苍白，肢端青紫	厥冷（肢端更明显）	脉速，细弱，或摸不清	收缩压70mmHg以下，或测不到	表浅静脉塌陷	尿少或无尿	40%以上（1600ml以上）

（二）实验室检查

1.血红蛋白含量（正常值男性不低于120g/L，女性和儿童不低于110g/L，婴儿不低于160g/L）和红细胞计数（正常值男性不低于4×10^{12}/L，女性不低于3.5×10^{12}/L，新生儿不低于6.0×10^{12}/L）下降。

2.DIC（弥漫性血管内凝血）的检测。严重休克可发展至DIC阶段，下列五项异常出现三项，即可诊断DIC。（1）血小板计数低于80×109/L；（2）凝血酶原时间比对照组延长3秒以上；（3）血浆纤维蛋白原低于1.5g/L或者进行性降低；（4）3P（血浆鱼精蛋白副凝）试验阳性；（5）血涂片中破碎红细胞超过2%。

3.休克常见的特殊监测指标

（1）中心静脉压（CVP）代表右心房或胸腔段腔静脉内压力变化，正常值5～10cm水柱。小于5cm水柱时提示血容量不足；高于15cm水柱时，提示心功能不全；超过20时，提示存在充血性心力衰竭。

（2）肺毛细血管楔压（PCWP），正常值6～15mmHg，低于正常值提示血容量不足。

（3）动脉血气分析，动脉血氧分压正常值为80～100mmHg，二氧化碳分压正常值为36～44mmHg，休克时可因肺换气不足，体内二氧化碳潴留，二氧化碳分压明显升高。

四、鉴定要点

1.确定引起休克的原发性损伤，并阐述该损伤和休克的必然联系。

2.确定休克的程度

（1）判断休克的程度，要综合临床症状，实验室检查，不能单凭一次血压和脉搏计数，注意补充血容量后的血压变化，测量基础血压，以及抗休克的有效性治疗（审查病程记录、麻醉记录和护理记录，注意补充血容量后的生命体征变化和尿量、CVP、PCWP、血气分析等监测指标）。

（2）判定休克的指标有：①收缩压低于90mmHg；②脉率大于90次/分；③精神淡漠、不安、嗜睡或昏迷；④皮肤苍白发冷；⑤尿量少；⑥血红蛋白和红细胞计数下降；⑦特殊检测指标。

笔者认为：具备第①②项指标的，可判定为轻度休克；具备第①②项指标，同时具备后五项指标中两项者，可判定为中度休克。供参考。

(3)失血性休克在补充血容量后，血红蛋白和红细胞计数下降程度，也有助于判断休克程度，下降20%以上，提示有中度以上休克。

(4)临床常用脉率/收缩压(mmHg)计算休克指数，低于0.5提示无休克，大于1.0提示有休克，大于2.0提示严重休克。可参考使用。

3.引起休克的原发性损伤程度高于休克损伤程度的，不再适用本条文。

第五节　挤压综合征

一、鉴定标准

条款	内容	损伤程度
5.12.2e	挤压综合征(Ⅱ级)	重伤二级
5.12.4c	挤压综合征(Ⅰ级)	轻伤二级

二、结构与术语

(一)挤压综合征

挤压综合征是指遭受挤压伤的人在挤压解除以后，全身微循环障碍，肾小球滤过率降低，肾小管受阻塞、变形、坏死，出现以肌红蛋白尿和急性肾衰竭为主要特征的临床综合征。

挤压综合征可见于多种原因，如肢体受挤压、中毒烧伤、肢体外伤后包扎过紧、肢体广泛软组织挫伤、肢体被持续长时间捆绑等。

挤压综合征所指的挤压伤，是狭义的挤压伤，是人体肌肉丰富的部位(四肢与躯干)受挤压，肌肉缺血、变形、坏死、组织间隙出血水肿。广义的挤压伤不单纯是局部肌肉的缺血坏死，多伴有严重的脏器损伤。

(二)挤压综合征的发生机理

软组织(主要是肌肉)遭受挤压后变性、坏死，同时毛细血管因损伤并缺血缺氧而通透性增加，血浆大量渗入组织间隙，局部肿胀加重、血液循环障碍、组织灌注减少，加重肌肉坏死，出现恶性循环；坏死肌肉和组织释放大量肌红蛋白、肌酸、肌酐、组织毒素、血管活性物质等，被吸收入血后导致全身循环障碍性代谢紊乱，出现氮质血症、代谢性酸中毒、高血钾和高血磷；继而损害肾小管，出现肌红蛋白血症、肌红蛋白尿症、少尿等，表现为全身循环衰竭和急性肾衰竭。

三、检查与诊断

（一）挤压伤的特点

挤压伤外轻内重；体表多见擦伤挫伤，能反映挤压物接触面的形态特点；伤肢麻痹无痛觉，明显水肿，皮肤青紫发亮；尿呈棕黑色。

（二）实验室检查

血中钾、磷离子升高，钙离子减少，肌酐和尿素氮升高，肌红蛋白尿试验阳性，肌酸磷酸激酶（CPK）增高。

（三）挤压综合征的分级

Ⅰ级：肌红蛋白尿试验阳性，CPK增高，无肾衰表现。

Ⅱ级：肌红蛋白尿试验阳性，CPK明显升高，肌酐、尿素氮增高，少尿，低血压。

Ⅲ级：肌红蛋白尿试验阳性，CPK显著升高，少尿或尿闭，休克，高血钾，代谢性酸中毒。

四、鉴定要点

1.确定出现挤压综合征：（1）身体肌肉、软组织丰富部位受挤压损伤；（2）肌肉软组织出现变性坏死；（3）实验室检查有异常。

2.必须出现急性肾衰竭，才能鉴定为重伤二级：肾功能48小时内突然减退，血清肌酐绝对值升高≥0.3mg/dl（26.5 μmol/L），或7天内血清肌酐增至≥1.5倍基础值，或尿量＜0.5ml/（kg.h），持续时间＞6小时。

案例13-1　挤压综合征的法医学鉴定

王某，2014年5月20日被两人打伤（一人抱住腰部用力挣脱未果，被按倒在地，另一人脚踢腰部）。2014年5月20日就诊A医院：胸背部外伤3小时，局部红肿，疼痛。诊断：胸背部软组织伤。同年5月23日就诊B医院：腹痛3天，恶心呕吐，24小时尿量约500ml；实验室检查示肌酐86 μmol/L、血钾7.23mmol/L。诊断：肾功能衰竭、高血钾症。同年5月25日就诊C医院：实验室检查示血钾

3.86mmol/L、钠离子131.7mmol/L、肌酸激酶1376U/L、血清蛋白31.4g/L、肌酐724umol/L、尿素氮16.1mol/L、肌红蛋白860 μg/ml、乳酸脱氢酶680U/L、尿蛋白微量。诊断：急性肾损伤（横纹肌溶解可能性大）。同年5月27日入住D医院：腰腹部痛6天，咳嗽、胸闷3天，引用C医院实验室检查结果，诊断：急性肾功能不全，横纹肌溶解综合症，肺部感染，双侧胸腔积液。

法医学检查：活体检验及实验室检查均未见异常。

鉴定意见：被鉴定人王某腰背部（肌肉组织丰富）受到挤压事实清楚，伤后出现横纹肌溶解，尿量减少，CPK显著升高，肌红蛋白860 μg/ml，肌酐尿素氮升高，且出现急性肾功能衰竭，符合挤压综合征且达到Ⅱ级以上。根据《标准》5.12.2e之规定，其损伤程度评定为重伤二级。（本案例来源：《法制博览》2016年9月）

第六节　脂肪栓塞综合征

一、鉴定标准

条款	内容	损伤程度
5.12.2f	损伤引起脂肪栓塞综合征（完全型）	重伤二级
5.12.3b	损伤引起脂肪栓塞综合征（不完全型）	轻伤一级

二、结构与术语

（一）脂肪栓塞综合征

骨折处出血，骨髓腔内血肿张力过大，骨髓被破坏，或脂肪损伤，脂肪滴进入破裂的静脉窦，血液中出现脂肪栓子，随血循环进入各组织器官，引起毛细血管的栓塞，产生病症。最常见的是肺脂肪栓塞和脑脂肪栓塞。

（二）形成机理

主流学说认为，脂肪栓子阻塞肺毛细血管，肺供血量不足，肺泡膜细胞产生脂肪酶，使脂肪栓子中的中性脂肪小滴水解成甘油和游离脂肪酸，释放儿茶酚胺，损伤毛细血管壁，使富含蛋白质的液体漏至肺间质和肺泡内，发生肺出血、肺不张和低氧血症。

三、检查与诊断

（一）临床表现与分型

1.骨折处出血、肿胀。

2.不完全型脂肪栓塞综合征：骨折后出现胸部疼痛，呛咳震痛，胸闷气急，痰中带血，疲软，面色差，皮肤淤血点，脉搏细涩。

3.完全型脂肪栓塞综合征（典型症候群）：初起表现为呼吸和心动过速、高热，随后出现神志不清以至昏迷、严重呼吸困难、口唇紫绀、极度胸闷，眼结膜和肩胸部皮下有散在出血点。

（二）实验室检查

1.血清脂肪酶升高，血沉加快，血红蛋白降低，血小板减少，动脉血氧分压下降。

2.肺部X线检查可见多变的进行性的斑片状阴影和右心扩大。

（三）诊断标准

1.主要标准：（1）皮下出血点，常见于头、颈及上胸部皮肤和粘膜；（2）呼吸系统症状，表现为呼吸急促（>35次/min），胸部X线有双肺暴雪状阴影；（3）非颅脑损伤所致的脑部症状。

2.次要标准：（1）血氧分压下降（<8.0kPa）；（2）血红蛋白下降（<100g/L）。

3.参考标准：（1）脉搏增快（>120次/min）；（2）尿中有脂肪滴；（3）发热（>38℃）；（4）血沉加快（>70mm/h）；（5）血中有游离脂肪滴；（6）血小板减少；（7）血中脂肪酶增加；（8）眼底镜检查视网膜有栓子。

以上标准中，主要标准有2项或主要标准1项同时次要或参考标准4项以上，可确证脂肪栓塞综合征；无主要标准，只有次要标准1项及参考标准4项者，为隐性脂肪栓塞综合征。

四、鉴定要点

1.注意骨折部位和骨折类型：骨盆和下肢骨折出血量较大，容易形成脂肪栓塞。骨折需累及骨髓腔，髓腔内积血。

2.根据临床表现和实验室检查，判定综合征的类型：不完全型没有神经系统症状体征，不出现呼吸困难，实验室检查仅有脂肪酶升高、低氧血症、肺部阴影。

3.须确定损伤（骨折）与肺脂肪栓塞综合征的直接因果关系。

4.隐性脂肪栓塞综合征没有出现呼吸困难和脑部症状，尚未危及生命，但对人体造成了一定程度的损害。如原发损伤已达到轻伤，隐性脂肪栓塞综合征不再评定损伤程度，如原发损伤未达到轻伤，可以依据附则6.2，比照5.6.4h鉴定为轻伤二级。

案例13-2　脂肪栓塞综合征的法医学鉴定

陈某，男，29岁，某年1月4日上午被人用推土机撞击双下肢。1月4日入院，右大腿及左小腿肿胀，X线示右股骨干骨折、左胫腓骨骨折。1月6日体温升高，T39℃，P133次/分，呼吸急促，胸闷咳嗽，痰中带血；血气分析示pH7.51，PO_2: 53mmHg、PCO_2: 28mmHg；胸部CT示双肺弥漫性斑片状阴影改变；血红蛋白80g/L。

鉴定意见：本例右股骨干骨折及左胫腓骨骨折，伤后两天出现呼吸急促、体温升高、脉搏加快、低氧血症和双肺斑片状阴影，符合脂肪栓塞综合征诊断标准，属于完全型脂肪栓塞综合征。根据《标准》5.12.2f之规定，其损伤程度应评定为重伤二级。

第七节　呼吸功能障碍

一、鉴定标准

条款	内容	损伤程度
5.12.2g	各种损伤致急性呼吸窘迫综合征（重度）	重伤二级
5.12.4g	呼吸功能障碍，出现窒息征象	轻伤二级

二、结构与术语

（一）急性呼吸窘迫综合征

急性呼吸窘迫综合征（acute respiratory distress syndrome，ARDS），是指由各种肺内和肺外致病因素导致的急性弥漫性肺损伤和进而发展的急性呼吸衰竭。主要病理特征是炎症导致的肺微血管通透性增高，肺泡腔渗出富含蛋白质的液体，肺水肿及透明膜形成，常伴肺泡出血。主要病理生理改变是肺容积减少、肺顺应性降低、严重通气/血流比例失调。

引起急性呼吸窘迫综合征的原因较多，常见的有多发性肋骨骨折、肺挫伤、肺破裂、血胸和气胸等胸部损伤，头部外伤昏迷者吸入血液或呕吐物、大量输血及输液过多、骨折后的脂肪栓塞、创伤后感染等，也是造成呼吸窘迫综合征的原因。

（二）急性肺损伤

急性肺损伤是各种直接和间接致病因素导致的肺泡上皮细胞及毛细血管内皮损伤，造成弥漫性肺间质及肺泡水肿，导致的急性低氧性呼吸功能不全。

急性肺损伤和急性呼吸窘迫综合征是统一疾病过程的两个阶段，前者处早期，病情较轻，后者处后期，病情严重。

（三）窒息

窒息是呼吸过程任何环节受阻或异常，全身各器官组织缺氧，二氧化碳潴留，引起组织细胞代谢障碍、功能紊乱和形态结构损害的整个过程。

呼吸过程由三个环节组成：一是外呼吸，包括肺通气和肺换气；二是血液中气体的运输；三是内呼吸，包括血液与组织、细胞间的气体交换过程和细胞内的氧化过程。

根据窒息的原因、机制和病历过程，可将窒息分为五类：

1.机械性窒息，因机械性暴力作用引起的呼吸障碍所致窒息。

2.电性窒息，因电流作用，呼吸肌或呼吸中枢麻痹引起窒息。

3.中毒性窒息，因毒物作用，血红蛋白变性、红细胞携氧能力降低或组织细胞对氧的摄取及利用障碍产生的窒息。

4.缺氧性窒息，空气中氧气不足引起的窒息。

5.病理性窒息，由疾病引起的窒息。

三、检查与诊断

（一）临床表现

窒息征象，临床表现为紫绀，面、颈、上胸部皮肤出现针尖大小的出血点，球结膜下有出血斑点。

急性呼吸窘迫综合征多在原发损伤后72小时内发生，几乎不超过7天。早期症状是呼吸加快，进行性加重的呼吸困难，发绀，常伴有烦躁、焦虑、出汗。呼吸困难的特点是呼吸深快、费力、胸廓紧束、严重憋气，即呼吸窘迫。吸氧不能改善，也不能用其他原发心肺疾病（气胸、肺气肿、肺不张、肺炎、心力衰竭）解释。早期双肺可闻及少量细湿啰音，后期可闻及水泡音，可有管状呼吸音。

（二）实验室检查

1.胸部X线检查：边缘模糊的肺纹理增多，继之出现斑片状乃至融合成大片状的毛玻璃或实变侵润影。特点是快速多变。

2.动脉血气分析：氧分压降低、二氧化碳分压降低、pH升高。肺氧合功能指标对急性呼吸窘迫综合征的诊断和程度划分有重要意义，临床常用氧合指数（PaO2/FiO2，即氧分压/吸入氧浓度），正常值为400～500mmHg，≤300mmHg是诊断急性呼吸窘迫综合征的必要条件。

（三）诊断标准

1.明确诱因下1周内出现的急性或进行性呼吸困难。

2.胸部平片或CT显示双肺侵润影，不能完全用胸腔积液、肺不张和结节影解释。

3.呼吸衰竭不能完全用心力衰竭和液体负荷过重解释。

4.低氧血症，PaO2/FiO2≤300mmHg。

根据ARDS柏林定义，同时满足上述4个条件，方可诊断急性呼吸窘迫综合征。

表13－6　急性呼吸窘迫综合征分度

程度	呼吸频率（次/分）	临床表现	X线	血气分析
轻度	＞35	无发绀	无异常或肺纹理增多	200mmHg＜PaO2/FiO2≤300mmHg
中度	＞40	发绀，肺部有异常体征	斑片状乃至融合成大片状的毛玻璃或实变侵润影	100mmHg＜PaO2/FiO2≤200mmHg
重度	呼吸极度窘迫	发绀加重，肺广泛湿啰音	双肺大部分密度普遍增高	PaO2/FiO2≤100mmHg

《标准》附则B.8.5对ARDS的诊断和分度给出了标准，本节所列标准可参考结合使用。

四、鉴定要点

1.关注原发损伤的部位和类型，特别是胸部、头部、颈部损伤，排除疾病因素（如过敏、呼吸道疾病、血液病等），明确损伤与急性呼吸窘迫综合征的直接因果关系。

2.急性呼吸窘迫综合征是一个发展迅猛的动态过程，临床表现、X线所见、血气分析变化快，差异大，鉴定时要多收集资料，注意比较，鉴定中体现急性呼吸窘迫综合征的这一特点。

3.急性呼吸窘迫综合征必须达到重度，PaO2/FiO2≤100mmHg，方可鉴定为重伤二级。

4.其他机械性、中毒性、缺氧性因素引起呼吸功能障碍，发生窒息并出现窒息征象的，或急性呼吸窘迫综合征中度以下的，均鉴定为轻伤二级。

第八节　电击伤

一、鉴定标准

条款	内容	损伤程度
5.12.2h	电击伤（Ⅱ°）	重伤二级
5.12.4d	电击伤（Ⅰ°）	轻伤二级

二、结构与术语

1.电击伤是指一定量电流通过人体引起不同程度的组织器官损伤和功能障碍。电击包括低压电（≤380V）、高压电（＞1000V）和超高电压或雷击（＞10000万伏）三种电击类型。

2.电流斑，系电流入口，是带电导体与皮肤接触，电流通过完整皮肤时，在接触处产生的焦耳热及电解作用造成的特殊皮肤损伤。

典型电流斑呈灰白或灰黄色，质硬、干燥，中间凹陷，周围稍隆起，形似火山口（见图13-6）[1]。因电极与皮肤接触面形状不同，电流斑可呈圆形、椭圆

〔1〕 参见本书附录部分，第443页。

形、条状、弧状、犁沟状或不规则形（见图13–7）[1]。

3.电（流）烧伤，详见“烧烫伤”章节。

4.皮肤金属化，系因电极金属在高温下熔化或挥发，金属颗粒在电场的作用下沉积于接触部位皮肤。因电极金属不同，皮肤可呈不同颜色：铜电极，皮肤呈淡绿色或黄褐色；铁电极，呈灰褐色；铝电极，呈灰白色。

5.前臂腔隙综合征，电流烧伤部位组织炭化或坏死成洞，肌肉组织水肿坏死，肌肉筋膜下组织压力增加，出现神经和血管受压体征，脉搏减弱，感觉消失，可有功能障碍。

三、检查与诊断

（一）临床表现

1.全身表现：心悸、头晕痛、面色苍白；高压电击时可发生意识丧失、呼吸和心跳骤停；大面积体表烧伤时，可出现休克；直接肾脏损伤或肌肉坏死，可促发急性肾衰竭；心律失常，心功能障碍等。

2.局部表现：可见电流斑，电流出口，皮肤金属化（高压电击时尤为明显），局部电烧伤，手接触高压电，可以出现前臂腔隙综合征。

（二）实验室检查

1.心电图检查：电流通过心脏时，可造成心肌和传导系统损伤，心电图显示心律不齐、非特异性ST段降低、房颤、室颤或心肌梗死等改变。

2.血液检验：直接肾脏损伤或较大面积肌肉坏死时，可检见肌球蛋白尿、肌红蛋白尿、血红蛋白尿和肌酐、尿素氮升高等急性肾衰血液改变。

表13–7　电击伤分度

程度	临床表现
Ⅰ度	全身症状轻微，触电肢体麻木，全身无力，易恢复
Ⅱ度	触电肢体麻木，面色苍白，心跳、呼吸加快，可昏厥、意识丧失，但瞳孔不散大，对光反射存在
Ⅲ度	呼吸浅而弱、不规则，甚至呼吸骤停。心律不齐，有室颤或心搏骤停

（三）并发症和后遗症

电击伤24～48小时常出现并发症和后遗症：如心肌损伤、严重心律失常和

〔1〕 参见本书附录部分，第443页。

心功能障碍；吸入性肺炎和肺水肿；消化道出血和穿孔、麻痹性肠梗阻；DIC和溶血；肌球蛋白尿或肌红蛋白尿和急性肾衰竭；骨折、肩关节脱位或无菌性骨坏死；鼓膜破裂、听力丧失。电击数天或数月可出现上升或横断性脊髓炎、多发性神经炎或瘫痪；角膜烧伤、视网膜剥离、白内障和实力障碍。孕妇遭电击，可发生流产、死胎或宫内发育迟缓。

四、鉴定要点

1.确认电击伤，了解案情，注重现场勘验，根据临床表现，实验室检查，确定电击伤存在。注意，在潮湿环境，特别是水中，电击可能没有电流斑。

2.电击伤的鉴定标准简单，分度标准仅以临床表现为依据，鉴定时不易把握。笔者认为：确定有电流进出口，证明电流已通过人体，即可鉴定为轻伤二级（进出口位于同一肢体，没有明显组织器官损伤的除外）。有明确的心脏损伤，出现房颤或室颤，或者有明显意识障碍，呼吸异常的，可鉴定为重伤二级。前臂腔隙综合征没有（明显）功能障碍的，鉴定为轻伤二级，有严重功能障碍的，依据肢体功能障碍鉴定。

3.电击伤时，电流通过的器官系统均可能受到损伤。鉴定时，要根据电流入口和出口，判断电流路径，考虑电流可能损伤的组织器官，确定或排除与这些组织器官有关的并发症和后遗症。

4.电击伤并发症和后遗症，是电流直接损害的后果，鉴定时不能遗漏，应当依据器官系统损伤相应标准鉴定损伤程度。

第九节　溺　水

溺水多见于意外和自杀，本节讨论的是被溺水者的损伤鉴定问题。

一、鉴定标准

条款	内容	损伤程度
5.12.2i	溺水（中度）	重伤二级
5.12.4e	溺水（轻度）	轻伤二级

二、结构与术语

溺水，是由于液体机械性阻塞呼吸道及肺泡，阻碍气体交换，体内缺氧，二氧化碳潴留，发生窒息的过程。

引起溺水的液体包括淡水、海水、油、尿液、酒等，溺水场所可以发生在湖泊海洋，也可以在盛装液体的容器中。

三、检查与诊断

（一）临床表现

溺水者临床表现个体差异大，与溺水时间长短、吸入液体量多少、吸入液体性质等因素有关。可有头痛或视觉障碍、剧烈咳嗽、胸痛、呼吸困难、咯粉红色泡沫痰。溺入海水者，口渴，数小时内可有寒战和发热。口鼻腔可能有污泥，皮肤发绀，球结膜充血。烦躁、抽搐、昏睡、昏迷。呼吸表浅、急促，肺部可闻及干、湿罗音。心律失常、心音微弱。腹部膨隆，四肢厥冷。

（二）实验室检查

1.血和尿液检查：血常规白细胞轻度增高。溺淡水者，血钾升高，血和尿液中可出现游离血红蛋白。溺海水者，可有高钠血症或高氯血症。严重者，可有DIC实验室表现（详见“休克”章节）。

2.心电图检查：窦性心动过速、非特异性ST段和T波改变、室性心律失常或完全性传导阻滞。

3.动脉血气分析：低氧血症，大部分有混合性酸中毒。

4.X线检查：胸片显示双肺斑片状浸润。

（三）溺水的分度

轻度：刚落水片刻，神志清，血压升高，心率、呼吸增快。

中度：落水1～2分钟，神志模糊，呼吸不规则或者表浅，血压下降，心跳减慢，反射减弱。

重度：落水3～4分钟后，昏迷，呼吸不规则，上腹部膨隆，心音减弱或者心跳、呼吸停止。

四、鉴定要点

1.充分了解案情，明确溺水时间，被救时的意识情况和身体状态；调阅病历，特别是首次病程记录；结合实验室检查结果，综合评定。

2.溺水的分度仅以临床表现为依据，如临床记录不及时、不全面，鉴定就难以准确。及时进行实验室检查尤为必要，检查结果是溺水后果的客观表现，可作为溺水的证明和溺水程度的评判依据。

3.溺水是个缺氧窒息过程，鉴定时要注重缺氧依据，如窒息征象、低氧血症，可以作为轻伤以上的客观依据。出现明显意识障碍；明显呼吸异常、胸片显示肺侵润；心电图显示室性心律失常或完全性传导阻滞的，应鉴定为重伤二级。出现DIC实验室表现的，应鉴定为重伤二级。

案例13-3　溺水的法医学鉴定

廖某，2016年5月某日，乘游船时与同行李某发生争执，被李某推落入水，随即被救起。3小时后到卫生院就诊：呼吸23次/min，脉搏78次/min，血压118/81mmHg，双眼睑球结膜轻微发红，余未见异常。其他送鉴材料，①同船乘客手机录视频：廖某入水到被救离开水面，间隔57秒；廖某入水后，头部在水中起伏，被救起后神志较清醒，呼吸急促，剧烈咳嗽，呕吐水样物，活动自如。②廖某、李某、游船工作人员询问笔录各一份：廖某被李某推落入水事实清楚。

法医学检验：溺水2日后鉴定，法医查体未见损伤，其他亦未见异常。

鉴定意见：本例廖某溺水事实清楚，溺水时间短，溺水后呼吸加快，神志清醒，属轻度溺水，鉴定机构依据《标准》5.12.4e规定，评定其损伤程度为轻伤二级。

第十节　异物存留

一、鉴定标准

条款	内容	损伤程度
5.12.2j	脑内异物存留；心脏异物存留	重伤二级

续表

条款	内容	损伤程度
5.12.4h	面部异物存留；眶内异物存留；鼻窦异物存留	轻伤二级
5.12.4i	胸腔内异物存留；腹腔内异物存留；盆腔内异物存留	轻伤二级
5.12.4j	深部组织内异物存留	轻伤二级

二、结构与术语

1.各种损伤造成人体组织器官内存留非本组织器官的物质，称异物存留。异物包括非人体组织和人体组织器官损伤破碎后的游离组织。

2.本节所指的深部组织，是指皮下组织以下的组织，包括肌肉、骨骼、血管、神经及其他软组织，不包括皮肤和皮下组织，也不包括本节鉴定条文中所列的腔窦和组织器官。

三、检查与诊断

异物进入人体内，对存留部位组织器官造成原发性损害和继发性病变，可以有相应的临床表现。

异物存留人体内，主要依靠影像学检查发现（X线、CT、MRI、B超等），手术也能发现体内异物。

四、鉴定要点

1.本节所指的异物存留，是指异物留在体内没有临床症状或者症状轻微，没有功能障碍，但有潜在性危害的情形。

2.异物对组织器官造成的原发性损害和继发性病变，依照组织器官相应鉴定标准评定损伤程度。

3.异物存留在脑、心脏等重要器官内，因头部活动，心肌收缩，异物有移动游走的可能，即使手术也会造成严重损害，有危及生命的潜在危险，应评定为重伤二级。

4.异物经手术去除的，不再适用上述鉴定条款，但手术过程中不可避免的破坏造成组织器官损害，达到轻伤以上鉴定标准的，可以依据附则6.2，参照本节相关条款鉴定。

案例13-4　异物存留的法医学鉴定

王某，男，十二年前被人用火药枪击伤右胸部，即于当地镇医院捆绑包扎，随后因胸部疼痛加剧入住当地县医院。右肩背部见多处不规则弹片裂口；X线示右侧血气胸、右胸腔内异物；予抗炎、止痛等治疗，未取出异物。

法医学检验：右腋窝处见4cm×1.5cm陈旧性疤痕，右侧背部见0.8cm×1cm陈旧性疤痕；X片示右胸腔多个异物存留；复查CT示胸壁上、胸腔内有多个异物，其中一异物存在于右肺上叶，一异物存在于肝脏右叶。

鉴定意见：本例异物存留于肺和肝脏内，伤时未致肝肺组织严重损害而危及生命，存留时间12年，也未引起肝肺功能障碍，且异物已被结缔组织包裹，后期对肝肺组织造成损害的可能性小。根据《标准》5.12.4i规定，其损伤程度应评定为轻伤二级。

第十一节　阴茎勃起功能障碍

一、鉴定标准

条款	内容	损伤程度
5.12.2k	器质性阴茎勃起障碍（重度）	重伤二级
5.12.3c	器质性阴茎勃起障碍（中度）	轻伤一级
5.12.4m	器质性阴茎勃起障碍（轻度）	轻伤二级

二、结构与术语

1.阴茎勃起功能障碍，是指阴茎持续或反复不能达到或维持足够勃起以完成满意性生活。按照病因可分为心理性、器质性和混合性勃起功能障碍三类，器质性勃起功能障碍又分为血管性（包括动脉性、静脉性和混合性）、神经性、内分泌性和解剖结构性。

2.与阴茎勃起功能障碍有关的因素较多，例如，年龄增长；躯体疾病，包括心血管病、高血压、糖尿病、肝肾功能不全、高脂血症、肥胖、内分泌疾病、神经疾病、泌尿生殖系统疾病等；精神心理因素；用药，主要包括利尿剂、降压药、心脏病用药、安定药、抗抑郁药、激素类药、细胞毒类药、抗胆碱药等；不良生活方式，包括吸烟、酗酒、过度劳累等；外伤、手术及其他医源因素。

三、检查与诊断

1.通过国际勃起功能评分表（见表13-8），询问病人过去6个月有关性活动的五个问题，根据回答结果鉴定勃起功能障碍的严重程度。总分25分，重度1~7分、中度8~11分、轻到中度12~16分、轻度17~21分、正常22~25分。

表13-8　勃起功能评分

题目	评分标准（分）					
	0	1	2	3	4	5
对获得勃起和维持勃起的自信度如何	无	很低	低	中等	高	很高
受到性刺激而又勃起，有多少次能够插入阴道	无性活动	几乎没有或完全没有	少数几次（远少于一半时候）	有时（约一半时候）	大多数时候（远多于一半时候）	几乎总是或总是
性交时，有多少次能在进入阴道后维持勃起状态	没有尝试性交	几乎没有或完全没有	少数几次（远少于一半时候）	有时（约一半时候）	大多数时候（远多于一半时候）	几乎总是或总是
性交时，维持阴茎勃起至性交完成有多大困难	没有尝试性交	困难极大	困难很大	困难	有点困难	不困难
性交时，有多少次感到满足	没有尝试性交	几乎没有或完全没有	少数几次（远少于一半时候）	有时（约一半时候）	大多数时候（远多于一半时候）	几乎总是或总是

2.夜间阴茎勃起试验（NPT）是区分心理性和器质性勃起功能障碍的最好方法，必要时联合睡眠监测，更有助于结果评价。

3.为进一步查明器质性的原因，可以进行阴茎海绵体注射血管活性药物试验、血管彩色双功能超声检查、勃起神经监测（包括阴茎生物阈值、球海绵体反射潜伏期和神经传导速度测定等）、内分泌激素检测等。

4.器质性勃起功能障碍的诊断

（1）神经性勃起功能障碍：有阴部神经功能障碍的临床表现；勃起神经监测显示阈值升高、潜伏期延长、传导速度减慢；阴茎勃起最大硬度60%，或≥60%但持续时间小于10分钟。

（2）血管性勃起功能障碍：阴茎血液循环不良（如海绵体纤维化等）阴茎血管超声检查异常；阴茎勃起最大硬度<60%，或≥60%但持续时间小于10分钟。

（3）内分泌性勃起功能障碍：有内分泌系统功能紊乱的临床表现；血液生化检测示激素水平异常（包括睾酮、黄体生成素、雌二醇等）；阴茎勃起最大硬度<60%，或≥60%但持续时间小于10分钟。

5.阴茎勃起功能障碍的分度

（1）重度：阴茎无勃起反应，硬度及周径均无改变。

（2）中度：阴茎勃起时最大硬度>0，≤40%，每次勃起持续时间小于10分钟。

（3）轻度：阴茎勃起时最大硬度>40%，<60%，每次勃起持续时间小于10分钟。

四、鉴定要点

1.明确阴茎勃起功能障碍的器质性原因，确定原发损伤与勃起功能障碍的直接因果关系，排除心理性和自身疾病性勃起功能障碍。有两种以上器质性原因的，应分别阐述。

2.混合性的勃起功能障碍，须对器质性原因分析评判，原发损伤足以引起勃起功能障碍的，无论有无心理性和疾病性因素，依据相关条款鉴定损伤程度；损伤和疾病共同作用，难分主次的，降一等级评定损伤程度；因损伤引起被鉴定人心理障碍而出现勃起功能障碍的，只分析原因，不评定损伤程度。

3.损伤后器质性勃起功能障碍的认定，必须通过连续3个晚上的NPT来评估，必要时联合动态睡眠监测，排除睡眠质量影响。

4.勃起功能障碍应在损伤6个月以后进行鉴定。不满16周岁的未成年人原则上暂不进行勃起功能鉴定。

阴茎勃起功能障碍致病因素多，检查手段专业，建议依据专业机构检查结果评定损伤程度。

第十二节　假体或内固定装置损坏

一、鉴定标准

条款	内容	损伤程度
5.12.4k	骨折内固定物损坏需要手术更换或修复	轻伤二级
5.12.4l	各种置入式假体装置损坏需要手术更换或者修复	轻伤二级

二、结构与术语

（一）假体

本《标准》所称的假体，是指植入人体内、整体或部分替代组织器官功能的装置。如颅骨修补材料、人工晶体、义眼、种植牙、人工关节、起搏器、支架、阴茎假体等。

（二）骨折内固定

不稳定骨折及移位性骨折，需要手术切开复位，并放置硬物（内固定物）保护支撑，使骨折处临时不再承重，骨折顺利愈合。内固定物损坏断裂与多种因素有关，如内固定物材质、外力、手术中骨折未解剖复位、安放位置不当、固定不牢、术后锻炼不恰当等。

三、检查与诊断

1.骨折内固定断裂，因支撑和保护功能丧失，未完全愈合的骨骼可能再次断裂，骨折局部畸形，相应肢体功能异常。假体损坏，其替代的功能丧失或异常。

2.外露的假体损坏，容易发现；植入体内的假体或内固定损坏，需借助影像学（X线、CT、B超等）检查发现；手术也是确诊的方法。

四、鉴定要点

1.骨折内固定物或假体损坏，必须手术修补或更换的，方能使用本《标准》。损坏程度轻，并有较轻替代功能损害，无须手术的，可以依据本《标准》附则6.2，比照相关条文评定为轻微伤。

2.本《标准》所指的假体，不包括可摘除的义眼、义齿等。假体损坏须与外力有直接因果关系。

3.骨折内固定物损坏，鉴定时要考虑外力的大小和作用方式，排除因骨不连或延迟愈合、内固定物疲劳而自行损坏的可能，排除手术时的技术问题和内固定物的材质问题，明确外力与内固定物损坏的直接因果关系。

4.固定义齿的损坏比照本《标准》牙齿损伤的相应条款评定。

案例13－5　腰椎内固定物钉棒断裂的法医学鉴定

2017年11月18日，潘某（女，48岁）因纠纷发生打架致其受伤。外伤后医院检查腰背部压痛（+），叩击痛（+），左髋部压痛（+），双下肢肌力正常，无麻木感。X线：腰椎术后改变并钉棒断裂（见图13－8）[1]。后于2017年12月5日行“腰椎金属异物取出术+椎间隙融合器置入+钉棒系统内固定术”。经查证，潘某2015年8月2日因不小心跌倒致腰4/5椎体滑脱，做过钉棒内固定+椎旁植骨术（见图13－9）[2]。

被鉴定人潘某曾于2015年8月2日行钉棒内固定、椎旁植骨术，经调原始病历，植入的内固定有医疗器械合格证。此手术有可能出现钉棒的疲劳性断裂，且2016年12月4日复查X片显示复位位置有丢失，此时钉棒已有疲劳性应力作用；2017年11月18日因纠纷发生打架而发现腰椎内固定钉棒断裂（见图13－10）。综上所述，被鉴定人潘小平2017年11月18日的腰椎内固定钉棒断裂可以为疲劳性应力与外力共同作用所致，依据《标准》4.3.2、5.12.4k，其损伤程度属轻微伤。（案例由合肥市公安局提供）

〔1〕 参见本书附录部分，第444页。
〔2〕 参见本书附录部分，第444页。

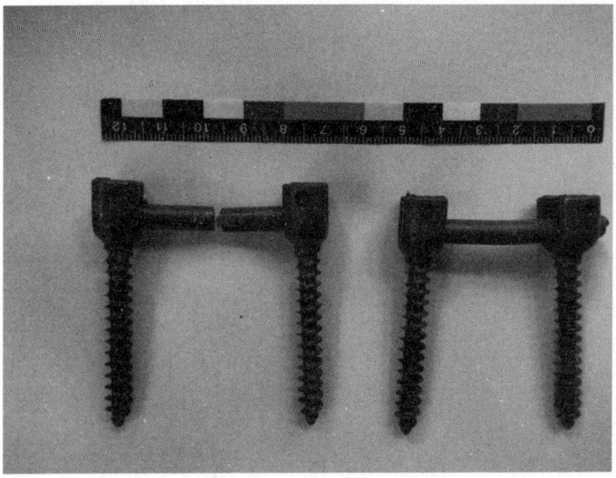

图13-10　断裂与未断裂的内固定物

（彭俊志）

参考文献

1.陈孝平、汪建平:《外科学》，人民卫生出版社2018年版。

2.丛斌:《法医病理学》，人民卫生出版社2016年版。

3.刘良:《法医毒理学》，人民卫生出版社2019年版。

4.葛均波、徐永健:《内科学》，人民卫生出版社2013年版。

5.公安部刑事侦查局:《人体损伤程度鉴定标准释义》，中国人民公安大学出版社2013年版。

6.范利华、朱广友等:《〈人体损伤程度鉴定标准〉理解与适用——其他损伤》，载《法医学杂志》2015年第4期。

第十四章　附　则

第一节　概　述

外界致伤因素作用于人体造成机体正常结构发生变化，由于致伤工具、致伤部位、致伤机制等不同，其所造成的后果也是不同。《标准》立足于解剖部位对损伤程度进行了划定，但由于人体结构的复杂性、多样性，《标准》不可能罗列出所有的损伤；另外由于《标准》的法律性质，条款需要做到简明扼要。损伤的多样性和条款的简要性就出现了矛盾，所以《标准》对此类问题专门用“附则”部分对某些条款作出补充。

附则内容和总则内容、分则条款一样，是《标准》的一部分，在伤害案件的损伤程度鉴定时必须要参照执行。

第二节　对于死亡个体的损伤程度鉴定

一、附则条款

6.1　伤后因其他原因死亡的个体，其生前损伤比照本《标准》相关条款进行综合鉴定。

二、应用说明

在以往的轻重伤鉴定标准中，没有规定涉及对死亡个体的损伤程度鉴定。《标准》规定了死亡个体的生前伤可以进行损伤程度鉴定，且应当比照本《标准》相关条款综合鉴定。

需要对尸体进行损伤程度鉴定一般有以下三种情况：(1)个体死亡时，外伤作为死亡的诱因出现，此时鉴定意见一般表述为："死者×××系××疾病所致死亡，外伤系其死亡的诱因"。在司法实践中，上述鉴定意见的表达方式由于案件侵害人缺乏"故意"或"过失"，侵害行为与结果之间"诱因"的因果关系难以作为刑事处罚的依据。但如果作为诱因的生前外伤达到轻伤及轻伤以上的程度，而不对其生前的外伤进行损伤程度鉴定，显然不符合"罪刑相适应原则"的具体要求。(2)死亡个体遭受外伤后因疾病死亡，疾病在前、外伤在后，外伤不参与死亡。(3)死者因其他原因死亡，但生前有过损伤，表现为外伤在前、导致死亡的因素在后，外伤不参与死亡且与死亡相对独立。如生前遭受虐待，全身多处软组织挫伤，后溺水自杀身亡。

对于死亡个体生前伤的损伤程度鉴定如活体一样，坚持以外界致伤因素所致的原发性损伤以及由原发性损伤引起的并发症为主要依据。前者如皮肤软组织创、各部位骨折、肢体缺失、组织器官破裂等，而后者如颅内出血并发颅内高压、脑疝形成，重要血管破裂出血并发失血性休克等。

三、鉴定要点

1.本条款规定的死亡个体的死亡原因不能是损伤导致，死亡与外伤之间一般不能有直接或间接的因果关系，若损伤导致死亡，死亡原因鉴定中必会说明，在此情况下，再对损伤行损伤程度鉴定，就有"一罪多罚"的嫌疑，损伤程度鉴定已无意义。

2.本条款强调的是生前伤，故在鉴定时首先要明确是生前伤还是死后伤，只有生前伤才符合本条规定。

3.有时候因尸体解剖的局限性，损伤有时难以检查(如四肢长骨的稳定性骨折难以被发现)，必要时可进行影像学检查和组织解剖加以验证。

4.因为无法进行活体检验，对于生前伤是否会遗留组织器官功能障碍需要结合具体伤情，全面分析、综合评定。

案例14-1　外伤诱发冠心病死亡的损伤程度鉴定

死者张某，男，39岁，与别人纠纷时被他人打击右胸部倒地，两分钟后死亡。解剖检验见死者右侧第7、8、9肋骨骨折伴肌肉出血，未见其他损伤；病理检验见心脏重560g，冠状动脉左前降支管腔Ⅳ级狭窄（见图14-1[1]、图14-2[2]），左旋支及右冠状动脉管腔Ⅲ级狭窄。鉴定意见：死者张某系冠心病急性发作死亡，其胸部外伤是其死亡的诱因。法院认为其死亡为意外事件，不能追究侵害人的刑事责任。后公安机关对死者右侧三根肋骨骨折行损伤程度鉴定，根据《标准》鉴定其损伤程度为轻伤二级，法院也依此对侵害人施行了刑事处罚。

案例14-2　疾病在前，损伤在后

2017年2月9日，死者方某与他人发生纠纷，纠纷过程中被推倒在地。事后方某被送往当地医院治疗。入院检查：患者神志模糊，生命体征平稳，GCS评15分，双瞳孔等大等圆，直径3mm，对光反射灵敏，后枕部头皮稍肿胀，四肢自主活动存在，肌力肌张力正常，双下肢病理征阴性。头颅CT示大脑镰右旁硬膜下血肿。2017年2月16日晚，方某经抢救无效死亡。经法医检验：死者系在患有慢性肝炎、肝硬化基础上合并脾肿大、脾亢致低蛋白血症、DIC引发低血容量性休克所致死亡。由于死者生前遭受外伤致大脑镰右旁硬膜下血肿。根据《标准》5.1.3e对其生前损伤做出轻伤一级的评定。（本案例由安徽省绩溪县公安局提供）

案例14-3　损伤在前，死亡在后，损伤与死亡原因相互独立

闫某，女，38岁，2017年5月21日死亡，经法医检验，死者全身多处软组织挫伤，挫伤区域皮肤颜色呈蓝绿色改变，为陈旧性损伤。经尸体解剖及组织病理学检验，死者系脑炎所致死亡。经调查，死者因精神问题，平日经常受其丈夫殴打。为了案件办理需要，受办案单位委托，对死者生前损伤进行损伤程度评定。经法医检验，死者全身挫伤面积达6%（见图14-3[3]、图14-4[4]），根据《标准》附则6.1及5.11.3a，死者闫某生前体表损伤评定为轻伤二级。（本案例由安徽省临泉县公安局提供）

---

〔1〕 参见本书附录部分，第444页。
〔2〕 参见本书附录部分，第444页。
〔3〕 参见本书附录部分，第444页。
〔4〕 参见本书附录部分，第444页。

第三节　非机械性外力所致损伤的损伤程度鉴定

一、附则条款

6.2　未列入本《标准》中的物理性、化学性和生物性等致伤因素造成的人体损伤，比照本《标准》中的相关条款综合鉴定。

二、应用说明

《标准》条款所涉及的具体损伤主要是指常见致伤工具或致伤物形成的机械性损伤，个别条款涉及烧烫伤、电击伤、溺水等其他致伤因素。但由于致伤因素多种多样，无法穷尽其数，《标准》不可能涵盖所有的致伤因素所造成的具体损伤情形，如放射性损伤、有毒动植物损伤等所致的损伤。本条规定了本《标准》对于未列入的物理性、化学性和生物性致伤因素所造成的损伤可以进行损伤程度鉴定。

《标准》规定了此类损伤的鉴定方法——即比照《标准》中的相应条款综合鉴定。一般而言，所有损伤都会对相应的靶器官造成损害，如放射性损伤可以依据对放射性损害相对敏感的组织器官功能状态并比照相应条款进行鉴定，毒物、药物中毒可以依据重要器官功能状态进行鉴定，而精神活性物质所致损伤则可以依据智能减退或者精神障碍并比照相应条款进行鉴定。

所谓综合鉴定是指对于此类损伤进行损伤程度鉴定时，要对其致伤因素所致的原发性损伤以及与原发性损伤有直接联系的并发症和后遗症进行全面分析、综合评定。

三、鉴定要点

1.本条强调的是外界致伤因素，而非具体损伤情形，故只有未列入本标准中的物理性、化学性和生物性致伤因素造成的人体损伤才符合本条规定。

2.此类致伤因素所致的损伤应直接比照《标准》相应条款进行鉴定。

3.本条款与附则6.4之规定不同，附则6.4规定的是本《标准》未具体规定的损伤情形，是损伤结果没有规定；而本条款是指损伤手段没有规定的情形。

4.由于本条款主要是损伤手段不同，故在应用本条款时，只需结合损伤后果的相关条款即可。若由于损伤手段的原因导致损伤后果非本《标准》的规定，则是附则6.4需要考虑的问题。

案例14-4　百草枯中毒的损伤程度鉴定

孙某，女，29岁。××××年××月××日与丈夫吵架后，被殴打并逼迫喝农药“百草枯”约20mL，当即觉咽喉烧灼感、腹痛、呕吐，自饮肥皂水催吐后，入院就诊。采集孙某的血液及现场提取的残留瓶装绿色液体送公安部物证鉴定中心鉴定，均检出百草枯。孙某被丈夫逼迫喝百草枯，当即觉咽喉烧灼感、腹痛、呕吐，继而出现双肺进行性扩张不全，双侧胸腔积液，肾功能异常。其血液中及现场提取液体均检出百草枯，结合百草枯的毒理作用与中毒症状，孙某的百草枯中毒诊断明确。

根据孙某的损伤后果，比照《标准》的相应条款综合鉴定：孙某出现肾功能在短时间内突然下降而出现氮质废物滞留，血肌酐和尿素氮进行性上升，血肌酐每日平均增加大于44.2μmol/L，结合法医学检验所见，符合急性肾衰竭诊断标准。经积极治疗，肾功能得到纠正及好转，各项血生化指标逐渐趋于正常，提示孙某急性肾功能损害可恢复，最终依据本《标准》评定为轻伤二级。

第四节　损伤所致的非器质性疾病的损伤程度鉴定

一、附则条款

6.3　本《标准》所称的损伤是指各种致伤因素所引起的人体组织器官结构破坏或者功能障碍。反应性精神病、癔症等，均为内源性疾病，不宜鉴定损伤程度。

二、应用说明

本《标准》所指的损伤是外界致伤因素直接引起的人体组织器官结构破

坏或者功能障碍。而反应性精神病、癔症等与个体心理特质有关，且经过适当的心理治疗可以完全康复，故对于此类内源性疾病原则上不宜直接援引本《标准》相关条款进行损伤程度鉴定。

但由于此类疾病一般是在外伤后发作，虽不宜进行损伤程度鉴定，必要时可以对外界致伤因素与疾病发生之间的相互关系进行分析说明，以便于伤者提起民事诉讼，获得合理的赔偿。

三、鉴定要点

（一）除了反应性精神病和癔症等，心理性阴茎勃起障碍也不是外界致伤因素直接造成的组织结构破坏或者功能障碍，不宜鉴定损伤程度。

（二）当外界致伤因素与个体特质共同作用造成损害后果的，应依据伤病关系处理原则进行损伤程度鉴定。如过敏体质的个体在接触某些药物、化学物质或粉尘时会出现过敏现象，严重时可危及生命；瘢痕体质的个体体表损伤后可出现瘢痕过度增生，在面部可致面部毁容，在关节可影响关节功能。对于此类致伤因素造成的损害后果，其损伤程度的鉴定应充分考虑到自身因素，根据伤病关系处理原则进行损伤程度鉴定。

第五节 标准中未作具体规定损伤的损伤程度鉴定

一、附则条款

6.4 本《标准》未作具体规定的损伤，可以遵循损伤程度等级划分原则，比照本《标准》相近条款进行损伤程度鉴定。

二、应用说明

鉴于人体损伤的多样性和复杂性，《标准》难以列举出所有的损伤。在司法实践中，可能出现本《标准》损伤程度分级中没有的损伤情形。特别是一些少见或者罕见的损伤，如外伤性肠梗阻、女性生育能力丧失、新型人工替代组织或者人工假体损坏、放射性损害或有毒物质中毒等造成全身多器官功能障碍等，其损伤程度在《标准》中均没有具体条款规定，此时则可以根据本条规定进行损伤程度鉴定。本条款规定，当遇有这种情况，应依据损伤程度等级划分原则，并比照本《标准》损伤相近的条款进行具体分析，综合评定。

三、鉴定要点

1.本条款需与附则6.2相区分，6.2规定“凡未列入本标准中的物理性、化学性和生物性等致伤因素造成的人体损伤”，应按附则6.2之规定进行损伤程度鉴定。其强调的是致伤因素，针对的是损伤的起动因子。而本条规定凡未列入《标准》规定的具体损伤情形，则应按照本《标准》规定进行损伤程度鉴定，强调的是损伤情形，针对的是损伤结果。

2.符合了《标准》附则6.4之规定后，若不能比照本《标准》相关条文，可比照本《标准》相近条文，甚至可以在分析说明中比照多条相近条文，但原则上不可以根据附录A（损伤程度分级原则）进行损伤程度鉴定，否则有“主观大于客观”之嫌疑。

案例14-5　外伤性腹股沟疝的损伤程度鉴定

某日，被鉴定人尚某（男，40岁）因故与他人发生纠纷，被他人殴打倒地后脚踩腹部。当日以“外伤后腹部疼痛伴可复性包块2小时”入院，PE：双侧腹股沟区皮肤淤紫，压痛（+），存在包块，左侧明显，平卧消失，站立时明显，咳嗽时双侧内环口处可触及明显冲击感，余（-）。入院诊断：双侧腹股沟疝（外伤性）。2015年2月4日，被鉴定人尚某在硬腰联合麻醉下行双侧腹股沟区疝无张力修补术，术中发现双侧腹外斜肌腱膜及腹内斜肌均存在不同程度的水肿及淤血。

在《标准》中，无具体条款对外伤性腹股沟疝的损伤程度鉴定予以规定。根据《标准》6.4之条款规定：本《标准》未作具体规定的损伤，可以遵循损伤程度等级划分原则，比照本《标准》相近条款进行损伤程度鉴定。且参照《标准》中重伤、轻伤的定义之第3.2条款对轻伤的规定：“……其他器官功能部分障碍或者其他对于人身健康有中度伤害的损伤……”本案中，被鉴定人尚某腹股沟疝系在暴力作用下致腹外斜肌腱膜损伤，其暴力作用较大；另外，虽被鉴定人行手术治疗，但因腹股沟疝的临床特点，其损伤未达到危及生命或致残的程度。所以其损伤应该属于轻伤的范畴，且符合《标准》中附录A.4轻伤二级之规定。另被鉴定人尚某腹部受脚踩后致双侧腹外斜肌腱膜均有损伤，手术中见局部水肿、淤血。其出血位置在解剖结构上属于腹膜外范畴，与腹膜后有解剖结构相近之处，故其损伤程度鉴定可比照《标准》5.7.4h：腹腔积血或者腹膜后血肿执行。最后法医鉴定人综合分析本案外伤性腹股沟疝损伤程度评定为轻伤二级。（本案例由安徽省淮南市公安局提供）

第六节　对涉及盲管创及贯通创创口长度的鉴定

一、附则条款

6.5　盲管创、贯通创，其创道长度可视为皮肤创口长度，并参照皮肤创口长度相应条款鉴定损伤程度。

二、应用说明

长期以来，盲管创与贯通创的创道长度能否作为皮肤创口长度，一直存在争议，其争议点主要有二：(1)创道长度是否可以视为皮肤创口长度？(2)在当体表创口长度未达到条款规定的长度时，创道长度是否可以叠加的问题。例如：肢体皮肤创口为2cm、深度为8cm 时，创道深度的8cm是否可以叠加2cm？如可以叠加，依照相关条款则构成轻伤，如不可以叠加，无论依照创口或是创道的长度都达不到轻伤标准。

本条规定盲管创、贯通创，其创道长度可视为皮肤创口长度，并参照皮肤创口长度相应条款鉴定损伤程度。但仍然没有解决是否可以叠加的问题。

三、鉴定要点

1.盲管创或者贯通创的损伤程度鉴定可依据盲管创或者贯通创的长度，并参照皮肤创口的长度要求鉴定损伤程度。

2.在法医工作实践中，通常的做法是：同一盲管创或者贯通创的皮肤创口长度不能和盲管创的深度或者贯通创的长度累加计算，择一数值大者参照标准条款进行鉴定，这样会避免“一次损伤，多次计入”的嫌疑。

3.未成年人的创口长度计算参照附则6.18有关规定。

第七节　对牙齿外伤后牙折的定义

一、附则条款

6.6 牙折包括冠折、根折和根冠折，冠折需暴露髓腔。

二、应用说明

《标准》中涉及牙折的条款有：5.2.2n“牙齿脱落或者牙折共7 枚以上”为重伤二级、5.2.3m“牙齿脱落或者牙折共4 枚以上”为轻伤一级、5.2.4q“牙齿脱落或者牙折2 枚以上”为轻伤二级。

对于上述条款中牙齿脱落的认定多无困难，而对于牙折的认定则存在不同的争议。从临床上来看，牙折又有不同程度之分，对于轻微的牙折无明显功能障碍时是否可以视为牙齿脱落并进行损伤程度鉴定，长期以来也存在不同的争议。本条款明确规定了牙折的种类，即牙折包括冠折、根折和根冠折（见图14-5、图14-6[1]、图14-7[2]）。故本规定根折、根冠折均直接视为牙折，而冠折须暴露牙髓腔时才可以视为牙折。

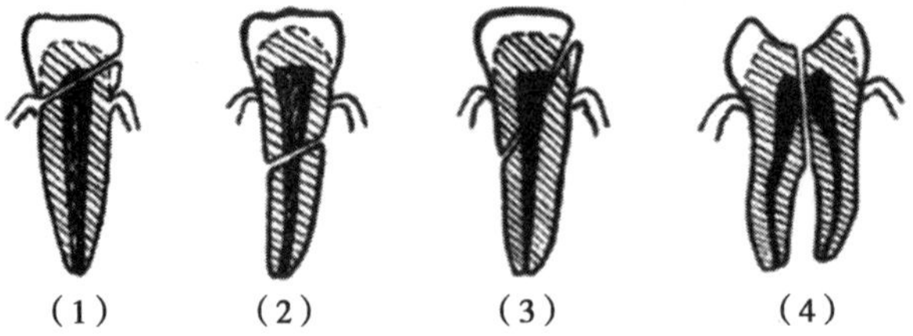

（1）冠折　（2）根折　（3）冠根联合斜折　（4）冠根联合纵折

图14-5　牙折的分类示意

〔1〕 参见本书附录部分，第445页。
〔2〕 参见本书附录部分，第445页。

三、鉴定要点

1.当牙齿冠折时，应根据伤后治疗情况判断牙髓腔是否暴露。当牙髓腔暴露时则应视为《标准》条款中的牙折，并参照《标准》相应条款进行损伤程度鉴定。

2.牙齿外伤后的损伤程度鉴定需要考虑伤病关系，特别是在牙齿脱落的情形下，由于牙周疾病的存在，牙齿更容易脱落。但外伤导致牙折时，即使存在牙周疾病，一般可以认为暴力足够强大，在损伤程度鉴定时都应该认定外伤为主。

3.对于牙折的诊断，除肉眼检查外，牙片及牙齿CT可以较好地反映牙齿折断情况，其效果优于口腔全景片。

第八节　对骨皮质砍痕和撕脱性骨折的损伤程度鉴定

一、附则条款

6.7　骨皮质的砍（刺）痕或者轻微撕脱性骨折（无功能障碍的），不构成本《标准》所指的轻伤。

二、应用说明

肢体遭锐器砍击或刺击时，在造成软组织损伤的同时会合并骨骼的轻微损伤，表现为骨皮质浅层翘起或者皮质局部轻度凹陷的砍（刺）痕。当肢体肌肉剧烈收缩时可以引起骨骼肌肉附着点微小的骨片撕脱，形成轻微的撕脱性骨折。多数情况下这种骨皮质的砍（刺）伤和轻微的撕脱性骨折对人体功能影响轻微甚至没有影响。此类损伤按照《标准》相关骨折的条款进行鉴定显然不合理，故《标准》对骨皮质的砍（刺）痕和轻微撕脱性骨折是否构成轻伤以附则的形式进行了特别规定。

对于骨皮质砍痕及撕脱性骨折是否可以理解为因骨皮质连续性的中断诊断为骨折，从而根据相关条款作出轻伤的评定，在以往的损伤程度鉴定时一直存在争议，争议还包括如何定义砍痕和撕脱性骨折。本附则条款虽对其损伤程度评定方法作出规定，但如何定义骨皮质砍痕及撕脱性骨折仍然没有明确。

三、鉴定要点

1.砍痕的定义：在司法实践中，法医常遇见主要是颅骨和四肢长骨上的砍痕。颅骨上的砍痕一般以板障为界，未达到板障的骨质损伤定义为砍痕为宜，而在四肢长骨上的砍痕以未达骨松质或未超过骨密质的骨质损伤定义为宜（见图14-8〔1〕、图14-9〔2〕）。在其他类型的骨骼上的砍痕定义可参照四肢长骨执行。另外，砍痕的定义其实也在于"痕"的定义，超过"痕"范围的骨皮质较大的裂开显然已经不属于砍痕的范畴。

2.撕脱性骨折的定义：撕脱性骨折一般是指因肌肉收缩牵拉，使与肌腱相连的骨突起、粗隆或全部骨质的分离。其要点是肌腱相连部位的骨质分离。撕脱性骨折好发于胫骨髁间隆突、尺骨鹰嘴、远节指骨基底部、踝关节等部位（见图14-10〔3〕、图14-11〔4〕）。

3.若撕脱性骨折造成活动功能受限或者影响活动功能，其骨折性质已不属于本附则条款所规定之内容。在损伤程度评定时，原则上可以依据相应的骨折条款直接认定伤情等级，若撕脱性骨折影响关节功能，可参照其关节功能进行损伤程度鉴定。

第九节　对大血管、大关节、重要神经、重要血管的定义

一、附则条款

6.8　本《标准》所称大血管是指胸主动脉、主动脉弓分支、肺动脉、肺静脉、上腔静脉、下腔静脉、腹主动脉、髂总动脉、髂外动脉、髂外静脉。

6.9　本《标准》四肢大关节是指肩、肘、腕、髋、膝、踝等六大关节。

6.10　本《标准》四肢重要神经是指臂丛及其分支神经（包括正中神经、

〔1〕 参见本书附录部分，第445页。
〔2〕 参见本书附录部分，第445页。
〔3〕 参见本书附录部分，第445页。
〔4〕 参见本书附录部分，第446页。

尺神经、桡神经和肌皮神经等）和腰骶丛及其分支神经（包括坐骨神经、腓总神经、腓浅神经和胫神经等）。

6.11　本《标准》四肢重要血管是指与四肢重要神经伴行的同名动、静脉。

二、应用说明

（一）关于大血管

《标准》中涉及大血管的条款有：5.5.1a颈部大血管破裂、5.6.2j胸腔大血管破裂、5.7.2a腹腔大血管破裂。为了和《标准》条款相匹配，需要明确大血管的具体名称。由于条款都是重伤二级起步，所以大血管的破裂一般会导致《标准》附录A中A.1或A.2的后果。从人体的解剖结构来看，附则6.8规定的大血管符合此标准。

（二）关于重要血管

《标准》中涉及重要血管的条款有：5.9.4c四肢重要血管破裂。本附则条款明确规定了此重要血管指与四肢重要神经伴行的同名动、静脉，根据附则条款6.10之规定，其指：（1）四肢重要动脉，包括上肢的腋动脉、肱动脉、正中动脉、桡动脉、尺动脉等，下肢的股动脉、胫动脉、腓总动脉、腓深动脉、腓浅动脉等。（2）四肢重要静脉，包括上肢的腋静脉、肱静脉、正中静脉、桡静脉、尺静脉等，下肢的股静脉、胫静脉、腓总静脉、腓深静脉、腓浅静脉等。

（三）关于大关节

《标准》中涉及大关节的条款有：5.9.1b、5.9.2a、5.9.3a、5.9.4a、5.9.4h。本附则条款明确规定了大关节是指肩、肘、腕、髋、膝、踝等六大关节。

（四）关于重要神经

《标准》中涉及重要神经的条款有：5.9.4b四肢重要神经损伤。本附则条款明确规定了四肢重要神经是指臂丛及其分支神经（包括正中神经、尺神经、桡神经和肌皮神经等）和腰骶丛及其分支神经（包括坐骨神经、腓总神经、腓浅神经和胫神经等）。

三、鉴定要点

1.大血管损伤鉴定可直接依据原发性损伤而无须考虑并发症或者后遗症，缩短鉴定时限、提高司法效率。

由于《标准》涉及大血管的是颈部、胸部、腹部，由于髂动脉及髂外动脉、髂外静脉的解剖位置已在腹部平面以下，而在盆部损伤条款中也没有对此作出规定，若损伤致上述血管破裂时建议比照5.7.2a腹腔大血管破裂予以鉴定。因为大血管的破裂是可以达到“危及生命”的重伤定义。另外，《标准》5.5.1a规定颈部大血管破裂为重伤一级，但对于颈部大血管的定义，若根据附则6.8“大血管是指……主动脉弓分支……”主动脉弓的分支分到哪一级则很难把握。公安部《人体损伤程度鉴定标准释义》中：“颈部大血管特指颈总动脉”。司法部《人体损伤程度鉴定标准适用指南》，“位于颈部的大血管主要是指左颈总动脉以及由头臂干分出的右颈总动脉。本《标准》所称的颈部大血管特指颈总动脉”。虽公安部及司法部都已定义，但根据颈部血管的特点及其重要性，笔者认为，颈部大血管应该定义为颈总动脉及其分支（包括颈外动脉和颈内动脉）更为合理，而且和本附则条款更为契合。

2.对于四肢部位重要血管的损伤，一般也可以直接根据原发性损伤作出轻伤二级的损伤程度评定，但若出现严重并发症或后遗症，可根据损伤后果进行补充鉴定。

对非四肢部位的重要血管破裂一般都会伴有组织器官的严重损伤或出现严重的并发症，如肾动、静脉损伤可出现腹腔内或腹膜后血肿、并发失血性休克等。有时候为了案件办理的需要，可以先比照四肢重要血管损伤作出轻伤二级的鉴定，待伤情稳定后可以根据并发症对其损伤程度作出补充鉴定。

3.对于重要神经的损伤如重要血管损伤一样，也可以直接根据原发性损伤作出轻伤二级的损伤程度评定，但如遗留肌瘫（肌力3 级以下）应依照《标准》相应条款鉴定为重伤二级。

4.对于本条未明确规定的其他周围神经损伤是否鉴定为轻伤，应视神经损伤是否明显影响活动功能，具体情况具体分析，综合评定。

5.对于四肢重要神经的分支（如桡神经的浅支和深支）等损伤，需要根据功能的丧失程度来进行损伤程度评定，不宜直接参照“四肢重要神经”予以损伤程度评定。

案例14-6　髂外动脉破裂的损伤程度鉴定

2017年5月29日，被鉴定人郭某被他人用刀刺伤左髂部，当即出现疼痛及活动性出血，经简单包扎后送当地医院治疗。入院检查：BP90/60mmhg，HR112次/分，R21次/分，局部血肿形成，四肢末梢触及湿冷。急诊手术见左髂外动脉、左髂外静脉断裂，术中出血2000ml。诊断：左髂动静脉破裂、失血性休克。后经法医检验鉴定，依据《标准》附录A.2、附则6.4、5.7.2a对上述损伤做出重伤二级的损伤程度评定。

第十节 对幼女或儿童的定义

一、附则条款

6.12 本《标准》幼女或者儿童是指年龄不满14 周岁的个体。

二、应用说明

出于对幼女和儿童的保护，本条款旨在对《标准》条款中所涉及的幼女和儿童的年龄进行明确界定，即幼女为未满14 周岁的女性，儿童为未满14 周岁的个体。

其实在《标准》中涉及幼女的条款只有5.8.21幼女阴道Ⅱ度撕裂伤。没有涉及儿童的具体条款，只是在附则6.18中不同年龄段体表损伤的界定涉及儿童。

三、鉴定要点

1.当涉及幼女会阴部损伤时，应要求委托方提供被鉴定人的出生证明、户籍资料等以明确其真实年龄。当不能证明其真实年龄时应进行骨龄鉴定。

2.儿童体表损伤参照附则6.18执行。

案例14-7 幼女阴道撕裂伤的损伤程度鉴定

2017年4月4日14时许，朱某在凌杨市金河镇课坎村下塘625号，将钱某某（女，2011年4月2日出生，住凌杨市金河镇课坎村下塘625号）带至二楼北侧房间内，用左手伸入钱某某阴道，致使钱某某阴道裂伤。2017年5月18日凌杨市公安局法医对钱某某进行人体损伤程度鉴定。

本案中被害人钱某某2011年4月2日出生，至2017年4月4日被伤害时，年龄6周岁，未满14周岁，属幼女；另根据病历记载，钱某某阴道撕裂伤属于Ⅱ度撕裂，依据《标准》5.8.21幼女阴道Ⅱ度撕裂伤之规定，其损伤程度评定为重伤二级。（本案例来自2017年公安部盲测）

第十一节　对假体损坏的损伤程度鉴定

一、附则条款

6.13　本《标准》所称的假体是指植入体内替代组织器官功能的装置，如：颅骨修补材料、人工晶体、义眼座、固定义齿（种植牙）、阴茎假体、人工关节、起搏器、支架等，但可摘式义眼、义齿等除外。

二、应用说明

《标准》中涉及假体的条款为：5.12.41各种置入式假体装置损坏需要手术更换或者修复。

随着生活水平的提高，人们会通过各种整形手术来改善体形、容貌或者生理功能。随着医学的发展、科技的进步，许多疾病或损伤通过组织器官的移植或者人工组织器官的替代都能够获得治疗和好转。这些原本不属于人体的物质通过医疗手段成为人体的组成部分，与人体融为一体，甚至密不可分，保持着人体的外形，承担着人体的功能，还可能维系着人的生命。

从法律上讲，人体中的这些假体、移植物或者人工组织器官就具有受法律保护的人身权的法律属性。因此，由于不法侵害造成人体中假体、移植物和人工组织发生结构破坏、功能受损，甚至丧失再次移植或置换条件，也应当进行人体损伤程度鉴定。但一般来说，植入人体的假体因为都有可替代性，所以《标准》5.12.41对假体损坏一律评定为轻伤二级。

三、鉴定要点

1.对于本条规定范围内的假体损坏可直接依照相应条款进行损伤程度鉴定。

2.本条款强调的是植入体内或与人体有机结合在一体的假体，故可摘式义眼、义齿等不属于《标准》5.12.41中假体的范畴。

3.对于未明确列出的假体损坏是否需要进行损伤程度鉴定需具体情况具体分析，综合评定。必要时可依照附则6.4之规定，并比照本条款进行损伤程度鉴定。

第十二节　对移植器官、再植或再造成活器官的损伤程度鉴定

一、标准条款

附则6.14　移植器官损伤参照相应条款综合鉴定。

附则6.15　本《标准》所称组织器官包括再植或者再造成活的。

二、应用说明

《标准》规定了移植器官损伤应进行损伤程度鉴定，并且规定了移植器官损伤程度鉴定的方法。所谓综合鉴定，是指对于移植器官损伤程度鉴定要考虑到移植器官损伤当时器官形态和功能等具体情况，具体分析，综合评定。

《标准》所称组织器官包括再植或者再造成活的组织器官。换言之，再植或者再造成活的组织器官损伤后也应进行损伤程度鉴定。再植主要包括：断肢再植、断指（趾）再植等。再造主要包括：指（趾）再造。

三、鉴定要点

1.当移植器官形态结构和功能状态均接近自体器官功能时，其损伤程度应依照相应条款进行鉴定。

2.当移植器官形态结构和功能状态与正常自体器官具有明显差异时，应依照伤病关系处理原则，适当降低损伤程度等级。

3.移植器官必须是移植成活的器官。

第十三节　对组织器官缺失的定义及器官离断的损伤程度鉴定

一、标准条款

附则6.16　组织器官缺失是指损伤当时完全离体或者仅有少量皮肤和皮下组织相连，或者因损伤经手术切除的。器官离断（包括牙齿脱落），经再植、再造手术成功的，按损伤当时情形鉴定损伤程度。

二、应用说明

《标准》中涉及组织器官缺失或者离断的主要有眼、耳、牙、乳房、生殖器官、肢体等。本条款对组织器官缺失进行了定义，以及对器官离断后的损伤程度鉴定进行了规定。

组织器官缺失和离断并不完全相同。组织器官缺失强调的是损伤后果，既包括外界致伤因素直接造成的原发性损伤，也包括因缺血坏死、医疗干预等形成的最终损害后果。而组织器官离断强调的是损伤当时的情形，即外界致伤因素直接造成的原发性损伤。

三、鉴定要点

1.在组织器官因缺血坏死、医疗干预因素等原因造成缺失的，一般情况下，可不考虑介入因素对损伤程度鉴定的影响，但外来介入因素对后果的作用明显强于损伤本身所致的结果，建议运用伤病关系处理原则对损伤程度进行鉴定。

2.当再植或者再造组织器官形态结构和功能状态均接近自体器官功能时，其损伤程度应依照相应条款进行鉴定。

当再植或者再造组织器官形态结构和功能状态与正常自体器官具有明显差异时，应依照伤病关系处理原则，适当降低损伤程度等级。

第十四节　多部位同类损伤的鉴定

一、标准条款

附则6.17　对于两个部位以上同类损伤可以累加，比照相关部位数值规定高的条款进行评定。

二、应用说明

在《标准》中，损伤是以人体解剖部位进行区分，但损伤有时候会出现在多个解剖分区，有时候损伤出现跨部位现象。由于不同部位的损伤在条款中的标准不同，故有必要对于多部位的损伤，特别是同类损伤进行规定。

在以往的损伤程度鉴定中，很多鉴定人把“系数相加”用于推断皮肤创口长度。由于“系数相加”的概念学术运用大于实践运用，“系数相加”是否能够用于损伤度鉴定以及其运用的科学性都值得商榷，为了避免根据所谓的“系数相加”推断皮肤创口长度，本附则条款对鉴定此类损伤时进行了规定。

三、鉴定要点

1.对于同类损伤的理解：本条款中的同类损伤应该理解为损伤类型相同。（如同为创、同为瘢痕、同为挫伤等）

2.所谓两个部位以上同类损伤可以累加，主要是指两个部位以上的创口（或者瘢痕）可以累加，如面部的创口（或者瘢痕）长度可以与头皮的创口（或者瘢痕）长度累加，并引用头皮创口（或者瘢痕）长度的相关规定鉴定损伤程度。同样，面部、头部的创口（或者瘢痕）长度可以与肢体的创口（或者瘢痕）长度累加，并引用肢体创口（或者瘢痕）长度的规定鉴定损伤程度（见图14-12）[1]。

对于其他同类损伤，如双耳听力减退、双眼视力减退、肢体多处骨折、双

---

〔1〕 参见本书附录部分，第446页。

手功能障碍、双侧眼睑缺损等损伤程度鉴定均有具体条款规定，因此对于此类损伤不能依照本条规定进行简单相加。

对于跨部位的单条创口或者瘢痕的损伤程度鉴定，公安部《人体损伤程度鉴定标准释义》提出以“系数相加”方法计算长度，而司法部《人体损伤程度鉴定标准适用指南》没有提及。本着附则条款的法律效力优势，建议在跨部位的创口或者瘢痕的损伤程度鉴定时，一律运用附则6.17进行鉴定，不再任意扩大或延伸相关解释。

第十五节　不同年龄段体表损伤的数值计算

一、标准条款

附则6.18　本标准所涉及的体表损伤数值，0～6 岁按50%计算，7～10 岁按60%计算，11～14 岁按80%计算。

二、应用说明

《标准》的条款是以成年人为默认标准制定，如果未成年人按《标准》条款评定损伤，则会出现“伤重轻定”的现象，这样的结果显然不利于对未成年人的保护。由于成年人与未成年人所涉及的损伤差别主要集中在体表损伤的条款上，故本附则条款对此作出规定。

三、鉴定要点

1.本条款是针对体表损伤而言，非体表损伤不能采用年龄分级法。凡依据皮肤擦挫伤、皮肤创口（包括盲管创和贯通创）、皮肤瘢痕、皮肤撕脱伤、皮肤烧烫伤等鉴定损伤程度的，均应依照本条规定。根据被鉴定人的年龄大小，计算损伤程度评定的数值要求。如被鉴定人8岁，则面部创口2.7cm即达到轻伤二级标准（条款中面部创口轻伤二级要求长度达到4.5cm，而8岁的儿童的创口长度按60%计算）。

2.鉴定时需要求委托方提供被鉴定人的出生证明、户籍证明等确定被鉴定人的年龄，当无相关证明材料证明其真实年龄时，可通过骨龄鉴定对被鉴定人年龄进行测定。由于骨龄测定的结果一般不以绝对值的形式存在，而是以年龄区间的形式表现（如被鉴定人的年龄在×~××之间），建议在运用骨龄结果时，本着“损伤程度鉴定就低不就高”的原则从严取值。

3.根据我国相关法律，通常“岁”是指“周岁”。故本条款中的“岁”都应该以“周岁”计。

4.在司法部编著的《标准》适用指南中，本附则条款的理解为：本条“0~6岁”是指小于或等于6周岁；“7~10岁”是指大于6周岁，小于或等于10周岁；“11~14岁”是指大于10周岁，小于或等于14周岁。从文理上来说，显然上述解释不如下列解释合理：0~6岁包含7周岁以下（不含7周岁）；7~10岁包含7周岁以上、11周岁以下（不含11周岁）；11~14周岁包含11周岁以上、15周岁以下（不含15周岁）。譬如说：被鉴定人2012年7月1日出生，被伤害日期为2018年9月1日，此时被鉴定人显然未达到7周岁，但却被划入7~10岁的标准，显然对被鉴定人的保护不利。但上述解释却有着与损伤程度鉴定从严把握的精神契合的地方。但若据此出具鉴定文书，鉴定意见很容易在法庭上遭到质疑，甚至不予认可，建议法医工作者在遇到此类案件时慎重处理。

案例14-8　面部瘢痕的法医学鉴定

高××，男，2015年8月21日出生，2016年10月11日11时许，高××被他人驾驶的旋耕机的旋耕机尾旋中，高××身体多处受伤住院。

法医学检验见高××右侧面颊多条条状瘢痕，其中右眼睑下至右耳廓乳突上一横行走向瘢痕长12.7cm，其中面部长6.7cm（面部中心区长3.1cm），发际内长6.0cm（见图14-13）[1]。

被鉴定人高××的年龄不足2周岁，属于0~6岁范畴，依据《标准》6.18之规定，其体表损伤数值按50%计算。另《标准》5.2.2 a规定“面部条状瘢痕（50%以上位于中心区），单条长度10.0cm……”故被鉴定人面部瘢痕6.7cm（中心区3.1cm）已符合重伤二级范畴。（本案例由安徽省阜阳市公安局提供）

---

〔1〕 参见本书附录部分，第446页。

第十六节　对标准条款中数字的理解

一、标准条款

附则6.19　本《标准》中出现的数字均含本数。

二、应用说明

人体损伤是个复合的、复杂的机体变化，很难以数字的形式来表现。但在人体损伤程度鉴定时，有些损伤在损伤种类明确后需要用数字来量化，以便于损伤程度等级的划分，同时可以使鉴定的操作显得更为客观。

《标准》分则条款430余条，其中涉及数字的条款近120条170余处。为了避免因数字引起争议，本条明确规定了本《标准》条款中具体数字的适用范围。

三、鉴定要点

1.本标准中出现的数字表现为“×××”或“×××以上”的均含本数，如“挫伤面积累计达体表面积10%”，即包括本数10%；“头皮创口或者瘢痕长度累计8.0cm 以上”，即包括本数8.0cm，其他以此类推。

2.从国人使用文字的习惯及我国一些法律中使用数字时的有关解释，“×××以下”一般不包含本数字。但《标准》中有些条款涉及“×××以下”，按照本条款的规定，是包含本数字的。如条款5.1.1b）四肢瘫（三肢以上肌力3级以下），三肢以上的三应包括三，就是三肢或四肢，而肌力3级以下，也是包含肌力3级的。

（方俊杰　阮　磊）

参考文献

1.朱广友、范利华、夏文涛等:《〈人体损伤程度鉴定标准〉理解与适用——附则》，载《法医学杂志》2014年版。

2.袁定威、王梽、王菲:《百草枯中毒损伤程度鉴定1例》，载《中国法医学杂志》2016年版。

附　录

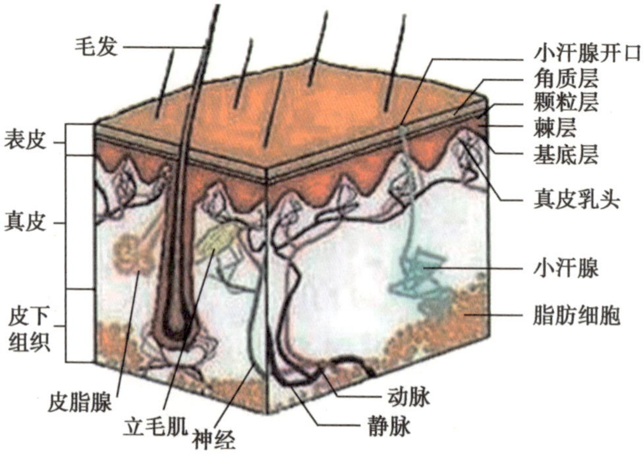

图4-3　皮肤组织结构示意

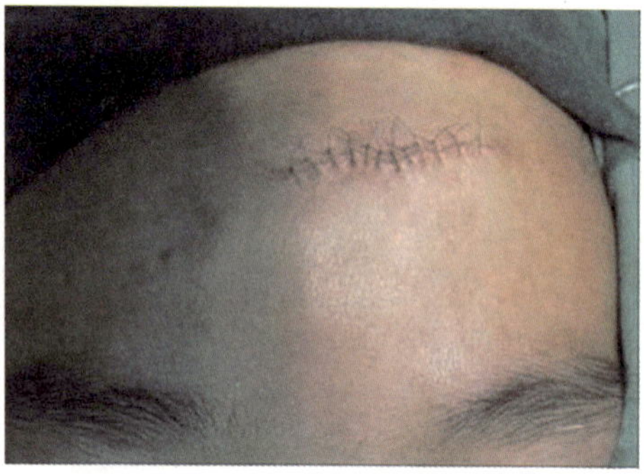

图4-5　额部表浅疤痕

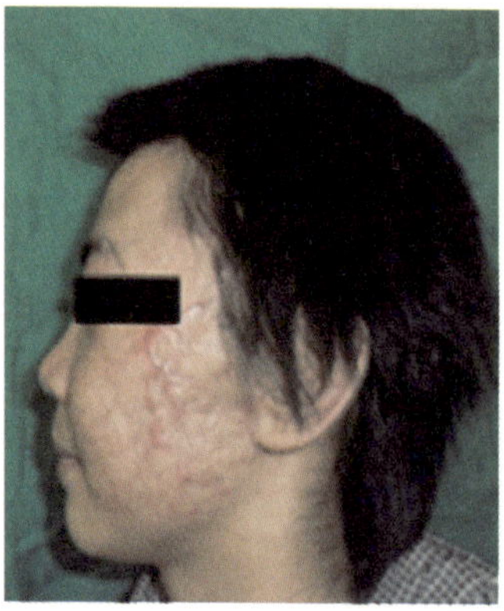

图4-6　增生瘢痕

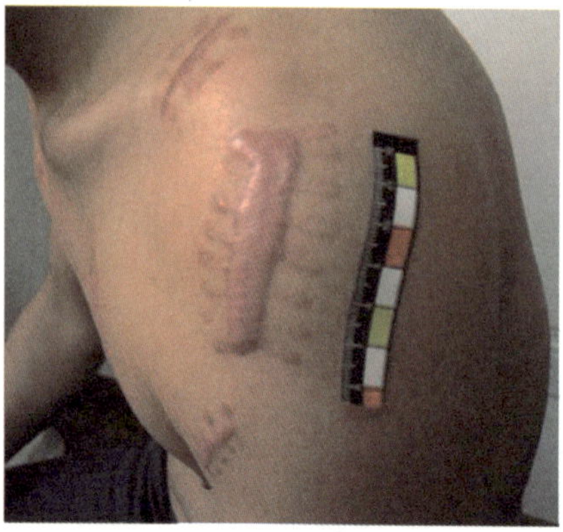

图4-7　瘢痕疙瘩

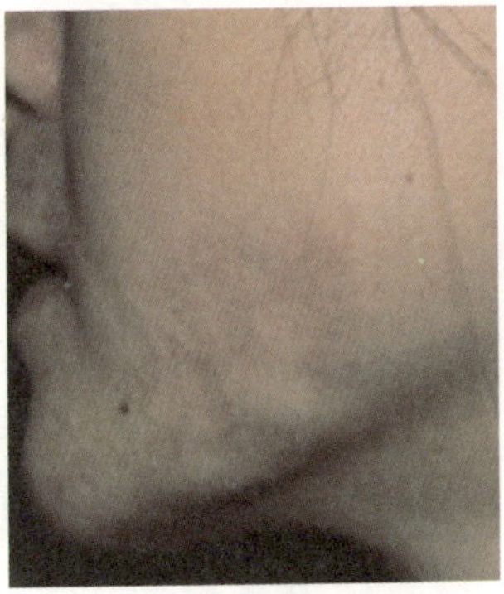

图4-8　萎缩性疤痕

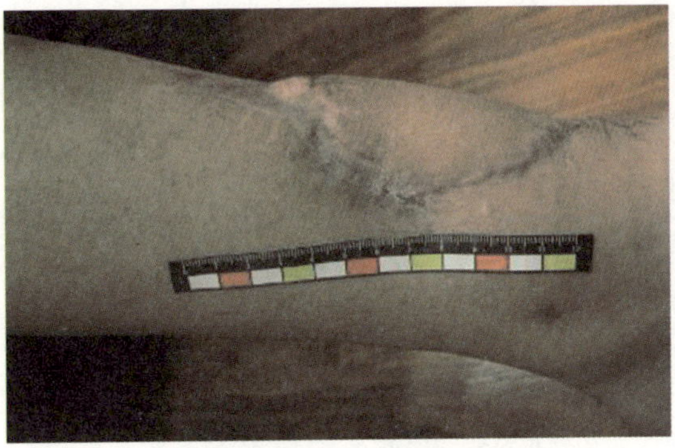

图4-9　凹陷性疤痕

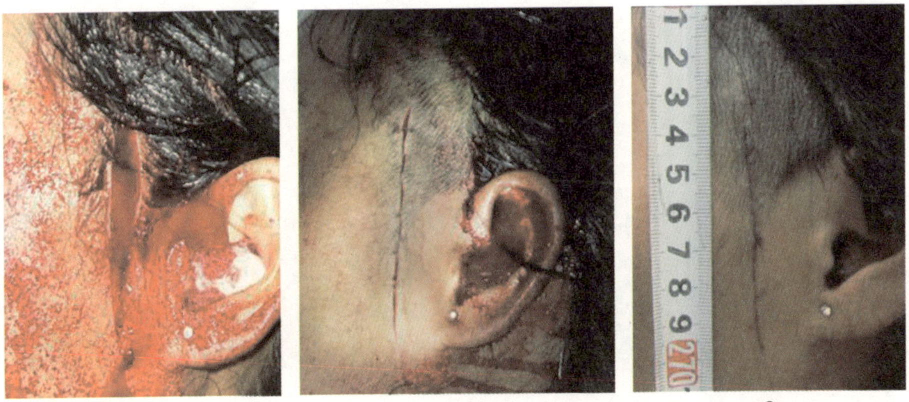

1　　2　　3

1.受伤当时　2.缝合　3.伤后检查

图4-10　面部创口

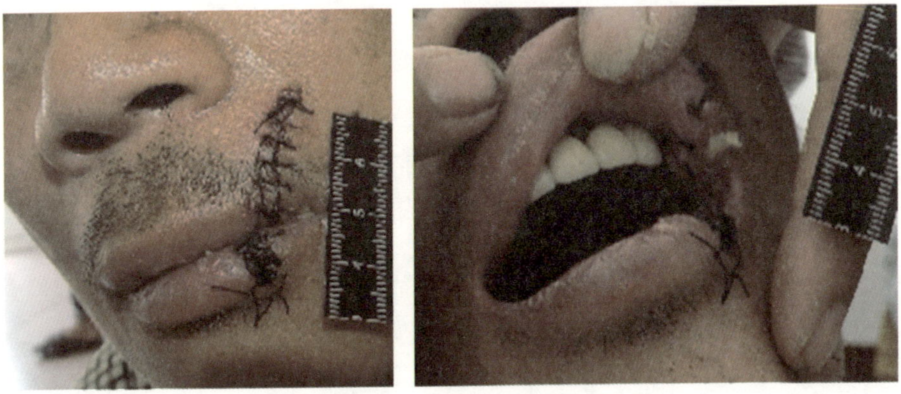

图4-11　口唇全层裂创

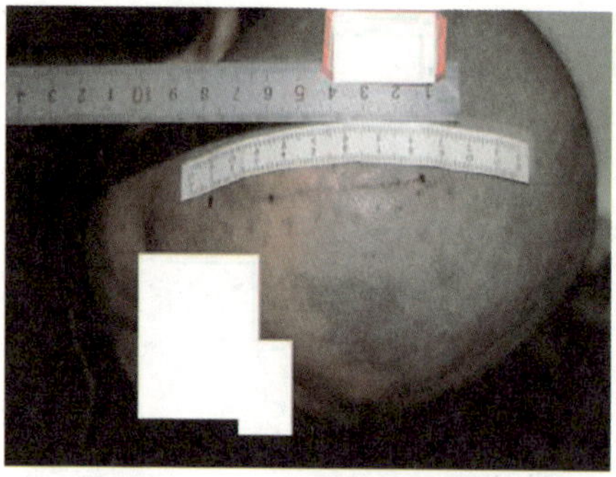

图4-12　跨部位疤痕

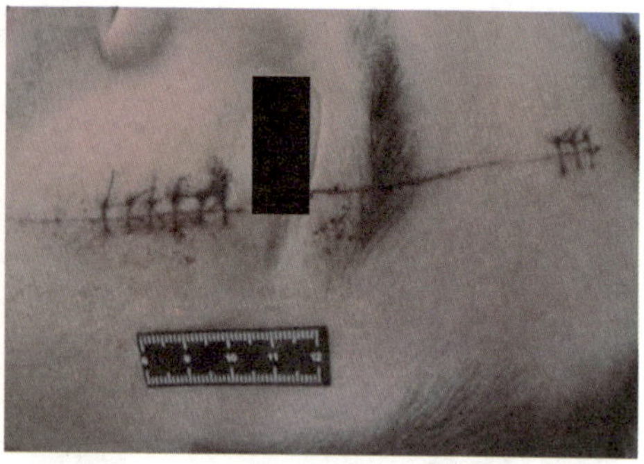

图4-13　间断疤痕

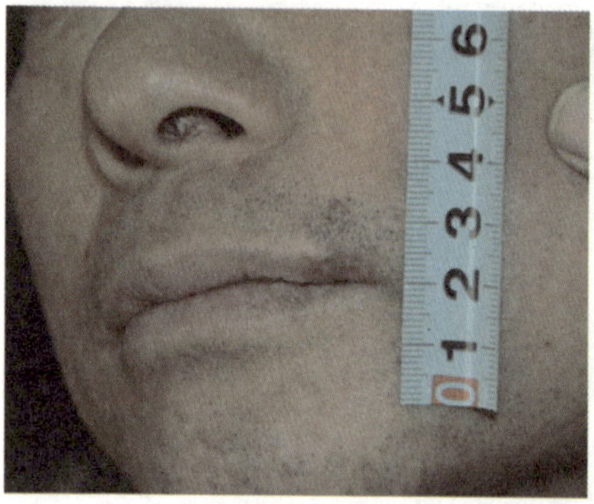

1

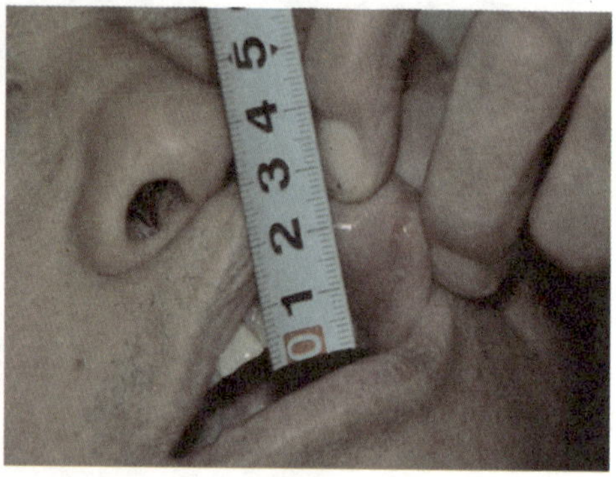

2

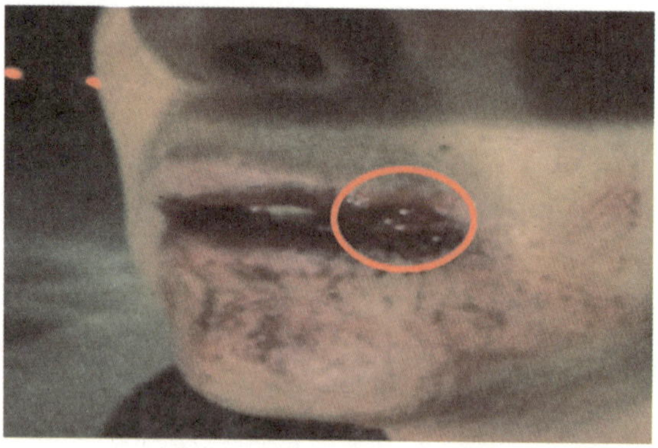

3

1.上唇左侧唇红损伤　2.上唇左侧口腔黏膜损伤　3.受伤当时照片

图4-14　口唇损伤

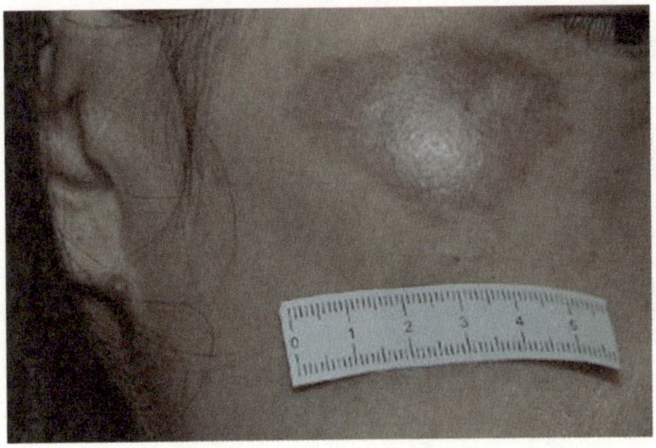

图4-15　面部色素异常

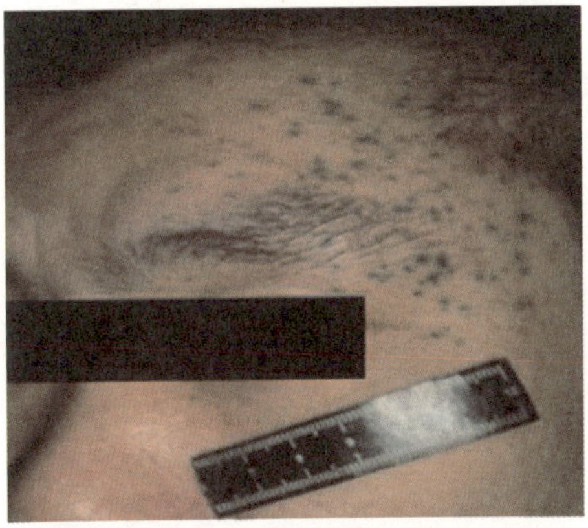

图4-16　额部色素异常

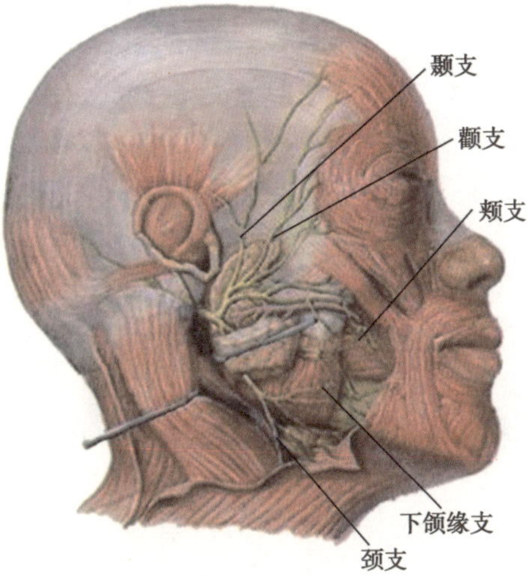

图4-17　面神经解剖

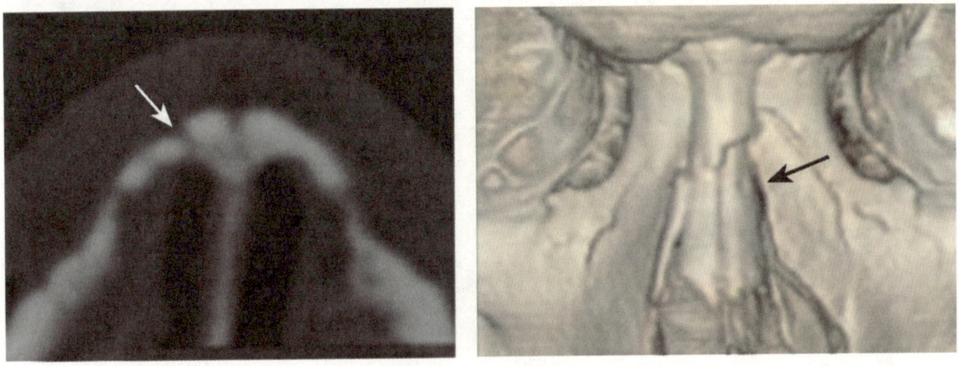

图4-23　鼻骨孔

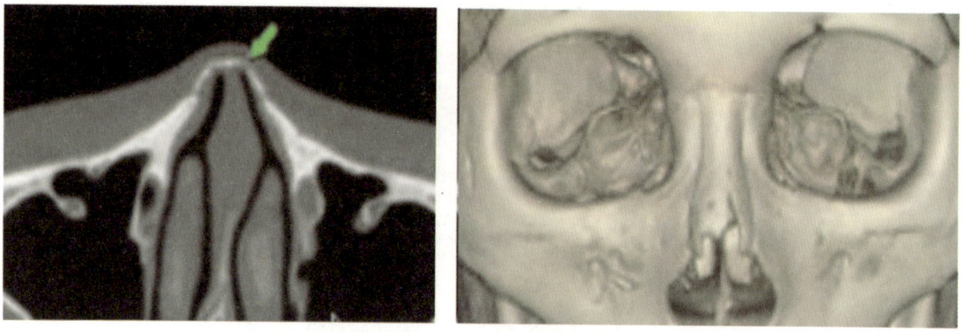

左侧鼻骨外下方边缘规则的裂隙与"缺如"

图4-24　正常变异

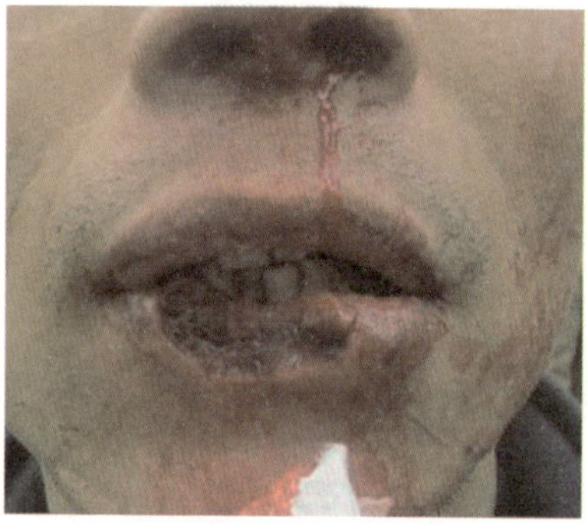

图4-28　口唇咬伤

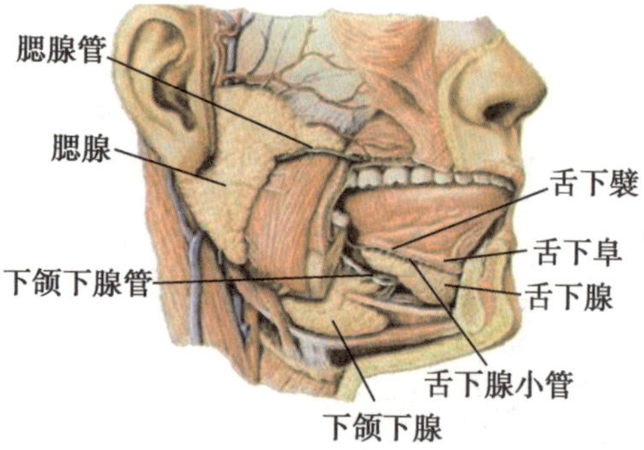

图4-32　唾液腺结构

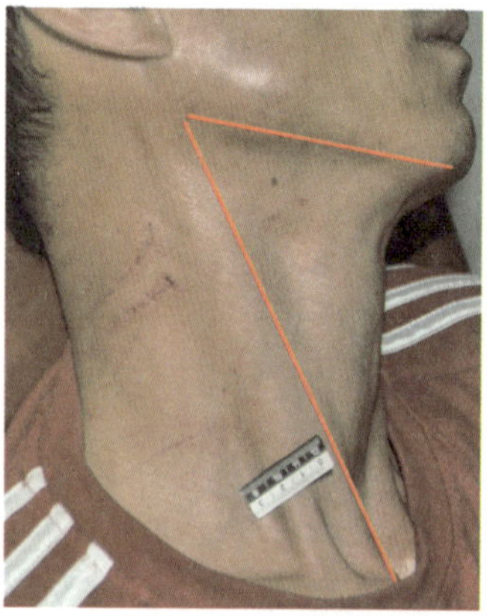

图5-2　颈前三角区

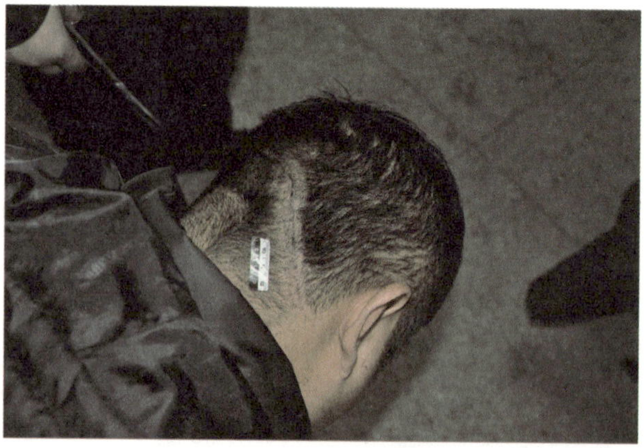

图5-3　枕项部瘢痕

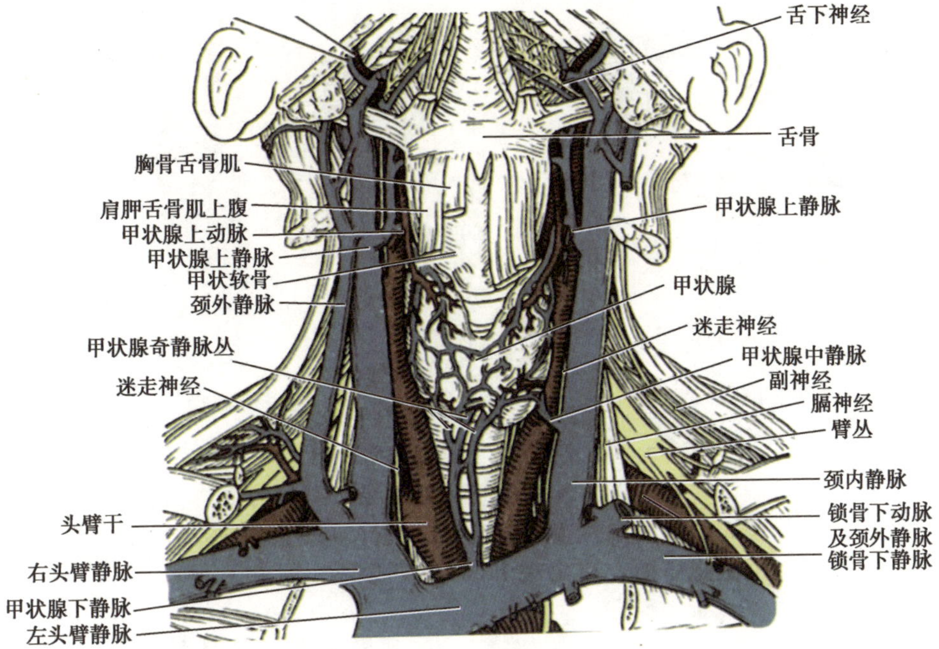

图5-4　颈部血管

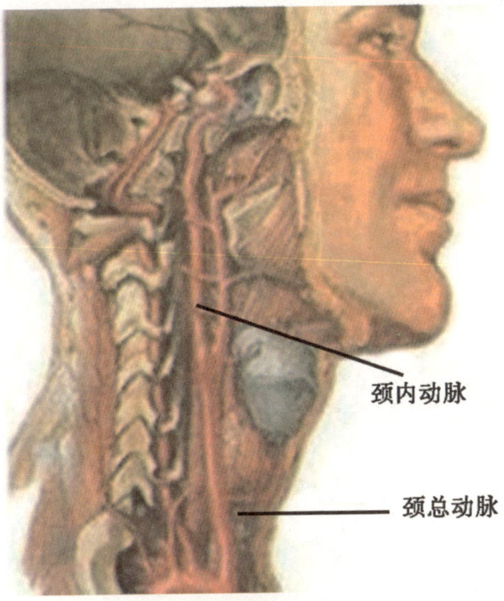

图5-5　颈部血管

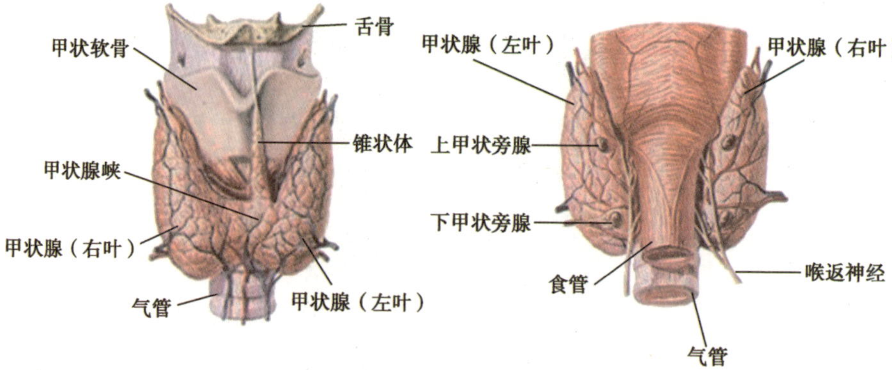

甲状腺（前面观）　　甲状腺（后面观）

图5-6　甲状腺解剖

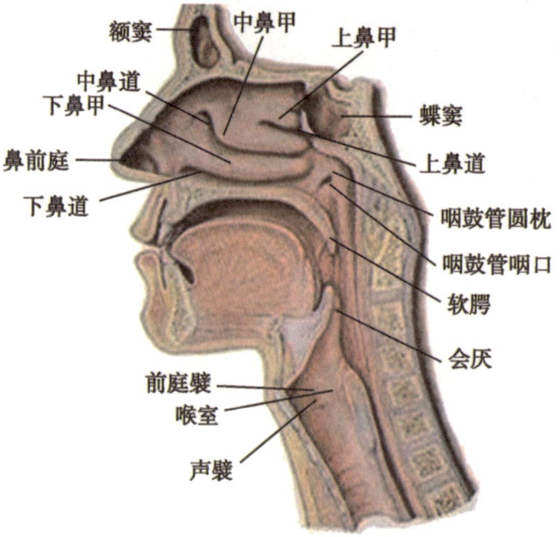

图5-7　咽喉部解剖结构

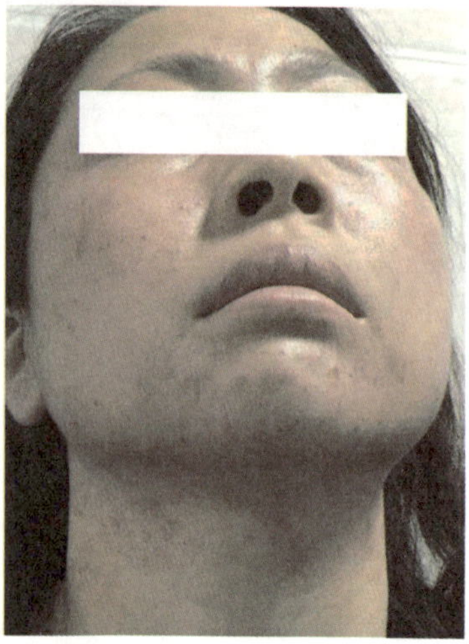

图5-8　颜面部窒息征象

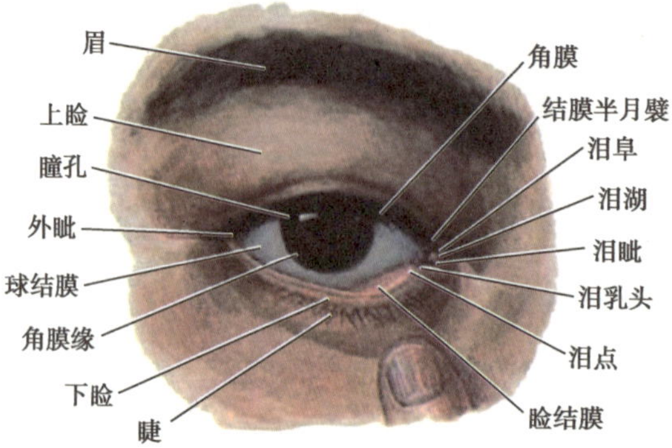

图6-1　眼部结构

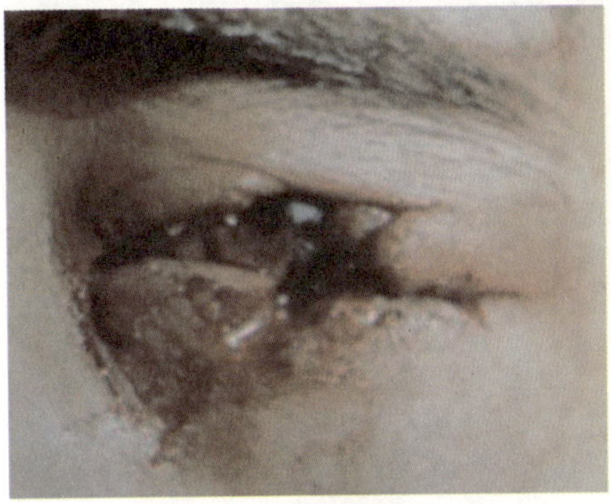

图6-2　眼睑缺失

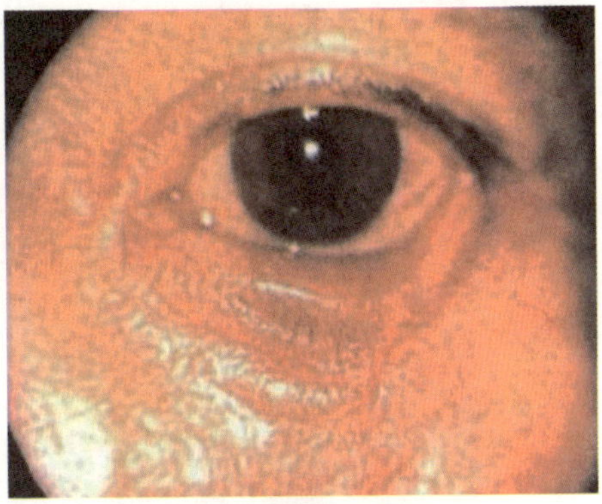

图6-3　瘢痕致下睑外翻

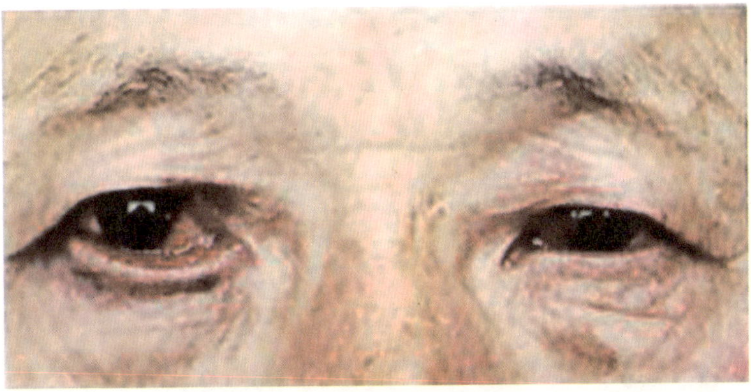

图6-4　老年性眼睑外翻

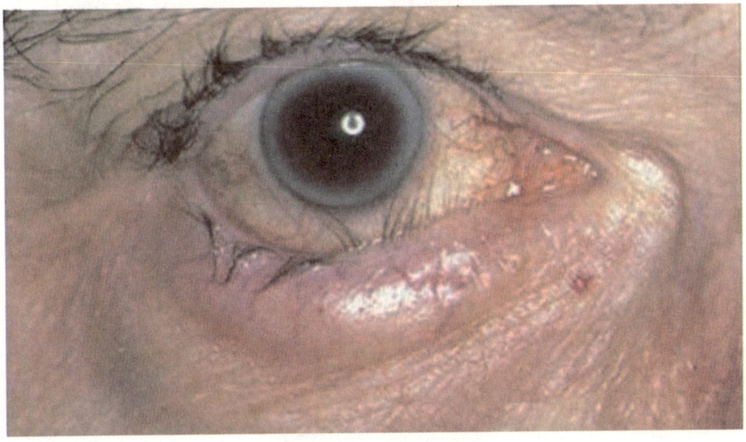

图6-5　眼睑内翻

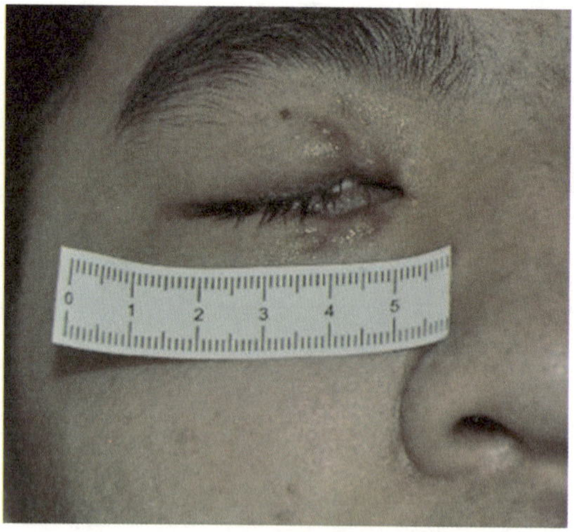

图6-6　疤痕致眼睑闭合不全

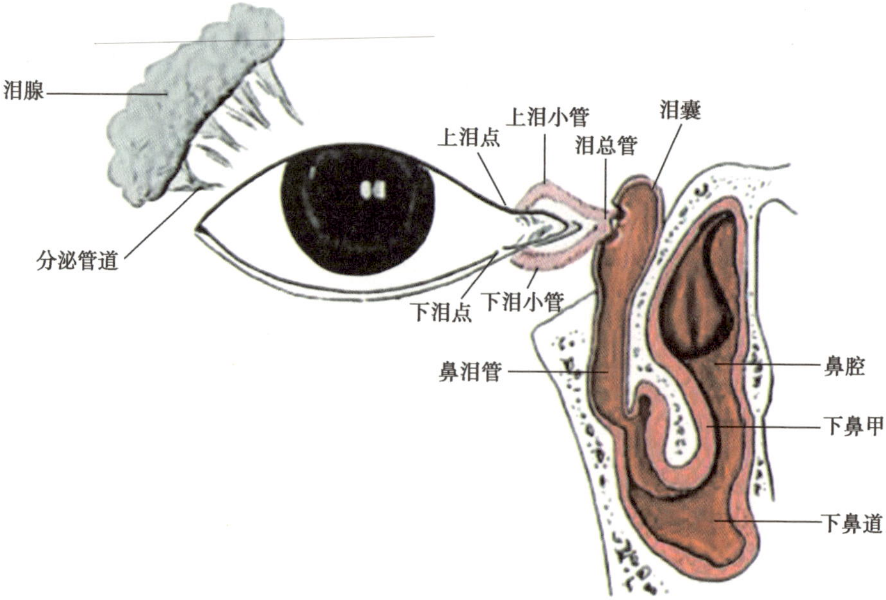

图6-10　泪器结构示意

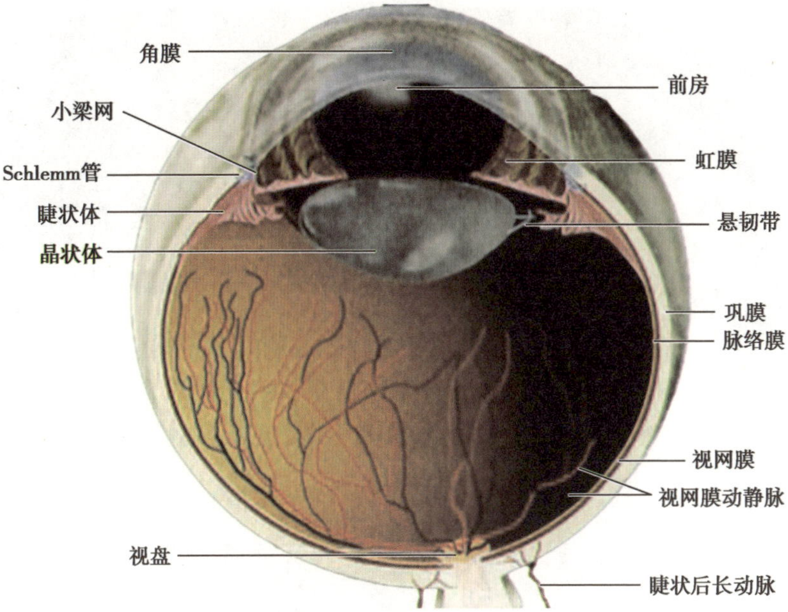

图6-11 眼球结构示意

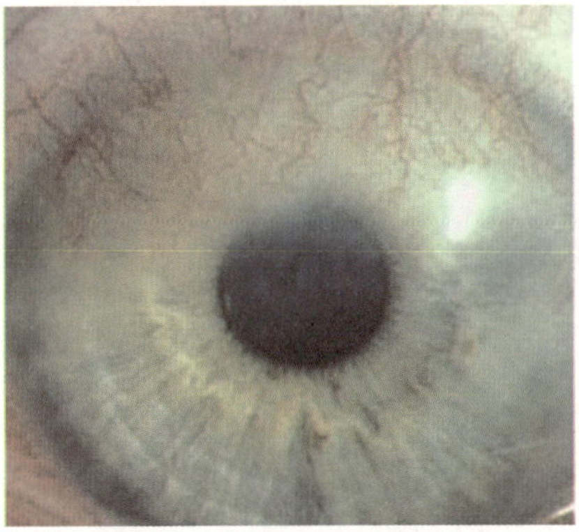

图6-12 角膜血管翳

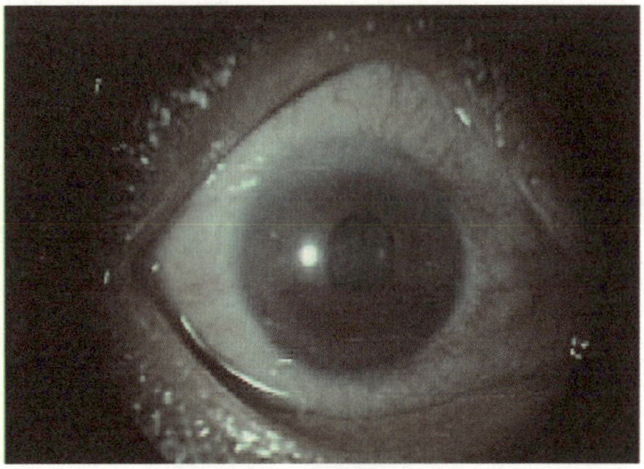

图6-13 前房积血

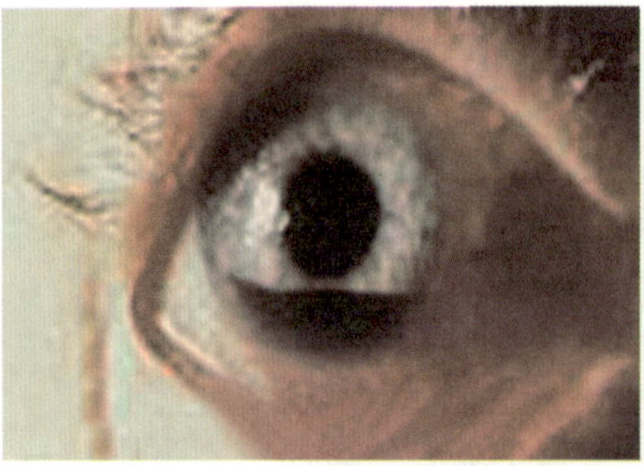

1

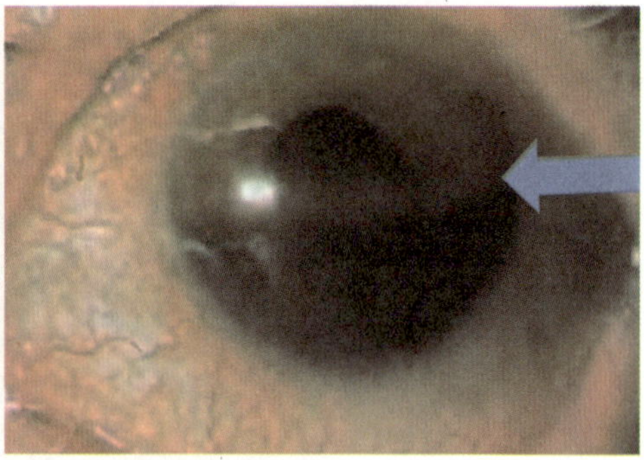

2

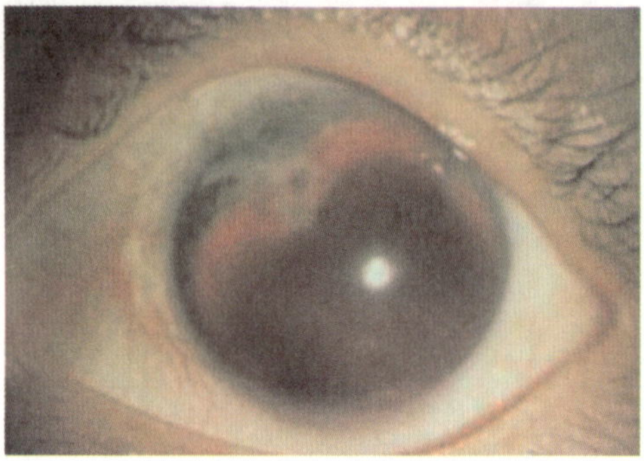

3

1. Ⅰ级　2. Ⅱ级　3. Ⅲ级

图6-14　前房积血分级

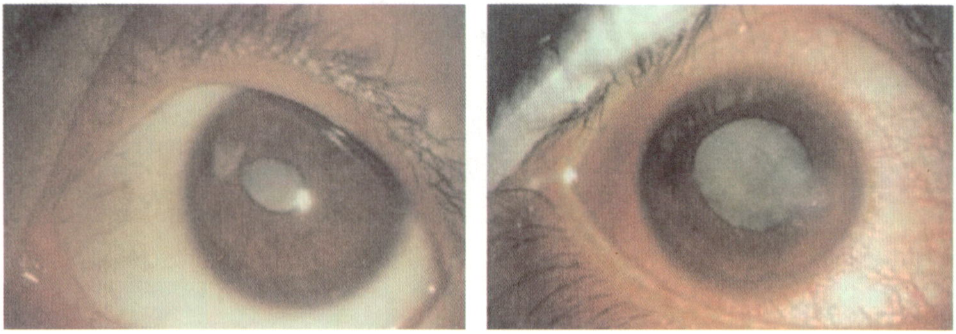

图6-15　外伤性白内障

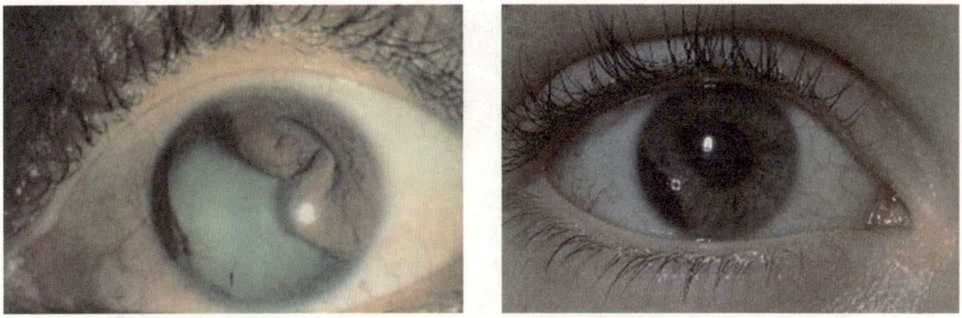

图6-16　虹膜根部离断

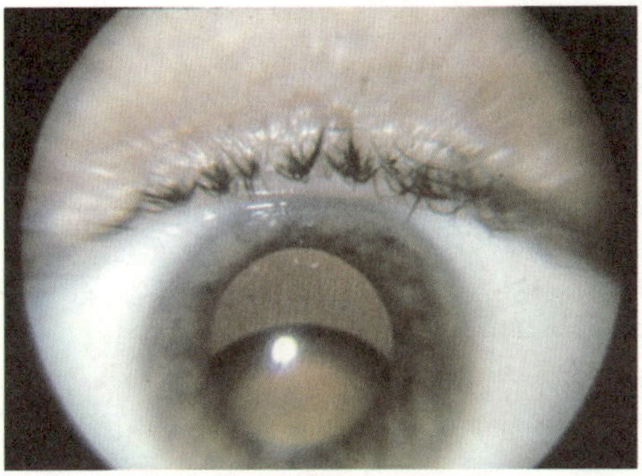

图6-18　晶状体半脱位

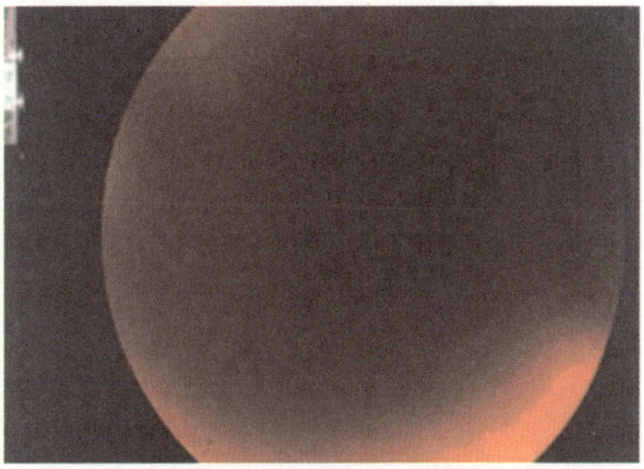

图6-19　玻璃体积血

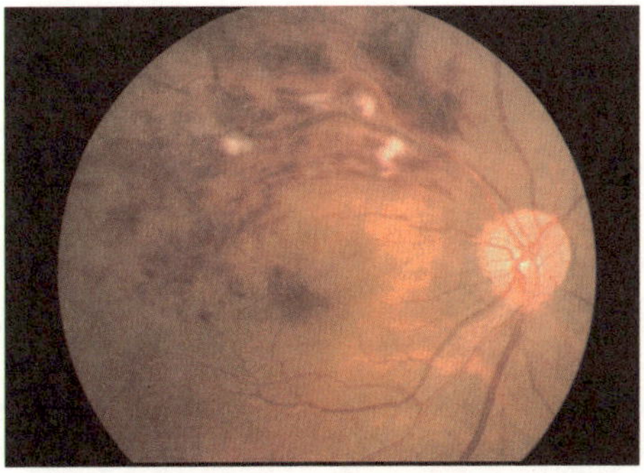

图6-20　视网膜出血

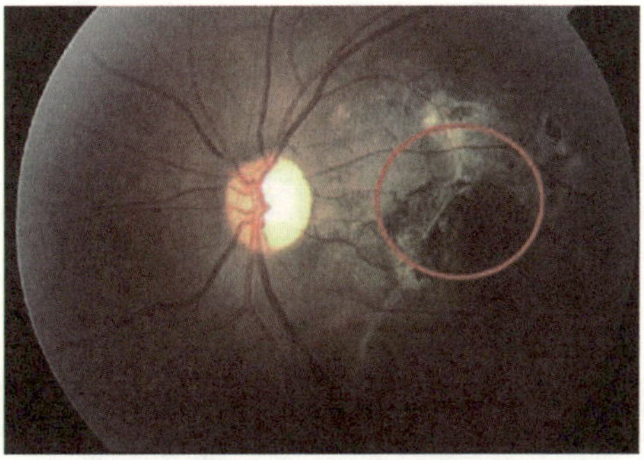

图6-21　黄斑裂孔

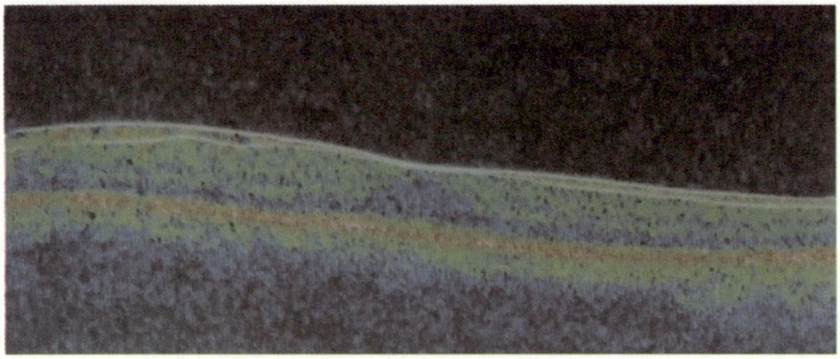

图6-23　8月23日右眼黄斑前膜伴水肿

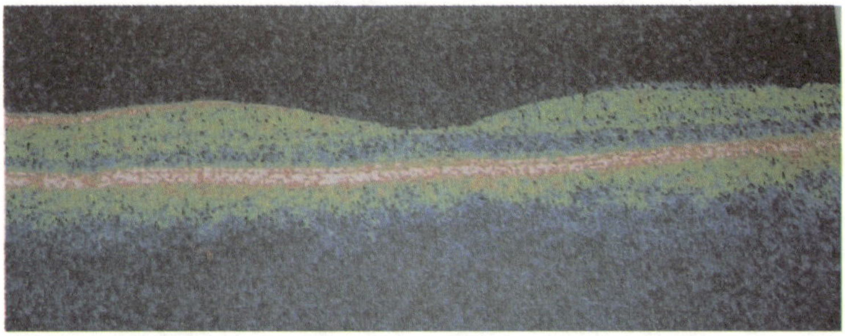

图6-24　12月11日右眼黄斑前膜伴水肿

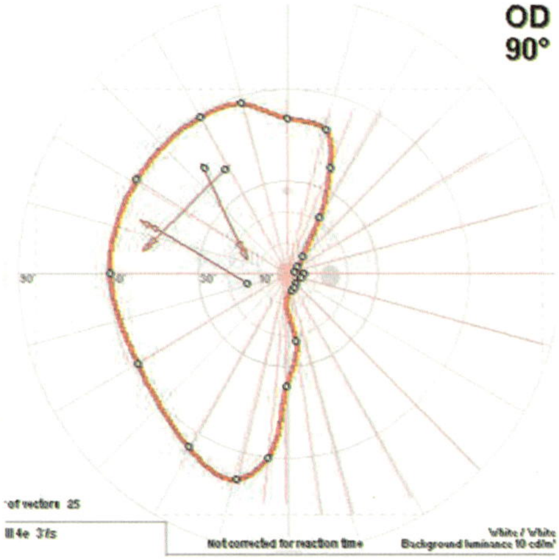

图6-26　右眼动态视野检查结果

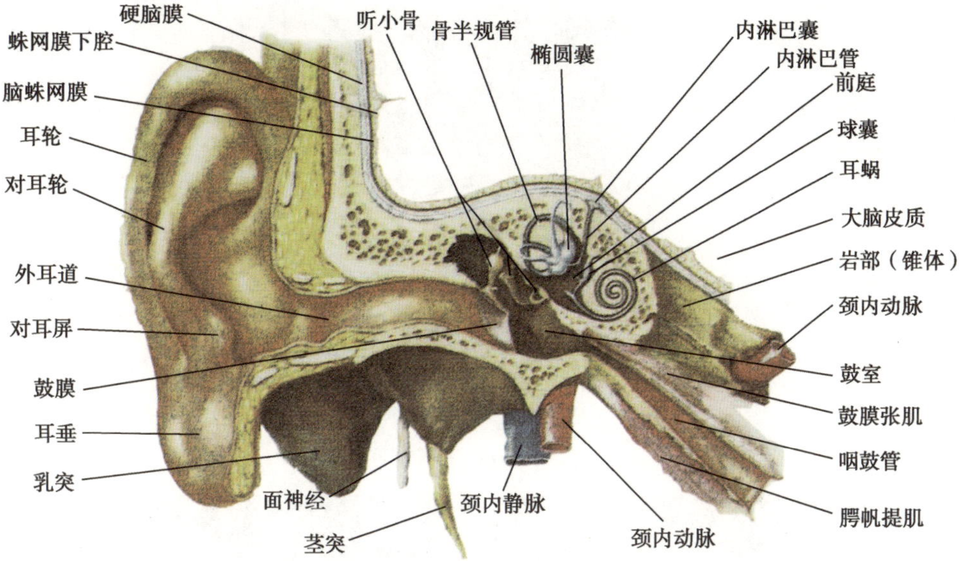

图7-1 耳全貌模式

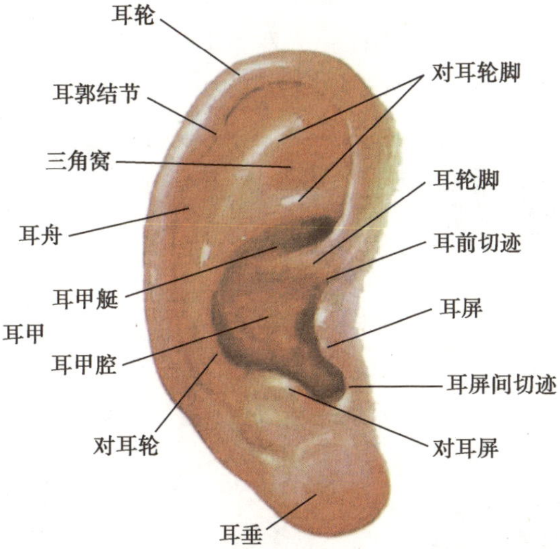

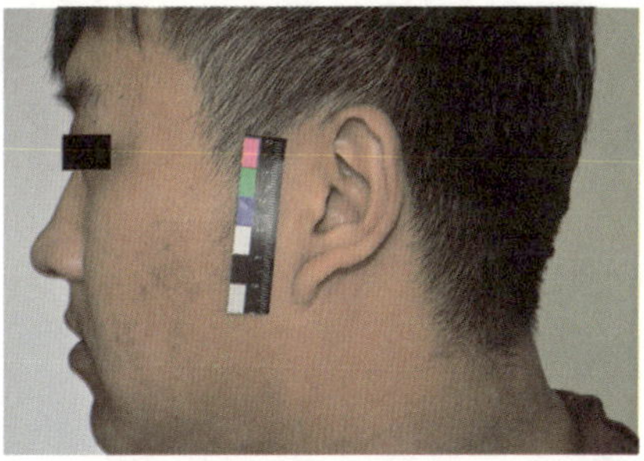

图7-2 耳廓

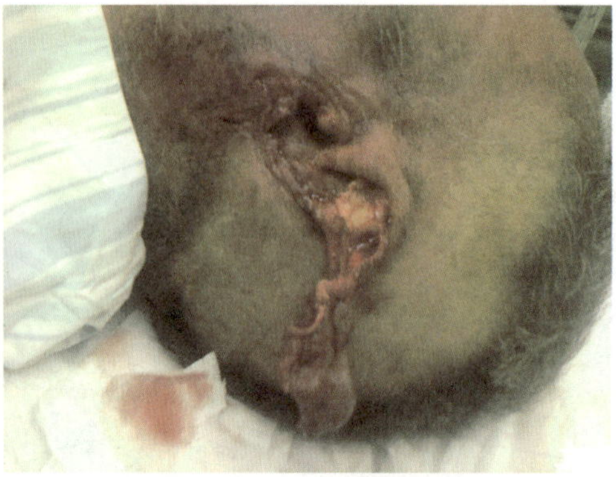

图7-3　耳廓离断

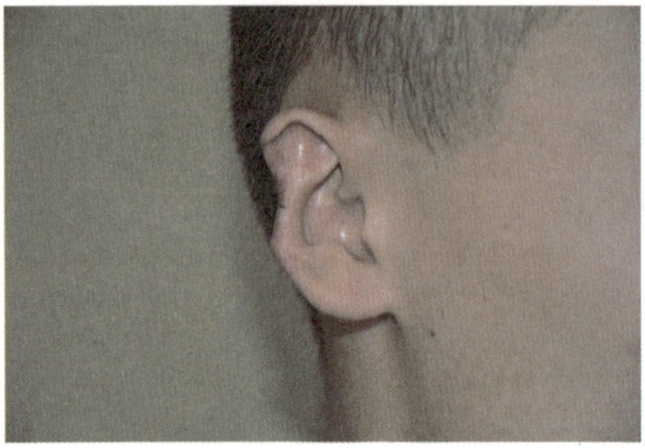

图7-4　耳廓缺损

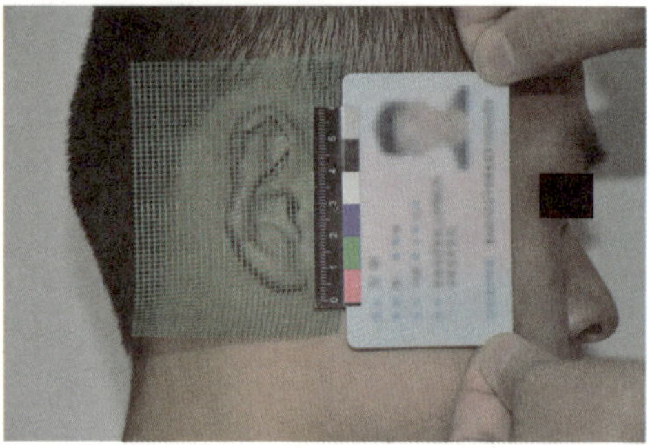

图7-5　耳廓缺损测量

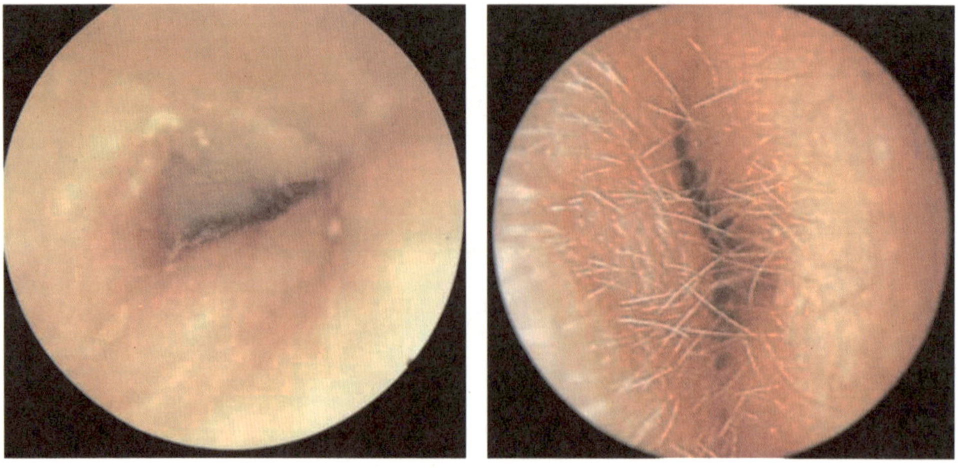

图7-6　外耳道炎

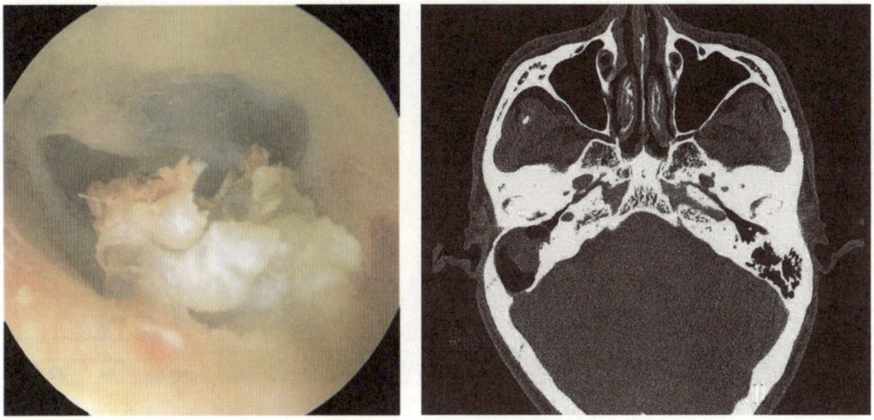

图7-7　外耳道胆脂瘤

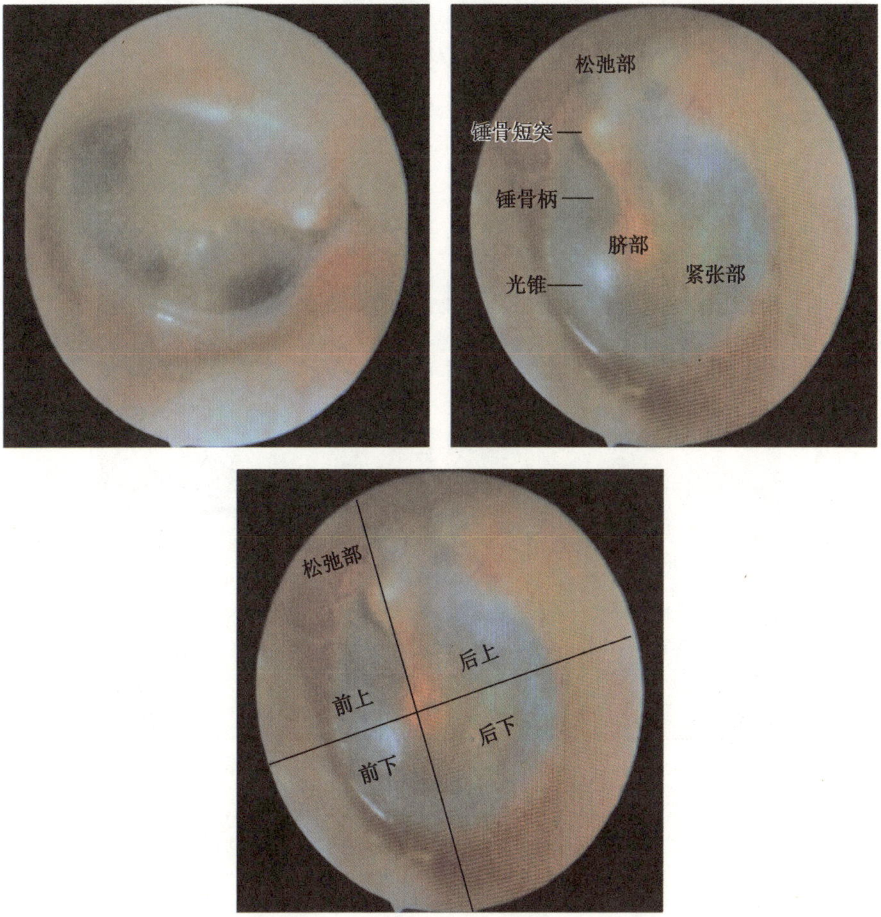

图7-8　鼓膜

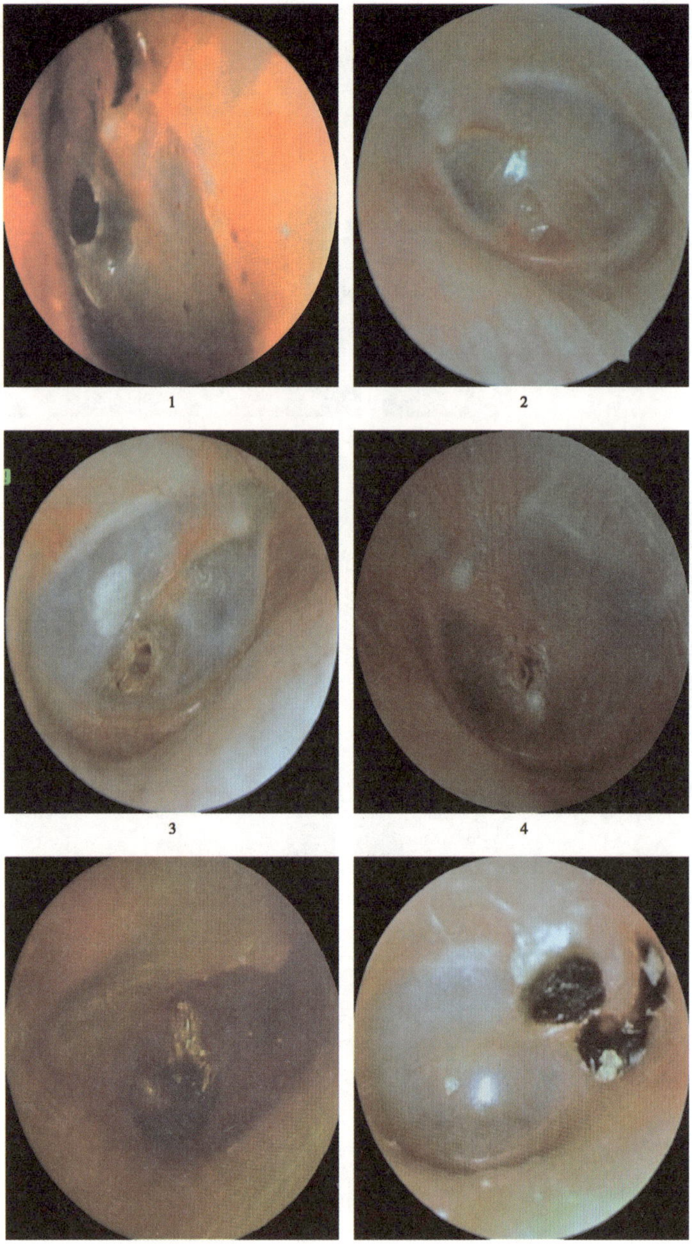

1.左耳鼓膜紧张部穿孔；2.左耳鼓膜紧张部穿孔（伤后1天）；3.右耳鼓膜穿孔，边缘瘢痕样增生（伤后21天）；4.左耳鼓膜愈合疤痕，陈旧性血迹；5.右耳外伤，鼓膜前下方血泡样隆起，未见穿孔；6.右耳鼓膜松弛部陈旧性血痂，未见穿孔。

图7-9　鼓膜穿孔

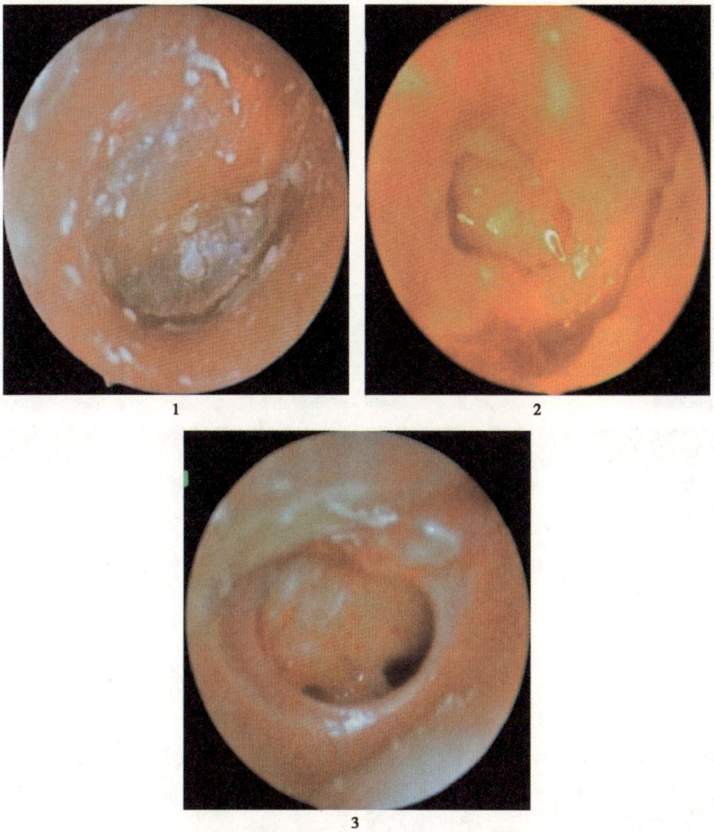

1.外耳道霉菌，鼓膜充血；2.外耳道分泌物、皮肤充血红肿，鼓膜穿孔，鼓室积液；3.中耳炎大穿孔。

图7-10　病理性鼓膜穿孔

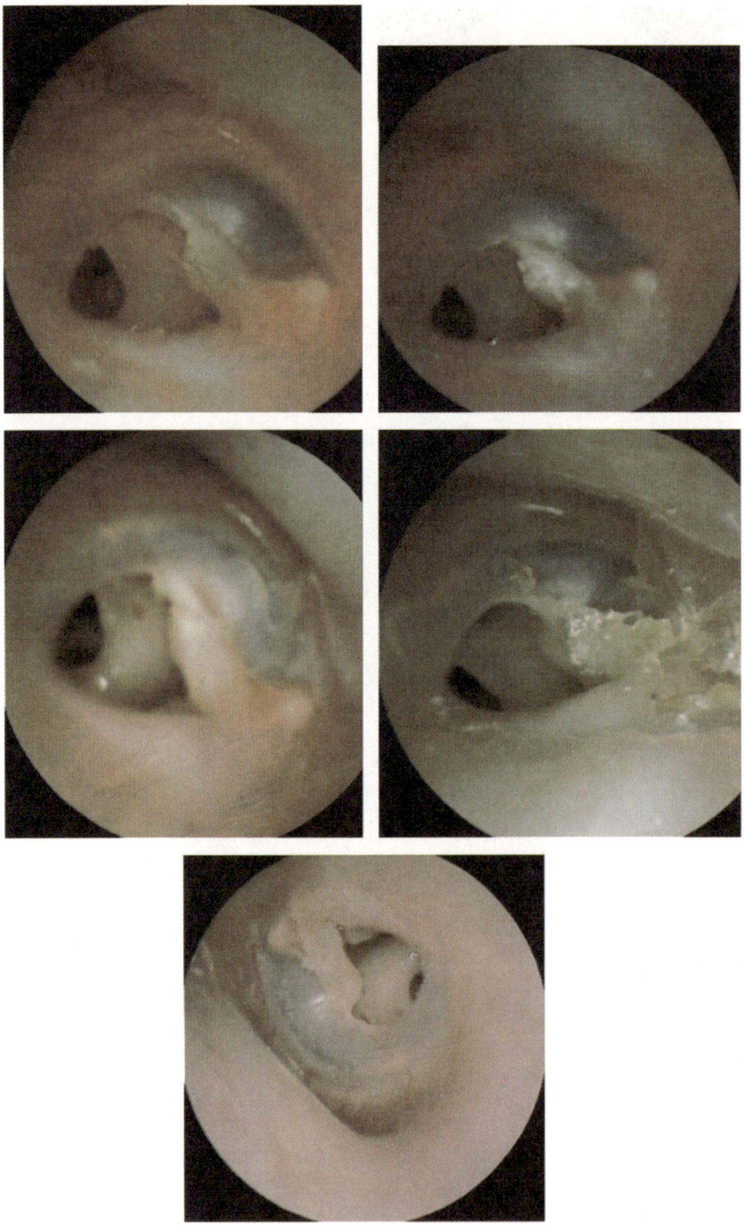

图7-12　鼓膜穿孔形态

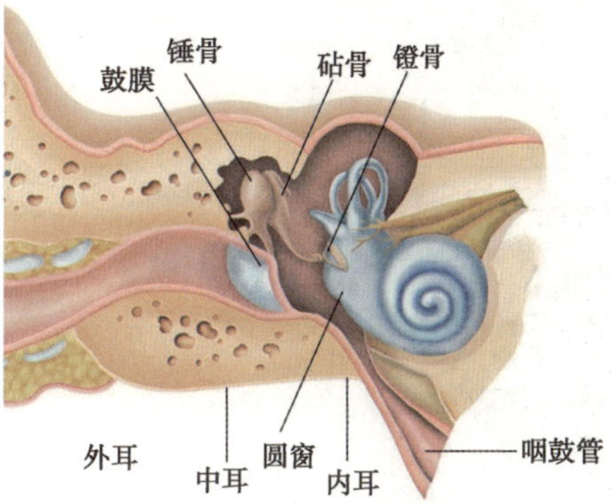

图7-13　中耳模式图

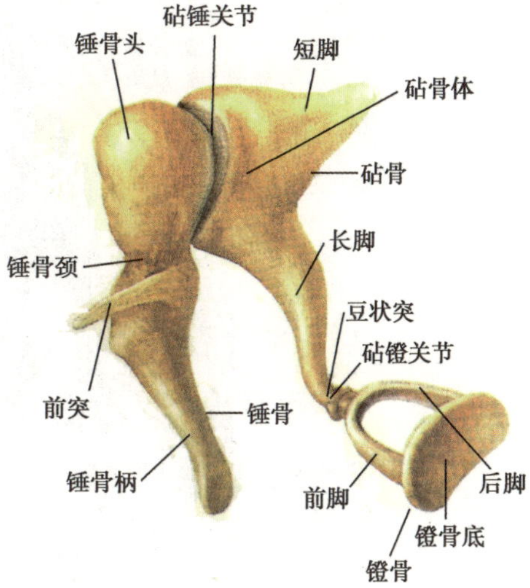

图 7-14　听骨链模式图

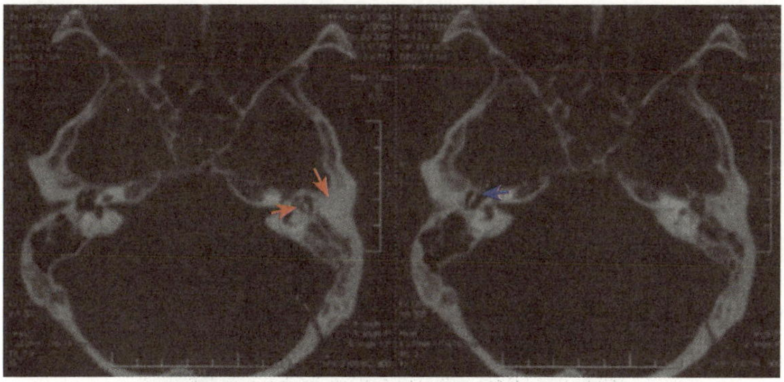

1　　　　　　2

图1红色箭头：左颞骨岩部纵行骨折，骨折线累及鼓室内外侧壁，听小骨砧锤关节脱位；图2蓝色箭头：正常右侧听小骨。

图7-16　颞骨岩部骨折

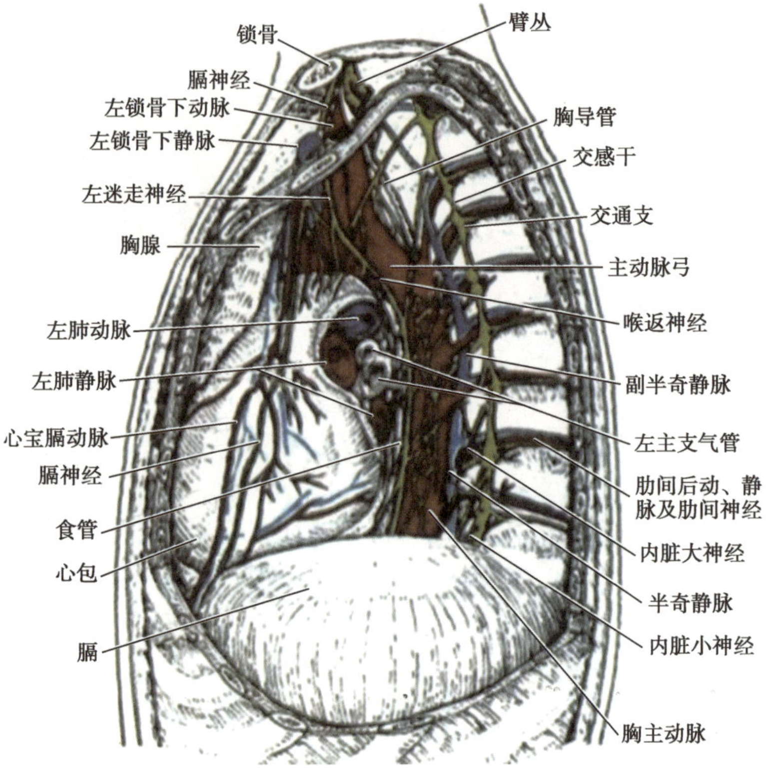

图8-1　胸部解剖结构

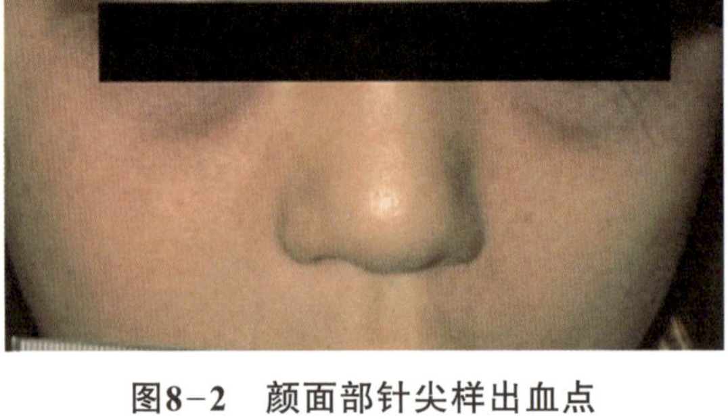

图8-2　颜面部针尖样出血点

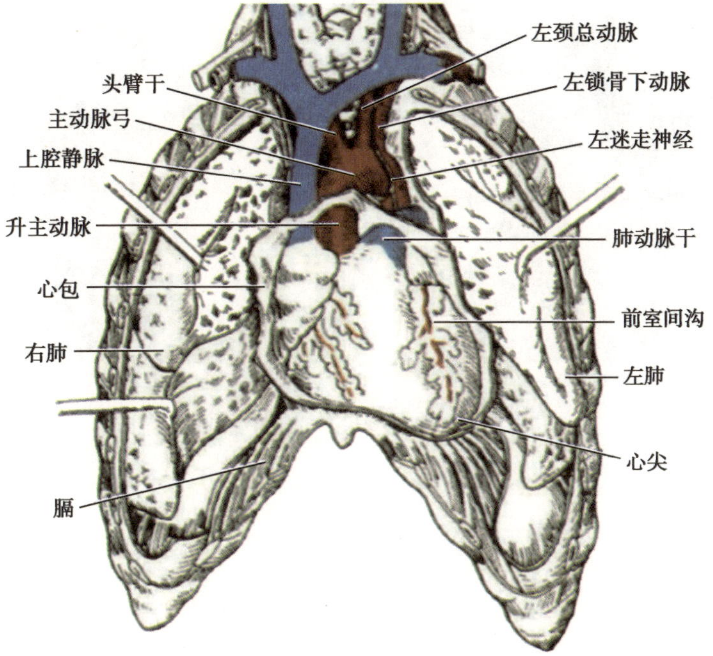

图8-8　心脏及相邻器官解剖结构

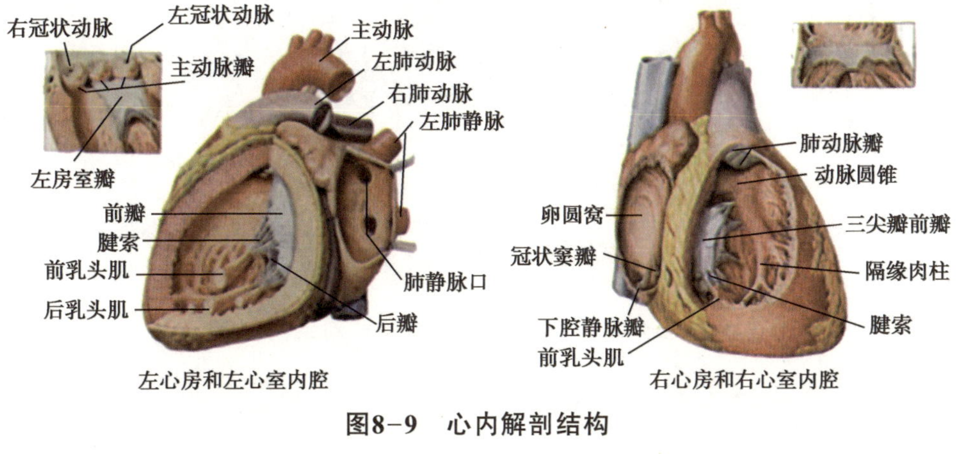

图8-9　心内解剖结构

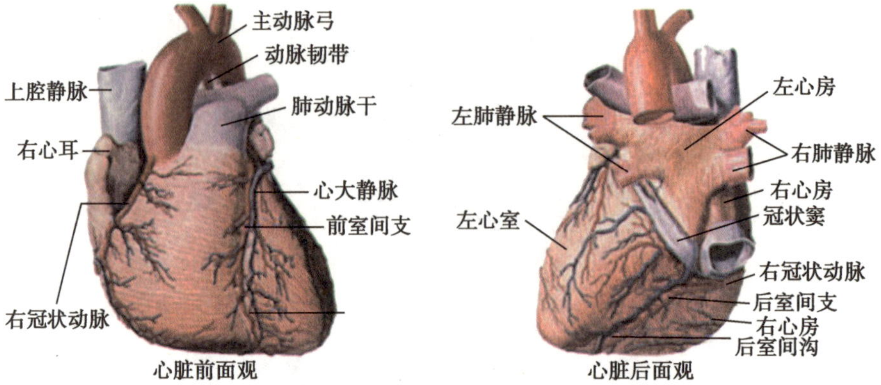

图8-10　胸腔大血管示意

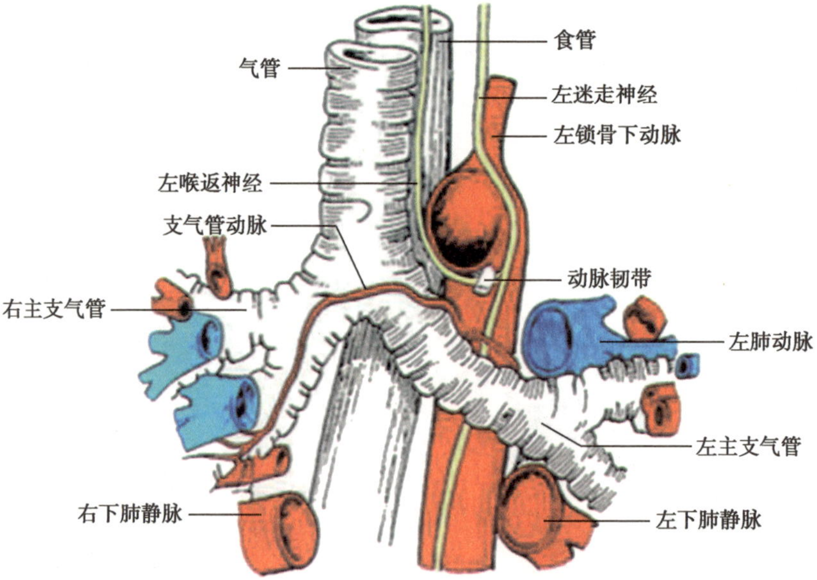

图8-12　气管和支气管的解剖结构

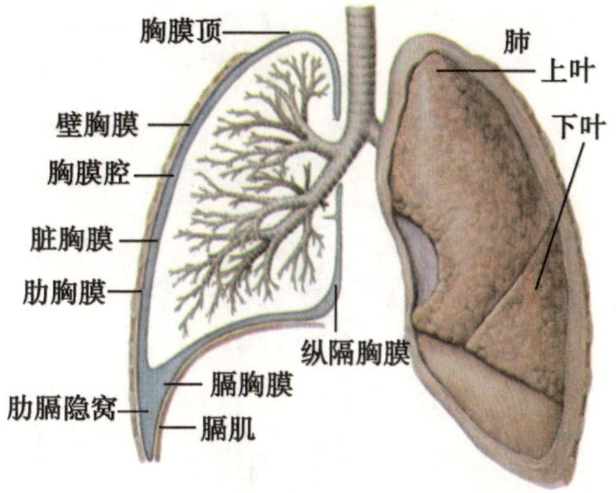

图8-13　胸膜腔解剖示意

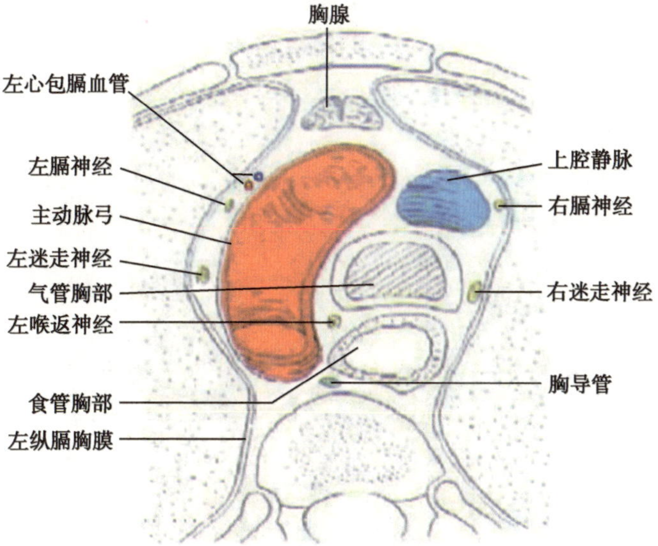

图8-16　纵膈剖面示意

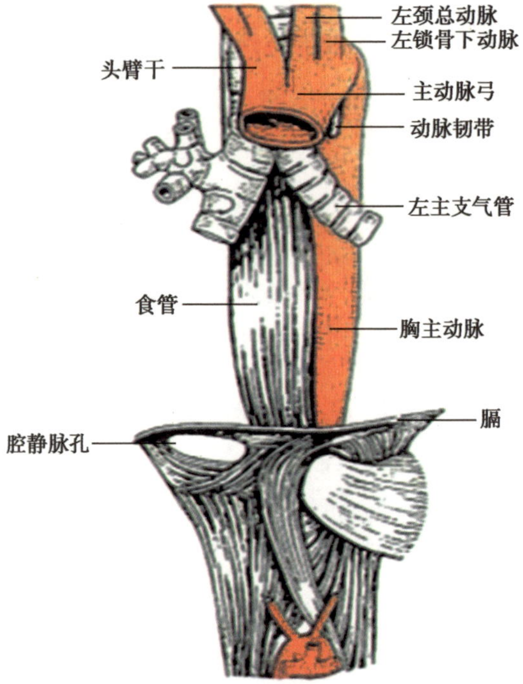

图8-18　食管解剖结构

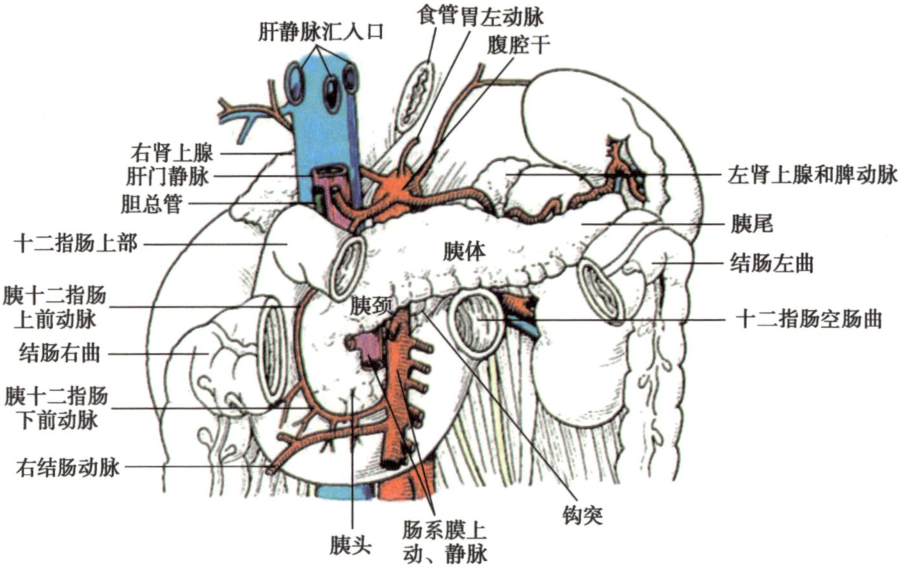

图9-4　胰腺解剖结构

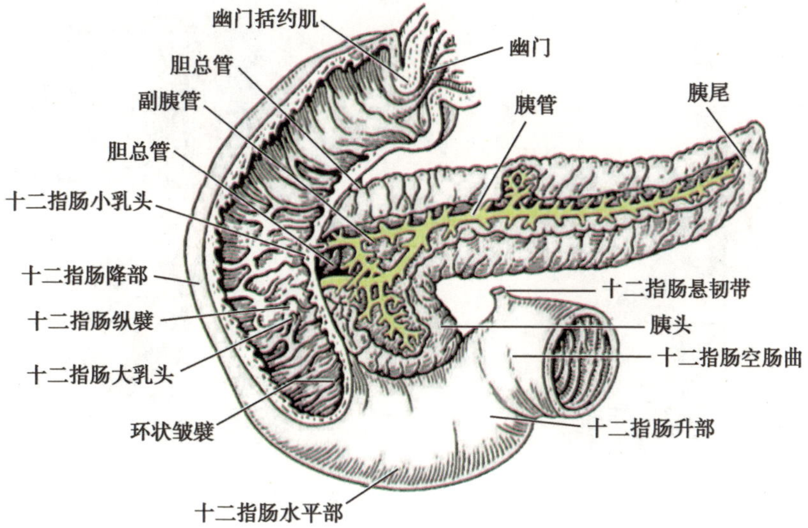

图9-6 十二指肠解剖结构

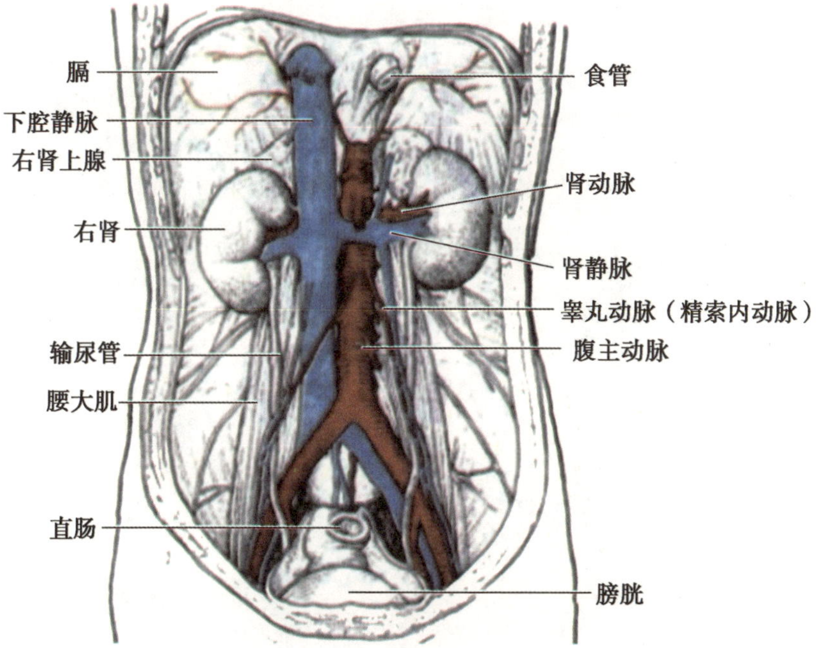

图9-9 肾脏解剖位置

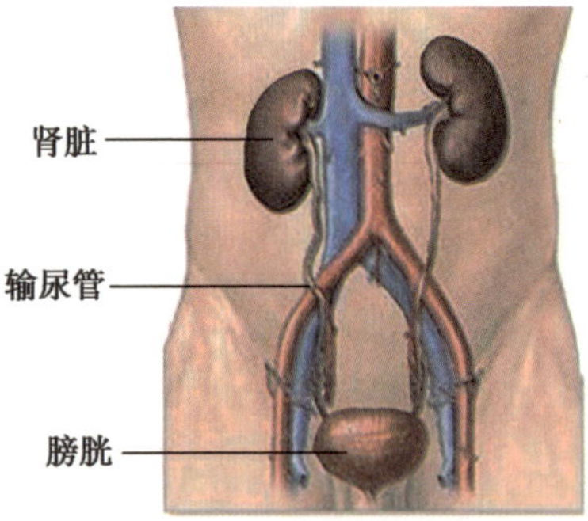

图9－11　输尿管解剖位置

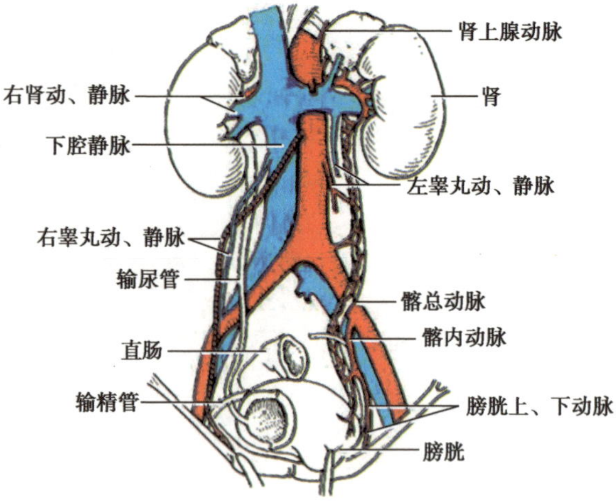

图9－12　腹腔血管

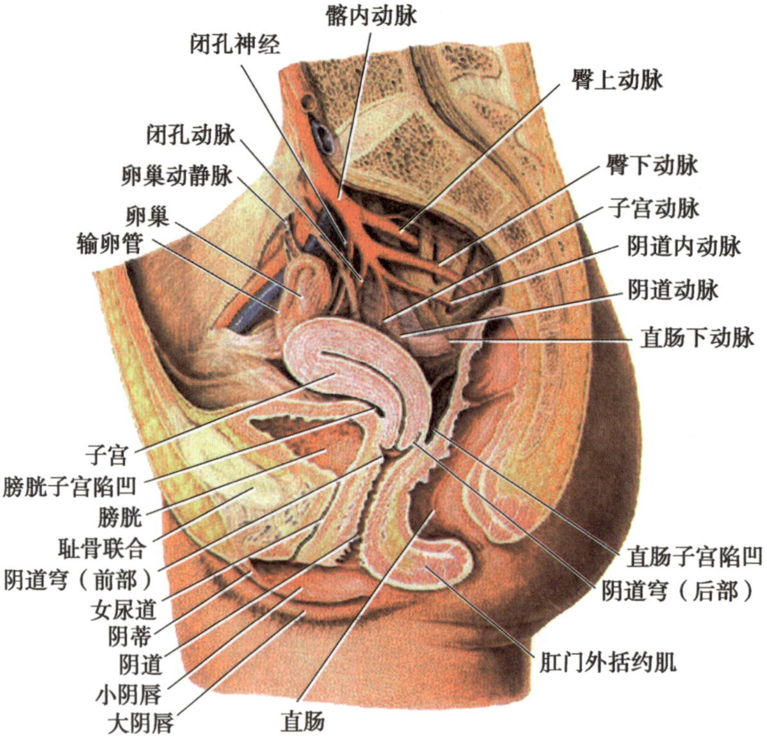

图10－2　女性盆腔脏器

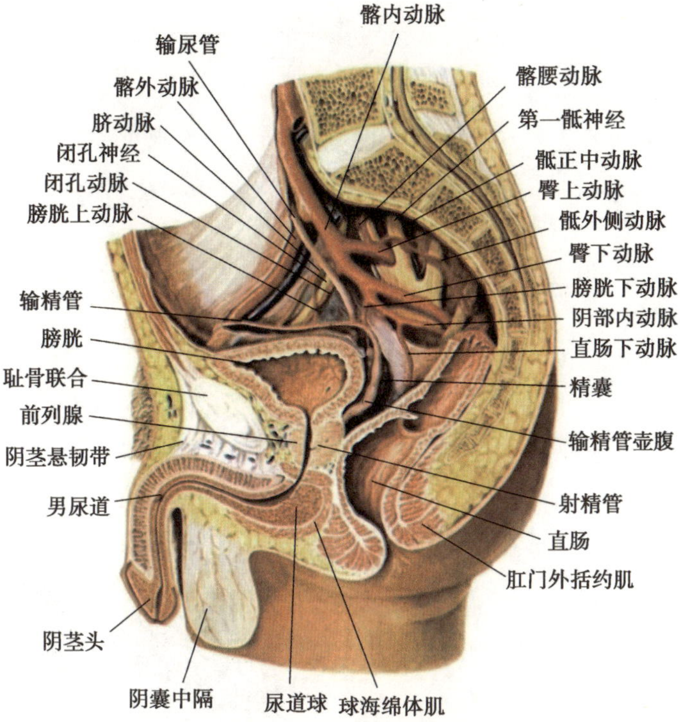

图10-3 男性盆腔脏器

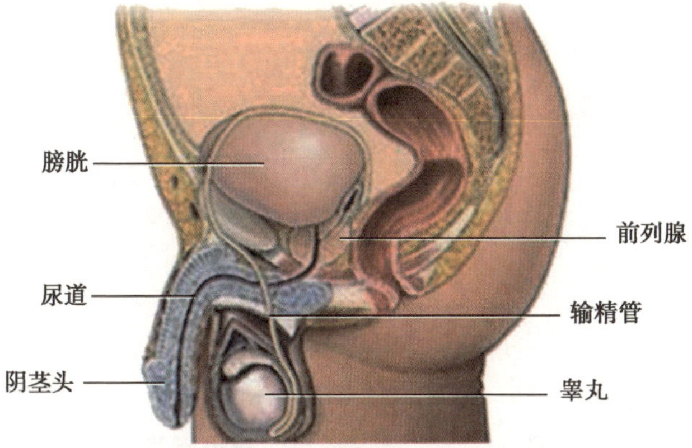

图10-4 男性会阴部

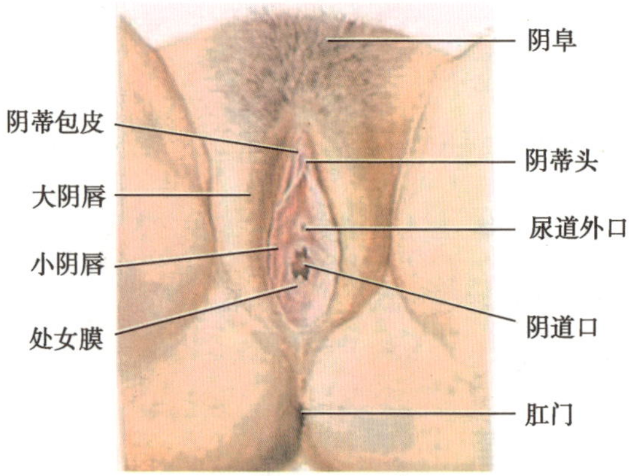

图10-5　女性会阴部

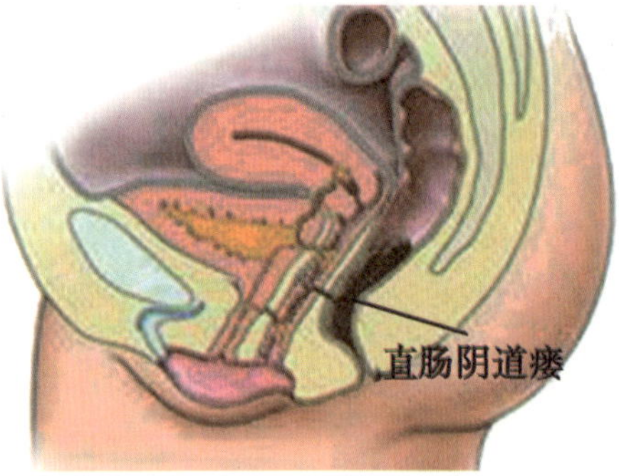

图10-9　直肠阴道瘘示意

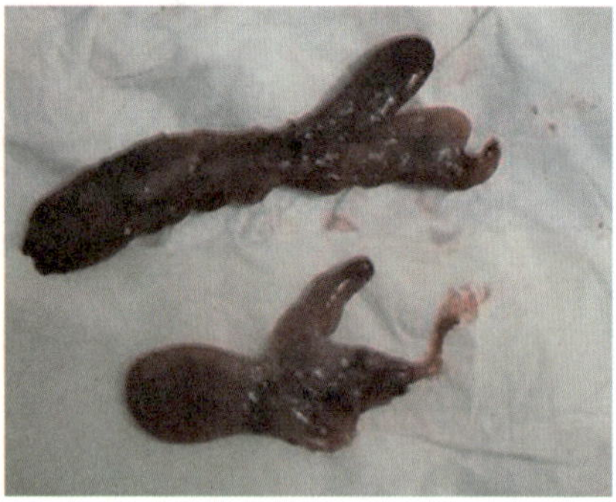

图10-10　流产出的胚囊

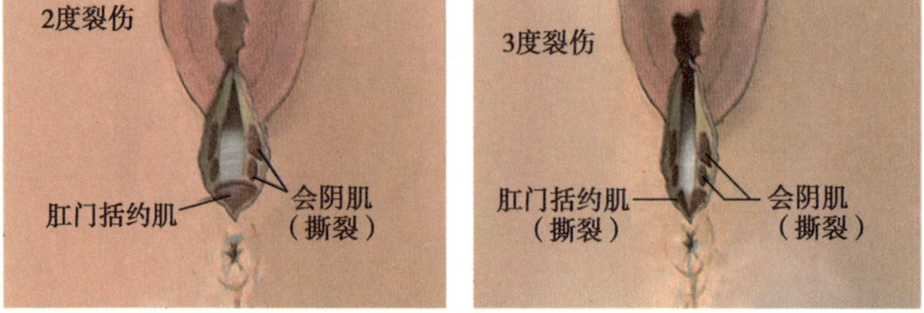

图10-11　会阴撕裂伤分度示意

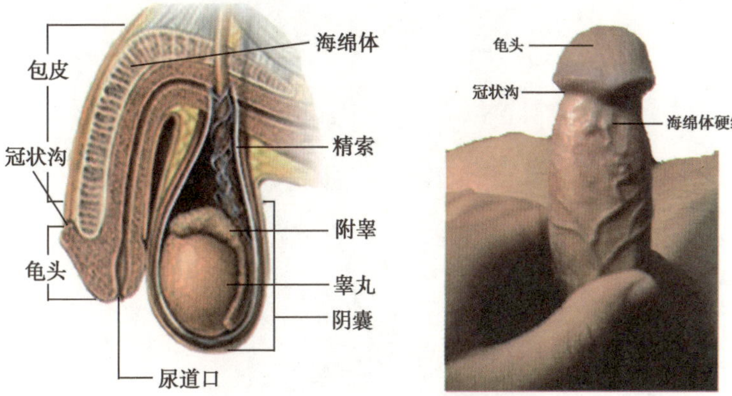

图10-12　男性生殖器示意

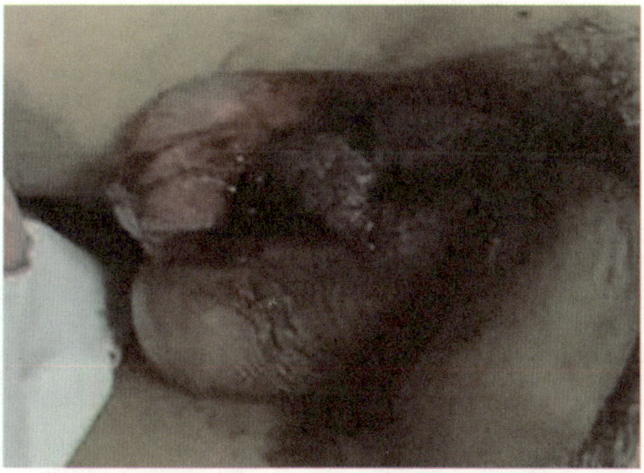

图10-13　阴囊皮肤撕脱伤

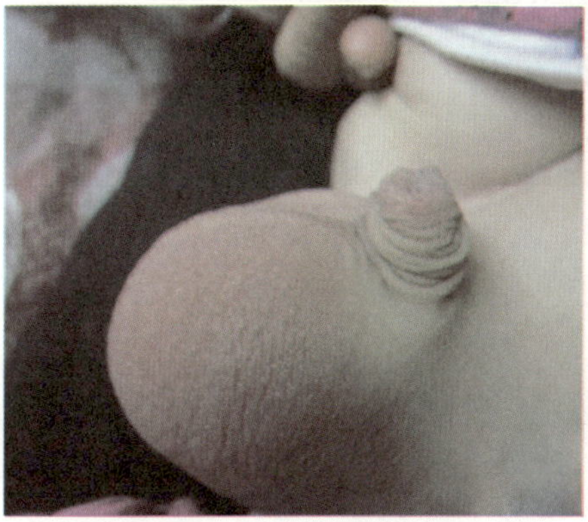

图10-14　阴囊积血

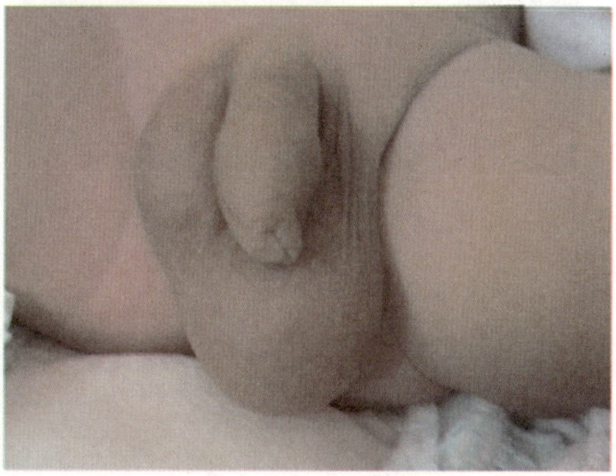

图10-15　鞘膜积液

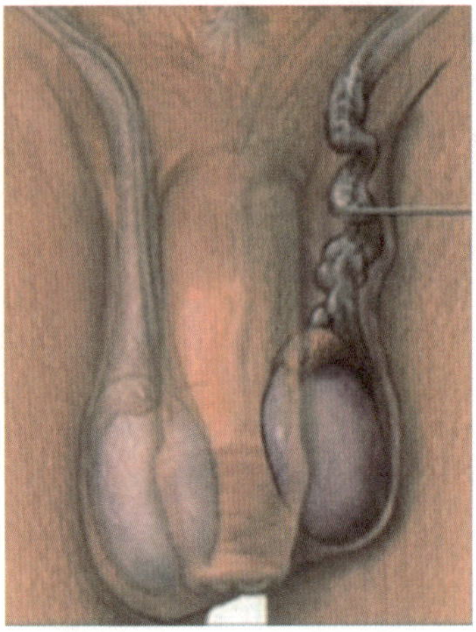

图10-16　左侧睾丸扭转

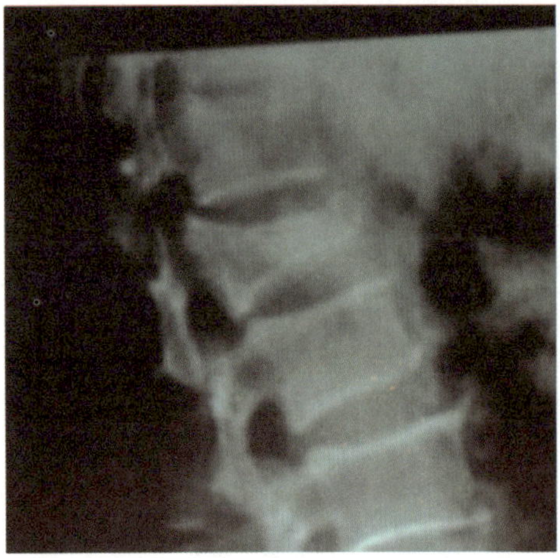

图11-5　椎体压缩性骨折

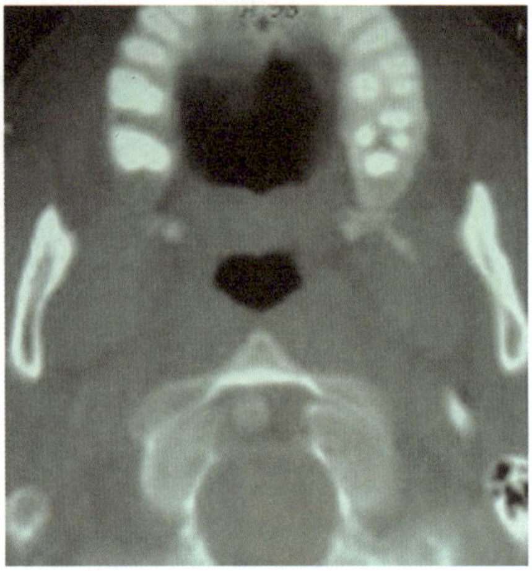

图11-6　寰枢关节脱位

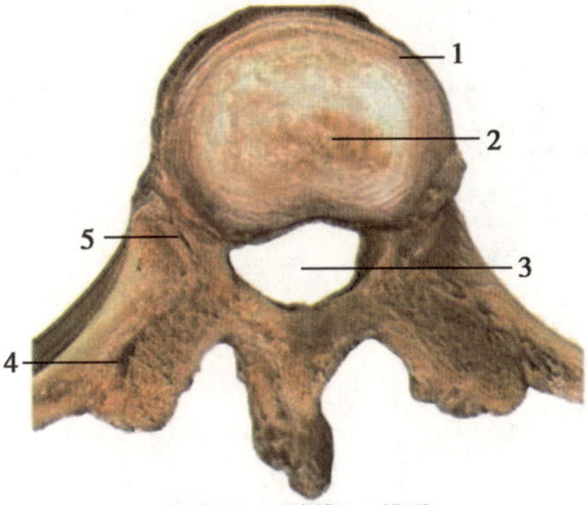

1.纤维环 2.髓核 3.椎孔
4.肋横突关节 5.肋头关节

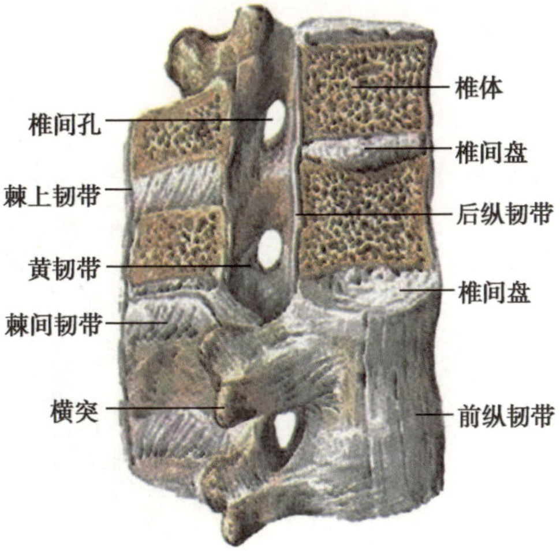

图11-11 椎间盘解剖结构

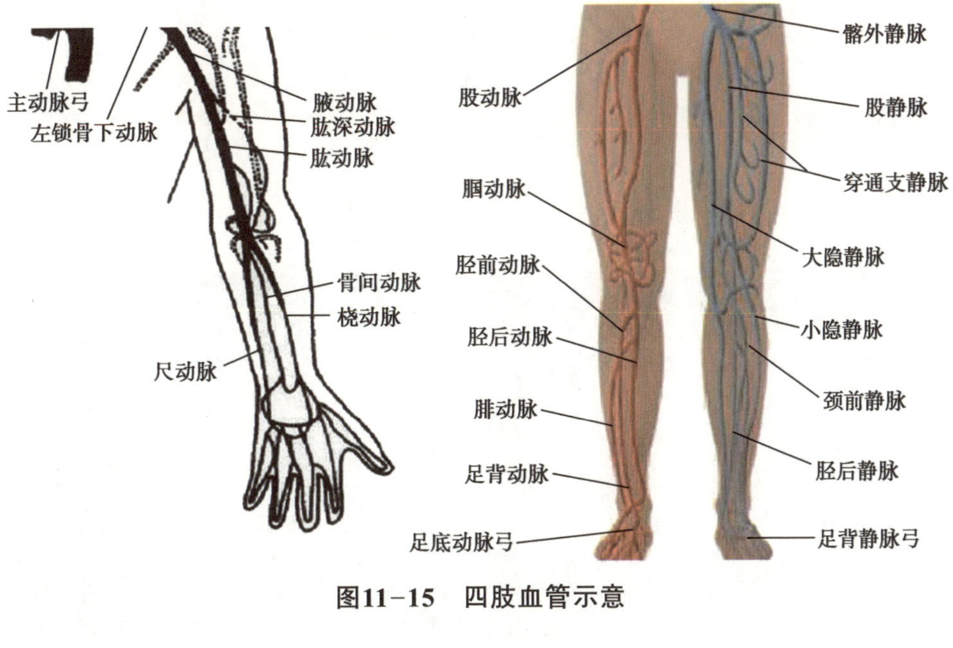

图11-15 四肢血管示意

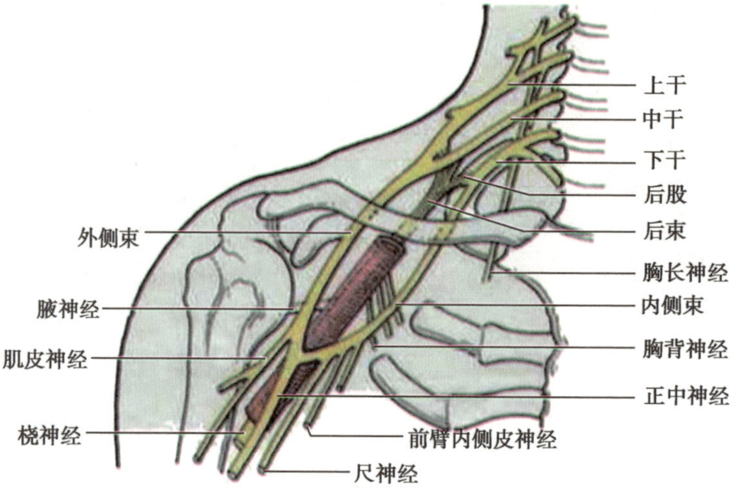

图11-16　臂丛神经结构

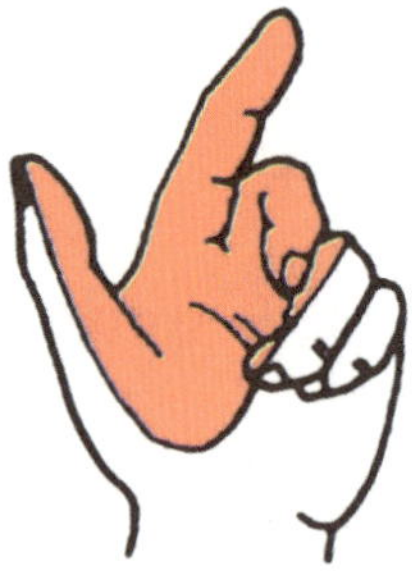

图11-17　正中神经损伤

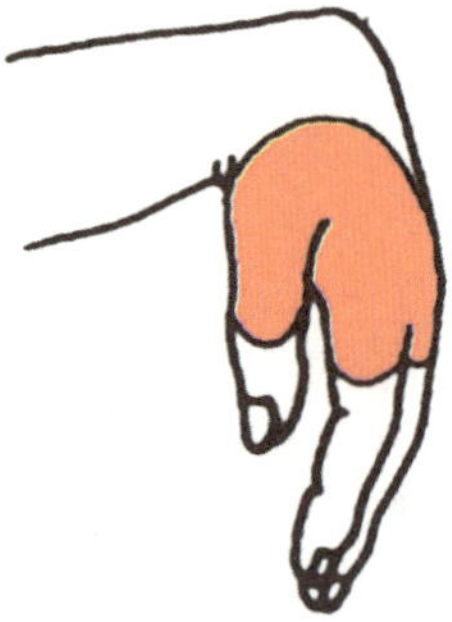

图11-18　桡神经损伤

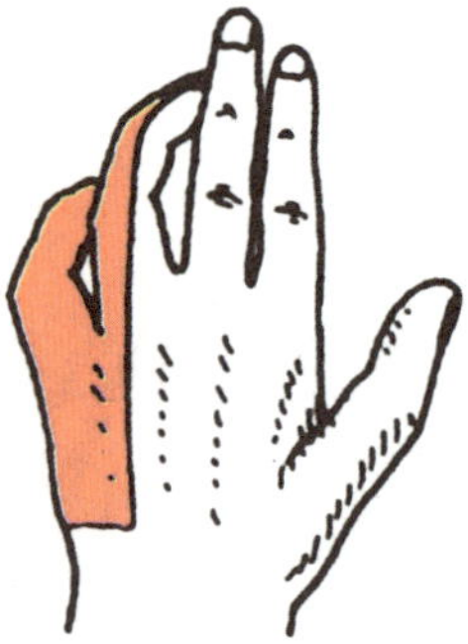

图11-19　尺神经损伤

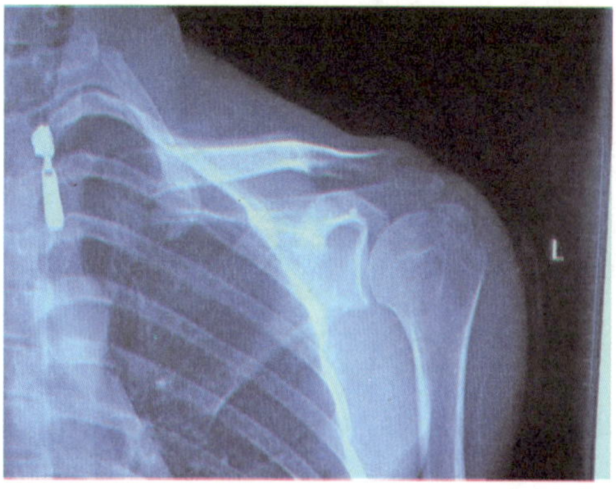

图11-25　左侧肱骨头撕脱性骨折

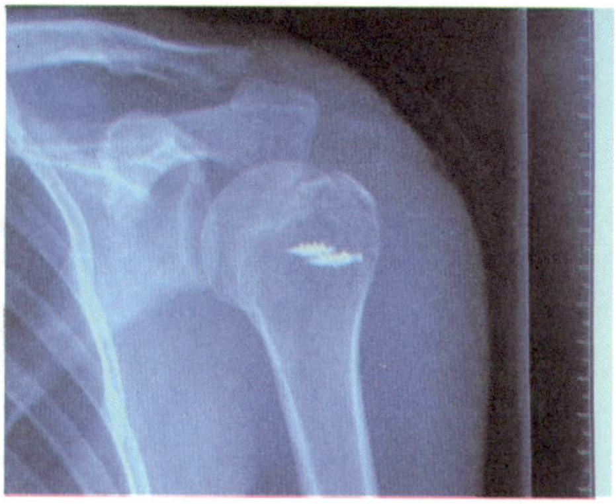

图11-26　左侧肱骨头撕脱性骨折（内固定术）

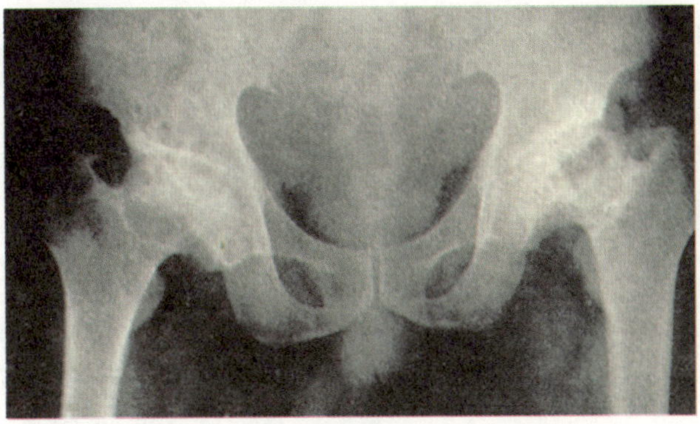

图11-27 双侧股骨头缺血性坏死

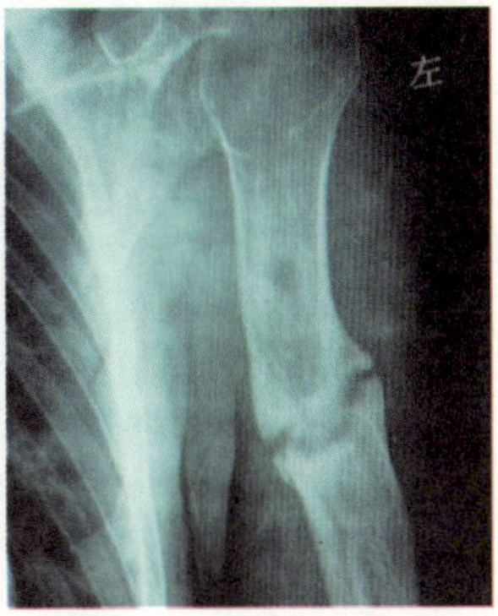

图11-28 骨折不愈合

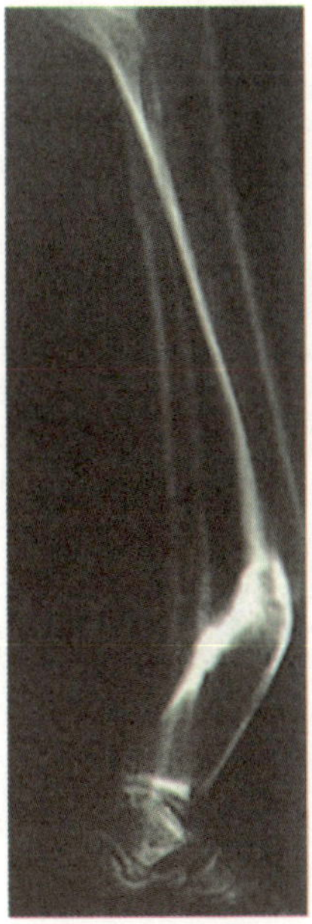

图11-29 胫腓骨畸形愈合

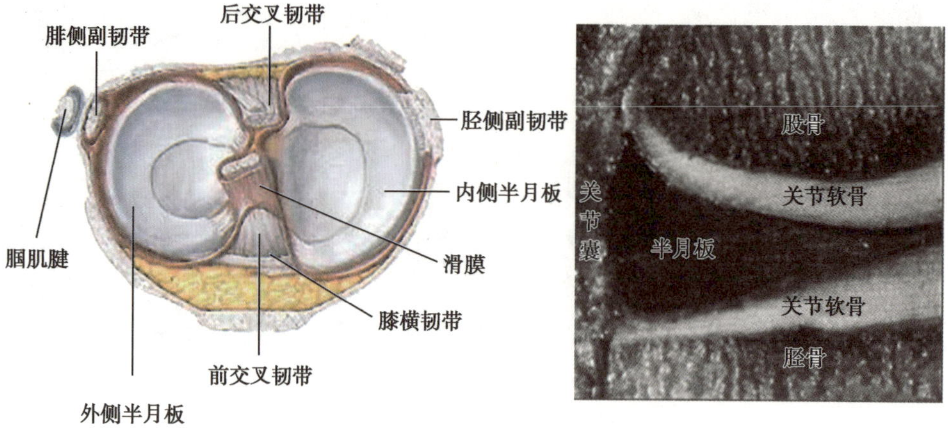

图11-30　半月板解剖和影像学表现

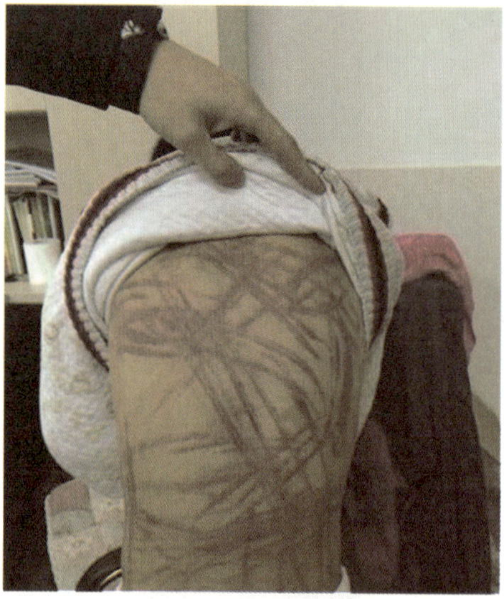

图12-1　体表大面积挫伤

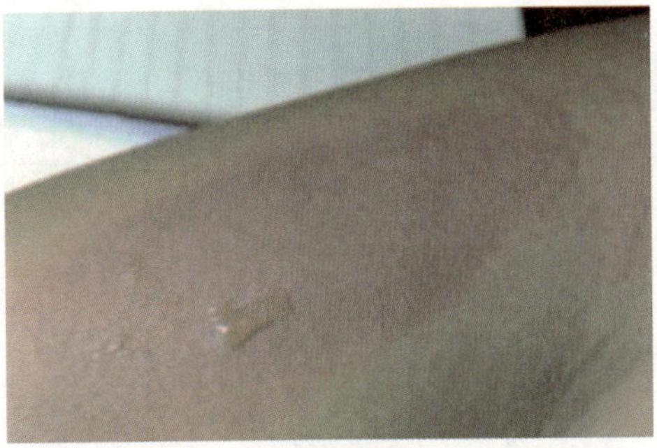

图13-1 Ⅰ度烫伤和浅Ⅱ度烫伤

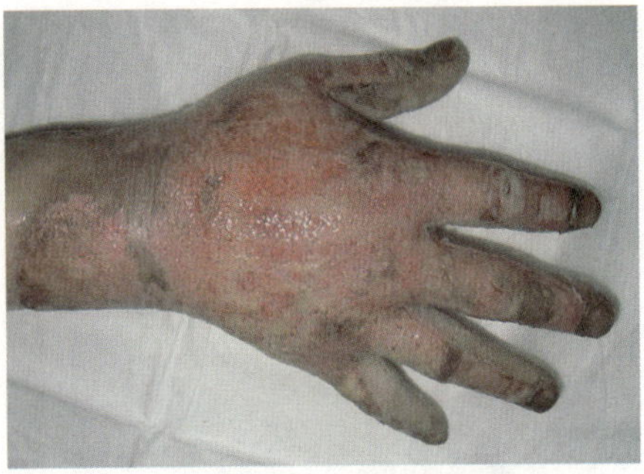

图13-2 深Ⅱ度烫伤

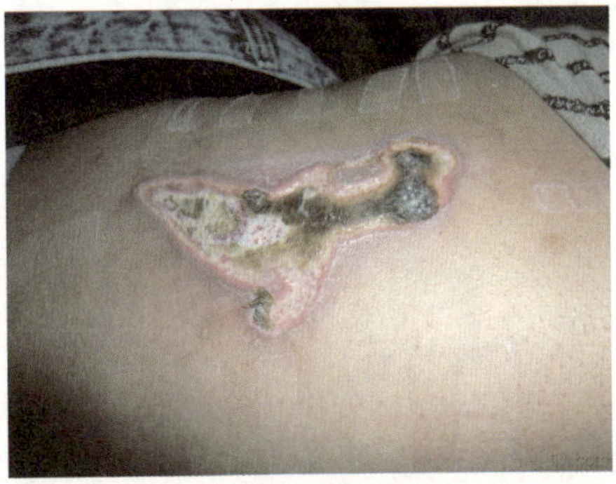

图13-3 Ⅲ度烫伤

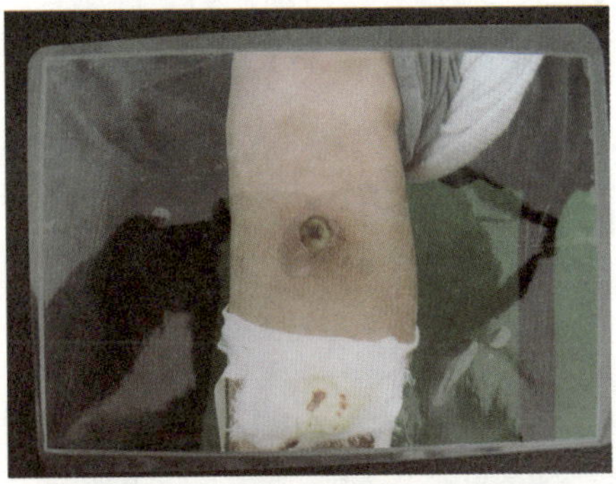

图13-6 典型电流斑(伤后23天)

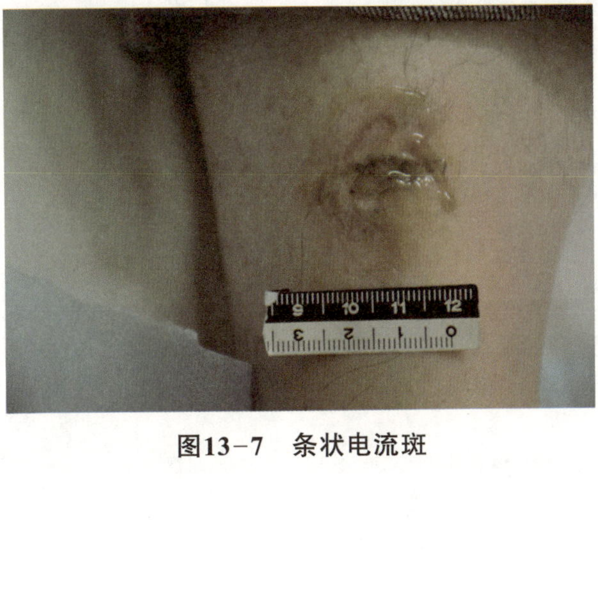

图13-7 条状电流斑

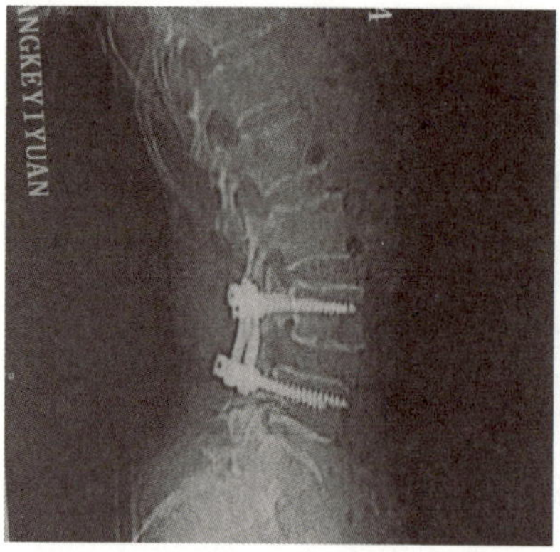

图13-8　腰椎术后改变并钉棒断裂，钉棒内固定在位，复位位置有丢失

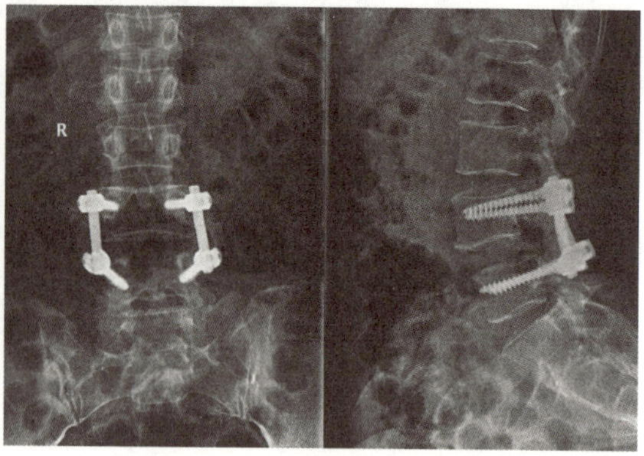

图13-9　腰椎术后改变

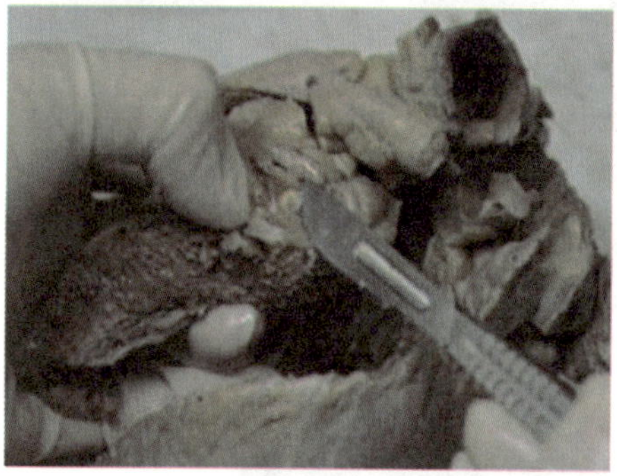

图14-1　冠状动脉左前降支管腔Ⅳ级狭窄

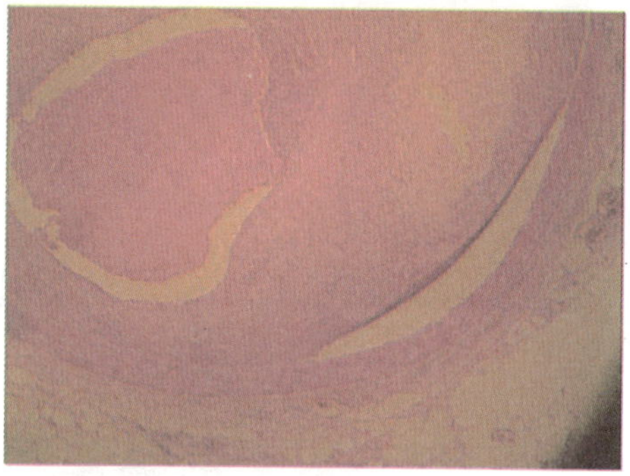

图14-2　冠状动脉内血栓形成

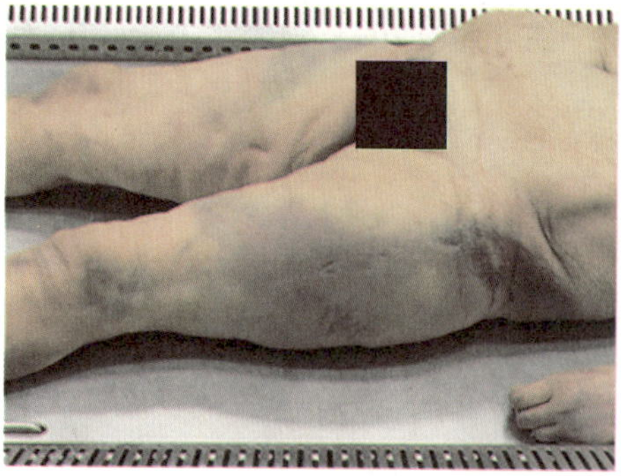

图14-3　左侧大腿外侧挫伤

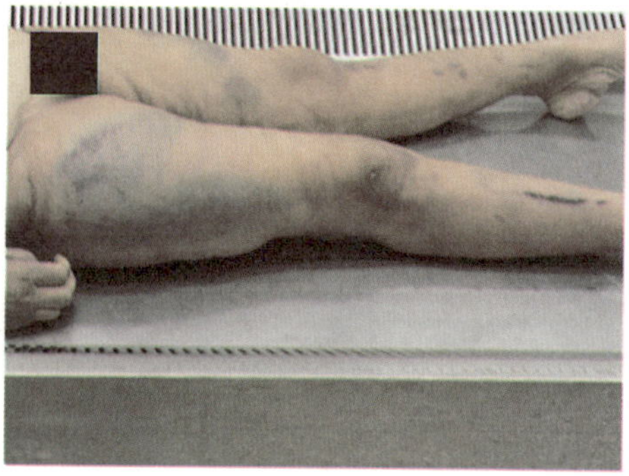

图14-4　右侧大腿外侧挫伤

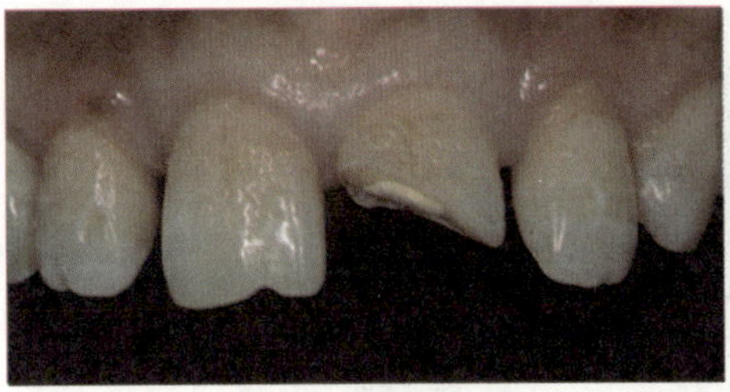

图14-6 冠折

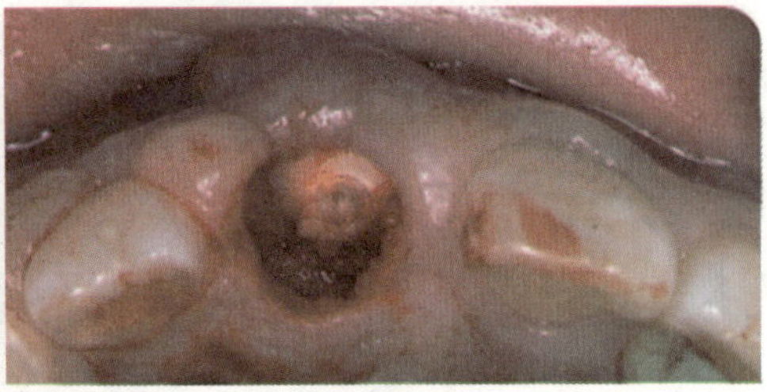

图14-7 根折

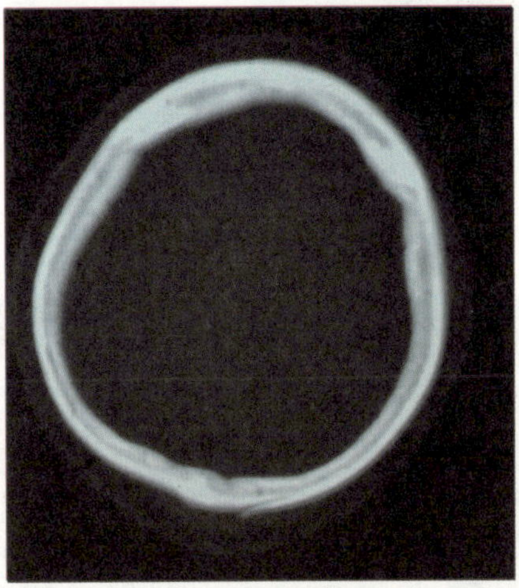

图14-8 颅骨砍痕

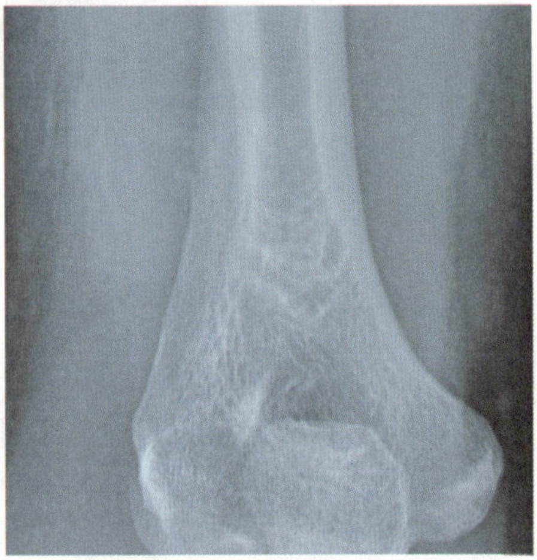

图14-9 长骨砍痕

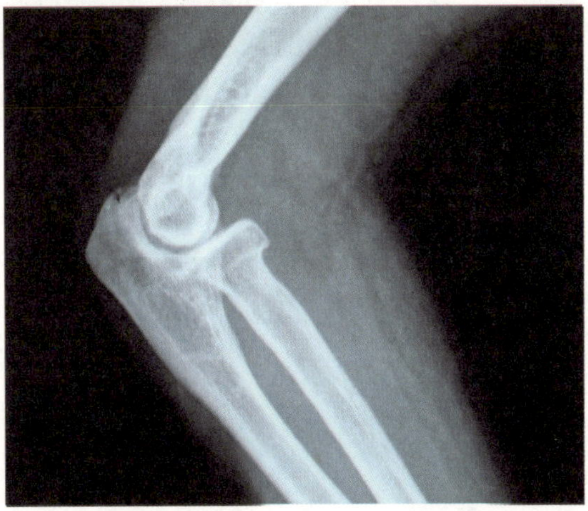

图14-10 尺骨撕脱性骨折

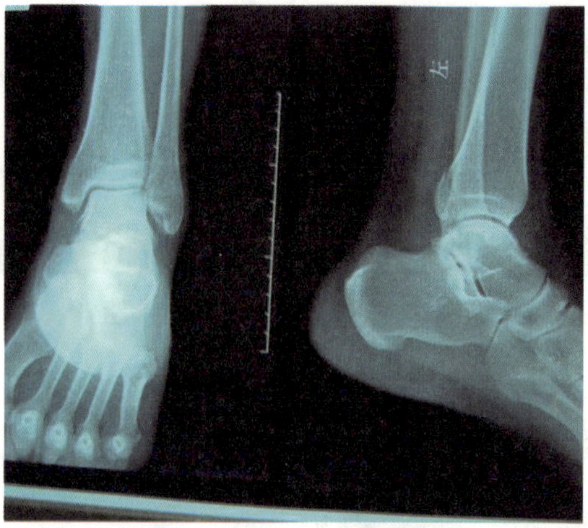

图14-11　胫骨撕脱性骨折

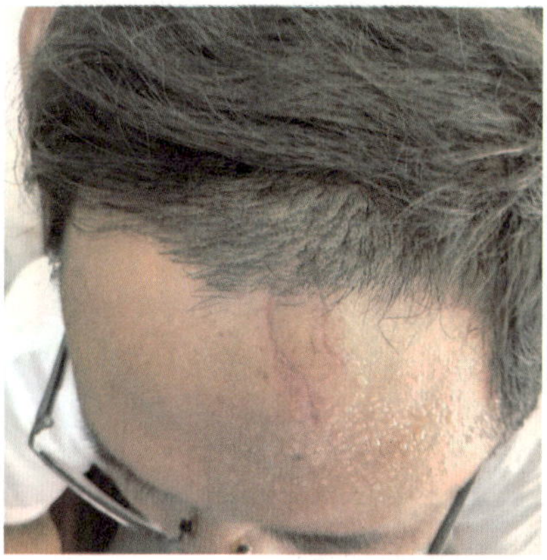

图14-12　跨部位瘢痕

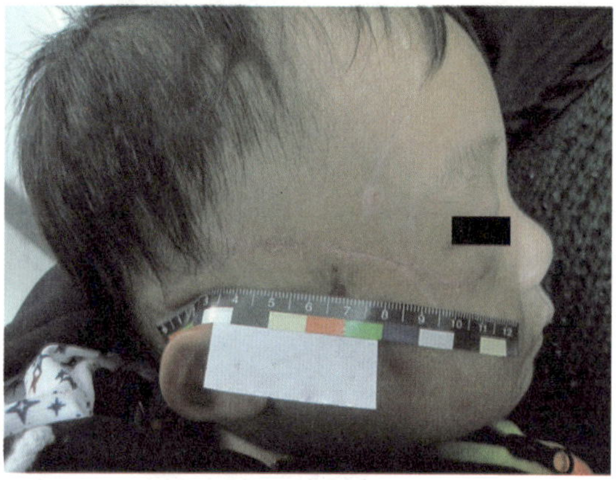

图14-13　面部瘢痕

图书在版编目（CIP）数据

人体损伤程度鉴定实战指引 / 陈林主编. -- 北京 : 法律出版社, 2019
ISBN 978-7-5197-3994-2

Ⅰ. ①人… Ⅱ. ①陈… Ⅲ. ①损伤—伤害鉴定—中国 Ⅳ. ①D919.4

中国版本图书馆CIP数据核字(2019)第244130号

人体损伤程度鉴定实战指引
RENTI SUNSHANG CHENGDU JIANDING SHIZHAN ZHIYIN

陈 林 主编

策划编辑 张发靖
责任编辑 李 群 陈 熙
装帧设计 汪奇峰

出版 法律出版社
总发行 中国法律图书有限公司
经销 新华书店
印刷 天津嘉恒印务有限公司
责任校对 李景美
责任印制 吕亚莉

编辑统筹 法规出版分社
开本 710毫米×1000毫米 1/16
印张 28.5
字数 420千
版本 2019年12月第1版
印次 2019年12月第1次印刷

法律出版社 / 北京市丰台区莲花池西里7号（100073）
网址 / www.lawpress.com.cn
投稿邮箱 / info@lawpress.com.cn
举报维权邮箱 / jbwq@lawpress.com.cn
销售热线 / 400-660-8393
咨询电话 / 010-63939796

中国法律图书有限公司 / 北京市丰台区莲花池西里7号（100073）
全国各地中法图分、子公司销售电话：
统一销售客服 / 400-660-8393/6393
第一法律书店 / 010-83938432/8433
西安分公司 / 029-85330678
重庆分公司 / 023-67453036
上海分公司 / 021-62071639/1636
深圳分公司 / 0755-83072995

书号：ISBN 978-7-5197-3994-2
定价：88.00元
（如有缺页或倒装，中国法律图书有限公司负责退换）